Collection
PERSPECTIVES

Droit & Économie

1re STMG

Sous la coordination de

Jean-Charles Diry	IA-IPR économie et gestion, académie de Lyon
Régine Aidemoy	Professeure d'économie-gestion, lycée Wallon, Valenciennes
Hadrien Alliot	Professeur d'économie-gestion, lycée de la Venise Verte, Niort
Grégoire Arnaud	Professeur d'économie-gestion, lycée René Cassin, Strasbourg
Stéphanie Arnaud	Professeure d'économie-gestion, lycée René Cassin, Strasbourg
Stéphanie Barthel-Deslandes	Professeure d'économie-gestion, lycée Montesquieu, Herblay
Laurent Bouillie	Professeur d'économie-gestion, lycée de la Venise Verte, Niort
Cédric Canis	Professeur d'économie-gestion, lycée Gaston Berger, Lille
Paméla Favre	Professeure d'économie-gestion, lycée Jean-Baptiste Corot, Savigny-sur-Orge
Marie-Amélie Rubi	Professeure d'économie-gestion, institution des Chartreux, Lyon
Aïcha Sarron	Professeure d'économie-gestion, lycée Juliette Récamier, Lyon
Cécile Sauvan	Professeure d'économie-gestion, lycée Jean-Baptiste Corot, Savigny-sur-Orge
Alexis Vérité	Professeur d'économie-gestion, lycée Le Mans Sud

FOUCHER

Mode d'emploi

Ouverture de chapitre Une double page d'entrée dynamique pour une immersion immédiate de l'élève dans la thématique du chapitre

Cours Chaque double page de cours propose des documents variés, un essentiel et une activité *À vous de jouer !* pour acquérir les notions clés pas à pas

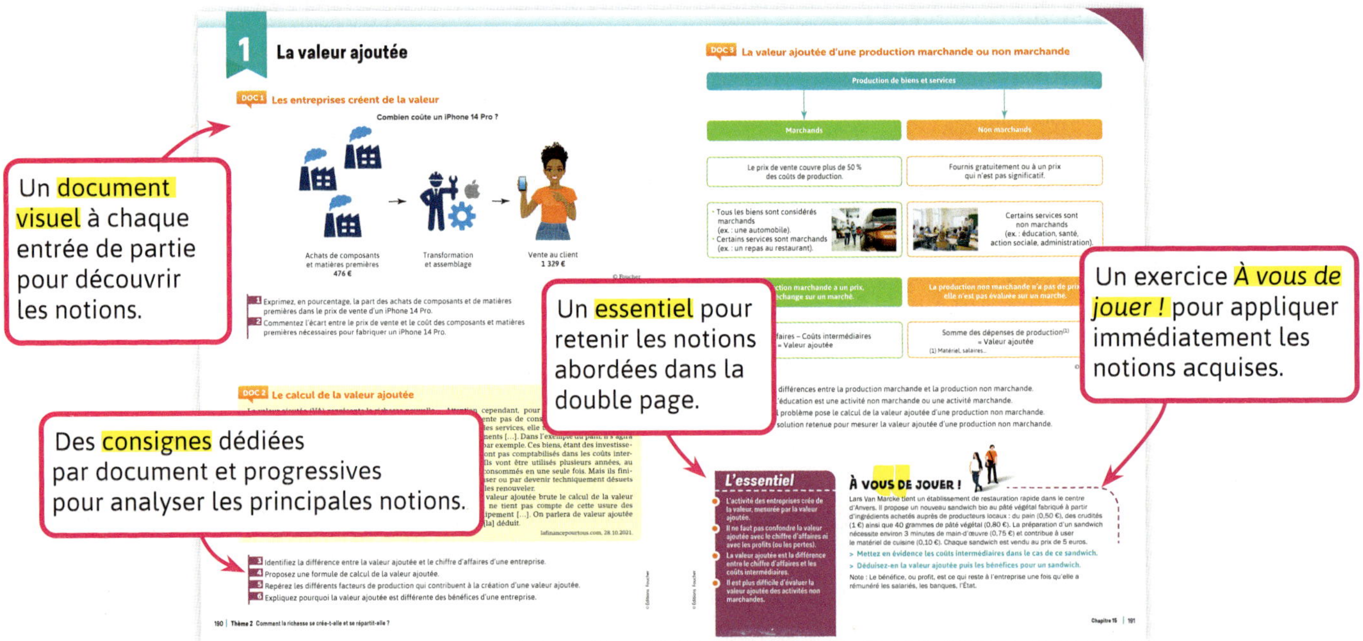

ISBN 978-2-216-16895-8

Synthèse Une synthèse en schéma qui reprend les titres du cours

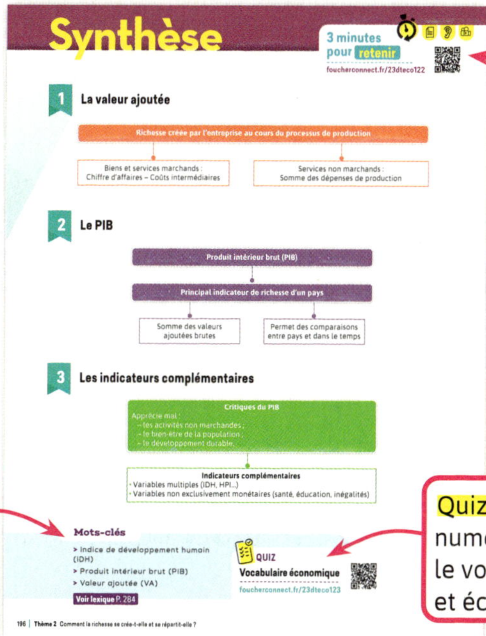
Synthèse

3 minutes pour retenir
foucherconnect.fr/23dteco122

1 La valeur ajoutée

Richesse créée par l'entreprise au cours du processus de production

Biens et services marchands : Chiffre d'affaires – Coûts intermédiaires

Services non marchands : Somme des dépenses de production

2 Le PIB

Produit intérieur brut (PIB)

Principal indicateur de richesse d'un pays

Somme des valeurs ajoutées brutes

Permet des comparaisons entre pays et dans le temps

3 Les indicateurs complémentaires

Critiques du PIB
Apprécie mal :
– les activités non marchandes ;
– le bien-être de la population ;
– le développement durable.

Indicateurs complémentaires
- Variables multiples (IDH, HPI...)
- Variables non exclusivement monétaires (santé, éducation, inégalités)

Mots-clés
> Indice de développement humain (IDH)
> Produit intérieur brut (PIB)
> Valeur ajoutée (VA)
Voir lexique P. 284

QUIZ
Vocabulaire économique
foucherconnect.fr/23dteco123

196 | Thème 2 Comment la richesse se crée-t-elle et se répartit-elle ?

3 minutes pour retenir : la synthèse aux formats rédigé, audio et vidéo pour faciliter la mémorisation.

Les **mots-clés** essentiels définis dans les lexiques juridique et économique, situés en fin d'ouvrage.

Quiz : un prolongement numérique pour enrichir le vocabulaire juridique et économique.

Méthode Une fiche méthode par chapitre pour aborder les outils-clés du droit et de l'économie

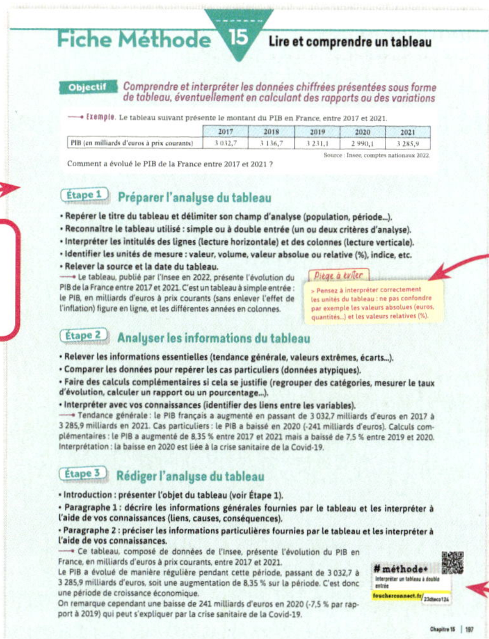
Fiche Méthode 15 Lire et comprendre un tableau

Objectif *Comprendre et interpréter les données chiffrées présentées sous forme de tableau, éventuellement en calculant des rapports ou des variations*

→ Exemple. Le tableau suivant présente le montant du PIB en France, entre 2017 et 2021.

	2017	2018	2019	2020	2021
PIB (en milliards d'euros à prix courants)	3 032,7	3 136,7	3 231,1	2 990,1	3 285,9

Source : Insee, comptes nationaux 2022.

Comment a évolué le PIB de la France entre 2017 et 2021 ?

Étape 1 Préparer l'analyse du tableau

- Repérer le titre du tableau et délimiter son champ d'analyse (population, période...).
- Reconnaître le tableau utilisé : simple ou à double entrée (un ou deux critères d'analyse).
- Interpréter les intitulés des lignes (lecture horizontale) et des colonnes (lecture verticale).
- Identifier les unités de mesure : valeur, volume, valeur absolue ou relative (%), indice, etc.
- Relever la source et la date du tableau.

→ Le tableau, publié par l'Insee en 2022, présente l'évolution du PIB de la France entre 2017 et 2021. C'est un tableau à simple entrée : le PIB, en milliards d'euros à prix courants (sans enlever l'effet de l'inflation) figure en ligne, et les différentes années en colonnes.

Piège à éviter
> Pensez à interpréter correctement les unités du tableau : ne pas confondre par exemple les valeurs absolues (euros, quantités...) et les valeurs relatives (%).

Étape 2 Analyser les informations du tableau

- Relever les informations essentielles (tendance générale, valeurs extrêmes, écarts...).
- Comparer les données pour repérer les cas particuliers (données atypiques).
- Faire des calculs complémentaires si cela se justifie (regrouper des catégories, mesurer le taux d'évolution, calculer un rapport ou un pourcentage...).
- Interpréter avec vos connaissances (identifier des liens entre les variables).

→ Tendance générale : le PIB français a augmenté en passant de 3 032,7 milliards d'euros en 2017 à 3 285,9 milliards en 2021. Cas particuliers : le PIB a baissé en 2020 (-241 milliards d'euros). Calculs complémentaires : le PIB a augmenté de 8,35 % entre 2017 et 2021 mais a baissé de 7,5 % entre 2019 et 2020. Interprétation : la baisse en 2020 est liée à la crise sanitaire de la Covid-19.

Étape 3 Rédiger l'analyse du tableau

- Introduction : présenter l'objet du tableau (voir Étape 1).
- Paragraphe 1 : décrire les informations générales fournies par le tableau et les interpréter à l'aide de vos connaissances (liens, causes, conséquences).
- Paragraphe 2 : préciser les informations particulières fournies par le tableau et les interpréter à l'aide de vos connaissances.

→ Ce tableau, composé de données de l'Insee, présente l'évolution du PIB en France, en milliards d'euros à prix courants, entre 2017 et 2021.
Le PIB a évolué de manière régulière pendant cette période, passant de 3 032,7 à 3 285,9 milliards d'euros, soit une augmentation de 8,35 % sur la période. C'est donc une période de croissance économique.
On remarque cependant une baisse de 241 milliards d'euros en 2020 (-7,5 % par rapport à 2019) qui peut s'expliquer par la crise sanitaire de la Covid-19.

méthode+
Interpréter un tableau à double entrée
foucherconnect.fr/23dteco124

Chapitre 15 | 197

Une **méthodologie** par l'exemple détaillée étape par étape.

Conseil, **Astuce**, **Piège à éviter** : des rubriques pour gagner en efficacité.

Méthode+ : un prolongement numérique de la méthode.

Activités 2 pages d'activités avec 3 types d'exercices : appliquer, argumenter à l'oral et approfondir

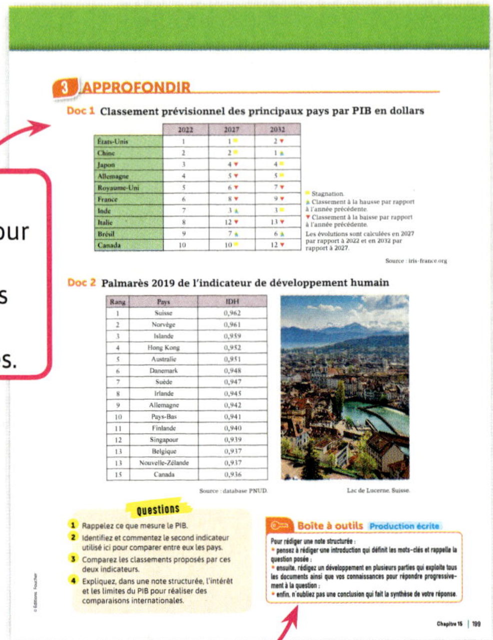

3 minutes pour se tester : un quiz interactif d'autoévaluation.

Un exercice **appliquer** pour s'entraîner avec un nouvel exemple.

Un exercice **argumenter à l'oral** pour mobiliser les compétences orales.

Un exercice **approfondir** pour aller plus loin et mobiliser les compétences rédactionnelles.

Des **boîtes à outils** offrent de nombreux conseils pour calculer, argumenter à l'oral et écrire de façon structurée.

Lexique Un lexique juridique et un lexique économique pour utiliser et mémoriser les mots-clés du droit et de l'économie

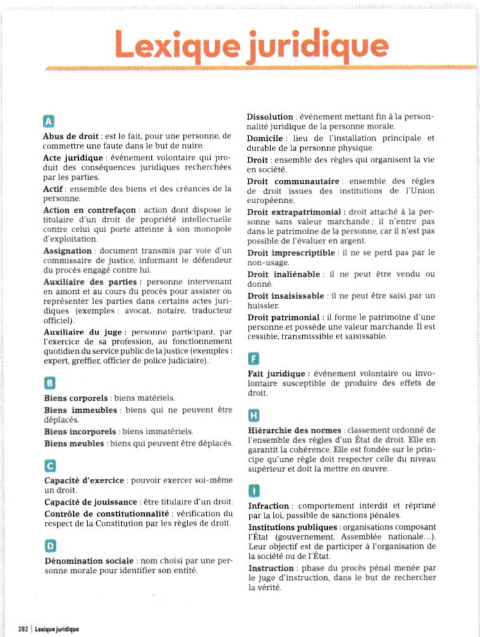

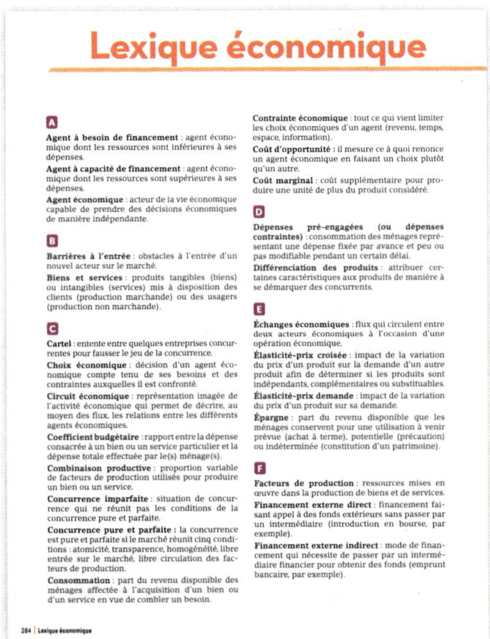

Vos ressources NUMÉRIQUES

VIDÉO
3 minutes pour découvrir autrement
foucherconnect.fr/23dteco17

VIDÉO
3 minutes pour découvrir autrement
foucherconnect.fr/23dteco118

21 vidéos pour animer la classe, en lançant la réflexion autour de la thématique.
Un questionnement accompagne chaque vidéo pour bien appréhender son contenu.

3 minutes pour retenir
foucherconnect.fr/23dteco20

3 minutes pour retenir
foucherconnect.fr/23dteco122

Pour chacune des **21 synthèses** en schéma, une **version rédigée, audio et vidéo** est proposée pour bien mémoriser, où que l'on soit !

QUIZ
Vocabulaire juridique
foucherconnect.fr/23dteco21

QUIZ
Vocabulaire économique
foucherconnect.fr/23dteco123

21 quiz pour enrichir son vocabulaire juridique et économique.

3 minutes pour se tester
foucherconnect.fr/23dteco23

3 minutes pour se tester
foucherconnect.fr/23dteco125

21 quiz autocorrectifs pour vérifier et évaluer ses acquis.

méthode+
La méthode du syllogisme juridique
foucherconnect.fr/23dteco22

méthode+
Interpréter un tableau à double entrée
foucherconnect.fr/23dteco124

Des liens (internet : vidéos, sites ; PDF) pour approfondir un point de la méthode proposée dans les chapitres.

vidéo
Le dualisme juridictionnel - 2,55 min
foucherconnect.fr/23dteco18

vidéo
Calcul de la valeur ajoutée - 2,34 min
foucherconnect.fr/23dteco119

Et plus de 100 liens (internet : vidéos, sites ; PDF) pour varier les supports et enrichir les documents de l'ouvrage.

Sans oublier la **mobilisation des compétences digitales** (recherche internet, utilisation de logiciels) au fil des pages !

Toutes vos ressources sont accessibles *via* des flashcodes et des liens foucherconnect.fr

sommaire

ÉCONOMIE

sommaire

FICHES MÉTHODE DROIT

FICHES MÉTHODE

ÉCONOMIE

▲ Statut représentant Thémis, déesse grecque de la justice.

Notions

État de droit, laïcité, égalité, liberté, solidarité + Fonctions du droit + Distinction entre droit et morale + Ordre public + Caractères de la règle de droit + Autorité légitime

1 Le droit, ses fonctions et la règle de droit

Découvrir ensemble

> **Pourquoi la justice est-elle représentée les yeux bandés ?**
> **Quelle est la symbolique de la balance et du glaive dans cette représentation ?**

VIDÉO

3 minutes pour découvrir autrement

foucherconnect.fr/23dteco01

1 La nécessaire existence du droit

DOC 1 Le droit et la morale

ARRÊTONS LES VIOLENCES

" Il me fait des commentaires dégradants sur ma tenue.
CES ACTES ET CES ATTITUDES SONT INTERDITS ET PUNIS PAR LA LOI.

" Il m'a suivie avec insistance quand je rentrais chez moi.
CES ACTES ET CES ATTITUDES SONT INTERDITS ET PUNIS PAR LA LOI.

" Il me siffle en mimant des bruits sexuels.
CES ACTES ET CES ATTITUDES SONT INTERDITS ET PUNIS PAR LA LOI.

L'outrage sexiste […] s'exprime par des comportements à connotation sexuelle ou sexiste, qui […] portent atteinte à la dignité de la personne en raison de leur caractère dégradant ou humiliant, et créent une situation intimidante, hostile ou offensante. Ces comportements n'ont pas besoin d'être répétés pour que l'infraction soit caractérisée. […]
L'article 621-1 du Code pénal[1] réprime l'outrage sexiste : […] La peine encourue est une amende prévue pour les contraventions de 4e classe (90 € en cas de paiement immédiat et jusqu'à 750 €) ou de 5e classe (jusqu'à 1 500 €) en cas de circonstances aggravantes ou de récidive.

1. Créé par la loi du 3 août 2018.

arretonslesviolences.gouv.fr

LE NUMÉRO D'ÉCOUTE, D'INFORMATION ET D'ORIENTATION
3919
Violences Femmes Info

#vidéo
Harcèlement de rue : les sanctions sont-elles vraiment efficaces ? - 1,43 min
foucherconnect.fr/23dteco02

1. Relevez les sanctions prévues contre l'outrage sexiste.
2. Indiquez en quoi un outrage sexiste constitue un trouble à l'ordre public.
3. Expliquez pourquoi le droit a évolué avec la morale concernant les outrages sexistes.

DOC 2 L'État de droit appliqué à la garde à vue

#site
service-public.fr - Garde à vue
foucherconnect.fr/23dteco03

Le Secrétaire général des Nations unies a décrit l'État de droit comme « un principe de gouvernance en vertu duquel l'ensemble des individus, des institutions et des entités publiques et privées, y compris l'État lui-même, ont à répondre de l'observation de lois promulguées publiquement, appliquées de façon identique pour tous et administrées de manière indépendante, et compatibles avec les règles et normes internationales en matière de droits de l'homme. Il implique, d'autre part, des mesures propres à assurer le respect […] de l'égalité devant la loi, […], de la séparation des pouvoirs, […] du refus de l'arbitraire et de la transparence des procédures et des processus législatifs. »

Quels sont vos droits pendant une garde à vue ?

La personne gardée à vue conserve ses droits. Elle doit être informée, dans une langue qu'elle comprend, des raisons de sa garde à vue et de ses droits. Elle peut faire prévenir la personne de son choix et être examinée par un médecin. Elle doit pouvoir s'entretenir avec son avocat 30 minutes, dès la première heure de garde à vue. Le délai de la garde à vue est de 24 heures, prolongeable de 24 heures. En cas de manquement à ces droits par l'autorité publique, la procédure pourra être considérée comme nulle.

© Foucher

4. Listez les droits d'une personne pendant une garde à vue.
5. Relevez les caractéristiques de l'État de droit selon le secrétaire général de l'ONU.
6. Montrez que l'État de droit est respecté par les règles de la garde à vue.

DOC 3 Les principes généraux du droit dans la Déclaration des droits de l'homme et du citoyen (1789)

• **Art. 1er.** Les hommes naissent et demeurent libres et égaux en droits. [...]
• **Art. 2.** Le but de toute association politique est la conservation des droits naturels et imprescriptibles de l'Homme. Ces droits sont la liberté, la propriété, la sûreté, et la résistance à l'oppression. [...]
• **Art. 4.** La liberté consiste à pouvoir faire tout ce qui ne nuit pas à autrui : ainsi, l'exercice des droits naturels de chaque homme n'a de bornes que celles qui assurent aux autres Membres de la Société la jouissance de ces mêmes droits. Ces bornes ne peuvent être déterminées que par la Loi.
• **Art. 5.** La Loi n'a le droit de défendre que les actions nuisibles à la Société. Tout ce qui n'est pas défendu par la Loi ne peut être empêché, et nul ne peut être contraint à faire ce qu'elle n'ordonne pas. [...]
• **Art. 10.** Nul ne doit être inquiété pour ses opinions, même religieuses, pourvu que leur manifestation ne trouble pas l'ordre public établi par la Loi.

 # vidéo
La république, ses valeurs et le citoyen - 4,58 min
foucherconnect.fr/23dteco04

7 Précisez ce que signifie l'expression « égaux en droits ».

8 Expliquez la notion de liberté et les situations dans lesquelles cette liberté peut être réduite.

9 Expliquez en quoi l'article 10 pose les bases du principe de laïcité.

DOC 4 La fraternité au cœur de l'action citoyenne

Fondés par Coluche en 1985, les Restos du Cœur est une association loi de 1901, reconnue d'utilité publique [...]. Ils ont pour but « d'aider et d'apporter une assistance bénévole aux personnes démunies, notamment dans le domaine alimentaire par l'accès à des repas gratuits, et par la participation à leur insertion sociale et économique, ainsi qu'à toute action contre la pauvreté sous toutes ses formes ».

restosducoeur.org

 # vidéo
Au Cœur des Restos du Cœur : Accueil de jour - 1,10 min
foucherconnect.fr/23dteco05

10 Relevez les actions des Restos du Cœur et expliquez comment elles sont financées.

11 Expliquez ce qu'implique la fraternité pour une organisation comme les Restos du Cœur et ses bénéficiaires.

L'essentiel

- Le droit et la morale sont deux notions différentes, mais souvent influencées l'une par l'autre.
- Le droit vise à faire respecter l'ordre public.
- L'État de droit est le fait que tous, même l'État, doivent respecter le droit.
- Les principes généraux du droit sont la liberté, l'égalité, la fraternité et la laïcité.

À VOUS DE JOUER !

Mme Poraine a été percutée par un chauffard. Celui-ci s'est arrêté pour s'excuser, mais est parti avant l'arrivée des secours pour ne pas être identifié. Accueillie aux urgences, elle a tout de suite subi une opération qui lui a sauvé l'usage de ses jambes. La Sécurité sociale a pris en charge les frais d'hospitalisation, tout comme ceux de M. Konate, opéré en même temps que Mme Poraine.

> **Indiquez à quel moment le chauffard a montré une valeur morale.**
> **Montrez qu'il n'a pas, pour autant, respecté les droits de Mme Poraine.**
> **Relevez comment ont été appliqués les principes de fraternité et d'égalité.**

2 Les fonctions du droit

DOC 1 La pacification des relations entre les individus

1 Décrivez le problème rencontré par la conductrice dans cette illustration.
2 Expliquez comment le droit a permis à cette conductrice de trouver une solution pacifique à son problème.

DOC 2 La traduction des valeurs collectives

Quelques évolutions des droits des personnes LGBT+ en France

- **Loi Forni du 4 août 1982 :** Le « délit d'homosexualité » est supprimé.
- **Loi Taubira du 23 avril 2013 :** La France est devenue le 9e pays européen et le 14e pays au monde à autoriser le mariage homosexuel.
- **Loi du 18 novembre 2016** : Une personne qui se présente comme appartenant à un sexe différent de celui de son état civil peut en demander le changement au tribunal judiciaire.
- **Décret du 3 août 2017 :** L'injure et la diffamation non publiques en raison de l'orientation sexuelle d'une personne sont des délits passibles d'une contravention.
- **Loi du 27 septembre 2019 :** La procréation médicalement assistée est ouverte à toutes les femmes.
- **Loi du 22 février 2022** : La loi ouvre l'adoption à tous les couples.

© Foucher

3 Indiquez comment le droit a évolué concernant l'homosexualité.
4 Montrez comment le droit intègre les évolutions des valeurs collectives en France.

 # vidéo
Retour sur plus de 100 ans de droits des femmes en France - 57 s
foucherconnect.fr/23dteco06

DOC 3 L'organisation de la vie en société : le Code de la route

5 Citez l'utilité de mettre en place un Code de la route.

6 Montrez que le Code de la route organise les relations entre les usagers.

7 Montrez que le règlement intérieur de votre lycée en organise également le fonctionnement.

L'essentiel

- Le droit remplit 3 fonctions :
  - pacification des relations sociales ;
  - traduction des valeurs collectives ;
  - organisation de la vie en société.

À VOUS DE JOUER !

Chacun peut apprendre à conduire dès 15 ans. Il faudra d'abord réussir l'examen théorique (le « code ») avant d'apprendre à conduire. L'adulte accompagnateur doit être titulaire du permis B depuis au moins cinq ans et doit demander au préalable l'accord de sa compagnie d'assurances. La formation pratique comprend trois étapes :

- la formation initiale dans une auto-école (20 heures minimum) ;
- la conduite accompagnée d'un adulte, avec un suivi pédagogique par l'auto-école (3 000 km minimum) ;
- la présentation au permis de conduire, qui est possible dès 17 ans et demi (mais il faut attendre ses 18 ans pour conduire seul).

> **Montrez comment le droit organise l'apprentissage anticipé de la conduite.**

> **Montrez en quoi l'obligation de s'assurer pacifie les relations sociales.**

3 Les caractères de la règle de droit et son application

DOC 1 Règles sociales et règles de droit

1 Citez, parmi ces règles, celles qui relèvent du droit et celles qui restent du domaine de la courtoisie.
2 Différenciez une règle sociale d'une règle de droit.
3 Proposez une définition de la règle de droit.

DOC 2 L'autorité et la règle légitime

La légitimité d'une règle de droit s'évalue sur plusieurs niveaux.

• D'abord, elle doit provenir d'une autorité légitime. Cette autorité légitime est une assemblée qui a le pouvoir d'imposer l'obéissance et est désignée par le peuple selon la procédure déterminée par la loi. Par exemple, l'existence de l'Assemblée nationale, autorité qui vote les lois, est prévue dans la Constitution. Les députés qui la composent sont élus par le peuple au suffrage universel direct. Le respect de ce suffrage donne sa légitimité à l'Assemblée nationale.

• Ensuite, la règle devient elle-même légitime si elle est adoptée selon la procédure prévue par la loi. Dans notre exemple, l'Assemblée nationale vote les lois à la majorité des députés. Chaque loi devient alors légitime.

© Foucher

4 Listez les conditions d'une règle légitime.
5 Expliquez pourquoi les délibérations du conseil municipal de votre ville satisfont toutes ces conditions.

DOC 3 La règle de droit est générale, abstraite, obligatoire et coercitive

Perrine, 15 ans, est catastrophée : après avoir fait la queue à la cantine, elle s'aperçoit que la poche avant de son sac à dos a été ouverte et que son téléphone portable a été volé. Ses parents portent plainte au commissariat. Quelques semaines plus tard, le commissaire les appelle : une personne a été interpellée en possession du téléphone volé sans possibilité d'en présenter une preuve d'achat. Perrine peut retrouver son téléphone. Le commissaire affirme que le détenteur sera poursuivi pour recel d'objet volé et, le cas échéant, pour vol. Les parents peuvent également demander des dommages et intérêts pour les désagréments subis.

Code pénal, art. 311-1 : Le vol est la soustraction frauduleuse de la chose d'autrui.
Code pénal, art. 321-1 : Le recel est le fait [...] de détenir [...] une chose, [...], en sachant que cette chose provient d'un crime ou d'un délit. Le recel est puni de cinq ans d'emprisonnement et de 375 000 euros d'amende.
Code pénal, art. 311-3 : Le vol est puni de trois ans d'emprisonnement et de 45 000 euros d'amende.
Code civil, art. 1240 : Tout fait quelconque de l'homme, qui cause à autrui un dommage, oblige celui par la faute duquel il est arrivé à le réparer.

6 Listez à partir du Code civil les termes utilisés pour désigner les personnes concernées par chaque règle de droit.
7 Expliquez en conséquence pourquoi la règle de droit est dite générale.
8 Indiquez si le voleur présumé du téléphone portable peut refuser de payer l'amende à laquelle le juge pourra le condamner. Justifiez.

DOC 4 Quand la règle de droit s'applique-t-elle ?

Il faut percevoir les règles de droit comme un ensemble abstrait au-dessus de chaque individu. C'est le droit objectif. Toutes les règles ne sont pas utiles concrètement à une personne à chaque instant. Mais elles existent, prêtes à être utilisées. Quand un événement survient, l'individu peut se saisir de son droit, issu de la règle, pour obtenir un droit subjectif et le faire appliquer.
Par exemple, un camarade a filmé Sihâm lors d'une soirée entre amis. Il a partagé le film en statut public sur les réseaux sociaux. Sihâm sait que l'article 9 du Code civil énonce que chacun a le droit au respect de sa vie privée. Elle pourra s'en saisir pour demander réparation à ce camarade.

9 Distinguez droit objectif et droit subjectif.
10 Relevez à quel moment la vie privée de Sihâm n'a pas été respectée.
11 Indiquez comment Sihâm pourra faire respecter son droit.

L'essentiel

- Une règle de droit est une norme qui organise la vie des citoyens.
- La règle de droit doit être légitime pour être appliquée.
- La règle de droit présente quatre caractères : elle est générale, abstraite, obligatoire et coercitive.

À VOUS DE JOUER !

Le Parlement européen et le Conseil de l'Union européenne [...] ont adopté la présente directive :
Article 1 [...]
2. Pour toute activité susceptible de présenter un risque d'exposition à des agents cancérigènes ou mutagènes ou à des substances reprotoxiques, la nature, le degré et la durée de l'exposition des travailleurs doivent être déterminés, afin de pouvoir apprécier tout risque concernant la sécurité ou la santé des travailleurs et de pouvoir déterminer les mesures à prendre. [...]
Article 2 : Transposition
1. Les États membres mettent en vigueur les dispositions législatives, réglementaires et administratives nécessaires pour se conformer à la présente directive au plus tard le 5 avril 2024. Ils communiquent immédiatement à la Commission le texte de ces dispositions.

Fait à Strasbourg, le 9 mars 2022.

eur-lex.europa.eu

> **Montrez que cette directive européenne est légitime, générale, abstraite et obligatoire.**

Synthèse

3 minutes pour retenir
foucherconnect.fr/23dteco07

1 La nécessaire existence du droit

- **Morale** : Perception du bien et du mal
  → Différente mais influence →
- **Droit** : Ensemble des règles qui organisent la vie en société
  → Respecte →
- **Ordre public** : Règles qui touchent à l'organisation de la nation

Droit — Fondé sur 4 principes :
- Liberté
- Égalité
- Fraternité
- Laïcité

2 Les fonctions du droit

Organiser la vie en société + **Pacifier les relations sociales** + **Traduire les valeurs collectives**

3 Les caractères de la règle de droit et son application

- **Légitime** : Issue de la loi
- \+ **Générale** : S'applique à tous
- \+ **Abstraite** : Situation théorique
- \+ **Obligatoire** : Doit être appliquée
- \+ **Coercitive** : Sanctionne ceux qui ne respectent pas les règles de droit

Mots-clés

> Droit
> Morale
> Ordre public

Voir lexique P. 282

QUIZ
Vocabulaire juridique
foucherconnect.fr/23dteco08

Fiche Méthode 1 Comprendre une règle de droit

Objectif *Comprendre le sens (pourquoi) mais surtout la finalité (ce à quoi elle sert) d'une règle de droit*

→ **Exemple. Article 1240 du Code civil, créé par la loi 1804-02-09 promulguée le 19 février 1804.**

« Tout fait quelconque de l'homme, qui cause à autrui un dommage, oblige celui par la faute duquel il est arrivé à le réparer. »

Étape 1 Identifier l'environnement de la règle

Repérer sa source

– De quel texte de droit s'agit-il ? (loi, décret, directive européenne...) ;
– Quelle est sa date et son référencement ? (date et numéro dans le Code civil, par exemple...).

→ Code civil, d'après la loi du 19 février 1804.

Repérer son thème : il peut être donné par son titre ou par le code dont est issue la règle.

Identifier son objet principal (sur quoi elle porte).

→ Le Code civil regroupe les règles qui régissent les relations juridiques entre les individus.

Étape 2 Lire une première fois

Lire une première fois la règle en prenant soin de marquer la ponctuation et en identifiant les termes significatifs.

→ En isolant les termes entre les virgules, on lit : Tout fait quelconque de l'homme oblige celui par la faute duquel il est arrivé à le réparer. Ainsi, on comprend que l'article parle de la responsabilité des personnes.

Identifier le problème de droit traité par la règle (de quoi parle-t-elle de manière générale ?).

→ Le texte porte sur toutes les situations dans lesquelles une personne cause un dommage à une autre.

Identifier l'objectif général de la règle (à quoi sert-elle ?).

→ La règle établit une obligation pour celui qui cause le dommage.

Étape 3 Comprendre les termes juridiques

Faire les recherches nécessaires pour comprendre les termes juridiques et techniques inconnus.

→ Termes à maîtriser :
– fait de l'homme = une personne a fait quelque chose ;
– autrui = une autre personne ;
– dommage = atteinte aux droits ;
– réparer = assumer la responsabilité de sa faute et dédommager sa victime.

Étape 4 Lire une deuxième fois

Lire une deuxième fois la règle avec cette meilleure appréhension du vocabulaire.

Étape 5 Reformuler la règle dans un langage courant

→ L'article 1240 énonce qu'une personne qui cause un dommage doit le réparer.

Activités

3 minutes pour se tester
foucherconnect.fr/23dteco09

1 APPLIQUER

Doc À chaque règle, son code

En France, les règles de droit sont regroupées dans des codes en fonction de leur thématique.

Art. R. 412-30 : Tout conducteur doit marquer l'arrêt absolu devant un feu de signalisation rouge, fixe ou clignotant. […]

Art. R. 413-2 : I. Hors agglomération, la vitesse des véhicules est limitée à :
1° 130 km/h sur les autoroutes ;
2° 110 km/h sur les routes à deux chaussées séparées par un terre-plein central ;
3° 80 km/h sur les autres routes. Toutefois, sur les sections de ces routes comportant au moins deux voies affectées à un même sens de circulation, la vitesse maximale est relevée à 90 km/h sur ces seules voies. […]

Art. 21-7 : Tout enfant né en France de parents étrangers acquiert la nationalité française à sa majorité si, à cette date, il a en France sa résidence et s'il a eu sa résidence habituelle en France pendant une période continue ou discontinue d'au moins cinq ans, depuis l'âge de onze ans […].

Art. 222-37 : Le transport, la détention, l'offre, la cession, l'acquisition ou l'emploi illicites de stupéfiants sont punis de dix ans d'emprisonnement et de 7 500 000 euros d'amende.

Art. L. 3121-27 : La durée légale de travail effectif des salariés à temps complet est fixée à trente-cinq heures par semaine.

Art. L. 3121-28 : Toute heure accomplie au-delà de la durée légale hebdomadaire ou de la durée considérée comme équivalente est une heure supplémentaire qui ouvre droit à une majoration salariale ou, le cas échéant, à un repos compensateur équivalent.

Art. 223-6 : Quiconque pouvant empêcher par son action immédiate, sans risque pour lui ou pour les tiers, soit un crime, soit un délit contre l'intégrité corporelle de la personne s'abstient volontairement de le faire est puni de cinq ans d'emprisonnement et de 75 000 euros d'amende. […]

© LA DILA/Légifrance

Questions

Pour chacune des règles suivantes :

1. Retrouvez de quel sujet elle traite.
2. Citez le code dont elle fait partie.

2 ARGUMENTER À L'ORAL

DÉBAT

Liberté, égalité, fraternité et laïcité sont les valeurs de la République. Elles encadrent toutes les règles de droit. Face à elles peuvent exister des restrictions à la liberté, des inégalités entre les hommes et les femmes ou des entraves à la laïcité.
Choisissez une de ces situations et préparez un argumentaire illustré de 3 minutes pour défendre la valeur non respectée face à des personnes qui voudraient la limiter.
Vous pouvez vous servir de votre expérience et de vos recherches documentaires.

Boîte à outils Oral

- Sélectionnez, dans vos souvenirs ou dans vos connaissances, une situation où l'une des valeurs de la République n'a pas été respectée.
- Expliquez en quoi une valeur de la République n'a pas été respectée dans la situation choisie.
- Préparez des arguments montrant que la valeur concernée est primordiale pour notre démocratie.

3 APPROFONDIR

Jérémie a une particularité génétique qui implique l'hyper souplesse de ses ligaments. Sa démarche en est affectée. Son handicap est reconnu par la MDPH de son domicile. Le week-end dernier, Jérémie a voulu se rendre avec deux amies en boîte de nuit. Devant eux, un groupe similaire de trois personnes a pu entrer. En remarquant la démarche de Jérémie, le vigile leur a refusé l'accès, prétextant que la boîte était un lieu privé. Jérémie et ses amies pensent avoir souffert de discrimination liée au handicap de Jérémie.

Doc 1 Chronologie des droits des personnes handicapées en France

Les droits des personnes handicapées ont largement évolué avec le temps. Les premières protections datent des blessures de guerre : sous Louis XIV avec la création de l'institution des Invalides, mais surtout depuis la fin de la Première Guerre mondiale et la présence des « gueules cassées » : en 1919, le ministère des Anciens Combattants prévoit un barème pour déterminer les pensions d'invalidité. Les blessures liées au travail sont également prises en considération, notamment par une loi de 1898 qui oblige l'employeur à verser une pension à ses travailleurs infirmes à la suite d'accidents du travail.

Le handicap est envisagé sous l'angle de la santé avec, d'abord, la création de la Sécurité sociale en 1945 puis l'organisation du dépistage en 1975.

Troisième angle de prise en charge : l'éducation et le travail : une loi de 1975 fixe l'obligation éducative pour les enfants et adolescents handicapés et une loi de 1987 oblige les entreprises de plus de 20 salariés à embaucher 6 % de travailleurs handicapés. Ces droits sont élargis en 2014 avec la création des Maisons départementales des personnes handicapées (MDPH), créées pour favoriser l'inclusion scolaire et l'emploi.

Les années 1990 protègent les personnes handicapées des discriminations. Ainsi, deux lois de 1990 et 1994 établissent que les discriminations en raison du handicap sont des délits.

L'égalité est enfin un dernier angle de protection des personnes handicapées. La loi de 2005 favorise leur participation à la citoyenneté et celle de 2015 prévoit une meilleure accessibilité pour les lieux publics et les transports.

© Foucher

Doc 2 La protection contre les discriminations dans le Code pénal

Article 225-1

Constitue une discrimination toute distinction opérée entre les personnes physiques sur le fondement de leur origine, de leur sexe, de leur situation de famille, de leur grossesse, de leur apparence physique [...], de leur lieu de résidence, de leur état de santé, de leur perte d'autonomie, de leur handicap, de leurs caractéristiques génétiques, de leurs mœurs, de leur orientation sexuelle, de leur identité de genre, de leur âge, de leurs opinions politiques [...], de leur capacité à s'exprimer dans une langue autre que le français, de leur appartenance ou de leur non-appartenance, vraie ou supposée, à une ethnie, une nation, une prétendue race ou une religion déterminée. [...]

Article 225-2

La discrimination définie aux articles 225-1 à 225-1-2, commise à l'égard d'une personne physique ou morale, est punie de trois ans d'emprisonnement et de 45 000 euros d'amende lorsqu'elle consiste :

1° À refuser la fourniture d'un bien ou d'un service ;

[...] Lorsque le refus discriminatoire prévu au 1° est commis dans un lieu accueillant du public ou aux fins d'en interdire l'accès, les peines sont portées à cinq ans d'emprisonnement et à 75 000 euros d'amende.

© LA DILA/Légifrance

Questions

1 Développez et expliquez dans un écrit structuré les raisons qui ont amené les pouvoirs publics à faire évoluer le droit concernant le handicap.

2 Relevez les domaines où le droit organise la vie en société des personnes handicapées.

3 Montrez en quoi le comportement du vigile devant Jérémie relève de la discrimination.

4 Précisez la sanction que risque la boîte de nuit ou son vigile pour discrimination.

Boîte à outils Production écrite

- **Repérez les grands événements évoqués dans le Doc 1.**
- **Rédigez votre réponse en expliquant en quoi chacun de ces événements a fait évoluer les mentalités et ensuite le droit.**

▲ Résultat du vote en faveur pour l'inclusion de l'IVG dans la Constitution, hémicycle de l'Assemblée nationale, Paris, 24 novembre 2022.

Foucher

Notions

Constitution + Contrôle de constitutionnalité + Droit communautaire, traités, droit dérivé (règlement, directive) + Commission européenne, Conseil de l'Union européenne, Parlement européen + Loi/Parlement + Règlement/gouvernement + Jurisprudence/autorité judiciaire + Conventions et accords collectifs/partenaires sociaux + Hiérarchie des normes

2 Les sources du droit

Découvrir ensemble

> Qui sont les personnes qui votent les lois et comment ont-elles pu disposer de ce pouvoir de vote ?
> Quelles autres règles doivent être respectées par les citoyens en France ?

VIDÉO

3 minutes pour découvrir autrement

foucherconnect.fr/23dteco10

1 Les règles du droit national issues du pouvoir législatif

DOC 1 La hiérarchie des normes nationales

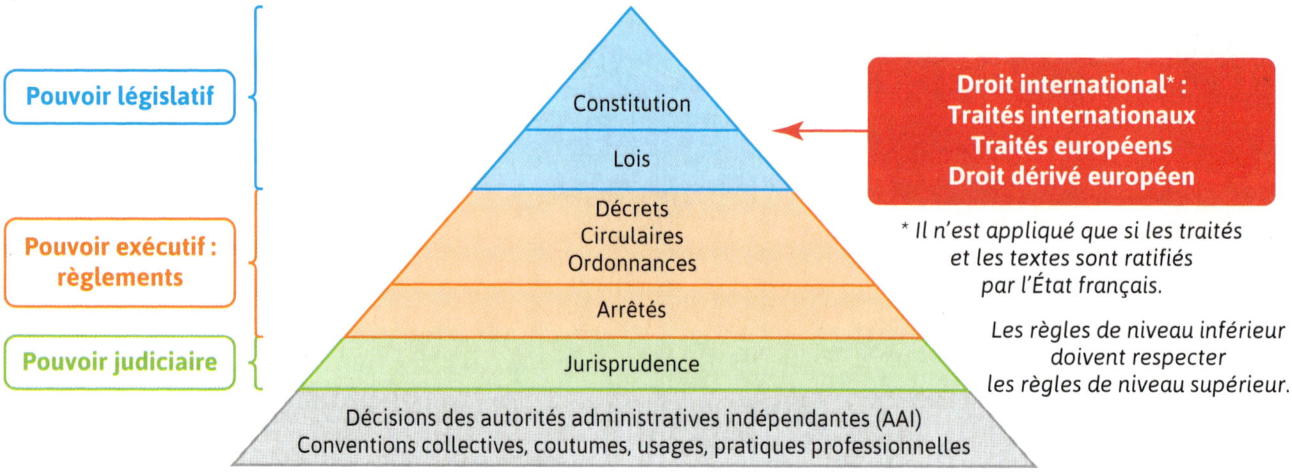

© Foucher

1 Citez la règle qui doit être respectée par toutes les autres dans la hiérarchie des normes.

2 Expliquez l'intérêt de la hiérarchie des textes de droit.

DOC 2 La Constitution

3 Expliquez le terme « Constitution ».

4 Indiquez qui vote la modification d'un texte constitutionnel.

5 Indiquez qui s'assure de la constitutionnalité des lois.

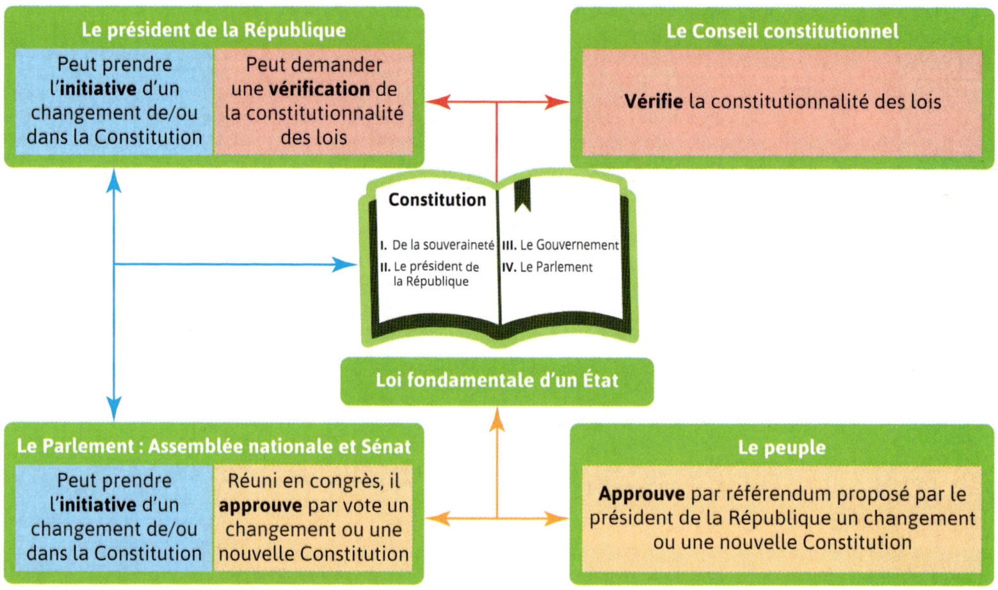

© Foucher

DOC 3 Les textes composant la Constitution

Déclaration des droits de l'homme et du citoyen de 1789 (extrait)
Art. 1er. Les hommes naissent et demeurent libres et égaux en droits.
Les distinctions sociales ne peuvent être fondées que sur l'utilité commune.

Préambule de 1946 (extrait)
Elle garantit à tous [...] la protection de la santé, la sécurité matérielle, le repos et les loisirs.

Constitution de 1958 (extrait)
La France est une République indivisible, laïque, démocratique et sociale.
Elle assure l'égalité devant la loi de tous les citoyens sans distinction d'origine, de race ou de religion. Elle respecte toutes les croyances.

Charte de l'environnement de 2004 (extrait)
Art. 1er. Chacun a le droit de vivre dans un environnement équilibré et respectueux de la santé.

© LA DILA/Légifrance

6 Précisez l'objectif global de chacun de ces textes constitutionnels.

7 Montrez que la Constitution respecte les principes fondamentaux du droit : liberté, égalité, fraternité et laïcité.

DOC 4 Les différents domaines de la loi

Art. 34 de la Constitution. La loi fixe les règles concernant :
- les droits civiques et les garanties fondamentales accordées aux citoyens pour l'exercice des libertés publiques, [...] la liberté, [...] des médias [...] ;
- la nationalité, [...] la capacité des personnes, les régimes matrimoniaux, les successions [...] ;
- la détermination des crimes et délits ainsi que les peines qui leur sont applicables [...] ;
- l'assiette, le taux et les modalités de recouvrement des impositions [...].

La loi détermine les principes fondamentaux :
- de l'organisation générale de la Défense nationale ;
- de la libre administration des collectivités territoriales, de leurs compétences et de leurs ressources ;
- de l'enseignement ;
- de la préservation de l'environnement [...] ;
- du droit du travail, du droit syndical et de la Sécurité sociale. [...]

© LA DILA/Légifrance

8 Indiquez et justifiez s'il est nécessaire d'élaborer une loi dans les cas suivants :

changer l'âge de la majorité / déterminer la date des soldes / réduire la durée du temps de travail / définir le taux d'imposition sur le revenu des ménages / autoriser le droit de vote pour les étrangers aux élections municipales

 # vidéo
Comment est élaborée la loi ? - 2,07 min
foucherconnect.fr/23dteco11

DOC 5 L'élaboration de la loi

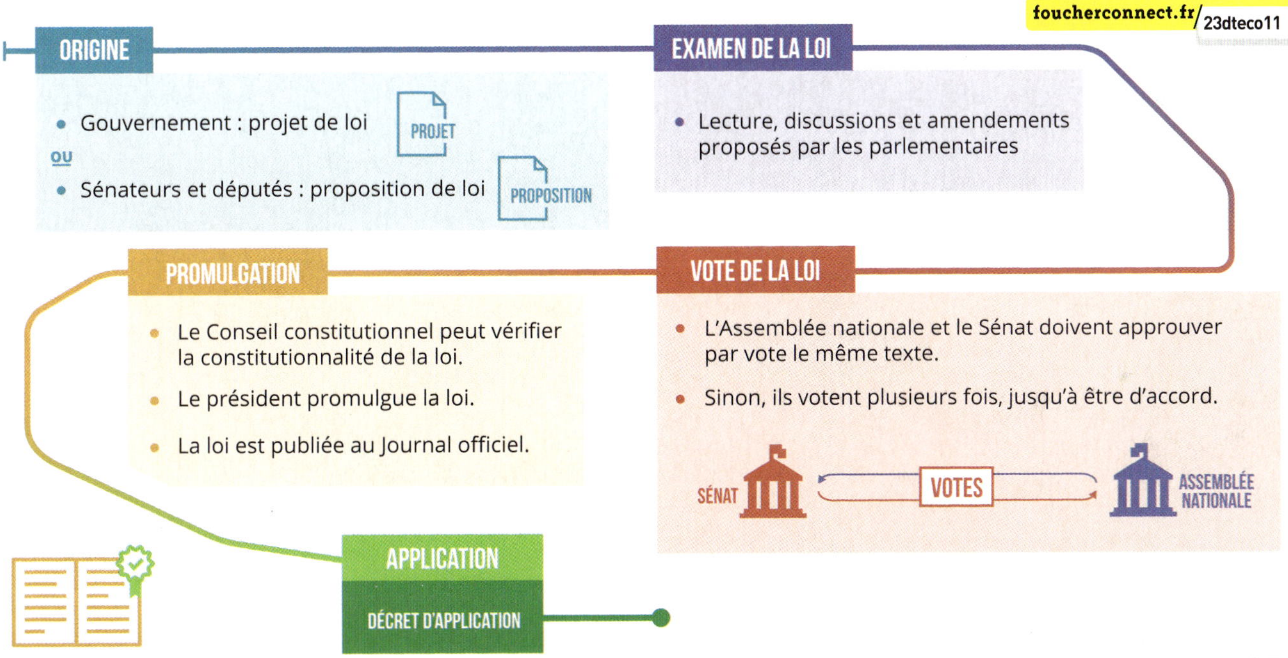

© Foucher

9 Relevez qui rédige les textes de lois.
10 Précisez qui vote les lois et dans quelles conditions.

L'essentiel

- Les règles de droit sont hiérarchisées afin d'éviter qu'elles se contredisent.
- La Constitution est la loi fondamentale d'un État. Elle en organise le fonctionnement et en définit les principes.
- La loi est une règle générale et permanente votée par le Parlement (Assemblée nationale et Sénat).

À VOUS DE JOUER !

Le 8 décembre 2022, le Sénat a adopté à l'unanimité la proposition de loi visant à lutter contre la fraude au compte personnel de formation (CPF) et à interdire le démarchage de ses titulaires.
Après l'Assemblée nationale [...], c'est le Sénat qui a voté ce texte le jeudi 8 décembre 2022, à l'unanimité et dans les mêmes termes. La proposition de loi vise notamment à : interdire la prospection commerciale des titulaires d'un compte personnel de formation (art. 1er) ; [...] Créer une procédure de référencement des organismes de formation sur le portail numérique « Mon compte formation » (art. 3) [...]. Le texte peut désormais être promulgué, sauf saisine du Conseil constitutionnel.

affiches-parisiennes.com, Julien Dacheux, 09.12.2022.

> **Expliquez l'objectif global de la loi.**
> **Présentez le rôle de chaque institution évoquée dans cet article.**

2 Les règles du droit international

DOC 1 La Déclaration universelle des droits de l'homme : un exemple d'accord international

Elle a été votée en 1948 par l'Assemblée générale des Nations Unies, composée de 28 membres. Elle proclame les principaux droits des hommes que les États doivent tendre à respecter.

- **Article premier**
Tous les êtres humains naissent libres et égaux en dignité et en droits. Ils sont doués de raison et de conscience et doivent agir les uns envers les autres dans un esprit de fraternité.
- **Article 3**
Tout individu a droit à la vie, à la liberté et à la sûreté de sa personne.
- **Article 4**
Nul ne sera tenu en esclavage […].
- **Article 7**
Tous sont égaux devant la loi et ont droit sans distinction à une égale protection de la loi […].
- **Article 18**
Toute personne a droit à la liberté de pensée, de conscience et de religion […].
- **Article 19**
Tout individu a droit à la liberté d'opinion et d'expression […].
- **Article 26**
Toute personne a droit à l'éducation […].

1 Indiquez dans quel but cette déclaration internationale a été signée en 1948.

2 Expliquez en quoi la signature de cet accord influence le droit des pays signataires.

DOC 2 Le traité de Maastricht : un traité européen

Parmi les traités européens, celui qui est peut-être le plus connu est le traité de Maastricht. Adopté en 1992, par les 12 États membres de l'époque, il marque une nouvelle étape dans la construction européenne avec la mise en place de l'Union européenne (UE).
Ses principales mesures sont :

1. La création de la citoyenneté européenne. Elle accorde de nouveaux droits aux citoyens :
- le droit de circuler et de résider librement dans les pays de la Communauté ;
- le droit de voter et d'être élu dans l'État où l'on réside pour les élections européennes et municipales sous certaines conditions ;
- le droit de pétition devant le Parlement européen ; […]

2. L'union économique et monétaire, dont la principale avancée est la création de l'euro et sa mise en circulation dans tous les pays volontaires respectant des conditions fixées.

3. La politique étrangère et de sécurité commune. Elle permet d'instaurer une politique étrangère à l'unanimité des États-membres.

 # site
Histoire de la construction européenne
foucherconnect.fr/23dteco12

3 Résumez les trois piliers de la construction européenne.

4 Montrez que le traité de Maastricht a une influence sur chaque citoyen français.

DOC 3 L'élaboration des règles de droit au sein de l'UE

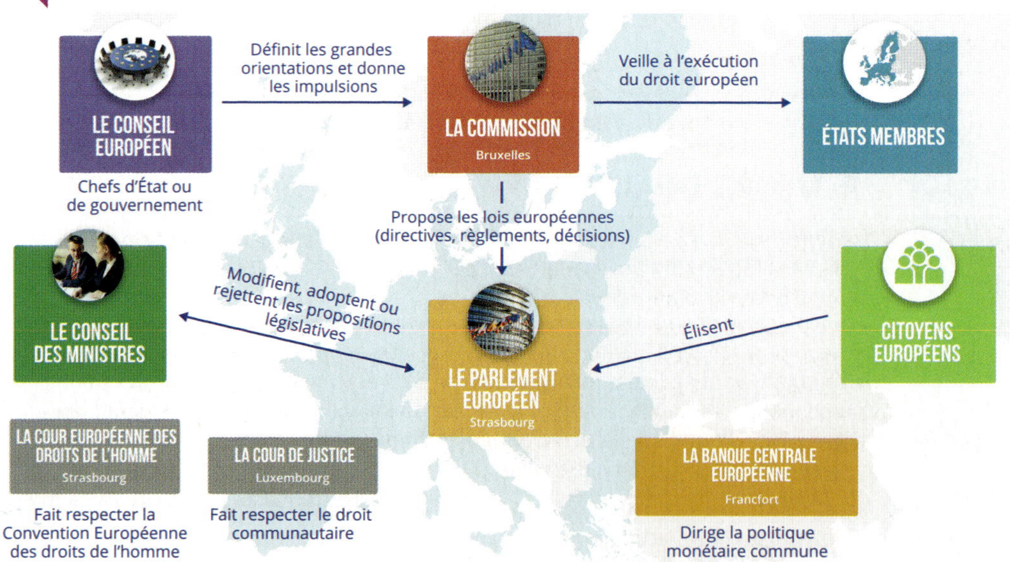

5 Précisez qui est à l'initiative d'une règle de droit européen.

6 Repérez qui adopte le droit européen.

7 Expliquez pourquoi l'intervention des chefs d'État est primordiale dans la construction du droit européen.

DOC 4 Les directives européennes doivent être transposées dans le droit national

La directive européenne du 16 décembre 2020 a mis en place différentes mesures pour améliorer la qualité des eaux destinées à la consommation humaine.
Les pays membres se sont engagés sur plusieurs axes :
- de nouvelles normes de qualité dans l'eau potable ;
- le renforcement des exigences liées aux matériaux au contact de l'eau (art. 11) ;
- l'amélioration de l'accès à l'eau pour tous (art. 16) ;
- l'amélioration de l'information sur la qualité de l'eau (art. 17).

Les pays membres avaient jusqu'au 12 janvier 2023 pour transposer cette directive dans leur droit national et, ainsi, la mettre en application. Fin 2022, le président de la République et le gouvernement ont proposé une ordonnance et deux décrets afin de se conformer à cette exigence de transposition.

© Foucher

8 Expliquez l'objectif de la directive « eau potable ».

9 Précisez l'étape nécessaire pour l'application de la directive par chaque État membre.

DOC 5 Les règlements européens s'appliquent directement

Après moins de deux ans de négociations au niveau européen, le Digital Services Act (DSA) arrive à la fin de son parcours législatif, avec sa publication jeudi 27 octobre 2022 au Journal officiel de l'UE.
[…] Le Digital Services Act est là. Le temps est désormais compté pour les géants de la tech pour se mettre en conformité avec les nouvelles règles de l'UE. Ce nouveau règlement ambitionne de poser les bases d'une nouvelle ère réglementaire en responsabilisant davantage les plateformes et marketplaces, de manière proportionnée à leur taille et à leur impact sur le marché et sur nos sociétés.
[…] Les plateformes en ligne auront désormais l'obligation de mettre en place un mécanisme de signalement des contenus illicites et devront être en mesure de procéder rapidement à leur retrait.
[…] Les plus grandes entreprises seront soumises à un régime plus strict de règles, au motif que leur taille et leur importance sur le marché font peser un risque plus grand aux utilisateurs lorsqu'il s'agit de contenus illicites ou préjudiciables. […]
En cas de manquement à ces obligations, Bruxelles pourra infliger des amendes aux « très grandes plateformes » et « très grands moteurs de recherche », allant jusqu'à 6 % de leur chiffre d'affaires mondial. […]
Si le présent règlement entre officiellement en vigueur le 16 novembre prochain, 20 jours après sa publication dans le Journal officiel de l'UE, il ne sera applicable que 15 mois après cette date, soit en février 2024.

usine-digitale.fr, Mathieu Pollet, 27.10.2022.

10 Expliquez l'intérêt de ce règlement.

11 Relevez la différence de mise en application par rapport à la directive.

L'essentiel

- Les traités et conventions internationaux sont des règles de droit négociées entre plusieurs États dans le but de fixer des engagements et des modes de fonctionnement. Ils sont applicables à un pays seulement si celui-ci les a ratifiés.
- Les traités européens organisent le fonctionnement de l'Europe.
- Le droit dérivé européen est l'ensemble des règles de droit adoptées dans le respect des traités. Elles peuvent être des directives (à transposer dans le droit français) ou des règlements (qui s'appliquent directement).

À VOUS DE JOUER !

[...] Le Conseil d'État a jugé ce mercredi 23 novembre « illégales » plusieurs techniques de chasses traditionnelles d'oiseaux, utilisées dans les Ardennes et le Sud-Ouest avec des autorisations du gouvernement, déjà suspendues et annulées à plusieurs reprises par la justice administrative. Saisi par les associations la Ligue pour la Protection des Oiseaux (LPO) et One Voice, « le Conseil d'État juge aujourd'hui (mercredi) que les autorisations de chasses traditionnelles de plusieurs oiseaux (vanneaux huppés, pluviers dorés, grives, merles noirs, alouettes des champs) pour [la saison] 2021-2022 sont illégales », car elles « ne sont pas conformes au droit européen sur la protection des oiseaux », selon un communiqué. [...]
La directive européenne « oiseaux » de 2009 interdit les techniques qui capturent des oiseaux massivement et sans distinction d'espèces. Une dérogation est possible, à condition « qu'il n'existe pas d'autre façon de capturer l'espèce recherchée » et « que cette technique ne permette de capturer que cette espèce-là, ou d'autres espèces mais en très faible quantité et sans dommage pour elles », rappelle le Conseil d'État. [...]

L'Obs, 23.11.2022.

> **Précisez les dispositions de la directive « Oiseaux ».**

> **Montrez que la directive s'impose au droit français.**

3 Les règles du droit national issues des pouvoirs exécutif et judiciaire

DOC 1 Les décrets et les arrêtés

1. Listez les personnes qui composent le conseil des ministres. Parmi elles, relevez qui compose le gouvernement.
2. Citez les règles de droit adoptées en conseil des ministres. Précisez, pour chacune, ses objectifs et son champ d'application géographique.
3. Précisez la règle de droit adoptée par le conseil municipal. Précisez également son champ d'application géographique.
4. Indiquez la relation hiérarchique entre ces règles de droit.

DOC 2 La jurisprudence s'impose aux futurs litiges similaires

Marion est livreuse pour Deliveroo. Elle a adopté le statut de microentrepreneur et est liée par un contrat commercial de service avec l'entreprise. Régulièrement, elle réalise des livraisons dans tout son département. Elle apprend en lisant un article de presse que la Cour de cassation a jugé, le 28 novembre 2018, un litige opposant un livreur comme elle à une plateforme de livraison. La cour a relevé qu'il existait un faisceau d'indices démontrant l'existence d'un contrat de travail entre les 2 personnes. Elle a donc requalifié le contrat qui les liait en contrat de travail. Marion se demande si elle peut elle aussi réclamer cette requalification devant la justice. Cela lui permettrait de bénéficier de la protection prévue par le droit du travail.

© Foucher

5. Expliquez la décision de la Cour de cassation.
6. Montrez l'utilité de l'arrêt de la Cour de cassation pour Marion.

DOC 3 Les conventions collectives

Même concurrentes, les entreprises d'un même secteur peuvent avoir intérêt à fixer ensemble certaines règles mises en place au sein de leurs établissements. Ainsi, les entreprises de restauration se sont mises d'accord le 30 avril 1997 pour définir des règles communes.

La convention collective des hôtels, cafés et restaurants a été adoptée par des représentants des employeurs et des salariés du secteur. Elle permet d'harmoniser les pratiques et de les adapter à la spécificité du secteur, de créer une cohésion entre les entreprises et d'adopter, si possible, des dispositions plus favorables aux salariés que celles prévues dans la loi.

Les principales dispositions traitent de l'égalité professionnelle, du contrat de travail, de l'apprentissage, de la durée du temps de travail. C'est dans ce cadre que l'article 21 énonce que la durée hebdomadaire de travail des cuisiniers est de 43 heures. Ces heures en plus compensent les périodes d'inactivité dans la journée.

7 Listez les partenaires sociaux signataires d'une convention collective.

8 Expliquez l'utilité d'une convention collective pour les salariés et les employeurs d'un secteur d'activité.

DOC 4 Les décisions des autorités administratives indépendantes

Les autorités administratives indépendantes (AAI) sont des institutions de l'État chargées, en son nom, d'assurer la régulation de secteurs importants de la vie publique.

Le Conseil supérieur de l'audiovisuel (CSA) a été créé en 1989. En 2021, il a fusionné avec la commission HADOPI pour devenir l'ARCOM : régulateur de la commission audiovisuelle et numérique. Il encadre l'audiovisuel français. À ce titre, plusieurs missions lui sont confiées :

- imposer des règles de fonctionnement, comme la signalétique jeunesse par tranche d'âge (– 18, – 16, – 12…) ;
- sanctionner les médias qui ne respectent pas les règles. Par exemple, en 2017, la chaîne C8 a été condamnée à une amende de 3 millions d'euros suite au canular jugé homophobe d'un de ses animateurs.

9 Expliquez l'utilité d'une AAI comme l'ARCOM.

10 Précisez le type de sanction que ces autorités peuvent prendre.

DOC 5 La coutume

Daphné et Adham ont prévu de se marier. Daphné est très attachée à son nom de famille, symbole de l'histoire de sa famille. Elle sait que sa mère a pris le nom de son père, mais elle se demande si elle est obligée de respecter, elle aussi, cette coutume.

Article 225-1 du Code civil

Chacun des époux peut porter, à titre d'usage, le nom de l'autre époux, par substitution ou adjonction à son propre nom dans l'ordre qu'il choisit.

11 Précisez si Daphné doit prendre le nom de son mari.

12 Déduisez la relation hiérarchique entre la coutume et la loi.

L'essentiel

Les autres règles de droit national peuvent émaner :

- du pouvoir exécutif : ce sont les décrets (président de la République et Premier ministre), les ordonnances (président de la République) et les arrêtés (ministres, préfets et maires) ;
- du pouvoir judiciaire : il s'agit de la jurisprudence qui regroupe l'ensemble des décisions de justice ;
- d'autres personnes ou organisations, comme les AAI ;
- de la coutume, des usages ou des pratiques.

À VOUS DE JOUER !

Situation 1. Le maire d'un village abandonné refuse d'appliquer la loi sur l'immigration de 2022-2023 et souhaite accueillir sans formalités autant de migrants que possible pour repeupler sa commune.

Situation 2. Le Parlement propose une loi créant un nouveau contrat de service pour les plateformes de livraison qui ne pourrait pas être requalifié en contrat de travail.

Situation 3. Une banque décide de proposer un salaire pour ses cadres inférieur à celui fixé dans la convention collective.

> **Indiquez si les situations ci-dessus sont possibles. Justifiez votre réponse.**

Synthèse

3 minutes pour retenir

foucherconnect.fr/23dteco13

1 Les règles du droit national issues du pouvoir législatif

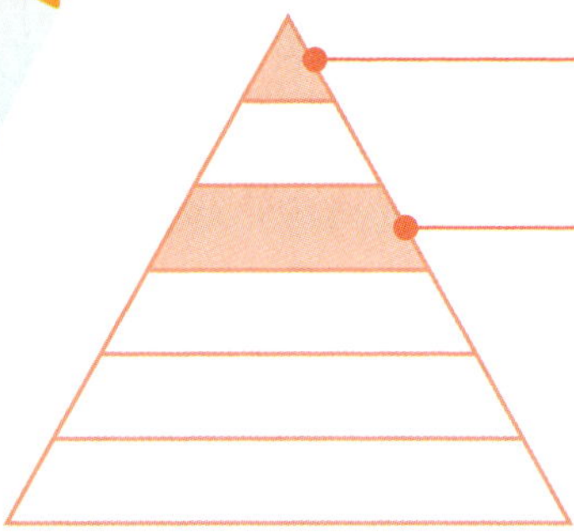

La Constitution
Loi fondamentale d'un État. Elle prévoit son fonctionnement.
Adoptée par le Parlement ou par le peuple par référendum.

La loi
Règle de droit générale, écrite et permanente qui s'applique à tous.
Adoptée par le Parlement.

2 Les règles du droit international

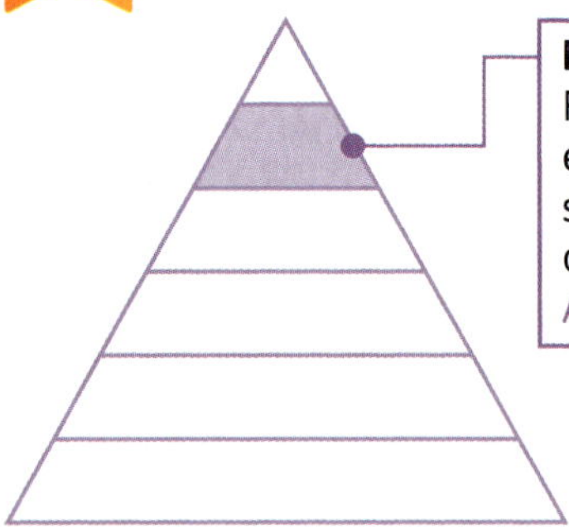

Les traités internationaux
Règles de droit négociées entre plusieurs pays pour s'engager mutuellement dans des domaines définis.
Adoptés par les chefs d'État.

+

Les traités européens
Règles de droit négociées dans l'Union européenne.
Adoptés par les chefs d'État européens.

Le droit dérivé européen
Règles adoptées en application des traités européens (Directives - Règlements européens).
Adopté par la Commission européenne, le Parlement européen et le Conseil de l'UE.

3 Les règles du droit national issues des pouvoirs exécutif et judiciaire

Les règlements
Règles adoptées par le pouvoir exécutif (Décrets - Circulaires - Ordonnances).
Adoptés par le président de la République et le Premier ministre.

+

Arrêtés
Adoptés par les ministres, les préfets et les maires.

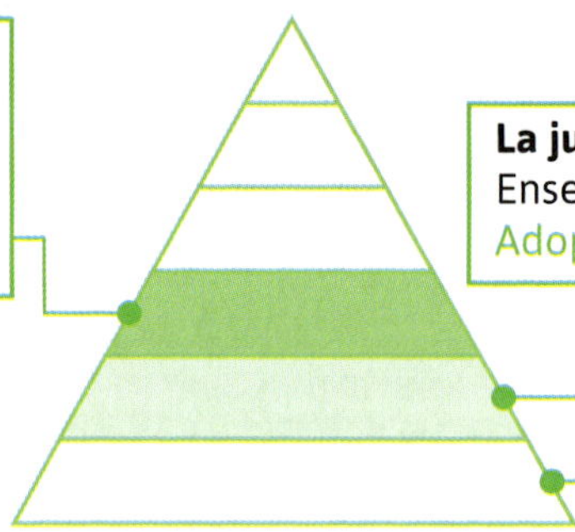

La jurisprudence
Ensemble des décisions de justice.
Adoptée par le pouvoir judiciaire (les tribunaux).

D'autres règles de droit
Conventions collectives, décisions des AAI, coutumes, usages professionnels, pratiques

Mots-clés

- Contrôle de constitutionnalité
- Droit communautaire
- Hiérarchie des normes
- Institutions publiques

Voir lexique P. 282

QUIZ
Vocabulaire juridique
foucherconnect.fr/23dteco14

Fiche Méthode 2 — Situer une règle de droit dans la hiérarchie des textes juridiques

Objectif *Identifier un texte juridique et le situer dans la hiérarchie des textes juridiques pour mieux en apprécier la portée et le champ d'application*

Exemple de règles à respecter sur la route

① **Loi** : Code de la route, Article L. 322-1-1 : Lorsqu'une personne physique propriétaire d'un véhicule effectue une demande de certificat d'immatriculation, ce certificat est établi à son nom […].

② **Droit international** : Article premier : la présente directive et son annexe s'appliquent à l'emplacement pour le montage de la plaque d'immatriculation arrière de tout type de véhicule.

③ **Décret** : Code de la route, Article R. 317-8 : I. Tout véhicule à moteur […] doit être muni de deux plaques d'immatriculation […].

④ **Arrêté** : Article premier : L'arrêt et le stationnement des véhicules sont interdits dans la rue du Midi.

⑤ **Décision de justice** : Le tribunal de police a condamné, le 18 février 2023, M. Johan pour stationnement gênant empêchant le passage d'un véhicule prioritaire. Amende de 4e classe d'un montant de 135 €.

Étape 1 Repérer la source de la règle de droit

Quel code ? Quel texte d'origine ?

Étape 2 Identifier l'objet de la règle de droit

Indiquer le thème réglementé.

Étape 3 Situer le champ d'action de la règle de droit

Identifier à quel niveau géographique la règle s'applique : personnel, local, national, international ?

Étape 4 Repérer la structure du texte et le vocabulaire

Contient-il des articles (ex. : lois, règlements) ou des paragraphes (ex. : décisions de justice) ?

Un L. avant un numéro d'article de code signifie que l'article est issu d'une loi.

Un R. avant un numéro d'article de code signifie que l'article est issu d'un règlement.

Les lois et règlements sont formulés en termes généraux et abstraits.

Les cours d'appel utilisent souvent le vocabulaire « Vu... » ou « Considérant... ». La Cour de cassation a longtemps commencé ses paragraphes par « Attendu que... », mais cela tend à changer.

Étape 5 Situer la règle dans la hiérarchie des textes de droit

① L'objet est la demande de carte grise. La règle s'applique au niveau national et elle est adoptée par le Parlement. Elle est rédigée sous la forme d'articles. Son numéro commence par la lettre L ⇒ C'est une **loi**.

② L'objet est le montage des plaques d'immatriculation. La règle s'applique au niveau international et est adoptée par le Parlement et le conseil des ministres. ⇒ C'est une **directive, issue du droit dérivé européen**.

③ L'objet est l'obligation de plaques d'immatriculation. La règle s'applique au niveau national et est adoptée par le pouvoir exécutif central. Elle est rédigée sous la forme d'articles. Son numéro commence par la lettre R. ⇒ C'est un **règlement, plus particulièrement un décret**.

④ L'objet est le stationnement dans une rue. La règle s'applique au niveau local. Elle est adoptée par le conseil municipal. ⇒ C'est un **arrêté**.

⑤ L'objet est la condamnation de M. Johan, personne clairement identifiée. Le vocabulaire utilisé (« condamné », « amende ») confirme qu'il s'agit d'une **décision d'un tribunal**.

Activités

3 minutes pour se tester
foucherconnect.fr/23dteco15

1 APPLIQUER

Doc 1 Qu'est-ce que la discrimination à l'embauche ?

Danièle a 26 ans. Elle vient de se marier et n'a pas encore d'enfant. Elle a passé un entretien d'embauche. Elle avait les diplômes requis par l'employeur potentiel et l'entretien s'est bien passé. Elle a bien senti que l'employeur cherchait à savoir si elle avait des projets de grossesse, mais elle ressort satisfaite.
En partant, elle croise David, qui vient passer un entretien pour le même poste. Ils s'amusent tous les deux d'être dans la même situation : même diplôme, même âge et même situation matrimoniale. David a cependant moins d'expérience qu'elle. Finalement, l'employeur a embauché David. Danièle se demande si elle n'a pas été refusée parce qu'elle est une femme.

© Foucher

Doc 2 Article L. 1142-1 du Code du travail

Sous réserve des dispositions particulières du présent Code, nul ne peut :
[…] 2° Refuser d'embaucher une personne, prononcer une mutation, résilier ou refuser de renouveler le contrat de travail d'un salarié en considération du sexe, de la situation de famille ou de la grossesse sur la base de critères de choix différents selon le sexe, la situation de famille ou la grossesse ; […]

© LA DILA/Légifrance

Questions

1. Situez la règle de droit dans la hiérarchie des textes de droit.
2. Expliquez la règle de droit.
3. Expliquez si Danièle pourra obtenir gain de cause.

2 ARGUMENTER À L'ORAL

 # vidéo
Coordination de la sécurité sociale dans l'Union européenne - 1,07 min
foucherconnect.fr/23dteco16

EXPOSÉ

Après avoir visionné la vidéo puis réalisé des recherches sur tout site internet pertinent, vous préparerez de façon structurée un exposé pour répondre à la question suivante :
> Les pays ont-ils intérêt à mettre en place des règles de droit communes ?

Boîte à outils Oral

- Consultez également le cours et utilisez vos connaissances :
  - pour rechercher des situations où la coopération entre les pays semble indispensable ;
  - pour rechercher des situations où un droit national reste le plus efficace pour organiser la vie en société.
- Préparez des arguments pour chacune de vos idées.
- Complétez votre exposé par une introduction et une conclusion.

3 APPROFONDIR

Doc 1 Le contrat d'assurance de Sam

Sam vient d'acheter une moto. Il se rend dans une société d'assurance pour l'assurer. L'assureur lui fait signer son contrat et ne lui donne pas d'autres documents. Quelques mois plus tard, Sam constate que l'arrière de sa moto a été embouti alors qu'elle était stationnée dans la rue.
Il contacte son assureur, mais surprise : on lui annonce qu'il n'est pas couvert pour ce dommage. La facture de réparation s'élève à 700 €.

© Foucher

Doc 2 Assurance : les garanties des contrats sont désormais plus claires

Depuis le 1er octobre 2018, une directive européenne transposée en décret exige la présentation d'un document expliquant les garanties et exclusions comprises dans un contrat d'assurance. Un moyen de faciliter la compréhension des offres pour les consommateurs mais aussi favoriser la concurrence.
Les consommateurs européens devraient désormais mieux comprendre leurs contrats d'assurance. C'est en tout cas l'objectif d'un décret imposant aux assureurs de présenter à leurs futurs clients un « document d'information normalisé sur le produit d'assurance ».
Cette mesure, appliquée depuis le 1er octobre, est la transposition d'une directive européenne.
Ce document pré-contractuel doit ainsi préciser clairement certains termes du contrat. Il doit donc y être expliqué « la couverture d'assurance, y compris les principaux risques assurés, les plafonds de garantie et, le cas échéant, la couverture géographique et un résumé des risques non couverts », selon le décret.

Protection des consommateurs et meilleure concurrence

C'est d'ailleurs les exclusions de garantie qui sont au cœur de cette directive. En effet, les instances européennes ont voulu protéger les consommateurs en leur offrant une plus grande transparence des offres d'assurances. Par exemple, dans le cadre d'une assurance auto au tiers, le document devra préciser tous les sinistres et situations non couverts par le contrat. D'autre part, cette fiche de synthèse permet également de faciliter la comparaison des assurances habitation, auto, moto… Les consommateurs pourront désormais choisir le contrat qui les protège le mieux en fonction de leur profil et de leurs besoins. La concurrence est donc assurée, d'autant plus qu'avec la loi Hamon, il est possible de résilier à tout moment son contrat après la première année.

Questions

1. Relevez les sources de droit évoquées dans l'article et expliquez-les.
2. Rappelez les personnes qui les adoptent et la hiérarchie entre elles.
3. Indiquez si Sam peut engager la responsabilité de l'assureur.
4. Montrez dans un écrit structuré l'influence du droit européen sur la vie des citoyens de l'Union européenne.

Boîte à outils — Production écrite

- Repérez les sources du droit qui ont conduit à de nouvelles obligations pour les assureurs.
- Identifiez l'intérêt de la nouvelle réglementation pour les consommateurs de produits d'assurance.

▲ Dessinée par l'architecte Renzo Piano, la cité judiciaire est un nouveau complexe situé dans le 17e arrondissement de Paris. Elle abrite notamment le tribunal de Paris, la Maison de l'Ordre des avocats et la direction régionale de la police judiciaire.

Notions

Ordre de juridiction + Double degré de juridiction + Magistrats du siège et magistrats du parquet + Compétence d'attribution et compétence territoriale

3 L'organisation du système judiciaire

Découvrir ensemble

> Quelles sont les juridictions que vous connaissez ?
> Que signifie l'expression « rendre la justice » ?

VIDÉO

3 minutes pour découvrir autrement

foucherconnect.fr/23dteco17

1 Les principes de base

DOC 1 La séparation des pouvoirs

POUVOIR LÉGISLATIF

PARLEMENT
Sénat et Assemblée nationale

Mission principale :
Faire des lois
Les parlementaires font des propositions et votent les lois.

POUVOIR EXÉCUTIF

LE PRÉSIDENT DE LA RÉPUBLIQUE ET LE GOUVERNEMENT
Premier ministre et ministres

Mission principale :
Exécuter les lois
Les membres du gouvernement peuvent faire des projets de loi d'après notre Constitution.

POUVOIR JUDICIAIRE

MAGISTRATS

Mission principale :
Veiller à l'application des lois
Les magistrats contrôlent l'application des lois et sanctionnent en cas de non respect.

Ces 3 pouvoirs doivent être indépendants, de façon à préserver les libertés des citoyens et à protéger leurs droits.

1 Indiquez l'intérêt du principe de séparation des pouvoirs.

2 Précisez de quel pouvoir relèvent les personnes suivantes :
le ministre de l'Éducation nationale / un sénateur / un juge d'instruction / un procureur

DOC 2 Deux ordres de juridiction

Ordres de juridiction = **Ordre judiciaire** + **Ordre administratif**

Ordre judiciaire
- Fait appliquer les règles de droit privé
- Règle les conflits de droit civil, de droit commercial, de conflits individuels du travail (prud'homaux)
- Sanctionne l'atteinte aux règles de droit pénal

Ordre administratif
- Fait appliquer les règles de droit public dans les litiges opposant des personnes juridiques à des administrations publiques

Conflits de compétence entre tribunaux judiciaires et administratifs

Tribunal des conflits
Juridiction paritaire comprenant les représentants du Conseil d'État et de la Cour de cassation

3 Relevez les éléments distinguant l'ordre judiciaire et l'ordre administratif.

4 Indiquez quel est le rôle du Tribunal des conflits.

5 Précisez pourquoi le Tribunal des conflits est une juridiction dite « paritaire ».

DOC 3 Des situations relevant de quels ordres ?

- **Situation A.** Des électeurs contestent les résultats de l'élection municipale.
- **Situation B.** M. Sot est saisi « la main dans le sac » dans un magasin de bijouterie.
- **Situation C.** M. Pinter est arrêté pour conduite en état d'ébriété avec un taux d'alcool supérieur à 0,5 g.
- **Situation D.** Mme Vivace, propriétaire d'un appartement, se voit refuser le paiement de son loyer par sa locataire.

 # vidéo
Le dualisme juridictionnel - 2,55 min
foucherconnect.fr/23dteco18

6 Indiquez, pour chacune des situations données, l'ordre de juridiction qui pourrait être concerné.

DOC 4 Le double degré de juridiction

Le principe du double degré de juridiction permet à un justiciable (c'est-à-dire toute personne pouvant reconnaître et exercer ses droits en justice) de porter un litige jugé par une première juridiction devant une juridiction hiérarchiquement supérieure : la cour d'appel et/ou la Cour de cassation. C'est un droit pour les justiciables de contester ainsi une décision de justice. En effet, ils peuvent faire rejuger l'affaire s'ils ne sont pas satisfaits de la première décision. Ce recours, appelé « appel », s'exerce devant la cour d'appel, qui peut infirmer ou confirmer le jugement de premier degré.
Les justiciables peuvent également saisir la Cour de cassation ou le Conseil d'État. Ces juridictions suprêmes ne rejugent pas l'affaire, mais vérifient si les juges précédents ont bien appliqué la règle de droit.
Il est possible de contester tous les jugements sauf les jugements qualifiés de « rendus en premier et dernier ressort » par le tribunal, c'est-à-dire les litiges dont le montant ou l'enjeu sont trop faibles (notamment lorsque la demande d'argent est inférieure à 5 000 €).
Si l'appel est impossible, ces jugements ne peuvent être contestés que par la Cour de cassation.

© Foucher

 # vidéo
Un degré de juridiction, c'est quoi ?
2,03 min
foucherconnect.fr/23dteco19

7 Expliquez l'intérêt du double degré de juridiction.

L'essentiel

- La séparation des pouvoirs vise à ne pas rassembler dans les mains d'une même organisation tous les pouvoirs ; les pouvoirs de l'exécutif, du législatif et du judiciaire sont donc séparés afin de limiter l'arbitraire de la puissance publique.
- L'organisation judiciaire comprend l'ordre judiciaire (civil et pénal) et l'ordre administratif ; le Tribunal des conflits intervient en cas de conflit de compétence entre les juridictions judiciaires et administratives.
- Le double degré de juridiction signifie qu'une affaire jugée en premier ressort peut être réexaminée devant une juridiction de degré supérieure : une cour d'appel, voire par la Cour de cassation lorsque le jugement est rendu en dernier ressort.

À VOUS DE JOUER !

M. et Mme Mic-Mac ont décidé de vendre leur appartement avant de divorcer. Ils contestent également le montant réclamé par l'administration fiscale. Leur fils cadet, quant à lui, fait régulièrement du rodéo urbain, ce qui excède les voisins qui décident de porter plainte.

> **Listez les situations qui pourraient justifier de solliciter l'intervention d'une juridiction.**

> **Précisez l'ordre de juridiction compétent pour chaque situation.**

2 Les acteurs du système judiciaire

DOC 1 Les magistrats

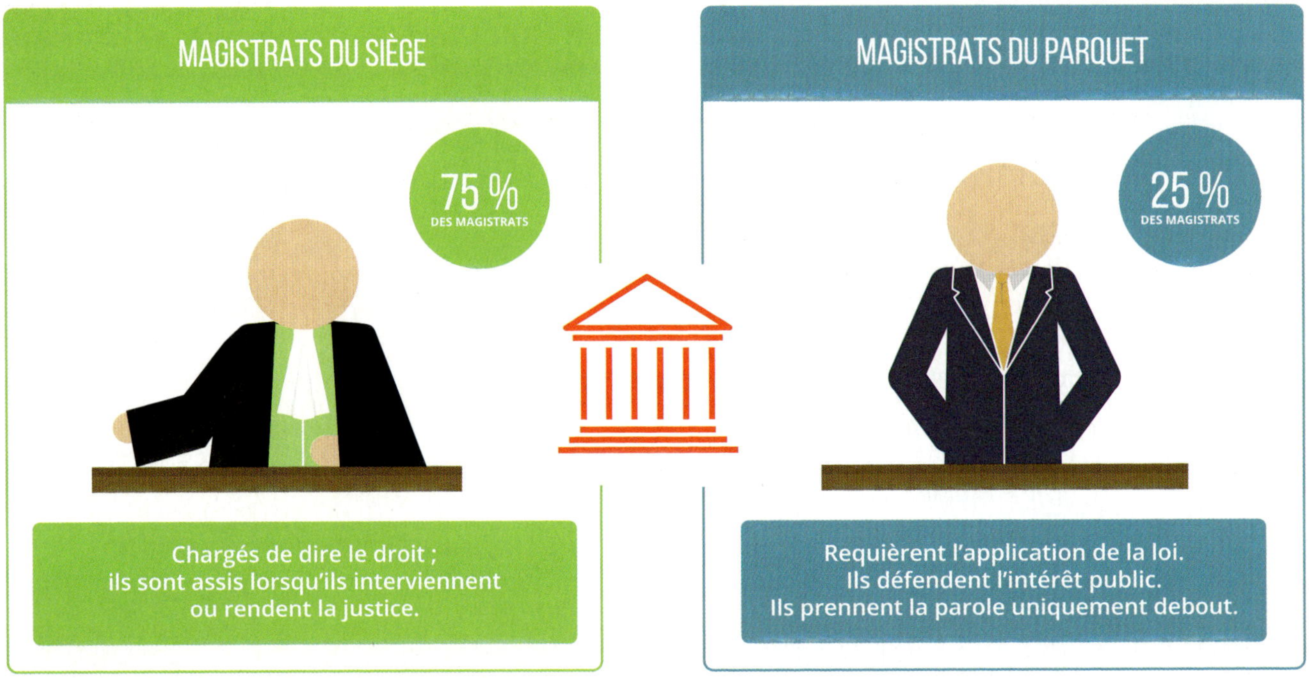

© Foucher

1 Précisez la particularité des deux types de magistrats.

DOC 2 Magistrature du siège ou magistrature du parquet ?

• Les **magistrats du siège** possèdent un statut leur garantissant une indépendance renforcée par rapport aux membres du parquet. L'article 64 de la Constitution prévoit ainsi leur inamovibilité, ce qui signifie qu'ils ne peuvent recevoir d'affectation nouvelle sans leur consentement, même en cas d'avancement. Cette règle constiue l'une des traductions concrètes du principe d'indépendance de l'autorité judiciaire. Elle est en effet destinée à éviter les pressions hiérarchiques ou politiques sur les décisions des juges du siège.

• À l'inverse, les **magistrats du parquet** sont soumis à un principe hiérarchique qui découle de la nature même de leurs fonctions, puisqu'ils sont notamment chargés de l'application de la politique pénale définie par le gouvernement. Ils peuvent ainsi recevoir des instructions générales de politique pénale émanant du ministre de la Justice. Depuis la loi du 25 juillet 2013 relative aux attributions du garde des Sceaux, cette subordination, qui ne fait en tout état de cause pas obstacle à la liberté de parole des procureurs à l'audience, ne peut plus se traduire par des instructions ministérielles dans les affaires individuelles. En revanche, et contrairement aux juges du siège, ces magistrats ne bénéficient pas de la garantie d'inamovibilité.

vie-publique.fr, septembre 2021, © LA DILA.

2 Indiquez la principale différence entre un magistrat du siège et un magistrat du parquet.

3 Précisez pourquoi le principe d'inamovibilité est essentiel dans la fonction du magistrat du siège.

DOC 3 Les acteurs de la justice

• Le greffier et l'huissier de justice sont des **auxiliaires de justice**.

> **Le greffier** assiste le magistrat et authentifie les actes. Il prend note du déroulement des débats ; il joue l'intermédiaire entre le magistrat, l'avocat et le public.

> **L'huissier de justice** est à la fois un officier ministériel et un officier public. Sa principale mission consiste à exécuter des décisions de justice. Il intervient par ailleurs pour faire respecter le droit lorsqu'une personne refuse de régler sa dette à une autre, dans le cadre des saisies.

• L'avocat est un **auxiliaire des parties**.

> **L'avocat** est un libéral qui est inscrit à l'ordre du barreau établi auprès de chaque tribunal d'instance. Il apporte des conseils juridiques à ses clients et peut les représenter et les assister devant une juridiction civile, pénale ou administrative.

• Et enfin, d'autres acteurs **participent au fonctionnement de la justice**.

> **Les surveillants pénitentiaires, les agents d'insertion et de probation**. Ils interviennent en détention ou en milieu ouvert, ils encadrent, voire réinsèrent socialement et professionnellement des personnes qui leur sont confiées par les juridictions.

> **Les professionnels de la protection judiciaire de la jeunesse** (éducateurs, psychologues...). Leur objectif est de garantir l'insertion scolaire et professionnelle des mineurs en difficulté ou en conflit avec la loi.

© Foucher

4 Expliquez l'intérêt pour les justiciables d'avoir plusieurs interlocuteurs lorsqu'ils saisissent la justice.

DOC 4 Les juges non professionnels : « des citoyens-juges »

Quelques exemples de juges non professionnels (liste non exhaustive) :

• **Assesseur du tribunal pour enfants** : aux côtés du juge pour enfants, [...] [il fait] poser par le président toutes les questions qu'[il juge] utiles à la compréhension des débats puis délibèr[e] avec le juge des enfants.

• **Délégué du procureur de la République** : il met en œuvre [...], sous le contrôle du parquet, les mesures alternatives aux poursuites pénales décidées par le parquet pour les infractions de faible gravité : rappel à la loi, médiation pénale, mesure de réparation [...]. Il applique les décisions prises par les magistrats mais ne décide pas des sanctions. [...]

• **Conseiller prud'homme** : [ce sont des juges] désignés au sein d'un collège de salariés et d'un collège d'employeurs. [Les conseillers prud'hommes] ont pour mission essentielle de concilier les parties et, à défaut, de trancher les litiges qui les opposent.

• **Juge consulaire** (ou juge du tribunal de commerce) : [il] statue en matière commerciale, en premier ressort au sein du tribunal de commerce. C'est un commerçant ou chef d'entreprise élu par ses pairs pour 2 puis 4 ans.

lajusticerecrute.fr

5 Indiquez ce qui différencie les juges non professionnels des autres magistrats.

6 Précisez pourquoi la justice fait appel à des juges non professionnels.

L'essentiel

- Les magistrats du siège sont chargés de dire le droit, ils sont assis lorsqu'ils rendent une décision ; les magistrats du parquet défendent l'intérêt public et veillent à l'application des lois, ils se lèvent pour prendre la parole.
- Greffiers, surveillants pénitentiaires, avocats et huissiers sont des auxiliaires de justice.
- Les juges non professionnels jugent ou assistent les juges professionnels ; ils ont une activité professionnelle parallèlement à leur fonction judiciaire.

À VOUS DE JOUER !

M. Bouleau est artisan et dirige une petite entreprise. Lors d'une livraison, il se rendu compte que son fournisseur lui a livré des fournitures en mauvais état et ce dernier refuse de le dédommager. Il décide de se faire conseiller avant de saisir la justice. En outre, son unique salarié a dévoilé sur les réseaux sociaux des secrets de fabrication ; M. Bouleau décide de le licencier, celui-ci conteste. Compte tenu des circonstances, M. Bouleau n'est pas en mesure de rembourser ses créanciers.

> **Citez le juge compétent pour statuer sur le conflit opposant M. Bouleau et son fournisseur.**

> **Listez les professionnels du droit qui vont intervenir dans les différentes situations données.**

3 Les règles de compétence

DOC 1 La compétence d'attribution

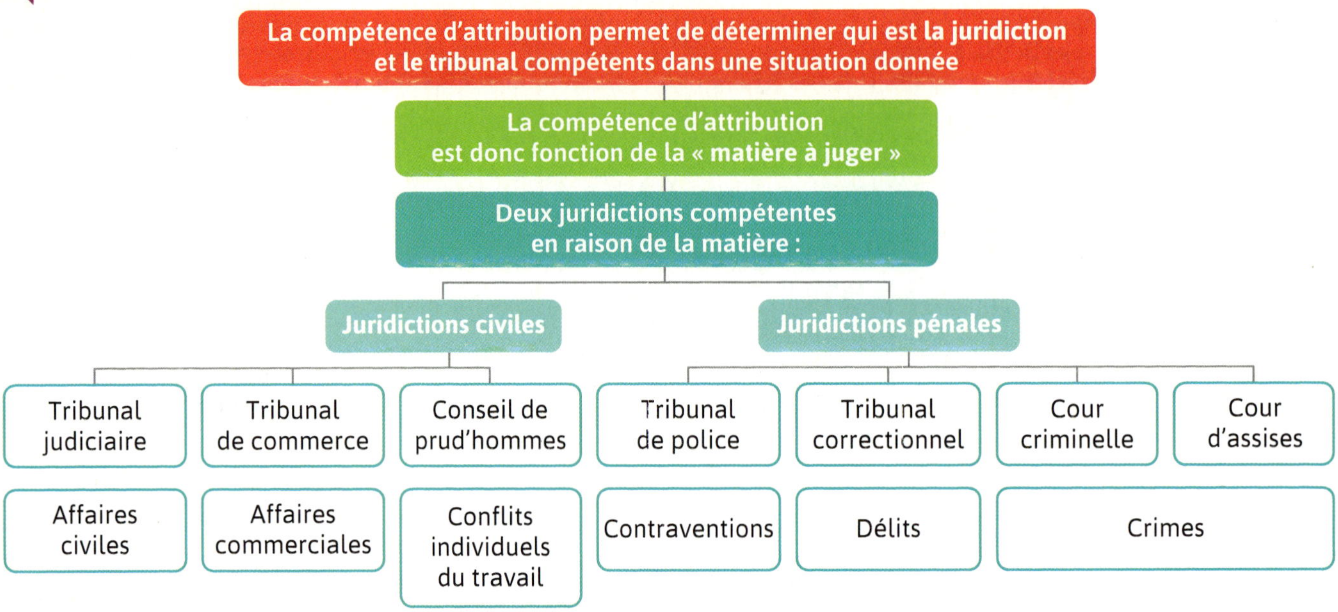

1 Précisez l'intérêt de distinguer les deux types de juridictions présentées dans le document.

DOC 2 Juridictions civiles et juridictions pénales

Juridictions	Affaires jugées
Juridictions civiles	
Tribunal judiciaire	Traite les litiges relatifs à la personne et aux droits attachés à la personne (succession, filiation, propriété...) et les litiges relatifs aux biens, à la protection des biens et des personnes (accident, livraison non conforme, travaux mal exécutés, dispositifs de tutelle...). Sa compétence concerne des litiges importants comme peu importants.
Tribunal de commerce	Juge des litiges relatifs aux actes de commerce des entreprises et aux engagements pris par les commerçants, les artisans ou les banques.
Conseil de prud'hommes	Salaires, congés payés, primes, licenciements... Le conseil des prud'hommes règle les litiges individuels qui surviennent entre les salariés et leurs employeurs.
Juridictions pénales	
Tribunal de police	Juge les contraventions les moins graves encourant des peines d'amendes (ex. : un excès de vitesse).
Tribunal correctionnel	Juge les délits punis par des peines d'amendes et des peines d'emprisonnement jusqu'à dix ans (ex. : un vol avec effraction).
Cour criminelle	Composée de juges professionnels, elle juge les crimes des personnes majeures, passibles de 15 à 20 ans de réclusion criminelle.
Cour d'assises	Composée par un jury de citoyens, elle juge les crimes les plus graves des personnes majeures, passibles de plus de 20 ans de réclusion criminelle, y compris la réclusion à perpétuité.

2 Citez le tribunal compétent dans les cas suivants :

une adoption / une demande de mise sous tutelle pour une personne âgée / un vol à main armée

DOC 3 Quel tribunal saisir ?

Situation A. M. Fast a été arrêté pour excès de vitesse, récidivant pour la seconde fois.

• « Est puni de trois mois d'emprisonnement et de 3 750 euros d'amende tout conducteur d'un véhicule à moteur qui, déjà condamné définitivement pour un dépassement de la vitesse maximale autorisée égal ou supérieur à 50 km, commet la même infraction en état de récidive […] ». Article L413 du Code de la route

Situation B. Mme Délicate a été agressée par plusieurs personnes qui lui ont volé ses bijoux et son sac à main.

• « Le vol est puni de cinq ans d'emprisonnement et de 75 000 euros d'amende : 1° Lorsqu'il est commis par plusieurs personnes agissant en qualité d'auteur ou de complice, sans qu'elles constituent une bande organisée […] ». Article 311-4 du Code pénal

Situation C. M. Rent ne paie plus son loyer depuis de nombreux mois, il invoque les conditions déplorables de son habitation.

• La contestation d'une dette ou un litige avec le propriétaire bailleur ne dispense pas du paiement du loyer. « Les contrats légalement formés tiennent lieu de loi à ceux qui les ont faits ». Article 1103 du Code civil

3 Précisez le tribunal compétent pour chaque situation et justifiez votre choix.

DOC 4 La compétence territoriale

La compétence territoriale permet de déterminer le lieu de la juridiction compétente.

Juridictions	Lieux de compétence
Juridictions civiles	
Tribunal judiciaire	Lieu du domicile du défendeur Exceptions : – en matière d'accident, c'est le tribunal du lieu de l'accident ; – en matière immobilière, c'est le tribunal du lieu où est situé l'immeuble ; – en matière de contrat, c'est le tribunal du lieu où a été conclu le contrat.
Conseil de prud'hommes	Lieu où le travail est accompli.
Juridictions pénales	
Tribunal de police (pour une contravention), tribunal correctionnel (pour un délit), cour d'assises (pour un crime)	Lieu où a été commise l'infraction, celui du domicile de l'auteur de l'infraction ou celui où ce dernier a été arrêté ou détenu.

© Foucher

4 Précisez la compétence territoriale compétente pour chaque situation suivante :
conflit avec un employeur / accident de la route / vol avec effraction dans un domicile

L'essentiel

- La compétence d'attribution est un ensemble de règles qui déterminent l'ordre de la juridiction en fonction de la nature du litige.
- La compétence territoriale détermine le lieu du tribunal compétent.

À VOUS DE JOUER !

Fouad est lyonnais, son entreprise est située à Annecy. À plusieurs reprises et malgré de nombreuses sollicitations, son employeur refuse de lui payer les heures supplémentaires qu'il ne compte plus. Il décide de saisir la juridiction compétente.

> **Indiquez la juridiction compétente.**

> **Précisez le lieu de cette juridiction.**

Synthèse

3 minutes pour retenir
foucherconnect.fr/23dteco20

1 Les principes de base

Séparation des pouvoirs
- Législatif
- Exécutif
- Judiciaire

+

Double ordre de juridiction
- Ordre administratif
- Ordre judiciaire

+

Double degré de juridiction
- Contester un jugement de premier degré devant une cour d'appel (sauf décision rendue en premier et dernier ressort) ou la Cour de cassation.

2 Les acteurs du système judiciaire

Magistrats		Acteurs de la justice			Juges non professionnels
du parquet	du siège	**Auxiliaires de justice**	**Auxiliaires des parties**	**Autres acteurs participant au fonctionnement de la justice**	**Des « citoyens-juges »**
		Greffiers Huissiers	Avocats	Agents d'insertion et de probation Éducateurs Psychologues …	Assesseur du tribunal pour enfants Délégué du procureur de la République Conseiller prud'homme Juge consulaire…

3 Les règles de compétence

Compétence d'attribution — Tribunal saisi en fonction de la nature de ce qui est à juger

- **Juridictions civiles du 1er degré**
  - Tribunal judiciaire
  - Tribunal de commerce
  - Conseil de prud'hommes
- **Juridictions pénales du 1er degré**
  - Tribunal de police
  - Tribunal correctionnel
  - Cour criminelle
  - Cour d'assises
- **Juridictions du 2e degré**
  - Cour d'appel
- **Juridiction suprême**
  - Cour de cassation

Compétence territoriale — Tribunal saisi en fonction du lieu du litige ou de la résidence des parties

Mots-clés

- Auxiliaires des parties
- Auxiliaires du juge
- Juges non professionnels
- Magistrat du parquet
- Magistrat du siège
- Ordre administratif
- Ordre judiciaire
- Séparation des pouvoirs

Voir lexique P. 282

QUIZ Vocabulaire juridique
foucherconnect.fr/23dteco21

Fiche Méthode 3 Identifier la juridiction compétente pour une situation juridique donnée

Objectif *Citer les compétences d'attribution et territoriale d'une situation juridique donnée*

Exemple. Annabelle a acquis une propriété à la campagne dans la région de Megève (Haute-Savoie). Sa propriété fait souvent l'objet d'effractions. Lors de la dernière effraction, les voleurs ne se sont pas limités au vol mais ont commis des actes de vandalisme entraînant la destruction de plusieurs biens mobiliers, y compris de biens de grande valeur. Elle a été récemment convoquée par la gendarmerie qui a pu identifier la bande de malfaiteurs. Les gendarmes lui déclarent qu'elle sera sans doute convoquée auprès du juge du tribunal correctionnel, compétent pour sanctionner les délits au sens de l'article 381 du Code pénal : « Le tribunal correctionnel connaît des délits – Sont des délits les infractions que la loi punit d'une peine d'emprisonnement ou d'une peine d'amende supérieure ou égale à 3 750 euros ».

Étape 1 Déterminer la compétence d'attribution

Déterminer le tribunal compétent pour le litige.

Annabelle est victime d'un vol et d'actes de vandalisme ; il s'agit d'une infraction de l'ordre du délit, le tribunal compétent est le tribunal correctionnel au sens de l'article 381 du Code pénal.

Astuce

> Repérez au préalable l'infraction pour déterminer facilement la juridiction compétente.

Étape 2 Déterminer la compétence territoriale

Déterminer le tribunal du lieu où a été commise l'infraction ou du lieu de la résidence de la victime.

L'importance des dégâts laisse supposer qu'Annabelle saisira le tribunal correctionnel du lieu de sa résidence, lieu de l'infraction.

Étape 3 Reformuler

Résumer en quelques lignes les compétences d'attribution et territoriale selon la situation donnée. Utilisez vos connaissances et les informations données dans l'exemple.

« Annabelle est victime de vol et de vandalisme dans sa propriété à la campagne. »

Concernant la question de la compétence d'attribution :

1) « On sait » qu'il existe 3 juridictions qui sanctionnent 3 catégories d'infractions : les contraventions jugées par le tribunal de police ; les délits jugés par le tribunal correctionnel et les crimes jugés par la cour d'assises ; « on sait » que l'article 381 du Code pénal attribue les infractions qualifiées de délit à la compétence du tribunal correctionnel ;
2) « or », Annabelle est victime de vol et de vandalisme, ce sont des infractions qualifiées de délit ;
3) « donc » nous pouvons conclure que le tribunal compétent est le tribunal correctionnel.

Concernant la question de la compétence territoriale :

1) « On sait » que le tribunal compétent est celui du lieu où l'infraction a été commise ;
2) « or », dans la situation d'Annabelle, l'infraction a eu lieu dans son domicile ;
3) « donc » nous pouvons conclure que le tribunal compétent est le tribunal de Megève.

 # méthode+
La méthode du syllogisme juridique
foucherconnect.fr/23dteco22

Activités

3 minutes pour **se tester**
foucherconnect.fr/23dteco23

1 APPLIQUER

Doc Pleins feux sur les voies de recours

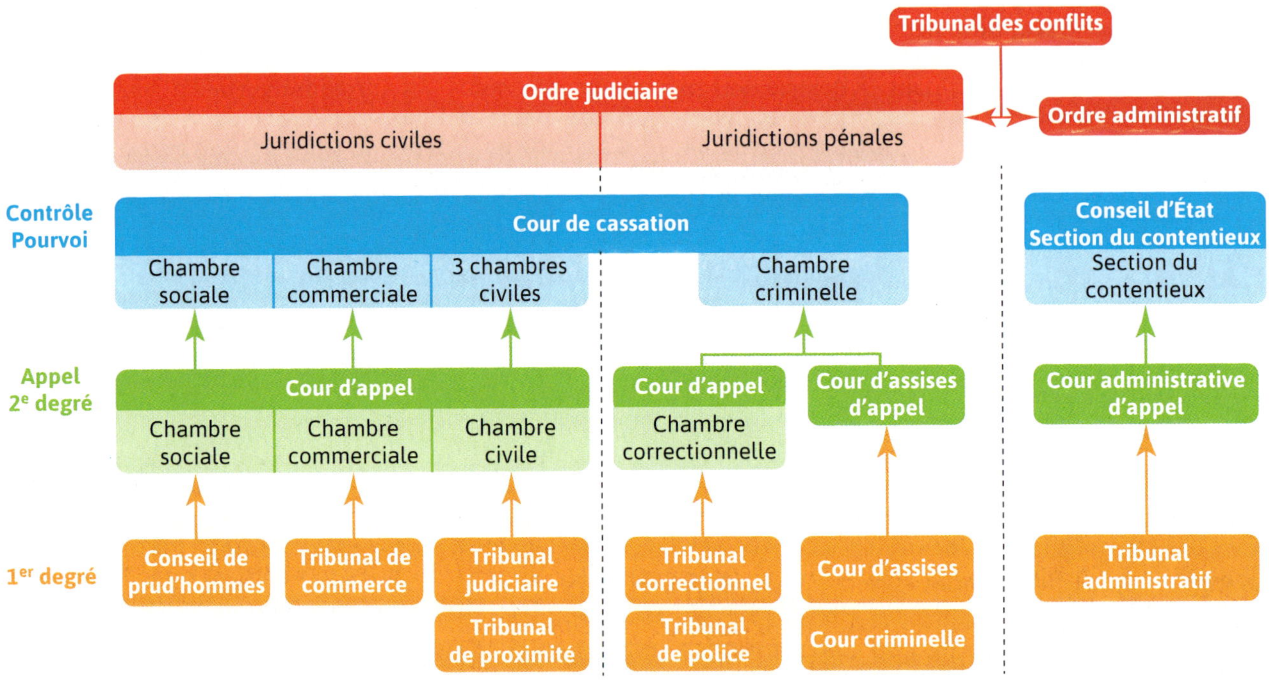

Questions

1. Citez les voies de recours possibles dans le cas où un justiciable est en désaccord avec la décision d'une juridiction civile ou pénale.
2. Indiquez ce que signifie « second degré » pour la cour d'appel.

2 ARGUMENTER À L'ORAL

Doc Le statut des magistrats

Dans chaque juridiction judiciaire ou administrative, les juges jouent un rôle essentiel dans une démocratie. Les magistrats du siège sont chargés de dire le droit alors que ceux du parquet vont demander l'application de la loi au nom du respect des intérêts fondamentaux de la société.

Boîte à outils Oral

- Vous pouvez vous appuyer sur vos connaissances personnelles, votre cours et une recherche documentaire.
- Vous pouvez réaliser votre présentation sous la forme d'un diaporama (ex. : PowerPoint).

EXPOSÉ

> Pourquoi doit-on considérer la mission des juges du siège et des juges du parquet comme essentielle pour le maintien de l'ordre et de la justice dans une société ?
Vous présenterez un exposé oral d'une durée de 10 minutes sur l'importance du rôle des magistrats dans nos institutions judiciaires. Ce travail pourra être présenté individuellement ou en binôme. Il devra impérativement être structuré en deux parties avec d'une part, le rôle du juge du siège et d'autre part, le rôle du magistrat du parquet.

3 APPROFONDIR

Doc 1 Une hiérarchie dans les juridictions

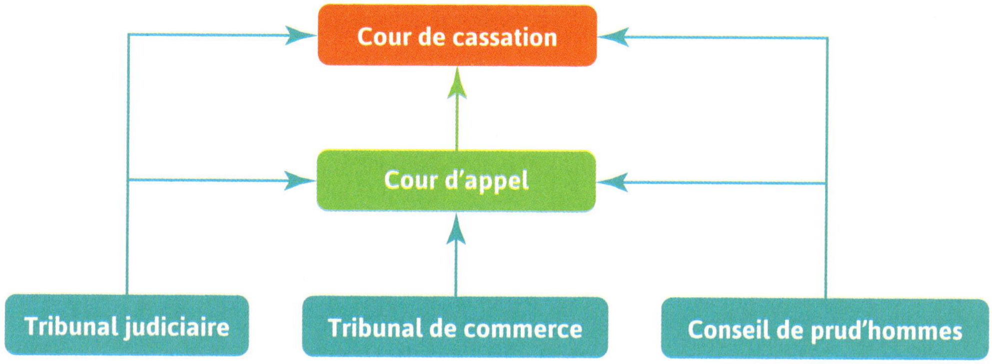

© Foucher

Doc 2 La cour d'appel

Si le justiciable n'est pas d'accord avec la première décision rendue, il peut faire appel. L'affaire est alors jugée une deuxième fois : c'est le principe du double degré de juridiction. La cour d'appel contrôle en fait et en droit : elle examine les éléments matériels de l'affaire et vérifie qu'il n'y a pas eu d'erreurs de droit. Elle peut soit confirmer la décision rendue par les premiers juges, soit l'infirmer (c'est-à-dire l'annuler, la réformer) totalement ou partiellement.

Une cour d'appel est composée uniquement de magistrats professionnels : un premier président, des présidents de chambre et des conseillers. Le ministère public est représenté aux audiences de la cour d'appel par le procureur général, ou par l'un de ses avocats généraux ou substituts généraux.
Le dernier recours possible contre une décision est le pourvoi en cassation.

justice.gouv.fr

Doc 3 La Cour de cassation : une juridiction suprême

La Cour de cassation est, dans l'ordre judiciaire français, la juridiction la plus élevée.
Les procès de caractère civil, commercial, social ou pénal sont d'abord jugés par des juridictions dites du premier degré (tribunaux judiciaires, tribunaux de commerce, conseils de prud'hommes...).
Les décisions de ces juridictions sont, selon l'importance du litige, rendues soit en dernier ressort, lorsqu'elles portent sur les affaires les plus modestes, soit, ce qui est le cas de la grande majorité d'entre elles, en premier ressort ; elles peuvent alors faire l'objet d'un appel devant une cour d'appel, où elles sont à nouveau examinées sous tous leurs aspects, en fait et en droit.
Les décisions [...] émanant des cours d'appel peuvent elles-mêmes faire l'objet d'un recours devant la Cour de cassation. [...] Elle est unique : « Il y a, pour toute la République, une Cour de cassation. » [...]
La Cour de cassation ne constitue pas, après les tribunaux et les cours d'appel, un troisième degré de juridiction. Elle est appelée, pour l'essentiel, non à trancher le fond, mais à dire si, en fonction des faits qui ont été souverainement appréciés dans les décisions qui lui sont déférées, les règles de droit ont été correctement appliquées. [...]

courdecassation.fr

Questions

1. Précisez pourquoi la Cour de cassation ne constitue pas un troisième degré de juridiction.
2. Présentez, en quelques lignes, une note structurée permettant d'une part, de montrer l'importance des juridictions d'appel et d'autre part, la nécessité du rôle de la Cour de cassation.

Boîte à outils — Production écrite

Pour utiliser les connaissances ou les idées contenues dans un texte à portée juridique :
1. Découvrez le texte : il s'agit de repérer son titre, sa date et sa source.
2. Lisez attentivement le texte ; n'hésitez pas à surligner ou souligner et à annoter en marge du texte.
3. Exploitez le texte en vous inspirant des informations contenues dans le document et/ou de vos connaissances personnelles.
4. Faites des phrases courtes et cherchez des phrases d'inspiration personnelle ; si vous utilisez des phrases du texte, elles doivent être citées avec des guillemets

Pas de vacances pour le droit !

Amélie, 17 ans et Jules, 18 ans, habitent à Lille et partent en vacances à Nice, pour la première fois sans leurs parents.

1. C'est Jules qui conduit. Depuis l'âge de 15 ans, il a eu le droit de passer son code et de conduire avec ses parents en conduite accompagnée. À 17 ans et demi, il a pu passer son permis de conduire mais a dû attendre d'avoir 18 ans pour pouvoir conduire seul.

2. Arrivé à Nice, Jules à frotté contre une voiture en voulant sortir de sa place de stationnement. Juste de la tôle froissée, mais l'autre conducteur est sorti très énervé de la voiture. Heureusement, Jules a eu la bonne réaction et est resté calme. Comme tout le monde est obligé d'être assuré en France, il a pu rassurer le conducteur. Ils ont rempli un constat amiable et les assurances traiteront le dossier.

3. Bien installés à la terrasse d'un café, Amélie et Jules retrouvent leurs amis Nathan et Pierre. Âgés de 22 ans, ils sont en couple et mariés depuis 5 ans. Ils sont bien contents de vivre dans un pays où le mariage pour tous est légal.

4. Amélie est elle aussi en conduite accompagnée et aimerait conduire sous la supervision de Jules. Elle regarde le Code de la route pour vérifier si cela est possible.

5. Lors d'une soirée, Jules boit plus d'alcool que de raison. Très éméché, il se rend sur la Promenade des Anglais, chante à tue-tête et provoque verbalement les passants. La police est alertée. Après les procédures d'usage, elle informe Jules qu'il sera convoqué au tribunal pour ivresse sur la voie publique.

Questions

1 Citez les trois fonctions de droit et illustrez chacune d'elles par une des situations des vacances d'Amélie et Jules.

2 L'article L. 211-3 du Code de la route a été créé par une loi. Précisez quelle(s) institution(s) adopte(nt) cette règle et en quoi elle(s) est(sont) légitime(s).

3 L'article R. 211-5 du Code de la route a été créé par un décret. Précisez qui adopte cette règle et donnez sa place dans la hiérarchie des normes par rapport à l'article L. 211-3 et par rapport au droit international.

4 Apportez une réponse à Amélie : peut-elle conduire sous la supervision de Jules ?

5 Montrez que l'article R. 413-14 du Code de la route est bien une règle de droit obligatoire et coercitive.

6 Expliquez à Jules devant quel tribunal il sera convoqué et dans quelle ville pour son ivresse sur la voie publique.

7 Jules se demande : si la décision du tribunal lui est défavorable, peut-il la contester ? Expliquez-lui comment et qui pourra l'aider dans cette démarche.

Annexe 1 Article L. 211-3 du Code de la route

L'apprentissage anticipé de la conduite est un apprentissage particulier dispensé aux élèves âgés d'au moins quinze ans en vue de l'obtention du permis de conduire des véhicules légers. Cet apprentissage ouvre droit à une réduction du délai probatoire suivant l'obtention du permis de conduire.
Il comprend, d'une part, une période de formation initiale dans un établissement ou une association agréés au titre des articles L. 213-1 ou L. 213-7 et, d'autre part, une période d'apprentissage en conduite accompagnée, sous la surveillance constante et directe d'un accompagnateur remplissant des conditions fixées par le décret mentionné à l'article L. 211-7, pendant laquelle l'élève doit parcourir une distance minimale pendant une durée minimale. Ces conditions de distance et de durée minimales sont précisées par arrêté du ministre chargé de la sécurité routière.

Annexe 2 Article R. 211-5 du Code de la route

I. L'apprentissage anticipé de la conduite est un apprentissage particulier dispensé en vue de l'obtention de la catégorie B du permis de conduire. [...]
II. Il comprend deux périodes :
1° Une période de formation initiale dans un établissement ou une association agréés au titre de l'article L. 213-1 ou L. 213-7. [...]
2° Une période d'apprentissage en conduite accompagnée sous la surveillance constante et directe d'un accompagnateur titulaire depuis au moins cinq ans sans interruption du permis de conduire de la catégorie B.
Cette période commence par un rendez-vous pédagogique préalable entre l'enseignant de la conduite, l'accompagnateur et l'élève conducteur. Deux autres rendez-vous pédagogiques doivent avoir lieu au cours de cette période, pendant laquelle l'élève conducteur doit parcourir une distance minimale pendant une durée minimale, précisées par arrêté du ministre chargé de la sécurité routière. [...]

Annexe 3 Article R. 413-14 du Code de la route

I. - Le fait, pour tout conducteur d'un véhicule à moteur, de dépasser de moins de 50 km/h la vitesse maximale autorisée fixée par le présent Code ou édictée par l'autorité investie du pouvoir de police est puni de l'amende prévue pour les contraventions de la quatrième classe.
Toutefois, lorsque le dépassement est inférieur à 20 km/h et que la vitesse maximale autorisée est supérieure à 50 km/h, l'amende encourue est celle prévue pour les contraventions de la troisième classe.

▲ Les nuisances sonores sont une cause courante de conflit de voisinage.

Notions

Litige + Demandeur, défendeur + Prétentions + Accord amiable

4 Le litige

Découvrir ensemble

- Quelle nuisance, subie par les deux personnes, est représentée dans cette photographie ?
- À qui pourrait faire appel l'adulte pour résoudre un éventuel conflit ?

VIDÉO

3 minutes pour découvrir autrement

foucherconnect.fr/23dteco24

1 Les éléments d'identification et de caractérisation du litige

DOC 1 Les conflits de voisinage

1 Expliquez, en vous aidant du document 1, ce qu'est un conflit de voisinage.
2 Citez différentes nuisances que peuvent subir des voisins.

DOC 2 Litige et prétentions

Le litige est un désaccord entre deux ou plusieurs personnes concernant l'exercice d'un droit. Ce désaccord peut naître d'un contrat ou d'une situation de fait.
Par exemple, un salarié peut être en litige avec son employeur car celui-ci ne lui aurait pas, d'après lui, payé ses heures supplémentaires. Cependant, pour l'employeur, ce salarié n'a jamais effectué d'heures supplémentaires. Le litige se situe donc bien ici autour d'un désaccord entre deux personnes physiques et il concerne une situation de fait (a-t-il ou non effectué des heures supplémentaires ?).
Ainsi, dans tout litige, les personnes qui s'opposent ont des intérêts divergents. Les demandes qu'elles formulent auprès du juge afin qu'il règle leur litige sont donc différentes. On dit qu'elles ont des prétentions. Dans notre exemple de litige entre un salarié et son employeur, leurs prétentions sont en effet différentes : la prétention du salarié est de se faire payer ses heures supplémentaires alors que la prétention de l'employeur est de ne pas payer des heures supplémentaires qu'il ne doit pas.

3 Expliquez, au regard des éléments donnés par le document 2, si la situation du document 1 correspond à un litige.
4 Citez les prétentions des personnes qui s'opposent dans le document 1.

DOC 3 La qualification juridique des faits

Lorsqu'on parle des faits en droit, il s'agit du récit de ce qu'il s'est passé et de ce que veulent les personnes qui sont en litige. Ces faits doivent être qualifiés, c'est-à-dire que l'on va les traduire en termes juridiques afin de leur appliquer le droit qui correspond à cette situation juridique. C'est une étape très importante puisque cette qualification va permettre d'appliquer la bonne règle de droit qui correspond à la situation exposée.

- **Exemple** : Sam a acheté un ordinateur en grande surface mais, une fois rentré chez lui, il se rend compte qu'il ne fonctionne pas.
- **Qualification juridique proposée** : Sam est un **consommateur**, il a conclu un **contrat de vente** avec une grande surface (le **vendeur**) pour l'achat d'un ordinateur mais celui-ci ne fonctionne pas.

© Foucher

 # vidéo
La qualification juridique - 2,02 min
foucherconnect.fr/23dteco25

5 Présentez l'intérêt de qualifier juridiquement les faits dans une situation donnée.

6 Qualifiez juridiquement les faits de la situation présentée dans le document 1.

DOC 4 Le problème de droit, c'est quoi ?

Le problème de droit est l'expression sous la forme interrogative de la qualification juridique d'une situation, en référence à un ou plusieurs textes de droit. C'est la question, formulée en termes juridiques, que se pose le magistrat avant de résoudre le litige. Elle doit être formulée de manière générale, sans faire référence aux faits, afin que d'autres juges puissent utiliser la même solution s'ils font face à des faits similaires.

- **Exemple** : Mme Manno a insulté et dénigré son patron sur les réseaux sociaux et celui-ci souhaite la licencier pour ce motif.
- **Question de droit proposée** : des insultes et un dénigrement sur les réseaux sociaux de la part d'un salarié envers son employeur constituent-ils un motif légitime de licenciement ?

La question est donc bien d'ordre général puisque l'on ne fait pas référence directement à Mme Manno.

© Foucher

7 Expliquez ce qu'est le problème de droit.

8 Formulez le problème de droit dans la situation du document 1.

L'essentiel

- Le litige est un conflit sur l'exercice d'un droit.
- Les prétentions des parties au litige sont les demandes des parties.
- La qualification juridique permet de traduire une situation en termes juridiques.
- Le problème de droit est une question d'ordre général sur l'application du droit dans une situation.

À VOUS DE JOUER !

Stan est étudiant en BTS. Il est bénéficiaire d'une bourse, mais pour compléter ses revenus, il travaille en tant que serveur dans un restaurant. Il s'entend très bien avec le patron, M. Bergonzo, qui lui a demandé exceptionnellement de venir faire des heures supplémentaires sur une semaine car un autre serveur était malade. Stan accepte et effectue 10 heures supplémentaires. Cependant, ces heures supplémentaires n'apparaissent pas sur sa fiche de paye à la fin du mois. Stan s'inquiète et va voir M. Bergonzo, mais celui-ci lui dit que Stan n'avait pas précisé qu'il voulait être payé et qu'il croyait donc que Stan lui rendait ce service gratuitement. Stan n'est pas d'accord et souhaite que ces heures supplémentaires lui soient payées.

> **Précisez l'origine du litige.**
> **Qualifiez les faits à l'origine de ce litige.**
> **Listez les prétentions de Stan et de M. Bergonzo.**
> **Formulez le problème de droit.**

2 Les parties et leurs moyens de droit

DOC 1 Les parties

Manon n'est pas d'accord avec Christophe qui l'a licenciée pour faute grave, alors qu'elle n'a rien fait. Elle saisit le conseil de prud'hommes.

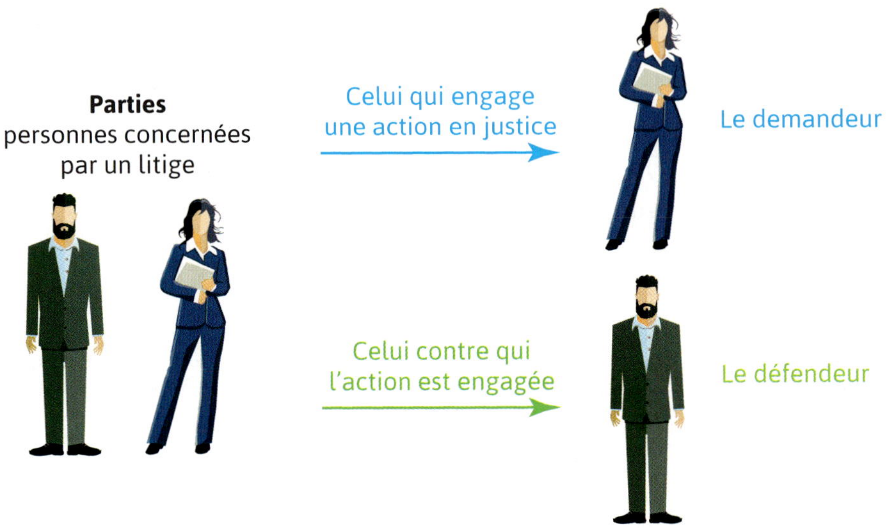

1. Qualifiez juridiquement les parties.
2. Citez les parties à ce litige : demandeur/défendeur.

DOC 2 L'influenceur Jeremstar jugé fin mars pour « travail dissimulé »

Le parquet de Paris le cite à comparaître pour « dissimulation d'emploi salarié en employant des salariés sans signer de contrat de travail, ni remettre de bulletin de paie, ni faire de déclaration préalable à l'embauche ».
L'influenceur Jeremstar, vedette des réseaux sociaux, sera jugé à Paris le 28 mars pour « travail dissimulé » après la plainte d'un ancien collaborateur, a révélé lundi une source proche du dossier.
Le parquet de Paris avait ouvert une enquête en septembre 2020 à la suite de la plainte de Bruno Etenna, qui se présentait comme ayant travaillé « en tant que réalisateur » sur « 222 vidéos » entre 2012 et 2017 pour Jeremstar, Jérémy Gisclon de son vrai nom. Pour ces tournages, Bruno Etenna affirmait n'avoir « jamais été déclaré » ni « rémunéré », à l'exception de quelques maigres défraiements, ce que Jeremstar reconnaîtrait dans sa biographie. […]
« Bruno Etenna a travaillé des années pour Jeremstar sans être payé et en étant traité comme un moins que rien », a commenté l'avocat du plaignant, Me Jérémy Kalfon.
Le parquet n'a en revanche pas retenu d'autres infractions visées par la plainte de Bruno Etenna, parmi lesquelles « harcèlement moral » et « violences à caractère racial ».

« Je compte me battre encore une fois »

Très populaire sur Snapchat, Jeremstar, 34 ans, compte plus de 2 millions d'abonnés sur Instagram, 1,7 million sur Twitter ou encore 1,5 million sur YouTube. […]
« J'ai déjà par le passé été accusé à de multiples reprises de tout et n'importe quoi. Je ne suis plus surpris par rien. Dans cette ère de la cancel culture, je compte me battre encore une fois pour démontrer que ces accusations sont non fondées », a déclaré Jeremstar, qui qualifie le plaignant d'« ancien ami », « qui était très heureux de participer à certains de mes projets à titre amical ».
« Monsieur Etenna harcèle mon client depuis plus d'un an en multipliant les mises en demeure et plaintes sur des fondements divers et variés […] Seule l'infraction de travail dissimulé a été retenue par le magistrat instructeur. C'est dire la maigreur des pièces à charge du dossier », a réagi l'avocate de l'influenceur, Margaux Nègre-Carillon.

AFP, 22.11.2021.

3. Résumez le litige évoqué dans l'article.
4. Citez les demandeur et défendeur et précisez leurs prétentions.

DOC 3 Les moyens des parties : leurs arguments

Les moyens de droit sont les arguments que les parties utilisent pour appuyer leurs prétentions ou leur défense. Les parties doivent donc présenter au tribunal leurs moyens et le juge doit répondre à ces moyens pour trancher le litige.

© Foucher

5 Citez les moyens de droit utilisables par les personnes concernées par le litige du document 2.

 # vidéo
Bagarre entre Booba et Kaaris : ce qu'il s'est passé à l'aéroport d'Orly - 1 min
foucherconnect.fr/23dteco26

DOC 4 Jugés pour leur rixe à Orly, les rappeurs Booba et Kaaris se rejettent la faute au tribunal

[...] Booba a expliqué vouloir simplement prendre son avion, Kaaris a estimé qu'il n'avait « pas le choix ». Jugés pour leur bagarre à l'aéroport d'Orly début août, les deux rappeurs se sont renvoyé la faute, jeudi 6 septembre, devant le tribunal correctionnel de Créteil (Val-de-Marne). [...]
Ils doivent répondre de violences aggravées et vols en réunion, avec neuf membres de leurs « clans » respectifs impliqués dans la rixe. [...]

Le tribunal a ensuite longuement décortiqué plusieurs extraits de vidéosurveillance de l'aéroport et certaines vidéos diffusées par des témoins de la rixe sur les réseaux sociaux. Sur l'une d'elles, on voit Booba – de son vrai nom Elie Yaffa – poser son sac en salle d'embarquement et avancer en direction du côté du hall où est Kaaris. Son rival se lève et s'approche de Booba, avec deux amis et un cousin. Booba fait un léger écart, continue d'avancer. Kaaris recule puis Booba lui assène un coup de pied et la bagarre démarre.

« J'ai essayé d'éviter le groupe », a assuré Booba. « Je pouvais dire que j'étais encerclé et c'est pour ça aussi que j'ai posé mon sac, pour pouvoir éventuellement me défendre », a assuré le rappeur, se sentant « menacé ». « Je le touche pas avec mon premier coup, c'est un coup d'intimidation pour empêcher qu'il m'attaque », a-t-il plaidé.

Le « duc de Boulogne » a également été questionné sur une vidéo tournée par une fan, où on le voit déclarer : « C'est la garde à vue qui m'attend », quelques moments avant la rixe. « Ce n'est pas sur un ton sérieux, a rétorqué Booba. C'est un mauvais pressentiment. [...] Je l'ai vu qui me fixait avant même d'avoir passé le portique, ça sentait pas bon. »
« J'ai agi par légitime défense du début jusqu'à la fin », a juré de son côté le rappeur de Sevran. Selon Kaaris, Booba lui aurait lancé : « Lève-toi, salope ! » « Je me lève, c'est une erreur. Mais je me lève parce que prendre des coups assis, c'est plus grave que prendre des coups debout », a-t-il expliqué. [...]

AFP, 06.09.2018.

6 Résumez et qualifiez les faits dans cette affaire.
7 Listez les moyens de droit utilisés par Booba.
8 Listez les moyens de droit mobilisés par Kaaris.

L'essentiel

- Les parties à un litige sont le demandeur et le défendeur.
- Les moyens des parties sont les arguments avec lesquels elles soutiennent leurs prétentions.

À VOUS DE JOUER !

M. Bonvard est propriétaire d'un beau pommier qui est planté juste au bord de son terrain. Les branches du pommier dépassent largement de son terrain et pendent au-dessus du terrain de son voisin. Celui-ci en profite pour cueillir les pommes qui dépassent chez lui. M. Bonvard est mécontent et souhaite déposer plainte pour vol. Il est propriétaire du pommier et donc de toutes ses pommes ! Son voisin n'est pas d'accord, les pommes qui poussent au-dessus de son jardin lui appartiennent puisqu'il est propriétaire de tout ce qui pousse au-dessus de son terrain !

> **Citez les parties dans ce litige.**
> **Listez les moyens du demandeur.**
> **Précisez les moyens du défendeur.**

3 La résolution du litige

DOC 1 Choisir entre deux modes de résolution

© Foucher

1 Expliquez le choix qui est offert au personnage dans le visuel ci-dessus.

 # vidéo
De nouveaux modes de règlements des différends : la justice amiable
- 2,27 min
foucherconnect.fr/23dteco27

DOC 2 Les modes de résolution à l'amiable

La médiation
- Intervention d'un tiers expert, le médiateur, qui aide les parties à trouver une solution amiable
- Repose sur la bonne volonté des personnes à trouver un accord, dans l'intérêt de chacun.
- Entre professionnels ou entre particuliers.
- L'intervention du médiateur est souvent payante.

La négociation ou transaction
- Vise à mettre fin à un litige existant ou à prévenir une contestation à naître.
- Les parties font des concessions réciproques.
- Rédaction d'un acte écrit et signé par les parties.
- Gratuite et rapide.
- Entre professionnels ou entre particuliers.

La conciliation
- Intervention d'un tiers choisi par les parties, le conciliateur, qui propose une solution.
- Repose sur la bonne volonté des personnes à trouver un accord, dans l'intérêt de chacun.
- Entre professionnels ou entre particuliers.
- Gratuite et rapide.

© Foucher

2 Précisez l'intérêt d'avoir recours à une résolution amiable d'un conflit.

3 Citez la principale différence entre la médiation et la conciliation.

DOC 3 Le recours au juge

La justice préconise de trouver une solution amiable lors d'un conflit. Cependant, dans certaines situations, aucun accord ne peut être trouvé. Il faut alors saisir la justice afin que le litige soit tranché. La justice est là pour décider et mettre fin à des conflits dans différents domaines : les relations entre les personnes dans la famille ou au travail, le logement et les relations de voisinage, la consommation, etc. C'est lors du procès qui réunira les parties en désaccord, leurs avocats (si besoin est) et les juges que ces derniers trancheront le litige. Après avoir écouté les parties et leurs avocats, les juges délibèrent (réfléchissent à une solution en commun) puis font part de leur jugement : le droit devra être appliqué tel qu'il en a été décidé par les juges.
La justice a aussi pour rôle, au-delà de tout conflit, de sanctionner les comportements interdits.

© Foucher

4 Expliquez à quel moment le recours au juge est nécessaire.
5 Expliquez la différence entre un procès et un mode de résolution amiable d'un conflit.
6 Listez les différentes étapes d'un procès.

DOC 4 Qu'est-ce qu'un juge ?

Quelle est la mission du juge ?
Le propre de la mission du juge réside dans son activité de décision juridictionnelle, ce qui signifie que, par sa décision, prise à l'issue d'un procès, le juge dit officiellement ce qu'est le droit. Les décisions juridictionnelles sont dotées de l'autorité de la chose jugée, ce qui veut dire qu'elles ne peuvent être contestées en dehors des voies de recours prévues par la loi.
Formellement, cette activité proprement juridictionnelle se traduit par la rédaction de décisions qui prennent le nom d'ordonnances, de jugements ou d'arrêts selon qu'elles sont rendues respectivement par un juge unique, un tribunal ou une cour. Les effets attachés aux décisions juridictionnelles sont particulièrement importants, puisque la décision clôt définitivement le litige et qu'elle peut être appliquée avec le concours de la force publique. Le juge exerce ainsi, dans son activité de décision, l'acte qui constitue le cœur du pouvoir judiciaire : dire officiellement ce qu'est le droit et le faire appliquer, y compris par le recours légitime à la force.

© LA DILA/Vie Publique, 30.06.2021.

7 Précisez quelle est l'activité principale d'un juge et expliquez en quoi elle consiste.
8 Citez les effets attachés aux décisions juridictionnelles.

L'essentiel

- Un conflit peut être résolu à l'amiable par le biais d'un médiateur neutre, d'une négociation ou par l'arbitrage d'un tiers.
- Si le conflit ne peut pas être résolu à l'amiable, le litige sera résolu lors d'un procès.
- Le rôle du juge est de statuer sur un litige en conformité et en application de la loi pour résoudre celui-ci.

À VOUS DE JOUER !

Noémie vient de perdre sa tante dont elle était très proche et qui n'avait pas d'enfants. Celle-ci avait donc décidé de faire de Noémie et de son frère Tony ses héritiers. Ils acceptent la succession et décident de vendre l'appartement et de se partager les meubles et les bibelots qu'il contient. Noémie choisit tout de suite un tableau qu'elle a toujours aimé, mais Tony n'est pas d'accord, lui aussi a toujours beaucoup aimé ce tableau, pourquoi irait-il à Noémie ? Ils sont dans une impasse, ni l'un ni l'autre ne voulant céder.

> **Présentez le conflit qui oppose Noémie et Tony.**
> **Conseillez-leur une façon de résoudre ce conflit.**

Synthèse

3 minutes pour retenir

foucherconnect.fr/23dteco28

1 Les éléments d'identification et de caractérisation du litige

Litige
- Conflit sur un droit
- Prétentions opposées

Prétentions et arguments
- Demandes des parties

Qualification juridique
- Les faits
- Les parties
- Les prétentions
- Les relations juridiques

Problème de droit
- La question juridique qui se pose
- La règle ou le domaine juridique

2 Les parties et leurs moyens de droit

Parties

- **Demandeur** : Prétentions, moyens et arguments du demandeur
- **Défendeur** : Prétentions, moyens et arguments du défendeur

3 La résolution du litige

Résolution du litige

- **Résolution à l'amiable**
  - Conciliation
  - Médiation
  - Négociation
- **Procès** : Tribunal et recours au juge

Mots-clés

> Litige
> Moyen de droit
> Prétentions
> Qualification juridique

Voir lexique P. 282

QUIZ

Vocabulaire juridique

foucherconnect.fr/23dteco29

Fiche Méthode 4 Identifier et caractériser juridiquement un litige

Objectif *Il s'agit de pouvoir identifier clairement le type de litige dans une situation donnée en utilisant la qualification juridique des faits*

Exemple. Arnault adore la musique, il est d'ailleurs lui-même musicien amateur et joue très souvent de la guitare. Il s'est donc acheté une enceinte Bluetooth dans une grande enseigne de distribution d'électroménager. Il l'utilise à peu près tous jours mais au bout de deux mois, l'enceinte ne veut plus se mettre en marche. Il retourne donc voir le magasin dans lequel il l'a acheté mais ce dernier refuse de réparer ou rembourser le bien défectueux. Arnault n'est pas d'accord, la garantie fournie par le magasin devrait fonctionner.

Étape 1 Reformuler les faits

Éliminer les faits superflus. Dans l'histoire que l'on vous raconte, c'est-à-dire les faits, il y a des éléments, des précisions qui sont inutiles.

Dans les faits évoqués, il est inutile, pour résoudre le litige, de savoir qu'Arnault est musicien et qu'il joue de la guitare. Cela n'a pas d'intérêt par rapport au problème à résoudre.

Piège à éviter

> Évitez les contresens en prenant soin de relire les faits plusieurs fois avant de les qualifier.

Étape 2 Repérer les acteurs et identifier la nature de leur relation juridique

Repérer les acteurs : quelles sont les personnes (physiques ou morales) évoquées dans les faits ? Et leurs relations : Quelle relation entretiennent-elles ?

Les acteurs sont Arnault et l'enseigne de vente d'électroménager.

Identifier la relation juridique entre eux : s'il y a un contrat entre eux, il faut nommer ce contrat. S'il n'y a pas de contrat, il faut qualifier juridiquement ce qui les relie (une faute, un dommage, etc.).

Il y a un contrat de vente entre eux puisqu'Arnault a acheté un bien dans cette enseigne.

Étape 3 Qualifier les acteurs

Qualifier les auteurs une fois la relation juridique entre les acteurs établie :

– s'il y a un contrat, il faut nommer les parties au contrat (exemple : salarié et employeur) ;

– s'il n'y a pas de contrat, il faut nommer les parties par rapport à leurs actions. Par exemple, si une personne détruit le bien d'une autre personne, elle crée un dommage, on peut donc la qualifier d'auteur du dommage.

Dans le contrat de vente de l'enceinte, Arnault est donc l'acheteur et l'enseigne le vendeur.

Étape 4 Résumer les faits qualifiés

Résumer les faits en rédigeant des phrases claires qui permettent de comprendre la relation entre les acteurs et de situer le litige.

Arnault, acheteur, a conclu un contrat de vente avec un magasin d'électroménager, le vendeur, pour acheter une enceinte. Cette enceinte ne fonctionnant plus au bout de deux mois, il veut faire fonctionner la garantie que lui doit le magasin mais celui-ci refuse.

Astuce

> Il faut qu'un lecteur qui n'a pas lu les faits puisse comprendre la situation avec votre résumé.

 # méthode+
La qualification juridique - 5,08 min
toucherconnect.fr/23dteco30

Activités

3 minutes pour **se tester**

foucherconnect.fr/23dteco31

1 APPLIQUER

Doc 1 Article 1240 du Code civil

Tout fait quelconque de l'homme, qui cause à autrui un dommage, oblige celui par la faute duquel il est arrivé à le réparer.

Doc 2 Adel et Julia

Julia décide d'aller faire un jogging dans son quartier. Le temps étant au beau fixe, elle n'est pas la seule à avoir eu cette idée. Elle doit partager le trottoir avec beaucoup d'autres coureurs ainsi que des personnes qui se promènent en famille. Julia se met donc au bord de la chaussée pour ne pas être ennuyée par les autres. Elle heurte cependant un caillou, ce qui la fait trébucher et tomber sur la voie sur laquelle un cycliste, Adel, était en train de rouler. Julia tombe sur Adel, ce qui le fait chuter lui aussi. Adel allait très vite, cette chute lui a donc fait mal : outre des écorchures sur les bras et les jambes, il a une entorse à la cheville.
Adel boite et ne peut pas aller au travail pendant plusieurs jours, ce qui lui crée évidemment un manque à gagner. Il veut donc être dédommagé mais Julia ne veut rien savoir, il n'avait qu'à ne pas aller si vite, il se serait fait moins mal s'il était allé à une allure normale. Par ailleurs, ce n'est pas sa faute si elle est tombée !

© Foucher

Questions

1. Qualifiez les faits de cette situation.
2. Citez les parties de ce litige.
3. Exposez les prétentions de chacune des parties.
4. Listez leurs moyens de droit, notamment grâce au document 1.
5. Formulez le problème de droit.

2 ARGUMENTER À L'ORAL

Doc Article L622-1 du Code de l'entrée et du séjour des étrangers et du droit d'asile (extrait)

Sous réserve des exemptions prévues à l'article L. 622-4, toute personne qui aura, par aide directe ou indirecte, facilité ou tenté de faciliter l'entrée, la circulation ou le séjour irréguliers d'un étranger en France sera punie d'un emprisonnement de cinq ans et d'une amende de 30 000 euros.

PLAIDOIRIE

Exposez votre plaidoirie dans la situation suivante :
M. Catinaud est pêcheur à Menton. Particulièrement sensible à la question des migrants, il leur est venu en aide de plusieurs manières (passage de la frontière franco-italienne, transport, hébergement…), ce qui lui a valu plusieurs gardes à vues et mises en examen sur la base de l'article L622-1 du Code de l'entrée et du séjour des étrangers et du droit d'asile, infraction plus connue du grand public sous le nom de « délit de solidarité ».
Récemment interpellé pour une nouvelle infraction, M. Catinaud doit comparaître devant le tribunal correctionnel de Nice. Vous êtes l'avocat de M. Catinaud, vous devez plaider pour défendre sa cause. Faites des recherches documentaires pour étayer vos arguments.

Boîte à outils Oral

En tant qu'avocat, il vous faut convaincre les magistrats face à vous. Pour cela, veillez à :
- regarder vos interlocuteurs (qui joueront le rôle des magistrats) dans les yeux ;
- ne pas croiser les bras ou les jambes ;
- parler d'un ton dynamique et convaincant.

3 APPROFONDIR

Doc Résumé d'un arrêt de la Cour de cassation, 1re chambre civile, 14 mai 2009

La famille X. avait acheté un rat dans une animalerie. Quelque temps après, l'animal a mordu deux membres de la famille, dont le fils, Fabien, qui à la suite de cette morsure est tombé gravement malade.
La famille a assigné l'animalerie en réparation du préjudice subi du fait d'un manquement à l'obligation d'information sur les risques de maladie pouvant résulter des morsures. Elle demande donc des dommages-intérêts.
La juridiction de première instance condamne le vendeur à indemniser la victime ainsi que sa mère aux motifs que le vendeur aurait manqué à son obligation d'information et de conseil face au risque de morsure infectieuse et causé ainsi un dommage aux victimes.
Le vendeur, mécontent de cette décision, forme un pourvoi en cassation. Son argument principal est que l'obligation d'information et de conseil ne peut s'appliquer aux faits qui sont de la connaissance de tous. Pour cette raison, le risque de morsure ne pouvait faire l'objet d'une obligation particulière d'information et de conseil.
Mais la Cour de cassation n'est pas d'accord : elle énonce que l'acheteur n'avait ni connaissance ni conscience qu'en achetant un rat domestique il s'exposait à un risque de maladie. Ainsi, le vendeur, en tant que professionnel, avait manqué à son obligation d'information en ne portant pas ce risque à la connaissance de l'acheteur.

© Foucher

Questions

1. Qualifiez les faits de cette situation.
2. Citez les parties de ce litige et formulez le problème de droit.
3. Exposez les prétentions de chacune des parties.
4. Rédigez, avec vos propres termes, la décision de la Cour de cassation en expliquant les raisons qui ont poussé la Cour à cette solution.
5. Résumez la solution de la Cour de cassation.

Boîte à outils Production écrite

Attention à la paraphrase ! Il faut veiller à ne pas recopier le texte mais à se l'approprier en comprenant bien son sens.

▲ Criminologues prenant des photos d'une scène de crime dans un entrepôt.

©Éditions Foucher

Notions

Acte et fait juridiques + Présomption + Charge et mode de preuve + Preuve électronique + Acte authentique et sous signature privée + Témoignage, aveu + Intime conviction du juge

5 La preuve

Découvrir ensemble

> **Qu'est-ce qu'une preuve ?**
> **À quel moment utilisera-t-on cette preuve pour résoudre le crime ?**

VIDÉO

3 minutes pour découvrir autrement

foucherconnect.fr/23dteco32

1 La preuve : notion et moyens de preuve

DOC 1 Pas de preuve, pas de droit

1 Proposez un synonyme du verbe « prouver ».
2 Indiquez à quoi sert une preuve.
3 Expliquez le titre du document 1.

 # vidéo
Quelle est la valeur juridique d'un constat d'huissier ? - 1,54 min
foucherconnect.fr/23dteco33

DOC 2 La force probante des écrits

La preuve peut être apportée par un écrit. On distingue essentiellement trois types d'écrits :

- **L'acte authentique**, qui est un écrit rédigé par un officier public (par exemple, l'acte de propriété d'un bien immeuble est rédigé et signé par un notaire).
- **L'acte sous signature privée**, qui est un écrit rédigé et signé uniquement par les parties concernées (par exemple, un contrat de travail est rédigé par l'employeur et signé par le salarié et l'employeur).
- **L'écrit électronique**, qui est un écrit rédigé par les parties mais sous forme électronique (un e-mail, par exemple).

Chaque écrit n'a pas la même force probante, c'est-à-dire que certains sont considérés comme ayant une très grande force probante (on ne peut les remettre en question que très difficilement) et d'autres comme ayant une force probante moins élevée. Ainsi, le fait d'être rédigés par un officier public (qui représente l'État) donne une force probante très importante aux actes authentiques.

© Foucher

4 Classez les trois écrits présentés en fonction de leur force probante.
5 Indiquez s'il est toujours possible de prouver par écrit. Donnez un exemple où cela est difficile, voire impossible.

DOC 3 Les autres modes de preuve

6 Citez les autres modes de preuve évoqués dans les trois images ci-dessus.

7 Indiquez s'ils auront la même force probante que les écrits. Justifiez votre réponse.

DOC 4 Affaire Buitoni : les familles réclament 250 millions d'euros à Nestlé France

Me Pierre Debuisson est l'avocat d'une soixantaine de familles de victimes de l'intoxication des pizzas de la marque Buitoni, dont les parents des deux enfants décédés. Il vient d'assigner Nestlé France en justice et réclame la somme record de 250 millions d'euros d'indemnités pour ses clients.

L'affaire aura bientôt un an. C'est en janvier 2022 que les premiers cas graves d'intoxications à la bactérie E. Coli ont été observés en France. Mais les pouvoirs publics attendront d'avoir la preuve scientifique qu'ils ont bien été contaminés en mangeant des pizzas de la marque Buitoni pour rappeler les produits de la marque en mars 2022. Et il faudra attendre le 1er avril pour qu'un arrêté préfectoral décide de l'arrêt immédiat des deux lignes de production de l'usine de Caudry (Nord), après la diffusion par des sources syndicales d'images accablantes sur l'hygiène défaillante de ce site industriel.

Deux enfants, l'un de deux ans et demi et l'autre de huit ans sont décédés à la suite de cette intoxication. Des dizaines d'enfants ont été hospitalisés, dyalisés, placés en réanimation, perfusés, et les examens pratiqués sur eux ont révélé la présence de lésions au niveau du foie, des reins, des poumons, du cœur et du cerveau. Les analyses réalisées par des agences de santé nationales ont permis d'identifier la souche de la bactérie E. Coli qui avait infecté les jeunes victimes comme étant celle présente dans les pizzas.

challenge.fr, Jean-François Arnaud, 06.12.2022.

8 Listez les preuves que Me Pierre Debuisson peut utiliser pour faire condamner la multinationale Nestlé.

L'essentiel

- La preuve est un élément qui atteste de la vérité ou de la réalité d'une situation, d'un fait, d'un droit.
- Il existe différents moyens de preuve : les écrits (acte authentique, acte sous signature privée et écrit électronique) et les preuves non écrites (témoignages, aveux et expertises).
- L'acte authentique a une plus grande force probante car il est rédigé par un officier public.

À VOUS DE JOUER !

Andréa se promenait dans sa rue avec une amie quand elle a été violemment agressée par un chien. Le chien était bien tenu en laisse, mais il a réussi à s'échapper et l'a profondément mordue à la cuisse gauche. Elle s'est donc rendue chez son médecin pour se faire soigner et souhaite se faire indemniser par le propriétaire du chien pour le préjudice qu'elle a subi.

> **Indiquez les moyens de preuve qui pourraient être mobilisés par Andréa.**

2 Les règles juridiques en matière de preuve

DOC 1 Le billet de loterie

1 Précisez ce que doit apporter comme preuve un gagnant à la loterie pour toucher son gain.

DOC 2 La preuve de l'acte juridique

Un acte juridique est une manifestation de volonté, une intention, destinée à produire des effets de droit, c'est-à-dire qui aura des conséquences juridiques voulues.

• **Exemple :** lorsqu'un employeur et un salarié signent un contrat de travail, ils cherchent à matérialiser leur volonté de créer une relation de travail. De la rencontre de leurs deux volontés naît un contrat (de travail) : ce contrat est un acte juridique. Cet acte juridique va produire des effets de droit : le salarié aura l'obligation de travailler selon les modalités précisées dans le contrat et l'employeur aura l'obligation de le rémunérer.

© Foucher

2 Expliquez si jouer à la loterie est un acte juridique.

3 Citez les effets attendus pour le joueur et pour l'entreprise de loterie.

DOC 3 Le fait juridique

4 Expliquez si ces deux événements correspondent à des actes juridiques.

5 En vous appuyant sur les documents 2 et 3, expliquez ce qu'est un fait juridique.

DOC 4 La preuve en droit civil

Acte juridique Peut se prouver par :				Fait juridique Peut se prouver par :
Acte authentique • Rédigé par un officier public (ex. : la vente d'un bien immobilier est rédigée par un notaire).	Acte sous signature privée • Rédigé par des personnes privées entre elles (ex. : contrat de travail).	Écrit électronique • Depuis 2004, équivalence entre l'écrit papier et l'écrit électronique.	Preuve par tous moyens dans certains cas (acte < 1 500 €, perte de l'écrit suite à un cas de force majeure...).	Preuve par tous moyens • Témoignages, aveux, expertises, etc.

© Foucher

6 Expliquez pourquoi les faits juridiques peuvent être prouvés par tous moyens.

DOC 5 La preuve en droit pénal

- **Qui doit prouver ?** En droit pénal, la preuve vise à montrer qu'une infraction a bien été commise : c'est donc à celui qui accuse un autre d'avoir commis cette infraction de la prouver.
- **Comment ?** Il est possible de prouver une infraction pénale par tous moyens.

© Foucher

7 Précisez sur qui pèse la charge de la preuve en droit pénal.

8 Listez les modes de preuve possibles en droit pénal.

DOC 6 L'intime conviction du juge en matière pénale

En droit pénal, le juge a besoin de preuves pour pouvoir trancher un litige. Cependant, il n'y a pas toujours de preuves évidentes. Le juge va donc utiliser un faisceau d'indices afin de se faire un avis sur l'affaire qu'il doit juger. La particularité en droit pénal est que le juge ne prendra pas seulement en compte les preuves matérielles apportées, mais aussi la situation de la victime, son passé, etc.

Le juge va donc avoir une vision subjective de l'ensemble de la situation à juger et va trancher le litige en conséquence : c'est ce que l'on appelle l'intime conviction.

Le juge va se forger une conviction personnelle à travers tous les éléments qui lui seront apportés à propos du litige ou de l'auteur des faits.

Juridiquement, l'intime conviction renvoie à l'impression qu'ont faite, sur la « raison » des juges, les preuves rapportées contre l'accusé et ses moyens de défense. Le système de l'intime conviction est donc la liberté, laissée au juge, d'évaluer librement la valeur des éléments de preuve, quels qu'ils soient, qui lui sont soumis sans être contraint par une quelconque hiérarchie légale entre les preuves.

© Foucher

9 Indiquez ce que prend en compte le juge pour déterminer la peine d'un accusé.

10 Expliquez comment il forge son intime conviction.

11 Présentez les différences entre le droit civil et le droit pénal en matière de preuve.

L'essentiel

- Un acte juridique est la manifestation de volonté d'une ou plusieurs personnes qui génère des effets juridiques.
- Un fait juridique est un événement, volontaire ou non, qui engendre des effets de droit.
- En droit pénal, la preuve se fait par tous moyens.
- L'intime conviction est un mode de jugement par le biais duquel le juge prend en compte la situation et les personnes pour prendre sa décision.

À VOUS DE JOUER !

Situation 1. Eli a diffamé son professeur sur les réseaux sociaux.
Situation 2. Assia vient de se marier avec Capucine.
Situation 3. Tom s'est battu dans la cour de son école.
Il a bousculé un élève qui, en tombant, s'est cassé le bras.
Situation 4. Mohamed a acheté une baguette de pain.

> Précisez, pour chacune des situations, s'il s'agit d'un acte ou d'un fait juridique. Justifiez vos réponses.

3 La charge de la preuve

DOC 1 Qui doit prouver ?

1 Précisez sur qui repose la charge de la preuve en utilisant le terme « demandeur » ou « défendeur ».
2 Indiquez ce qui doit être prouvé.

DOC 2 Détention indigne : à qui incombe la charge de la preuve ?

Un détenu du centre pénitentiaire de la Farlède à Toulon a demandé à être indemnisé des préjudices qu'il estime avoir subis du fait de ses conditions de détention. Le tribunal administratif de Toulon ayant rejeté sa demande tendant à la condamnation de l'État à lui verser la somme de 4 800 € en réparation des préjudices subis, au motif qu'il n'apportait à l'appui de ses affirmations aucun témoignage ni aucune pièce probante, le demandeur s'est pourvu en cassation.
Dans un arrêt rendu le 21 mars 2022 (requête n° 443986), le conseil d'État annule le jugement.

Il précise que « s'il appartient en principe au demandeur qui engage une action en responsabilité à l'encontre de l'administration d'apporter tous éléments de nature à établir devant le juge, outre la réalité du préjudice subi, l'existence de faits de nature à caractériser une faute, il en va différemment, s'agissant d'une demande formée par un détenu ou ancien détenu, lorsque la description faite par le demandeur de ses conditions de détention est suffisamment crédible et précise pour constituer un commencement de preuve de leur caractère indigne. C'est alors à l'administration qu'il revient d'apporter des éléments permettant de réfuter les allégations du demandeur. »

lemondedudroit.fr, Pascale Breton, 29.03.2022.

3 Résumez cette affaire.
4 Indiquez sur qui repose la charge de la preuve selon la Cour de cassation.

DOC 3 La présomption

 # vidéo
Rober Badinter explique la présomption d'innocence - 1,26 min
foucherconnect.fr/23dteco34

Il y a présomption lorsque de l'existence d'un fait est déduite l'existence d'un autre fait qui lui n'est pas prouvé.

• **Exemple :** de l'existence d'un mariage est déduit que les enfants issus de l'épouse au cours du mariage ont pour père le mari ; il s'agit d'une présomption de paternité. Il n'y aura donc pas besoin de prouver que les enfants nés pendant le mariage ont pour père le mari.

© Foucher

5 Expliquez en quoi la présomption de paternité répond à la définition de la notion de présomption.

6 Expliquez le principe de la présomption d'innocence.

DOC 4 Présomption simple et présomption irréfragable

Les présomptions sont des exceptions au principe selon lequel c'est le demandeur qui doit prouver. Il s'agit d'un renversement de la charge de la preuve : ce n'est plus au demandeur de prouver mais au défendeur.
On distingue deux types de présomption :

• **Présomption SIMPLE**

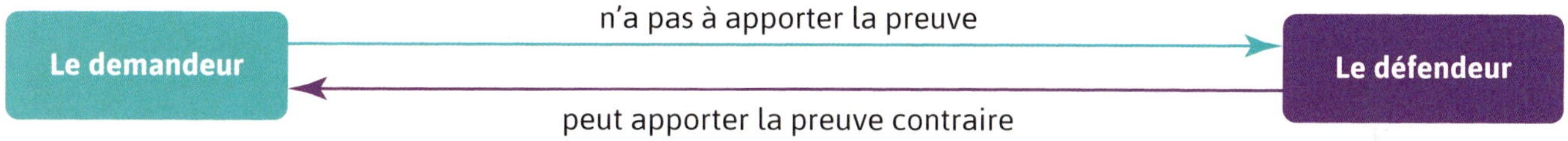

Exemple : La présomption de propriété. Si une personne détient un bien meuble, on considère qu'elle n'a pas à prouver cette propriété. Mais le défendeur (celui qui se dit le réel propriétaire de la chose) peut prouver le contraire, en apportant un titre de propriété notamment.

• **Présomption IRRÉFRAGABLE**

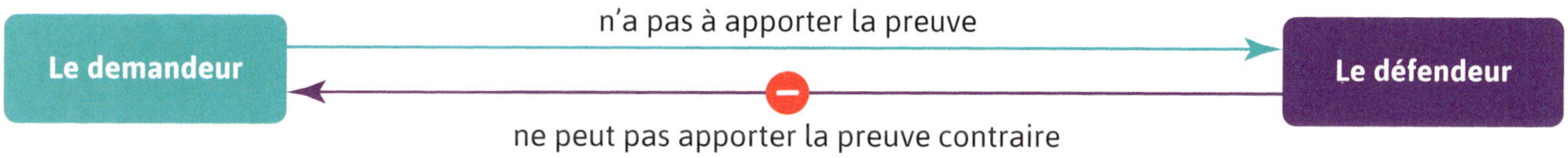

Exemple : L'incapacité pénale d'un mineur de moins de 12 ans est une présomption irréfragable. Quel que soit le litige, la partie adverse ne peut renverser cette conviction : un enfant de moins de 12 ans sera toujours considéré comme incapable, car il ignore la loi.

© Foucher

7 Expliquez la différence entre une présomption simple et une présomption irréfragable.

8 Précisez si la présomption d'innocence est une présomption simple ou irréfragable. Justifiez.

L'essentiel

- Rechercher sur qui pèse la charge de la preuve signifie rechercher qui doit prouver.
- Une présomption est une supposition fondée seulement sur des apparences, des indices non prouvés.
- Lorsqu'une présomption est simple, le défendeur peut apporter la preuve contraire, mais lorsqu'elle est irréfragable, le défendeur ne pourra pas prouver le contraire.

À VOUS DE JOUER !

M. et Mme Fitoussi se sont mariés sous le régime de la communauté. Ainsi, tout bien acquis après le mariage est réputé appartenir aux deux époux, sauf si l'on prouve qu'il est propre à l'un des époux. Au cours de son mariage, M. Fitoussi a hérité d'une belle somme. Les héritages restent toujours des biens propres. Quelques années plus tard, ils décident de divorcer. Ils doivent partager leurs biens, or M. Fitoussi souhaite récupérer la somme dont il a hérité. Il ne veut pas la partager avec sa femme.

> **Précisez à qui est réputé appartenir l'héritage intervenu au cours du mariage.**
> **Indiquez qui doit prouver dans cette affaire.**
> **Précisez si l'on est en présence d'une présomption simple ou d'une présomption irréfragable.**

Synthèse

3 minutes pour retenir

foucherconnect.fr/23dteco35

1 La preuve : notion et moyens de preuve

Qu'est-ce que la preuve ? → Élément qui atteste de la vérité

- **Moyens de preuve**
  - **Preuves écrites**
    - Actes authentiques
    - Actes sous signature privée
    - Écrits et signatures électroniques
  - **Preuves non écrites**
    - Témoignages
    - Aveux
    - Expertises

2 Les règles juridiques en matière de preuve

- **Droit civil**
  - **Actes juridiques**
    - Principe : écrit
    - Exception : preuve par tous les moyens
  - **Faits juridiques**
    - Preuve par tous les moyens
- **Droit pénal**
  - Par tous les moyens et indices qui permettront au juge de formuler son intime conviction

3 La charge de la preuve

- **Qui doit prouver ?**
  - **Principe : le demandeur**
  - **Exception : le défendeur**
    - Présomption simple
    - Présomption irréfragable

Mots-clés

- Acte juridique
- Fait juridique
- Présomption

Voir lexique P. 282

QUIZ
Vocabulaire juridique

foucherconnect.fr/23dteco36

Fiche Méthode 5

Apporter la preuve de ses intentions et construire son argumentation juridique

Objectif *Il s'agit de déterminer, dans une situation conflictuelle, qui a la charge de la preuve, comment apporter cette preuve et finalement auprès de qui*

Exemple. Maud a acheté des chaussures à 110 € sur internet, cependant elles ne lui ont jamais été livrées. Le site qui les lui a vendues dit qu'il n'a pas de trace de cet achat. Maud voudrait donc prouver qu'elle a bien payé cette paire de chaussures.

Étape 1 Qualifier la situation à prouver

Déterminer si la situation est un acte ou un fait juridique.

Maud a passé un contrat de vente avec le site internet, il s'agit donc d'un événement volontaire qui produit des conséquences juridiques recherchées par les parties : c'est un acte juridique.

Étape 2 Identifier les moyens de preuve

Déterminer les moyens de preuve en fonction de la situation.

Il s'agit d'un acte juridique inférieur à 1 500 €, Maud pourra donc apporter une preuve par tous moyens, pas obligatoirement avec un écrit : un e-mail, son relevé bancaire, etc.

Étape 3 Déterminer la charge de la preuve

Appliquer la règle en matière de charge de la preuve. C'est à la personne qui demande l'application d'un droit de prouver ce droit.

Maud réclame l'application du contrat de vente. C'est donc à elle de prouver qu'elle a payé.

Vérifier qu'il n'existe pas de présomption dans cette situation.

La situation de Maud n'évoque aucune présomption connue (de paternité, d'innocence, de bonne foi…).

Étape 4 Construire son argumentation juridique

Résumer dans cette étape comment la personne doit prouver ; il faut s'appuyer pour cela sur les étapes précédentes et rédiger une réponse.

Maud a conclu un acte juridique d'un montant de 110 euros dont elle réclame l'application.

Or les actes juridiques d'un montant inférieur à 1 500 euros se prouvent par tous moyens. Par ailleurs, c'est elle qui réclame l'application du contrat, elle est demanderesse, c'est donc à elle de prouver.

Maud pourra donc prouver cet acte juridique grâce aux e-mails échangés ou à ses relevés bancaires.

Astuce

> Lorsque l'on vous demande par quels moyens une personne peut prouver, il ne faut pas seulement répondre à la question mais toujours justifier votre réponse en vous appuyant sur vos connaissances.

#méthode+

Quels sont les modes de preuve dans un procès civil ?

foucherconnect.fr/23dteco37

Activités

3 minutes pour se tester
foucherconnect.fr/23dteco38

1 APPLIQUER

Situation 1 : Bintou, 12 ans, a brisé la fenêtre de son voisin en jouant au ballon avec ses amis.

Situation 2 : Sébastien a acheté une télévision au prix de 1 200 euros sur un site internet, mais il n'a toujours pas été livré.

Situation 3 : Laura a été cambriolée. Les cambrioleurs lui ont dérobé des bijoux pour une valeur de 3 400 euros.

Situation 4 : Jonathan a versé une caution de 1 000 euros pour réserver un appartement, mais le propriétaire dit ne pas l'avoir reçue.

Situation 5 : On a volé son smartphone à Barbara dans le métro.

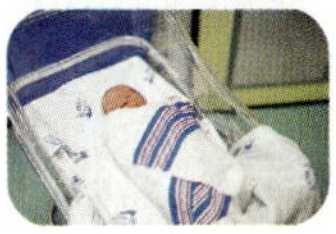

Situation 6 : M. et Mme Sauvan se sont mariés en juillet 2020.
En septembre 2022 naît leur fils Gabriel, mais M. Sauvan affirme que ce n'est pas son enfant.

Question

Pour chaque situation, précisez s'il s'agit d'un acte ou d'un fait juridique, quelle est la personne qui doit prouver et quels moyens de preuve elle pourra donner. Votre réponse devra être présentée sous forme d'un tableau en utilisant un logiciel de traitement de texte.

2 ARGUMENTER À L'ORAL

EXPOSÉ

Présentez une des notions du programme suivantes :
- les moyens de preuve ;
- l'intime conviction ;
- les actes juridiques ;
- les faits juridiques ;
- les présomptions simples ;
- les présomptions irréfragables.

- Présentation : par groupes de 4 ou 5 élèves maximum
- Support : un diaporama (ex. : logiciel de présentation PowerPoint).
- Durée : 10 minutes.

Boîte à outils Oral

Veillez à votre communication non verbale (se tenir droit, ne pas croiser les bras) et à répartir équitablement la parole entre les membres du groupe.

3 APPROFONDIR

Doc 1 Harcèlement au travail

Carole travaille dans un cabinet d'avocats depuis plusieurs années. Elle est l'assistante de plusieurs avocats du cabinet. Elle est chargée de rédiger leurs courriers, de répondre au téléphone et de faire des recherches juridiques afin de les aider dans leur travail.
Depuis quelques mois, un nouvel avocat a rejoint le cabinet. Celui-ci a un comportement que Carole juge déplacé : il lui fait des remarques sur sa tenue vestimentaire et l'a invitée plusieurs fois à dîner et à prendre un verre après le travail.
Carole décline à chaque fois ces propositions mais l'avocat se fait plus insistant et lui envoie depuis trois semaines des SMS tous les jours.
Carole se sent harcelée, elle décide de porter l'affaire en justice.

© Foucher

Doc 2 Les SMS, un nouveau mode de preuve ?

Dans un arrêt du 10 février 2015, la Cour de cassation a admis les SMS comme nouveau mode de preuve utilisable par les employeurs. [...]

En 2007, la chambre sociale de la Cour de cassation avait déjà admis que les SMS constituaient un mode de preuve licite, dans un arrêt qui admettait les SMS comme mode de preuve licite, au motif que l'auteur des messages ne pouvait ignorer que ceux-ci étaient enregistrés sur le téléphone du destinataire et puissent être tenus pour preuves par ce dernier.

Dans un arrêt du 10 février 2015, la chambre commerciale de la Cour de cassation a poursuivi en ce sens : les employeurs ont le droit d'utiliser en justice les SMS reçus ou envoyés par leurs salariés sur leur téléphone portable professionnel, et ce sans l'accord ni la présence de l'intéressé, à moins que les SMS soient identifiés comme « personnels ». [...]

Cour de cassation

Questions

1. Précisez sur qui pèse la charge de la preuve.
2. Précisez si l'objet de la preuve est un acte ou un fait juridique.
3. En fonction de votre réponse précédente, rappelez les modes de preuve admis.
4. Rédigez, grâce à une réponse argumentée, la réponse à la question suivante : Carole peut-elle utiliser les SMS comme mode de preuve ?

Boîte à outils **Production écrite**

La décision de la Cour de cassation doit être comprise et reformulée, c'est elle qui va permettre d'argumenter (de justifier) votre réponse.

▲ Audience correctionnelle du tribunal judiciaire de Dinan.

Notions

Voies de recours + Appel + Pourvoi en cassation + Partie civile + Instance + Audience + Jugement, arrêt, délibéré + Compétence d'attribution + Assignation + Mise en examen + Infraction (contravention, délit, crime)

6 Le recours au juge

Découvrir ensemble

> Qui sont les personnes présentes dans cette salle d'audience ?
> Cette photographie correspond-elle à l'image que vous avez d'un tribunal ?

VIDÉO

3 minutes pour découvrir **autrement**

foucherconnect.fr/23dteco39

1 Les principes nationaux et européens attachés à l'action en justice

DOC 1 La présomption d'innocence

1 Expliquez la notion de présomption d'innocence.
2 Expliquez pourquoi la détention provisoire n'est pas contraire à la présomption d'innocence.

DOC 2 Le droit au procès équitable

Article 6 de la Convention européenne des droits de l'homme (CEDH), 4 novembre 1950.

1. Toute personne a droit à ce que sa cause soit entendue équitablement, publiquement et dans un délai raisonnable, par un tribunal indépendant et impartial [...]. Le jugement doit être rendu publiquement, mais l'accès de la salle d'audience peut être interdit à la presse et au public pendant la totalité ou une partie du procès dans l'intérêt de la moralité, de l'ordre public ou de la sécurité nationale dans une société démocratique, lorsque les intérêts des mineurs ou la protection de la vie privée des parties au procès l'exigent [...].

2. Toute personne accusée* d'une infraction est présumée innocente jusqu'à ce que sa culpabilité ait été légalement établie.

3. Tout accusé a droit notamment à :
a. être informé, dans le plus court délai, dans une langue qu'il comprend et d'une manière détaillée, de la nature et de la cause de l'accusation portée contre lui ;
b. disposer du temps et des facilités nécessaires à la préparation de sa défense ;
c. se défendre lui-même ou avoir l'assistance d'un défenseur de son choix et, s'il n'a pas les moyens de rémunérer un défenseur, pouvoir être assisté gratuitement [...].

* Personne accusée : personne faisant l'objet de poursuites pénales pour la commission d'une infraction.

3 Expliquez l'intérêt de chacun des principes suivants : principe de neutralité du juge, procès d'une durée raisonnable, respect des droits de la défense.
4 Précisez pourquoi la justice n'est pas toujours rendue publiquement.
5 Repérez dans le document pourquoi le principe de la présomption d'innocence ne s'applique qu'à la procédure pénale.

 # vidéo
Le droit à un procès équitable en 2 minutes - 2,43 min
foucherconnect.fr/23dteco40

DOC 3 Le principe de gratuité de la justice

Interview de Maître Régis Berthelon, avocat associé chez Ressource Avocats.

• **Pourquoi la justice est-elle gratuite ?**
Maître R. B. : C'est un des grands principes de la justice en France. Les magistrats ne sont pas payés par les citoyens, mais par l'État. Il s'agit d'un service public.

• **Pour autant, faut-il engager des frais lors d'une action en justice ?**
Maître R. B. : Oui. Il faut payer les honoraires de son avocat. Il peut y avoir d'autres frais (frais d'huissier, frais d'expert, frais de greffe et parfois le paiement d'un timbre fiscal). D'ailleurs, le juge peut décider, à titre de sanction, de condamner la partie perdante à payer ces différents frais.

• **Qu'est-ce que l'aide juridictionnelle ?**
Maître R. B. : C'est une aide financière accordée par l'État pour permettre aux personnes ayant des ressources modestes d'engager un procès. Selon les revenus, elle peut être totale ou partielle.

• **Le recours à un avocat commis d'office est-il gratuit ?**
Maître R. B. : Non. L'avocat commis d'office est un avocat désigné par le bâtonnier de l'ordre des avocats, qui doit être payé par son client. Cependant, ces frais d'avocat peuvent être couverts par l'aide juridictionnelle.

6 Précisez ce qui est gratuit dans la justice.

7 Expliquez pourquoi engager un procès génère des frais pour les personnes qui saisissent la justice.

 # vidéo
Un degré de juridiction, c'est quoi ? - 2,03 min
foucherconnect.fr/23dteco41

DOC 4 Le droit au double degré de juridiction

Le droit français accorde la possibilité aux justiciables*, en cas de désaccord avec la décision rendue, de faire juger de nouveau leur affaire devant une juridiction de deuxième degré, une cour d'appel. C'est le droit au double degré de juridiction, exercé par une voie de recours : l'appel. Il est possible d'exercer ensuite un pourvoi en cassation. Cependant, la Cour de cassation n'est pas un troisième degré de juridiction. Elle n'a pas pour rôle de rejuger les faits, mais de vérifier si la décision attaquée est conforme au droit.

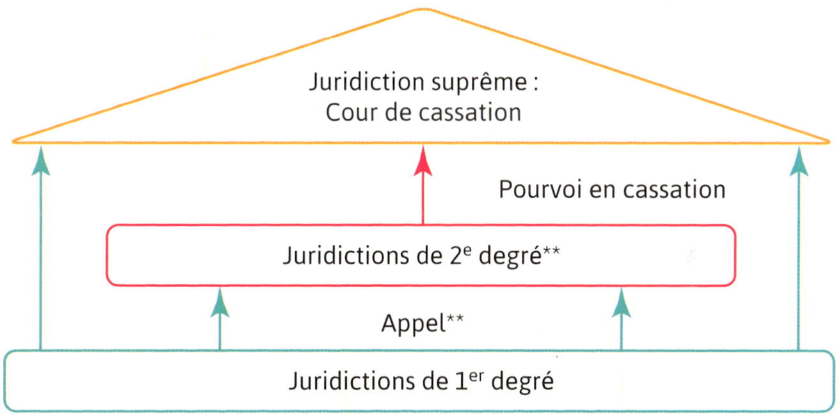

* Justiciable : partie à un procès.
** N'est rendu possible que si la décision n'a pas été rendue en premier et dernier ressort.

© Foucher

8 Expliquez comment les justiciables peuvent bénéficier du double degré de juridiction.

9 Précisez en quoi la Cour de cassation n'est pas un troisième degré de juridiction.

L'essentiel

- La présomption d'innocence est le fait d'être considéré comme innocent tant que l'on n'a pas été jugé coupable.
- La Convention européenne des droits de l'homme pose les grands principes du procès équitable.
- Même si l'accès au service public de la justice est gratuit, un procès entraîne cependant des frais.
- Tout justiciable peut contester une décision de justice en appel dès lors que la décision n'aura pas été rendue en premier et dernier ressort.

À VOUS DE JOUER !

Lucas a eu un accident de voiture. Il a saisi la justice pour obtenir réparation de son préjudice. Le tribunal judiciaire a cependant refusé la condamnation de la personne impliquée dans l'accident, au motif que Lucas était fautif.

> **Expliquez si Lucas peut contester cette décision qu'il trouve injuste.**

2 Les spécificités du procès devant une juridiction civile

DOC 1 Le déroulement de l'instance devant le tribunal judiciaire

Assignation
C'est l'introduction de l'instance par laquelle le demandeur fait délivrer une convocation en justice au défendeur par un commissaire de justice(1).

↓

Saisine du tribunal
Le tribunal est saisi par la remise d'une copie de l'assignation déposée au greffe(2).

↓ Si l'affaire ne peut pas être jugée immédiatement

Mise en état
Cette phase est confiée au juge de la mise en état, qui veille à ce que des preuves soient apportées ; les parties s'échangent les pièces et leurs avocats, leurs conclusions(3), dans le respect du principe du contradictoire. Lorsque le dossier est complet, le juge renvoie l'affaire pour qu'elle soit jugée.

↓

Audience
Les avocats du demandeur et du défendeur présentent leurs plaidoiries(4) respectives.

↓

Mise en délibéré et jugement
Une fois les débats clôturés, l'affaire est mise en délibéré, c'est-à-dire que les juges se retirent pour débattre de l'affaire, avant de prononcer le jugement.

↓

Voies de recours
Éventuellement, les justiciables peuvent faire appel ou former un pourvoi en cassation.

(1) Les commissaires-priseurs et les huissiers ont fusionné depuis le 1er juillet 2022.

(2) Greffe du tribunal : service d'une juridiction, composé de fonctionnaires de justice, qui gère les formalités liées au procès (réception, transmission, conservation de certaines pièces). Il assiste les magistrats dans l'exécution de leur mission.

(3) Conclusion : document écrit par l'avocat contenant les arguments de droit et de fait à l'appui de la prétention de son client.

(4) Plaidoiries : arguments de droit et de fait développés oralement par l'avocat lors de l'audience.

© Foucher

1. Citez l'étape à laquelle le tribunal judiciaire est saisi.
2. Relevez les principales compétences du juge de la mise en état.
3. Expliquez quand et comment le principe du contradictoire est mis en œuvre dans cette procédure.

DOC 2 La tentative de médiation comme préalable à toute saisine du tribunal judiciaire

Depuis le décret n° 2019-1333 du 11 décembre 2019, le demandeur à une action en justice doit justifier, avant de saisir la juridiction, d'une tentative amiable de médiation. La nouveauté est la généralisation de l'obligation préalable d'avoir recours à la conciliation et à la médiation. […]
Quel est le principe posé par l'article 750-1 du Code de procédure civile, issu du décret du 11 décembre 2019 ?
[…]
Le demandeur doit justifier, préalablement à toute saisine du juge, d'une tentative de règlement amiable, à peine d'irrecevabilité, que le juge pourra relever d'office.
Ce principe ne s'applique qu'aux instances introduites à compter du 1er janvier 2020.
Il est donc applicable aux instances en cours à cette date et aux nouvelles instances introduites pendant la crise sanitaire :

1 - lorsque la demande en justice tend au paiement d'une somme inférieure ou égale à 5 000 euros ;
2 - lorsqu'elle est relative aux litiges de voisinage.

village-justice.com, Benoît Henry, Avocat, 04.01.2021.

4 Précisez quand le recours à un règlement amiable du conflit est rendu obligatoire.
5 Expliquez l'intérêt d'une telle réforme.

DOC 3 Les rôles du procès civil

La violation d'une règle de droit ou l'atteinte à un droit peuvent donner lieu à des sanctions civiles qui relèvent du droit privé. Le terme « sanction » revêt alors un sens particulier. Il peut viser :
- les **modes de contrainte** permettant de faire respecter un droit et de faire cesser le trouble subi : si un paysagiste ne termine pas les travaux au délai fixé par le contrat, le juge peut le forcer à finir le chantier (éventuellement sous astreinte : amende journalière fixée par jour de retard) ; ou bien aussi, il est possible de faire retirer de la vente des journaux qui contiendraient des propos diffamatoires ;
- les **modes de réparation** pour compenser ce trouble subi : l'annulation d'un contrat de vente donnera lieu à la restitution du bien en échange du remboursement de celui-ci ; le versement de dommages-intérêts peut être imposé par le juge. Ils constituent une somme d'argent destinée à réparer le préjudice subi. Ces sanctions ont bien pour but une « remise en état » de la situation, de faire comme s'il ne s'était rien passé.

© Foucher

6 Listez les sanctions civiles qui peuvent être prononcées par un juge civil.
7 Citez les deux grands rôles du procès civil.

L'essentiel

- Le procès civil suit différentes étapes qui mènent au jugement.
- Une tentative de conciliation peut être imposée avant la saisine d'un tribunal.
- Le procès civil permet de contraindre une personne à respecter un droit ou à faire réparer un préjudice.

À VOUS DE JOUER !

Mme Legros est très embêtée : sa voisine Mme Leblanc souhaite l'assigner en justice car les feuilles des arbres de son jardin, en tombant, bouchent soi-disant les gouttières de Mme Leblanc. Celle-ci ne veut pas entendre parler d'un règlement amiable.

> **Expliquez si Mme Leblanc peut saisir immédiatement le tribunal judiciaire pour régler son litige avec Mme Legros.**

3 Les spécificités du procès pénal

DOC 1 Comment déclencher une affaire pénale ?

1 Citez les différents intervenants dans une affaire pénale.
2 Précisez comment la victime déclenche la procédure pénale.

DOC 2 L'infraction pénale

Une infraction est un comportement considéré comme interdit par loi et assorti de sanctions prévues par celle-ci. La commission de cette infraction engage la responsabilité pénale de son auteur, car il a causé un trouble à l'ordre social.
Le Code pénal classe les infractions selon la gravité des faits commis : les crimes (ex. : homicide volontaire), les délits (ex. : violences volontaires, vol), les contraventions (ex. : non-respect du Code de la route). La nature et la gravité des peines dépendent directement de la qualification de l'infraction : les contraventions ne font, par exemple, jamais l'objet de peines d'emprisonnement ; les délits donnent principalement lieu à des peines d'amende et d'emprisonnement ; les crimes, quant à eux, entraînent la réclusion criminelle, mais jamais de peine d'amende.
La classification des infractions permet également de déterminer qui, de la cour d'assises (crimes), du tribunal correctionnel (délits) ou du tribunal de police (contraventions), jugera l'infraction.
La peine joue plusieurs rôles à l'issue du procès pénal : par la sanction de l'auteur, elle vient protéger la société ; elle favorise l'insertion ou la réinsertion du délinquant ; elle permet enfin de restaurer l'équilibre social.

3 Expliquez ce qu'est une infraction pénale.
4 Indiquez comment les infractions sont classées et précisez l'intérêt d'une telle classification.
5 Précisez les rôles de la sanction pénale.
6 Expliquez l'expression soulignée.

DOC 3 Les différentes étapes de la procédure pénale

Phase policière (enquêtes)		
Phase de déclenchement des poursuites	Par le ministère public[1]	Par la victime
Phase d'instruction	Obligatoire pour les crimes, facultative pour les délits Le juge d'instruction ordonne des mesures d'instruction : mandats, perquisitions, etc. Il peut prononcer la mise en examen[2]	
	Le juge d'instruction saisit la juridiction compétente	Le juge d'instruction met fin aux poursuites
Phase d'audience et de jugement	Plaidoirie de l'avocat de la partie civile, puis réquisitoire[3] du ministère public, enfin plaidoirie de l'avocat de la défense	
	Délibéré et jugement	
Voies de recours (appel devant une cour d'assises d'appel ou pourvoi en cassation) exercées par l'une des parties ou par le ministère public		

(1) Ministère public : représenté par le procureur de la République, magistrat défendant les intérêts de la société et chargé de veiller au respect de l'ordre public.

(2) Mise en examen : statut prononcé pour une personne contre laquelle il existe des indices graves ou concordants rendant vraisemblable sa participation à l'infraction. Elle peut éventuellement mener à la mise en détention provisoire.

(3) Réquisitoire : le ministère public prend la parole pour faire une proposition de sanction ou se prononcer en faveur de l'innocence de la personne poursuivie.

© Foucher

7 Indiquez quelles sont les principales missions du juge d'instruction.

8 Listez les différents rôles du ministère public lors de la procédure pénale.

 # vidéo

Victime d'une infraction, que faire pour se défendre ? - 1,31 min

foucherconnect.fr/23dteco42

DOC 4 La constitution de partie civile

Une partie civile est une victime qui a subi un ou plusieurs dommages causés par la commission d'une infraction. Lorsqu'elle se « constitue partie civile », la victime demande au juge pénal, qui va statuer sur l'infraction, de se prononcer également sur la réparation de son préjudice. Cette constitution de partie civile peut avoir lieu à n'importe quelle étape de la procédure pénale, jusqu'au jugement. Le dépôt de plainte avec constitution de partie civile a la particularité d'entraîner le déclenchement des poursuites et l'ouverture automatique d'une instruction.

© Foucher

9 Expliquez ce que souhaite obtenir la partie civile dans le procès pénal.

10 Précisez l'intérêt de la plainte avec constitution de partie civile.

L'essentiel

- La victime déclenche les poursuites en déposant plainte.
- Les infractions pénales sont classées, selon la gravité des faits, en crimes, délits et contraventions.
- La procédure pénale accorde un rôle déterminant au juge d'instruction.
- La constitution de partie civile permet à la victime d'obtenir l'indemnisation de son préjudice en même temps que la condamnation de l'auteur des faits par le juge pénal.

À VOUS DE JOUER !

Alexandra a été victime d'une agression très violente à la sortie d'une boîte de nuit. L'auteur des faits a heureusement été identifié. Elle a dû être hospitalisée plusieurs semaines et se trouve dans un état de stress permanent. Elle voudrait voir punir l'auteur des faits mais aussi obtenir réparation des préjudices qu'elle subit.

> **Expliquez comment Alexandra peut obtenir ce qu'elle souhaite devant le même tribunal.**

> **Indiquez si l'auteur des faits peut être mis en examen dans ce contexte.**

Synthèse

3 minutes pour retenir

foucherconnect.fr/23dteco43

1 Les principes nationaux et européens attachés à l'action en justice

Principes européens + **Principes nationaux**

Principes européens	Principes nationaux
Le droit au procès équitable : • neutralité du juge ; • publicité des débats ; • délai raisonnable ; • présomption d'innocence ; • respect du contradictoire ; • respect des droits de la défense.	Le droit au procès équitable : • gratuité de la justice ; • double degré de juridiction.

2 Les spécificités du procès devant une juridiction civile

Tentative de règlement amiable (devant certains tribunaux) ▶ Assignation ▶ Saisine du tribunal ▶ Mise en état ▶ Audience ▶ Délibéré et jugement

3 Les spécificités du procès pénal

Infraction	Poursuites	Instruction	Audience	Délibéré et jugement
• Contravention • Délit • Crime	• Déclenchées par le ministère public ou par la victime	• Pas obligatoire • Menée par le juge d'instruction • La victime peut se constituer partie civile		

Mots-clés

> Assignation
> Infraction
> Instruction
> Principe de neutralité du juge

Voir lexique P. 282

QUIZ
Vocabulaire juridique
foucherconnect.fr/23dteco44

Fiche Méthode 6 Comprendre la procédure de saisine d'une juridiction civile

Objectif *Comprendre une procédure judiciaire, plus particulièrement comment une procédure se déclenche devant une juridiction civile*

Exemple. Mme Soulier souhaite assigner en justice sa locataire qui ne paie plus ses loyers depuis six mois. Elle lui doit actuellement plus de 5 000 euros. On lui a dit de se rendre chez un commissaire de justice pour faire rédiger une assignation.

Assignation à comparaître devant le tribunal judiciaire de Lyon

Le 21 septembre 2022,

À la demande de Mme Germaine SOULIER, née le…

Ayant pour avocat Maître Stéphane BIRUCAT, avocat au barreau de Lyon… lequel se constitue sur la présente assignation et ses suites ;

J'ai, commissaire soussigné,

Donné assignation à Mme Joséphine BERTHELOT, née le… à comparaître le : 25 octobre 2022, à 15 h, devant le tribunal judiciaire de Lyon, siégeant en la salle ordinaire des audiences, au palais de Justice de Lyon, situé… […].

Maître CHASTAING,
Commissaire de Justice

Étape 1 Qualifier juridiquement le document

Trouver quel est le terme juridique associé au document.

Il s'agit d'une assignation à comparaître.

Conseil

> Les principales informations sont dans le document, lisez-le attentivement.

Étape 2 Qualifier juridiquement les personnes citées dans le document

Retrouver l'identité des intervenants et leur qualificatif juridique.

Intervenants :

- Mme Soulier est demandeur dans ce procès ;
- Mme Berthelot est défendeur ;
- Maître Birucat est l'avocat du demandeur ;
- Maître Chastaing est commissaire de justice.

Étape 3 Comprendre l'intérêt de ce document

Identifier le rôle de ces différents intervenants dans la procédure.

Mme Soulier (demandeur) souhaite assigner en justice Mme Berthelot (défendeur) ; elle a pris un avocat pour la représenter, Maître Birucat. Elle a dû se rendre chez Maître Chastaing, commissaire de justice, qui a rédigé cette assignation à comparaître et l'a envoyée à Mme Berthelot. Une copie de cette assignation sera ensuite envoyée au greffe du tribunal judiciaire pour saisir celui-ci. La date ainsi que l'heure de l'audience ont déjà été fixées au 25 octobre 2022 à 15 h, audience à laquelle Mme Soulier viendra en présence de son avocat.

Cette assignation sera donc le document qui déclenchera la procédure civile.

Puisque le montant de la demande est supérieur à 5 000 euros, Mme Soulier n'a pas eu besoin de recourir à une tentative de conciliation préalable.

#méthode+
Qu'est-ce qu'une assignation ? - 1,32 min
foucherconnect.fr/23dteco45

Activités

3 minutes pour **se tester**
foucherconnect.fr/23dteco46

1 APPLIQUER

Questions

Après avoir visionné la vidéo, répondez aux questions suivantes. Vous pouvez présenter vos réponses sous la forme d'un tableau réalisé avec un logiciel de traitement de texte.

1. Justifiez la compétence d'attribution de la juridiction saisie du litige.
2. Citez le nom de la procédure envisagée.
3. Expliquez les faits à l'origine du litige.
4. Expliquez en quoi, dans cette situation, sont respectés les principes suivants : la publicité des débats, le respect des droits de la défense.
5. Retrouvez dans cette vidéo un des rôles du procureur de la République.

 # vidéo
Tribunal correctionnel : l'audience - 10,28 min
foucherconnect.fr/23dteco47

2 ARGUMENTER À L'ORAL

Doc La garde à vue

La procédure pénale débute par la phase policière. Elle peut donner lieu au placement en garde à vue (GAV), mesure privative de liberté prise à l'encontre d'un suspect. Le droit français a engagé une réforme de la GAV (dans la loi du 23 mars 2019). Dans le cadre de cette réforme, le décret du 20 décembre 2019 a mis en place une expérimentation (effectuée entre le 1er janvier 2019 et le 1er janvier 2022) qui porte sur l'enregistrement sonore ou audiovisuel de la notification des droits en garde à vue.

EXPOSÉ

Après avoir lu le document, visionné la vidéo puis réalisé des recherches sur tout site internet pertinent, vous présenterez de façon structurée l'encadrement juridique de la garde à vue et particulièrement la protection des droits du suspect gardé à vue.

- Présentation : seul ou en binôme.
- Support : diaporama avec logiciel de présentation type PowerPoint (environ 4 diapositives).
- Durée : 5 minutes environ.

 # vidéo
Comment se passe une garde à vue ? - 4,27 min
foucherconnect.fr/23dteco48

Boîte à outils Oral

Pensez à une répartition égale de la parole si vous êtes à deux, pour que chacun puisse valoriser son travail de recherche.

3 APPROFONDIR

Doc 1 Cour de cassation, chambre criminelle, 13 septembre 2022

Que le juge ne peut fonder sa conviction que sur des preuves qui lui sont apportées au cours des débats et contradictoirement discutées devant lui et ne peut fonder sa conviction sur sa connaissance personnelle d'un élément de preuve qu'il n'aurait pas soumis à la discussion contradictoire des parties ; que pour considérer que le procès-verbal comportait des constatations au sens de l'article 537 du Code de procédure pénale et en déduire la matérialité de l'infraction de franchissement de ligne continue, la juridiction de jugement s'est fondée sur une consultation personnelle du site internet Google Maps, qu'en se fondant sur cette consultation qui n'a pas été soumise à la discussion contradictoire des parties, la cour d'appel a violé les articles 536 et 427 du Code de procédure pénale, l'article préliminaire du même Code et l'article 6, § 1er, de la Convention européenne des droits de l'homme, ensemble l'article 537 du Code de procédure pénale [...]

Doc 2 Cour d'appel d'Aix-en-Provence, 9 juin 2022

La péremption de l'instance*, qui tire les conséquences de l'absence de diligence des parties en vue de voir aboutir le jugement de l'affaire et poursuit un but légitime de bonne administration de la justice et de sécurité juridique afin que l'instance s'achève dans un délai raisonnable, ne porte pas une atteinte disproportionnée au droit à un procès équitable.

* La péremption de l'instance est une sanction prononcée par le juge lorsque le demandeur ne s'implique pas dans une procédure qu'il a déclenchée ; elle est prononcée au bout de deux ans.

dalloz.fr

Doc 3 Cour européenne des droits de l'homme, 14 septembre 2021

Le requérant, M. Karel Brus, est un ressortissant néerlandais, né en 1949 et résidant à Zaventem.
L'affaire concerne une procédure pénale au terme de laquelle le requérant – impliqué dans des faits de corruption – a été condamné à une peine d'emprisonnement.
Invoquant l'article 6 § 1 et 3 (droit à un procès équitable/droit à l'assistance d'un avocat) de la Convention européenne des droits de l'homme, le requérant allègue le fait d'avoir été privé du droit d'accès à un avocat lors de sa détention préventive et durant les auditions et interrogatoires menés durant la phase préliminaire au procès. [...]

Communiqué de presse de la greffière de la Cour européenne des droits de l'homme.

Doc 4 Cour de cassation, chambre sociale, 4 juillet 2018

Vu l'article 6 §1 et 3 de la Convention de sauvegarde des droits de l'homme et des libertés fondamentales ; Attendu que le juge ne peut fonder sa décision uniquement ou de manière déterminante sur des témoignages anonymes ; Attendu que, pour dire que la procédure de licenciement est régulière et le licenciement justifié, la cour d'appel, après avoir retenu que l'atteinte aux droits de la défense fondée sur le caractère anonyme des témoignages recueillis par la direction de l'éthique n'est pas justifiée dans la mesure où le salarié a eu la possibilité d'en prendre connaissance et de présenter ses observations, s'est fondée de manière déterminante sur le rapport de la direction de l'éthique ; Qu'en statuant ainsi, la cour d'appel a violé le texte susvisé ;

Question

À partir de vos connaissances, du document 2 de la partie 1 et des quatre jurisprudences ci-dessus, rédigez une courte note dans laquelle vous expliquerez et illustrerez les principes du procès équitable.

Boîte à outils Production écrite

Pensez à rattacher chaque jurisprudence à un principe du procès équitable.

Vers le BAC

La caméra cachée

Léo est vendeur dans un magasin de sneakers nommé Target'shoes depuis 3 ans. Le magasin regroupe 5 salariés, dont 3 vendeurs. Il y travaille en horaires alternés : de 8 heures à 16 heures et la semaine suivante de 12 heures à 20 heures.

Un soir où il était seul et terminait sa journée de travail à 20 heures, il est allé dans la réserve (qui est aussi la salle dans laquelle les salariés font leurs pauses) et a volé une paire de sneakers d'une valeur de 180 euros.

Le lendemain, son patron, M. Brayet, le convoque dans son bureau pour lui signifier son licenciement. Il a, selon lui, une preuve indéniable de la faute commise par Léo : une caméra installée dans la réserve l'a filmé en train de voler la paire de chaussure. En effet, M. Brayet, par peur des vols de la part de ses employés, avait installé discrètement il y a quelques années une caméra de surveillance dans la réserve de son magasin.

Questions

1. Résumez les faits en utilisant les qualifications juridiques adaptées.
2. Citez les règles applicables concernant la preuve par vidéosurveillance d'un salarié.
3. Présentez les arguments juridiques que Léo peut avancer pour contester son licenciement.
4. Précisez le tribunal compétent que Léo devra saisir s'il veut contester son licenciement en justice. Justifiez votre réponse.

Annexe 1 La vidéosurveillance – vidéoprotection au travail

Quelles précautions prendre lors de l'installation du dispositif ?

Les caméras peuvent être installées au niveau des entrées et sorties des bâtiments, des issues de secours et des voies de circulation. Elles peuvent aussi filmer les zones où de la marchandise ou des biens de valeur sont entreposés.

Elles ne doivent pas filmer les employés sur leur poste de travail, sauf circonstances particulières (employé manipulant de l'argent, par exemple, mais la caméra doit davantage filmer la caisse que le caissier […]).

En effet, sur le lieu de travail comme ailleurs, les employés ont droit au respect de leur vie privée.

Les caméras ne doivent pas non plus filmer les zones de pause ou de repos des employés, ni les toilettes. Si des dégradations sont commises sur les distributeurs alimentaires, par exemple, les caméras ne doivent filmer que les distributeurs et pas toute la pièce. […]

La possibilité de regarder les images sur tablette ou téléphone ne doit pas conduire à surveiller ses employés pour leur faire des remarques sur la qualité du travail. L'accès à distance doit être sécurisé (mot de passe robuste, connexion https, etc.). Enfin, l'enregistrement du son, en plus des images, est réservé à des situations particulières et ne doit pouvoir être déclenché qu'à l'initiative d'un employé en cas d'événement le justifiant (en cas d'agression, par exemple). […]

cnil.fr, 27.11.2019.

Annexe 2

Comment l'employeur peut-il surveiller l'activité des salariés ?

Dans le cadre de l'exercice de son pouvoir de direction, l'employeur peut contrôler l'activité des salariés.

La question de l'ampleur de ce contrôle et celle des modes de preuves admissibles constituent un enjeu essentiel au cœur du pouvoir disciplinaire de l'employeur : plus le champ du contrôle autorisé est limité, moins il sera facile pour l'employeur de sanctionner et de justifier sa sanction.

Un principe de base : tout dispositif de contrôle de l'activité doit être préalablement porté à la connaissance des salariés et des représentants du personnel.

L'employeur qui souhaite mettre en place un dispositif de contrôle de l'activité de ses salariés doit préalablement accomplir les trois démarches suivantes :

– informer chaque salarié de la mise en place du dispositif, en précisant de manière complète la finalité des informations recueillies. Le dispositif de contrôle ne peut être clandestin ni être utilisé à d'autres fins que celles portées à la connaissance des salariés. En principe, à défaut d'information préalable des salariés, les preuves recueillies au moyen dudit dispositif ne seront pas recevables pour sanctionner le salarié ou le licencier.

Le respect de l'obligation de loyauté implique également que l'employeur ne peut recueillir des informations à l'insu des salariés, ou en ayant recours à un stratagème.

Par exemple, une filature est un mode de preuve illicite qui porte gravement atteinte à la vie privée du salarié.

La Cour de cassation et le Conseil d'État ont cependant estimé que le contrôle de l'activité d'un salarié, au temps et au lieu de travail, par un service interne de l'entreprise chargé de cette mission, ne constitue pas, en soi, un mode de preuve illicite, même en l'absence d'information préalable du salarié et du comité d'entreprise.

De même, une enquête effectuée au sein d'une entreprise, et confiée à un organisme extérieur, à la suite de la dénonciation de faits de harcèlement moral n'est pas soumise aux dispositions de l'article L. 1222-4 du Code du travail et ne constitue pas une preuve déloyale obtenue par un procédé clandestin de surveillance de l'activité du salarié.

Ainsi, le fait que le salarié présumé auteur des faits de harcèlement n'ait pas été informé de la mise en œuvre de cette enquête, ni entendu dans le cadre de celle-ci, ne rend pas ce mode de preuve illicite ;

– informer et consulter le CSE, s'il existe. À défaut, l'employeur risque d'être condamné pour délit d'entrave, et les preuves recueillies seront jugées irrecevables ;

– respecter la réglementation en matière de protection des données personnelles.

Par ailleurs, le dispositif de surveillance ne doit pas apporter aux droits des salariés et aux libertés individuelles et collectives de restrictions qui ne seraient pas justifiées par la nature de la tâche à accomplir ni proportionnées au but recherché.

Même au temps et au lieu de travail, le salarié peut en effet se prévaloir de certains droits et libertés, et notamment du droit au respect de sa vie privée.

village-justice.com, Guilain Lobut, 07.04.2022.

Entreprise sous surveillance vidéo

Établissement placé sous vidéosurveillance par ABCD pour la sécurité des personnes et des biens.

Les images sont conservées pensant un mois et peuvent être visionnées, en cas d'incident, par le personnel habilité de la société ABCD et par les forces de l'ordre.

Pour exercer vos droits Informatique et Libertés, notamment votre droit d'accès aux images qui vous concernent, ou pour toute information sur ce dispositif, vous pouvez contacter notre délégué à la protection des données en écrivant à dpo@abcd.fr ou à l'adresse postale suivante : XXXX

Pour en savoir plus sur la gestion de vos données personnelles et vos droits, rendez-vous sur l'intranet ABCD/le règlement intérieur - Rubrique « Politique de protection des données ».

Vous pouvez introduire une réclamation auprès de la CNIL sur cnil.fr/plaintes

Non — Oui

cnil.fr

▲ Trois générations et un animal qui fait partie de la famille !

Notions

Genre + Nom/dénomination + Domicile/siège + Droits patrimoniaux et extrapatrimoniaux + Statut de l'animal

7 La personne juridique

Découvrir ensemble

> Qui sont les personnes que vous pouvez identifier sur cette photographie ?
> Pensez-vous que les animaux ont les mêmes droits que les personnes humaines ?

VIDÉO

3 minutes pour découvrir autrement

foucherconnect.fr/23dteco49

1 Les titulaires de la personnalité juridique

DOC 1 Qu'est-ce qu'une personne physique ?

1. Expliquez ce qu'est une personne juridique.
2. Déterminez à partir de quel événement une personne devient une personne juridique.

DOC 2 La personnalité juridique des personnes physiques

Tous les êtres humains sont des personnes physiques.

	Début de la personnalité juridique	Fin de la personnalité juridique
Événement	• Principe : à la naissance, à la condition d'être né vivant et viable (l'enfant doit être susceptible de survivre). • Aménagement : au moment de sa conception chaque fois qu'il y va de l'intérêt de l'enfant.	• Principe : au moment du décès, constaté par un médecin. • Aménagement : en cas de disparition (le contexte laisse penser que la personne est décédée) ou d'absence (d'une personne qui ne reparaît pas à son domicile), la mort n'ayant pas pu être constatée.
Modalités/ Formalités	• Par un acte de naissance, rédigé par un officier d'état civil.	• Par un acte de décès, rédigé par un officier d'état civil. • Par un jugement déclaratif de décès (absence ou disparition).
Effets	• Acquisition d'un patrimoine, propre à la personne. • Acquisition de droits patrimoniaux (droit de propriété, droit de créance sur un débiteur) et extrapatrimoniaux (droit de vote, droit à l'honneur, liberté d'expression, etc.). • Soumission à des obligations.	• Transmission du patrimoine aux héritiers. • Extinction des droits et des obligations.

© Foucher

3. Expliquez pourquoi la naissance ne suffit pas à établir le début de la personnalité juridique des personnes physiques.
4. Citez les formes sous lesquelles la mort peut être officialisée.
5. Donnez des exemples de droits et d'obligations détenus par une personne physique.

DOC 3 Le principe de l'*infans conceptus*

Arrêt de la Cour de cassation du 14 décembre 2017

En vertu de l'adage *infans conceptus*, l'enfant qui n'était pas encore né au moment de l'accident mortel de son père mais déjà conçu peut prétendre, dès sa naissance, à l'indemnisation de son préjudice d'affection.

Il est acquis [qu'il…] peut bénéficier de droits patrimoniaux (droit à une pension, droit de prendre part à une succession […], droit en exécution d'un contrat d'assurance-vie), en application de la fameuse maxime […] (l'enfant conçu est réputé né toutes les fois qu'il

y va de son intérêt). Pour en bénéficier, l'enfant doit naître vivant et viable. [...]
L'employeur du père, mort à la suite d'un accident du travail, avait formé un pourvoi devant la Cour de cassation, soumettant à celle-ci la question de savoir si un enfant non encore né au moment du décès de son père pouvait obtenir l'indemnisation d'un préjudice d'affection, ce dernier étant entendu comme la souffrance morale causée par la perte d'un être cher.

La Haute Cour y répond par l'affirmative, et octroie cette indemnisation en se fondant sur la maxime *infans conceptus* : « (...) dès sa naissance, l'enfant peut demander réparation du préjudice résultant du décès accidentel de son père survenu alors qu'il était conçu ; qu'ayant estimé que (l'enfant) souffrait de l'absence définitive de son père décédé dans l'accident (...). »

M.H./Éditions Dalloz/12.01.2018.

6 Expliquez en quoi consiste le principe de l'*infans conceptus*.

7 Montrez comment il a été appliqué à cette situation.

DOC 4 Qu'est-ce qu'une personne morale ?

Les groupements de personnes poursuivant un intérêt dépassant l'intérêt individuel de leurs membres sont des personnes morales. Ces groupements permettent de mettre en commun des moyens pour exploiter une activité économique ou pour défendre les intérêts de leurs membres. On distingue les personnes morales :
• de **droit privé**, qui poursuivent un but lucratif (sociétés civiles ou commerciales) ou un but non lucratif (associations, mutuelles, syndicats, etc.) ;
• de **droit public** (l'État, les collectivités territoriales et les entreprises publiques).

© Foucher

8 Expliquez l'intérêt de constituer une personne morale.

9 Expliquez l'intérêt de distinguer les personnes morales de droit public et celles de droit privé.

DOC 5 La personnalité juridique des personnes morales

	Début de la personnalité juridique	Fin de la personnalité juridique
Événement	• La constitution d'une société ou d'une association donne lieu à la rédaction de statuts (ensemble des règles de fonctionnement de la personne morale).	• La dissolution de la société ou de l'association.
Modalités/ Formalités	• Les statuts sont ensuite déposés et donnent lieu, pour une société, à son immatriculation au registre national des entreprises*, et, pour une association, à son inscription à la préfecture. • Pour les sociétés, cette constitution donne lieu à une publicité dans un journal d'annonces légales ; pour une association, au *Journal officiel*.	• Radiation du registre national des entreprises pour les sociétés ; publication dans un journal d'annonces légales.
Effets	• Acquisition d'un patrimoine propre à la personne morale et distinct de celui de ses membres. • Acquisition de droits patrimoniaux et extrapatrimoniaux. • Soumission à des obligations.	• Opérations de liquidation du patrimoine.

* Depuis le 1er janvier 2023, le registre du commerce et des sociétés est remplacé par le registre national des entreprises tenu par l'Institut national de la propriété industrielle (INPI).

© Foucher

10 Expliquez pourquoi la constitution et la dissolution d'une personne morale donnent lieu à des formalités de publicité.

11 Présentez l'intérêt pour une personne morale d'avoir son propre patrimoine.

L'essentiel

- La personnalité juridique des personnes physiques s'obtient à la naissance.
- Les personnes physiques sont des êtres humains, titulaires de droits et d'obligations.
- Le principe de l'*infans conceptus* permet d'avancer l'acquisition de la personnalité juridique à la conception de l'enfant.
- On distingue les personnes morales de droit privé des personnes morales de droit public.

À VOUS DE JOUER !

Johanna, Anaïs et Valentine sont trois sœurs. Elles souhaitent commercialiser des objets de puériculture et notamment des doudous 100 % made in France.

> **Citez le type de personne morale qui leur permettrait d'exploiter leur activité commerciale.**

> **Expliquez par quelles formalités cette personne morale peut obtenir la personnalité juridique.**

2 Le statut juridique de l'animal

DOC 1 L'évolution de la protection des animaux

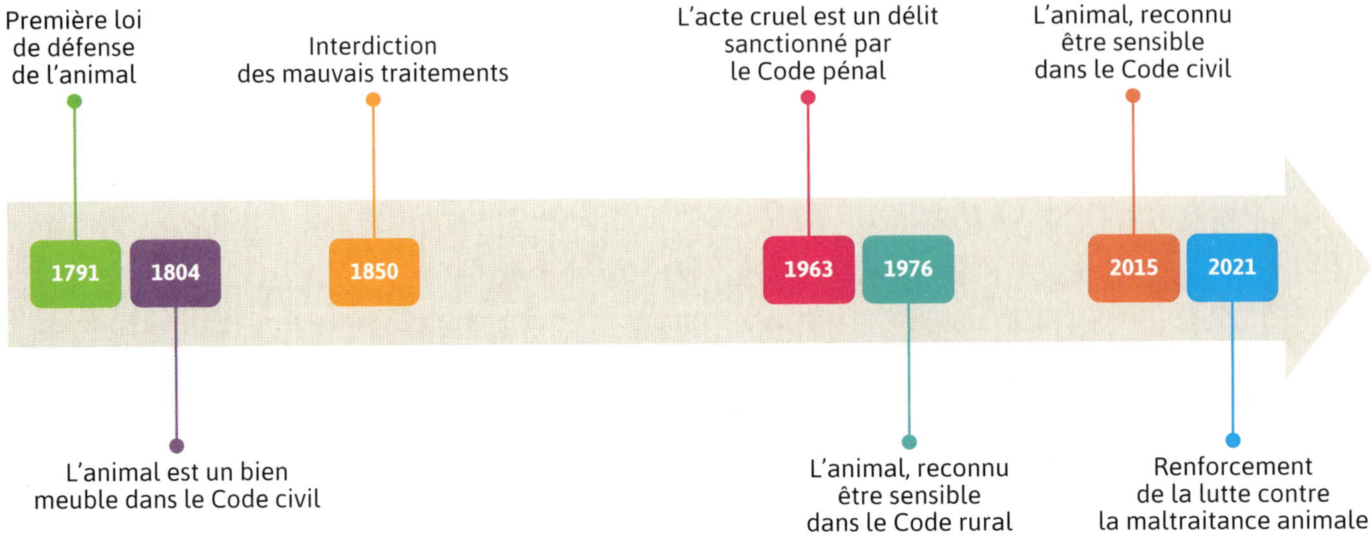

© Foucher

1. Listez les comportements interdits vis-à-vis des animaux.
2. Qualifiez le statut de l'animal dans le Code civil avant 2015.
3. Précisez et justifiez si l'animal faisait l'objet d'une protection juridique.

DOC 2 Point sur le statut juridique de l'animal

Depuis la loi du 16 février 2015, l'animal est qualifié, non plus de « meuble par nature » [...], ni même de chose, mais d'« être vivant doué de sensibilité ». Si cette loi personnalise d'évidence l'animal, elle n'a cependant pas eu pour effet de modifier son régime juridique : ainsi est-il prévu que « sous réserve des lois qui les protègent, les animaux sont soumis au régime des biens ». Le caractère hybride de ce statut d'être sensible mais restant soumis au régime du droit des biens a ranimé la question du statut de l'animal [...]. <u>L'animal ne serait-il pas, finalement, ni personne ni chose, mais un être à part et par conséquent inclassable ?</u>

actu.dalloz-etudiant.fr, Merryl Hervieu, 01.02.2022.

4. Expliquez la nouvelle conception de l'animal envisagée par la loi du 16 février 2015.
5. Indiquez si l'animal devient pour autant une personne juridique.
6. Expliquez la phrase soulignée.

DOC 3 Les applications jurisprudentielles depuis la réforme de 2015

• Dans un arrêt du 9 décembre 2015 (Cass. civ. 1re), la Cour de cassation a, pour la première fois, imposé à une éleveuse professionnelle de prendre en charge les frais vétérinaires nécessaires à la guérison d'un chiot de race bichon frisé, vendu alors qu'il était atteint d'une maladie congénitale. La garantie légale de conformité permet à l'acheteur de choisir entre le remplacement du bien ou la réparation du défaut de conformité. Cependant, le Code de la consommation précise que le vendeur professionnel peut imposer à l'acheteur le remplacement du bien, si cette option est moins onéreuse pour lui. La Cour de cassation, considérant que « le chien en cause était un être vivant, unique et irremplaçable, et un animal de compagnie destiné à recevoir l'affection de son maître », a confirmé que son remplacement était impossible.

• Dans un arrêt du 12 juin 2019 (Cass. crim), la Cour de cassation a rejeté le pourvoi formé par la SPA (Société protectrice des animaux) qui contestait le montant des dommages et intérêts alloués au nom du préjudice matériel (prise en charge d'animaux suite à des mauvais traitements) et surtout au nom du préjudice moral (1 euro symbolique). En effet, « si sans conteste possible les animaux sont des êtres doués de sensibilité et méritent soins et attentions à la mesure de leur nature vivante, il convient de conserver une nécessaire modération dans l'appréciation des préjudices issus d'atteintes n'affectant pas des personnes humaines ».

7 Listez les différentes options offertes à l'acheteur et au vendeur en cas de défaut de conformité d'un bien vendu.

8 Expliquez comment les juges ont dû adapter l'application du Code de la consommation à l'animal de compagnie.

9 Justifiez si l'indemnisation du préjudice moral pour mauvais traitements sur animal est identique à celle obtenue s'ils étaient infligés à des personnes.

 # vidéo
Le statut juridique de l'animal, récit d'un tournant historique - 2,04 min
foucherconnect.fr/23dteco50

DOC 4 Un Code de l'animal !

L'éditeur LexisNexis a publié en 2018 un Code de l'animal. Cet ouvrage inédit est une compilation de tous les textes qui régissent le statut de l'animal. C'est la Fondation 30 Millions d'amis qui a collaboré avec des universitaires pour permettre sa publication.

10 Précisez sur quoi portent les règles contenues dans ce Code.

11 Expliquez pourquoi l'association 30 Millions d'amis s'est engagée pour obtenir l'édition de ce Code.

12 Expliquez l'objet du message porté par la photographie.

© Fondation 30 Millions d'Amis.

L'essentiel

- Avant 2015, le Code civil classait l'animal dans la catégorie des biens meubles.
- L'animal est depuis considéré comme un être vivant doué de sensibilité.
- Le nouveau statut de l'animal oblige la jurisprudence à adapter l'application du droit.
- Le Code de l'animal est une étape supplémentaire dans la reconnaissance de son statut particulier.

À VOUS DE JOUER !

Eva a confié son chien à sa voisine pendant l'été. Lorsqu'elle revient, elle se rend compte qu'il a été sous-alimenté et semble avoir été maltraité.

> **Expliquez si Eva peut obtenir réparation des préjudices subis par son chien.**

> **Précisez à quelle infraction pénale ces faits peuvent être rattachés.**

3 Les éléments d'identification de la personne juridique

DOC 1 L'extrait Kbis, la carte d'identité de la personne morale

EXTRAIT DU REGISTRE DU COMMERCE ET DES SOCIÉTÉS

IMMATRICULATION ET IDENTITÉ DE LA PERSONNE

Numéro d'immatriculation : 618 556 324 RCS Lyon

Date d'immatriculation : 21 mai 2022

Dénomination : Gentille Alouette

Forme juridique : Société à responsabilité limitée

CARACTÉRISTIQUES DE L'ENTREPRISE

Capital : 5 000 euros

Siège social : 18, rue d'Algérie 69001 Lyon

(...)

© Foucher

1 Listez les éléments qui permettent d'identifier la personne morale.

 # vidéo
Comment bien choisir le nom de sa société ? - 2,19 min
foucherconnect.fr/23dteco51

DOC 2 Précautions dans le choix de la dénomination sociale de la société

• **Définition de la dénomination sociale** : La dénomination sociale est le nom attribué à une société dotée de la personnalité morale. Toute société commerciale doit avoir une dénomination sociale désignée dans ses statuts [...].

• **Le choix de la dénomination sociale de la société :** La dénomination sociale est librement choisie par les associés fondateurs. La société peut choisir un nom correspondant à son activité, un nom fantaisiste ou patronymique. Elle ne doit pas porter atteinte aux droits que les tiers pourraient avoir sur cette dénomination.

• **La dénomination sociale liée à l'activité de la société :** La dénomination sociale peut désigner l'activité de la société. Toutefois, la dénomination sociale doit être licite, elle ne doit pas porter atteinte à l'ordre public. Elle ne pourra pas désigner une activité illégale [...].

• **Peut-on utiliser un nom fantaisiste pour la dénomination sociale ?** Les associés peuvent librement choisir des termes fantaisistes, dans toutes les langues, avec du sens ou pas. Les signes de ponctuation sont autorisés. À titre d'exemple, le signe @, l'astérisque (*) ou un slash (/), sont autorisés, si ils ne créent pas une tromperie ou une confusion [...]. Au contraire, le symbole de l'euro est interdit dans la dénomination sociale. [...]

• **Peut-on utiliser son nom propre pour la dénomination sociale ?** [...] Il est interdit d'utiliser le nom d'un tiers sans son autorisation sauf si ce nom est ordinaire (ex. : Durand). L'associé qui cède son nom à la société ne pourra pas interdire la société de l'utiliser. En effet, il est de jurisprudence constante que l'associé qui accepte que son nom en soit la dénomination sociale octroie à la société un droit irrévocable sur son nom, compte tenu du caractère distinctif de celui-ci [...].

• **Les préalables au choix de la dénomination sociale :** La dénomination sociale peut entrer en conflit avec une marque déposée, une dénomination sociale déjà inscrite au RCS, ou encore avec le droit d'auteur et un nom de domaine.

• **Vérifier l'existence d'une marque :** Tout d'abord il faudra vérifier si une marque a été déposée à l'INPI. [...] La dénomination sociale ne peut pas correspondre à une marque antérieurement déposée par un tiers pour commercialiser sous cette dénomination des produits ou services identiques ou similaires à ceux du propriétaire de la marque.

exprime-avocat.fr

2 Expliquez la notion de dénomination sociale.

3 Expliquez pourquoi les associés fondateurs d'une société ne sont pas totalement libres dans le choix de la dénomination de leur société.

DOC 3 L'identification de la personne physique

L'identification d'une personne physique se fait principalement par son nom et son prénom, qui est un accessoire du nom. Le nom de la personne physique est son nom de famille, obtenu par la filiation : il rattache ainsi juridiquement un enfant à sa famille. Alors que pendant longtemps le nom a été celui du père (on parlait alors de nom patronymique), il est possible aujourd'hui de choisir que l'enfant porte le nom de la mère ou celui du père, voire les deux, dans l'ordre souhaité par les parents. Une fois le nom de famille choisi, il s'applique de façon identique à tous les enfants de la fratrie. De même, la femme mariée n'a aucune obligation de porter le nom de son mari, car le nom inscrit sur tous les actes d'état civil reste son nom de famille. Si elle souhaite porter celui de son mari, celui-ci n'est qu'un nom d'usage, utilisé au quotidien.

À compter du 1er juillet 2022, il est aussi possible, pour une personne, à sa majorité, de choisir son nom (nom du père, de la mère ou les deux ; cependant, une seule fois dans sa vie), en faisant une simple déclaration à l'état civil. Un parent peut aussi ajouter son nom, comme nom d'usage, à celui de son enfant, en informant l'autre parent. Cependant, il faut l'accord de l'enfant de plus de 13 ans.

Il est possible de faire une demande de changement de nom, à titre exceptionnel, en cas de motif légitime (nom perçu comme ridicule ou péjoratif ou pour éviter l'extinction d'un nom) auprès du ministère de la Justice.

Les personnes physiques sont aussi individualisées par leur sexe, féminin ou masculin. La mention « sexe neutre » apposée sur un acte d'état civil n'est pas autorisée en droit français. De même, la notion de « genre » sexuel (forme de sexe « social » et non biologique) ou d'« identité de genre » n'a fait son entrée actuellement en droit que sous l'angle des discriminations.

4 Relevez les éléments qui permettent d'identifier une personne juridique.

5 Listez les différentes options offertes aux parents pour choisir le nom de famille de leur enfant.

DOC 4 L'identification des personnes juridiques par leur domicile

L'identification des personnes juridiques ne s'opère pas uniquement par l'attribution d'un nom. En effet, elle se fait aussi par leur domicile. Le Code civil définit celui-ci comme étant le lieu du « principal établissement » de la personne, que l'on oppose ainsi à la notion de « résidence », par nature temporaire. Une personne n'a donc qu'un seul domicile.

Appliquée à la personne morale, la notion de « domicile » est remplacée par celle de « siège social ». Il correspond au centre de la vie juridique et des affaires de la société (c'est notamment le lieu où se tiennent les assemblées générales). Il est choisi librement par les associés et fait partie des mentions obligatoires figurant dans les statuts.

La détermination du domicile de la personne a de nombreuses conséquences juridiques : elle permet de localiser la personne pour lui faire part d'informations importantes (assignation à comparaître devant un tribunal, avis d'impôt sur le revenu) mais aussi l'application de certaines règles de droit (détermination du tribunal territorialement compétent par exemple). Concernant la personne morale, elle détermine sa nationalité et ainsi la loi applicable à cette personne morale.

6 Expliquez la différence entre domicile et résidence.

7 Précisez les conséquences juridiques de la localisation du domicile.

L'essentiel

- La personne morale est identifiée par sa dénomination sociale et son siège social.
- La dénomination sociale de la personne morale est librement choisie, sauf si elle est déjà utilisée par une autre entreprise.
- La personne physique est identifiée par son nom de famille et son sexe.
- Les personnes physiques et les personnes morales sont également identifiées par leur domicile ou leur siège social.

À VOUS DE JOUER !

Il y a dix ans, Hubert Charanson a fondé sa société, la SARL « Ameublement Charanson ». Il souhaite quitter la société et revendre ses parts à un de ses associés pour réaliser un nouveau projet. Cependant, il souhaiterait que son ancienne société change de dénomination sociale, car elle correspond à son nom de famille.

> **Expliquez à Hubert Charanson s'il peut imposer un changement de dénomination sociale à ses associés.**

Synthèse

3 minutes pour retenir
foucherconnect.fr/23dteco52

1 Les titulaires de la personnalité juridique

LES PERSONNES JURIDIQUES
Titulaires de droits et soumises à des obligations

- Personnes physiques
  - De la naissance à la mort
- Personnes morales
  - De la constitution à la dissolution

2 Le statut juridique de l'animal

L'animal ▶ **N'est pas une personne juridique** ▶ **Est un être vivant doué de sensibilité** ▶ **Dont le statut lui donne droit à une protection juridique spécifique**

3 Les éléments d'identification de la personne juridique

PERSONNE PHYSIQUE
- Nom de famille et prénom
- Sexe
- Domicile

PERSONNE MORALE
- Dénomination sociale
- Siège social

Mots-clés

> Dénomination sociale
> Dissolution
> Domicile
> Personnes juridiques

Voir lexique P. 282

QUIZ
Vocabulaire juridique
foucherconnect.fr/23dteco53

Fiche Méthode 7

Exploiter un texte avec une problématique juridique

Objectif *Comprendre un document qui traite d'une problématique juridique*

Exemple. Autrefois paradis lagunaire du sud-est de l'Espagne, la Mar Menor est en train de mourir lentement de la pollution agricole et de l'urbanisation effrénée. Afin de protéger cet écosystème, le Parlement espagnol a accédé à une initiative populaire et a voté en faveur d'une personnalité juridique accordée à la lagune. Une première en Europe, qui permet de placer les droits de la nature à égalité avec les droits de l'Homme.

Pour la première fois en Europe, un écosystème naturel obtient le statut de personnalité juridique. Le Parlement espagnol vient de l'accorder à la Mar Menor, une lagune située dans le sud-est du pays, afin qu'elle puisse être représentée devant une juridiction au même titre qu'une personne ou une entreprise et ainsi défendre ses droits [...].

« Cette loi va permettre d'agir directement au nom de Mar Menor par des gardiens désignés. Cela permet de rééquilibrer les forces devant les juges qui vont mettre en balance des intérêts humains mais aussi non humains », commente auprès de *Novethic* Marine Yzquierdo, avocate au barreau de Paris [...] « C'est un moyen complémentaire de protéger la nature alors qu'aujourd'hui, les associations de protection de l'environnement font face à des contraintes procédurales pour agir », ajoute-t-elle.

novethic.fr, Concepcion Alvarez (@conce1), 16.10.2022.

Étape 1 Identifier la source et la date du document

Repérer l'auteur et la date du document puis retrouver d'où celui-ci provient.

Cet extrait d'article, publié le 16 octobre 2022 sur le site Novethic, a été écrit par la journaliste Concepcion Alvarez.

Étape 2 Effectuer une première lecture

Identifier la structure et comprendre le contenu du texte.
Souligner les idées clés et éventuellement annoter le document pour s'approprier le contenu.

Le premier paragraphe est une introduction du sujet qui présente le thème de l'article et pose son contexte. Les deuxième et troisième paragraphes expliquent différentes conséquences juridiques liées à la reconnaissance inédite de la personnalité juridique à un écosystème naturel.

Étape 3 Effectuer des recherches complémentaires

Surligner les termes juridiques et/ou techniques puis effectuer les recherches (sur internet, dans des ouvrages) pour mieux appréhender les notions.

Ecosystème, initiative populaire, contraintes procédurales, etc.

Étape 4 Identifier le problème de droit dont il est question

Repérer la notion/le principe juridique dont il est question, puis formuler un problème de droit.

Quelles conséquences de la reconnaissance de la personnalité juridique à un écosystème naturel ?

Étape 5 Reformuler

Résumer en quelques lignes l'idée générale du document, en mettant en avant le raisonnement de l'auteur et son argumentation.

Pour la première fois en Europe, une lagune située en Espagne a obtenu la reconnaissance de sa personnalité juridique. Elle pourra exercer des droits, être protégée et représentée en justice, au même titre qu'une personne ou une entreprise. Cette loi vient reconnaître à la nature des droits à l'égalité avec les droits de l'Homme.

Activités

3 minutes pour se tester
foucherconnect.fr/23dteco54

1 APPLIQUER

Doc Comment créer sa société ?

Après avoir visionné la vidéo, répondez aux questions ci-dessous.

 # vidéo
Créer sa société en 9 étapes - 3,17 min
foucherconnect.fr/23dteco55

Questions

Vous pouvez présenter vos réponses sous la forme d'un tableau réalisé avec un logiciel de traitement de texte.

1. Nommez les neuf étapes de création d'une société.
2. Repérez les étapes qui nécessitent que le créateur d'entreprise soit conseillé ou aidé par un juriste.
3. Expliquez auprès de quel organisme il faut vérifier la disponibilité de la dénomination sociale.
4. Expliquez à quoi sert un centre de formalités des entreprises.

2 ARGUMENTER À L'ORAL

Doc Quel statut juridique pour le robot ?

 # vidéo
Demain, quel cadre juridique et éthique pour les robots ? - 2,25 min
foucherconnect.fr/23dteco56

Avec l'émergence de l'intelligence artificielle, certains robots deviennent quasiment autonomes et peuvent causer des dommages à autrui. Le Parlement européen a émis l'idée de créer une personnalité juridique pour ces robots, alors même que ces derniers font partie de la catégorie des « choses ». Le sujet fait l'objet d'une vive controverse chez les scientifiques et les juristes.

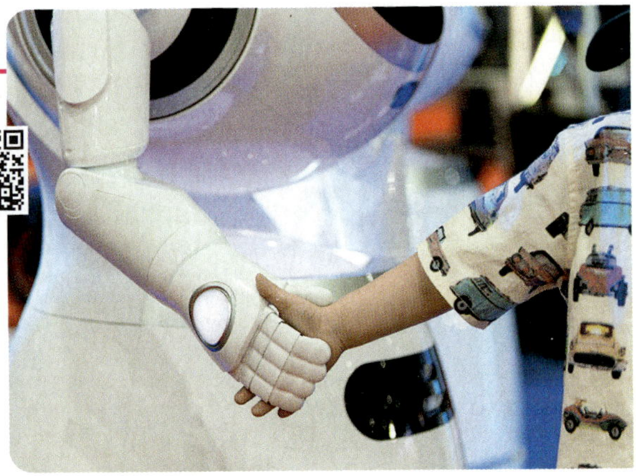

DÉBAT

> Faut-il accorder la personnalité juridique aux robots ?

Après avoir lu le document, visionné la vidéo puis réalisé des recherches sur tout site internet pertinent, vous rechercherez les arguments qui vous permettront de considérer qu'il faut accorder la personnalité juridique aux robots ou, au contraire, ne pas leur accorder.

- Présentation : chaque élève réalise une recherche documentaire pour formaliser des arguments pour ou des arguments contre. Le professeur veille à une répartition équilibrée des élèves.
- Support : un travail de groupe peut donner lieu à la constitution d'une synthèse des arguments (présentée ou non sur un diaporama). Un élève représente le groupe et présente les arguments recensés à son contradicteur. Une fois les arguments des deux « camps » opposés présentés, le débat se poursuit par des interventions et/ou interactions avec le groupe entier.
- Durée : 30 minutes environ.

Boîte à outils Oral

Pensez à bien anticiper des contre-arguments pour vous préparer à répondre à votre contradicteur : il faut rechercher des arguments en faveur de la personnalité juridique des robots, mais aussi réfléchir aux arguments formulés contre la personnalité juridique des robots pour pouvoir les critiquer.

3 APPROFONDIR

Doc 1 Nîmes : les anti-corrida perdent une nouvelle bataille judiciaire

[...] La Société protectrice des animaux (SPA), qui avait déposé plainte pour « cruauté envers les animaux » ou complicité contre la torera Léa Vicens, l'organisateur de corridas Simon Casas et la ville de Nîmes, a été déboutée lundi par le tribunal correctionnel de Nîmes. [...]

Une cruauté « justifiée » dans le droit

La SPA a lancé depuis fin 2019 des actions similaires à Dax (Landes), Carcassonne (Aude) et Béziers (Hérault) dans l'objectif affiché de « faire parler » de cette pratique controversée afin « d'obtenir son abolition ». Elle a également été déboutée à Bayonne en novembre 2020 puis à Béziers en mai.

« Il est indéniable que les coups portés par les picadors causent d'importantes souffrances à l'animal dans le but établi de porter atteinte volontairement à son intégrité physique, les coups étant sciemment portés à l'aide d'une arme puissante perforant le corps de l'animal. Il s'agit d'actes de cruauté » tout comme la répétition des poses de banderilles et la mise à mort à coups d'épée et de poignard, avait souligné le tribunal de Béziers dans son jugement.

Mais il avait invoqué l'existence d'un « fait justificatif » qui implique que les dispositions de l'article 521-1 du Code pénal punissant les actes de cruauté envers les animaux « ne sont pas applicables aux courses de taureaux avec ou sans mise à mort » lorsqu'une tradition locale ininterrompue peut être invoquée.

Ce « fait justificatif » provoque régulièrement l'indignation des défenseurs des animaux tandis que les aficionados défendent une « culture » locale ou régionale.

AFP, 26.07.2021.

Doc 2 Extraits de Codes

- **Code civil / Art. 515-14.** Les animaux sont des êtres vivants doués de sensibilité. Sous réserve des lois qui les protègent, les animaux sont soumis au régime des biens.
- **Code pénal / Art 521-1.** Le fait, publiquement ou non, d'exercer des sévices graves ou de commettre un acte de cruauté envers un animal domestique, ou apprivoisé, ou tenu en captivité, est puni de trois ans d'emprisonnement et de 45 000 euros d'amende. [...]

Les dispositions du présent article ne sont pas applicables aux courses de taureaux lorsqu'une tradition locale ininterrompue peut être invoquée. Elles ne sont pas non plus applicables aux combats de coqs dans les localités où une tradition ininterrompue peut être établie.

Question

À partir de vos connaissances, des documents et des deux vidéos, vous rédigerez une courte note dans laquelle vous expliquerez ce qui justifie que les corridas soient toujours autorisées malgré les règles existantes protégeant l'animal. Puis, vous proposez l'argumentation juridique qui permettrait à une commune, ainsi qu'aux organisateurs d'une féria, d'échapper à des poursuites pénales pour l'organisation d'une corrida.

 # vidéo
- Arles : une manifestation pour défendre la corrida - 1,53 min
- Interdiction de la corrida : en commission, les députés se prononcent contre - 2,24 min

foucherconnect.fr/23dteco57

Boîte à outils Production écrite

Dès la première lecture, identifiez les éléments qui répondent à chaque partie de la note. La première partie permet d'identifier les règles applicables, alors que la deuxième partie porte plutôt sur la formulation d'arguments.

▲ Partout en France, des médiateurs proposent un appui aux personnes fragiles qui ont besoin d'aide pour réaliser une démarche administrative sur internet.

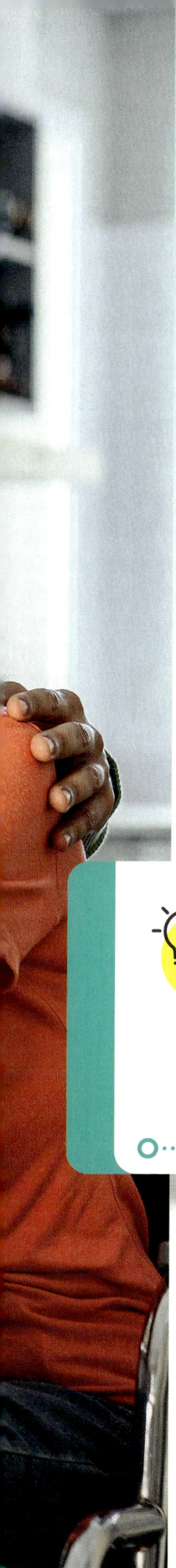

Notions

Patrimoine + Capacité-incapacité juridique + Mécanismes de la représentation + Acte de disposition, acte d'administration

8 Les conséquences de la personnalité juridique

Découvrir ensemble

> Pourquoi les personnes fragiles ne sont-elles plus forcément aptes à gérer seules leurs affaires ?
> Comment mettre en place des mesures de protection ?

VIDÉO

3 minutes pour découvrir autrement

foucherconnect.fr/23dteco58

1 Les personnes et leur patrimoine

DOC 1 Qu'est-ce que le patrimoine ?

1 Relevez les éléments constitutifs du patrimoine de M. Costa.

2 Classez ces éléments en fonction de leur appartenance au passif (dettes) ou à l'actif (meubles et immeubles) de M. Costa.

3 Expliquez les conséquences possibles sur son patrimoine du non-paiement par M. Costa de la taxe due à l'administration fiscale.

DOC 2 La nature des biens composant le patrimoine

Patrimoine

Les biens corporels désignent les biens ayant une existence matérielle. Il s'agit de biens que l'on peut toucher.

Les biens incorporels sont des biens qui n'ont pas d'existence matérielle, mais qui sont évaluables pécuniairement (c'est-à-dire sur un plan financier).

Les biens meubles désignent les biens caractérisés par le fait qu'ils peuvent être déplacés.

Les biens immeubles désignent les biens qui sont fixes et qui ne peuvent pas être déplacés.

© Foucher

4 Qualifiez juridiquement les biens suivants :
une marque / un brevet / une voiture / une machine à laver / une maison / une créance / des outils / un terrain

5 Aujourd'hui, des entreprises acceptent en paiement ou utilisent déjà les cybermonnaies (monnaies virtuelles). Qualifiez juridiquement la nature de ce moyen de paiement.

DOC 3 La valeur des biens du patrimoine

#vidéo
Valeur vénale - 1,10 min
foucherconnect.fr/23dteco59

La valeur vénale d'un véhicule, c'est quoi ?
Il peut arriver qu'à la suite d'un accident de la route, les frais de réparation de votre véhicule soient supérieurs à son prix réel. Pour estimer le montant de votre indemnité, votre compagnie d'assurance auto utilisera alors, selon les termes de votre contrat, la valeur vénale ou la valeur de remplacement du véhicule. [...] Si ces deux valeurs semblent très proches, elles ont toutefois une sensible distinction. La valeur vénale désigne le prix auquel le véhicule aurait pu être vendu avant d'être accidenté. La valeur de remplacement désigne quant à elle le prix qu'il faudrait investir pour acquérir un véhicule du même type dans le même état. [...] Plusieurs critères d'évaluation sont pris en compte pour calculer la valeur vénale d'un véhicule, parmi lesquels :
- son ancienneté ;
- le kilométrage ;
- l'entretien fréquent ou non du véhicule ;
- les options ;
- la valeur du véhicule sur le marché de l'occasion. [...]

www.amv.fr.19.03.2017, DR.

6 Différenciez valeur vénale et valeur de remplacement.

7 M. X a déclaré un sinistre à sa compagnie d'assurances à la suite d'un incendie ayant détruit son véhicule. Cette voiture était ancienne mais parfaitement entretenue. Identifiez le mode d'évaluation le plus favorable à M. X.

DOC 4 La transmission du patrimoine en cas de décès

Décès et ouverture de la succession

- L'héritier accepte la succession comprenant aussi bien l'actif (biens meubles et immeubles) que le passif (dettes).
- L'héritier accepte à concurrence de l'actif net. Cela signifie qu'il reçoit son héritage (actif) et, si celui-ci comprend des dettes (passif), il n'est tenu de les rembourser qu'à hauteur du montant qu'il a reçu et en aucun cas sur ses biens personnels.
- L'héritier renonce à la succession. Il ne reçoit aucun bien mais en contrepartie il n'a pas à payer les dettes du défunt.

© Foucher

8 M. X apprend qu'il va hériter de sa tante d'un château en Bretagne. Toutefois, il apprend aussi que celle-ci n'était pas en règle avec l'administration fiscale. Rappelez les risques d'une acceptation pure et simple.

9 Expliquez pourquoi l'acceptation à concurrence de l'actif net est ici plus adaptée.

L'essentiel

- Le patrimoine d'une personne se compose d'un actif et d'un passif.
- Les biens peuvent être meubles ou immeubles et corporels ou incorporels.
- En cas de décès, le patrimoine est transmis aux héritiers.

À VOUS DE JOUER !

À son décès, le patrimoine de M. X. comporte une maison d'une valeur de 250 000 €, du mobilier estimé à 35 000 €, une collection de voitures pouvant être vendue pour 15 000 € ainsi qu'un emprunt bancaire d'un montant total de 415 000 €.

> **Établissez le bilan du patrimoine de M. X.**
> **Expliquez pourquoi l'héritier de M. X. aura tout intérêt à refuser cette succession.**

2 La capacité et l'incapacité juridique des personnes

DOC 1 La capacité de jouissance et la capacité d'exercice

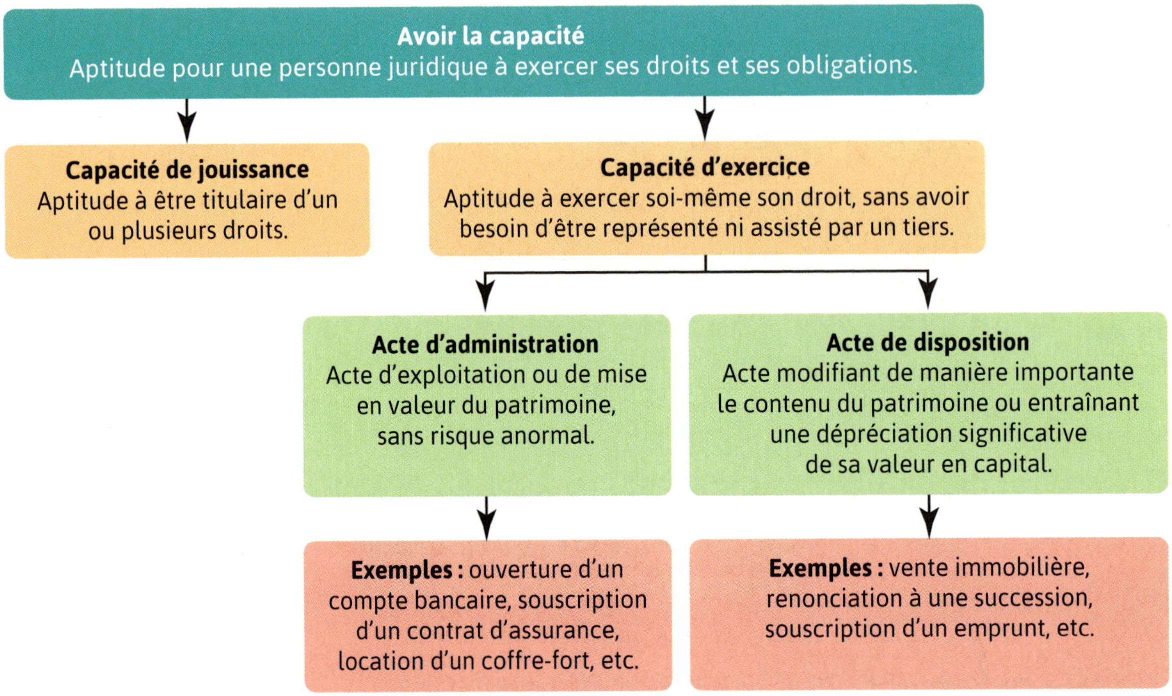

© Foucher

1 Expliquez pourquoi la capacité dépend de l'acquisition de la personnalité juridique.

2 Qualifiez juridiquement les actes suivants en actes d'administration ou en actes de disposition :

clôture d'un compte bancaire / réparation d'une habitation / vente de meubles de faible valeur / renouvellement d'un bail d'habitation

DOC 2 La notion d'incapacité

• **Article 1146 du Code civil**

Sont incapables de contracter, dans la mesure définie par la loi :
1° Les mineurs non émancipés ;
2° Les majeurs protégés au sens de l'article 425.

• **Article 425 du Code civil**

Toute personne dans l'impossibilité de pourvoir seule à ses intérêts en raison d'une altération, médicalement constatée, soit de ses facultés mentales, soit de ses facultés corporelles de nature à empêcher l'expression de sa volonté peut bénéficier d'une mesure de protection juridique prévue au présent chapitre. […]

3 Précisez et expliquez si l'article 1146 du Code civil traite de l'incapacité de jouissance ou de l'incapacité d'exercice.

4 Expliquez pour quelle(s) raison(s) les majeurs protégés sont considérés comme juridiquement incapables.

DOC 3 Les régimes de protection[1]

La protection du mineur non émancipé		La protection du majeur		
Administration légale	Tutelle des mineurs	Mise sous sauvegarde de justice	Curatelle	Tutelle
Les biens du mineur sont, par l'autorité parentale, gérés et administrés par les parents.	Lorsque les parents ne peuvent plus exercer l'autorité parentale, un tuteur est nommé.	Mesure temporaire qui permet à la personne majeure de conserver l'exercice de ses droits, tout en la protégeant des conséquences d'actes irréfléchis qu'elle pourrait conclure.	La personne majeure est assistée pour les actes importants de la vie civile.	La personne majeure est représentée d'une manière continue dans tous les actes de la vie civile. Le tuteur ne peut, sans y être autorisé par le conseil de famille ou, à défaut, le juge des tutelles, faire des actes de disposition au nom de la personne protégée.

(1) La gradation des couleurs montre celle des régimes de protection (de plus en plus protecteurs).

© Foucher

5 Listez pour chacun des régimes de protection si cela concerne plutôt des actes d'administration ou des actes de disposition.

6 Sébastien vient de perdre à huit ans ses deux parents dans un accident de la route. Précisez le régime de protection le plus adapté à la situation.

DOC 4 C'est quoi, être privé de droits civiques ?

Emmanuel Macron a fait part de son intention d'inscrire « dans la loi une privation de droits civiques pour ceux qui s'en prennent aux dépositaires de l'autorité publique ».
[...] Prévue à l'article 131-26 du Code pénal, l'interdiction de droits civiques concerne cinq droits dont peut être privée la personne condamnée : « le droit de vote », « l'éligibilité », « le droit d'exercer une fonction juridictionnelle ou d'être expert devant une juridiction, de représenter ou d'assister une partie devant la justice », « le droit de témoigner en justice autrement que pour y faire de simples déclarations » et « le droit d'être tuteur ou curateur » (sauf, dans certaines conditions, quand il s'agit de ses propres enfants). [...]

libération.fr, Elsa de La Roche Saint-André, 19.04.2022.

7 Déterminez si la privation de droits civiques constitue une incapacité de jouissance ou une incapacité d'exercice.

8 Recherchez les conséquences de cette incapacité.

L'essentiel

- La capacité d'exercice porte sur des actes d'administration et des actes de disposition.
- Les mineurs non émancipés et les majeurs protégés conservent la capacité de jouissance, mais peuvent perdre leur capacité d'exercice.
- Les différents régimes de protection proposent une gradation de la protection.
- L'incapacité de jouissance peut être une sanction pénale.

À VOUS DE JOUER !

M. X. a fêté ses 95 ans mais, sans être hors d'état d'agir lui-même, il a besoin d'être conseillé ou contrôlé dans certains actes de la vie civile. En effet, il n'accorde plus vraiment d'importance à la valeur de ses biens. Son fils accepterait de l'aider.

> Proposez un régime de protection adapté.

> Indiquez les actes qui pourront encore être effectués directement par M. X.

3 La représentation des personnes

DOC 1 La procédure de la tutelle

Demande d'ouverture d'une mesure de protection juridique d'un majeur au juge des tutelles. → Désignation par le juge d'un ou de plusieurs tuteurs en charge de représenter la personne protégée dans tous les actes de la vie civile. → La personne protégée ou toute personne habilitée à demander une mise sous tutelle peut à tout moment demander au juge l'annulation de la tutelle.

1 Listez les différents rôles du juge des tutelles.

2 À la suite de l'accident de son grand-père, M. X. a été nommé tuteur de celui-ci. Après avoir présenté les conséquences de cette nomination, déterminez les cas où cette tutelle pourrait être annulée.

DOC 2 Quels sont les obligations et devoirs du tuteur/du curateur ?

Le tuteur ou le curateur* a l'obligation :

• d'information de la personne protégée. Le tuteur ou le curateur est tenu de faire part de toutes informations sur sa situation personnelle, sur les actes qui le concernent, leur utilité, leur degré d'urgence, ce qu'ils impliquent et les risques encourus s'il les refuse ;

• de réaliser l'inventaire du patrimoine du majeur protégé. Les biens de la personne à protéger doivent être recensés dans un inventaire dans les trois mois suivant l'ouverture de la mesure de protection. Ce dernier devra être transmis au juge. Le tuteur ou le curateur doit également s'assurer que cet inventaire reste actualisé ;

• d'effectuer un compte rendu de gestion annuel. Chaque année, le tuteur ou le curateur doit tenir un CRG avec les pièces justificatives en annexe. Ce document, confidentiel, doit être remis au greffier du tribunal de proximité dont le majeur protégé dépend, et ce, annuellement ;

• de se référer au juge des contentieux de la protection pour chaque acte relatif aux biens de la personne protégée. Le tuteur ou le curateur ne peut vendre un logement, un meuble, un souvenir ou même un objet personnel de son protégé sans l'autorisation préalable du juge. […]

*Il est question du curateur qui exerce une mesure de curatelle renforcée.

francetutelle.fr

3 Citez le tribunal et le nom du juge en charge des questions de tutelle.

4 Listez les obligations du tuteur vis-à-vis de ce juge.

5 Relevez les mesures mises en place pour protéger le patrimoine de la personne placée sous tutelle.

DOC 3 Le rôle et la responsabilité du mandataire social

D'après un arrêt rendu par la Cour de cassation, Chambre commerciale, le 5 juillet 2017.

M. X. a été nommé le 1er octobre 2010 directeur général de la société Groupe Maisonneuve, qui exerce une activité de promotion immobilière.
Le directeur général est un mandataire social qui assume sous sa responsabilité la direction générale de la société.
Il représente la société dans ses rapports avec les tiers.
Il est investi des pouvoirs les plus étendus. Il peut agir en toute circonstance au nom de la société.

Faits litigieux
M. X. a décidé d'augmenter de 8 % les tarifs de vente des maisons commercialisées sans tenir compte du marché ni de la concurrence. Puis il a pris des décisions contradictoires en autorisant les commerciaux à appliquer les anciens tarifs en accordant des remises de 3 à 4 % par rapport aux nouveaux tarifs.
Pour la société Groupe Maisonneuve, ces décisions ont provoqué une désorganisation des équipes commerciales, un manque de clarté tarifaire pour la clientèle et, par suite, une perte de parts de marché qui s'est traduite par un chiffre d'affaires en nette baisse.

↓

Procédure
La société Groupe Maisonneuve décide de le révoquer de ses fonctions le 14 novembre 2011 pour faute grave. Contestant l'existence d'un tel motif, M. X. a assigné la société Groupe Maisonneuve en paiement de dommages-intérêts pour révocation abusive.

↓

Argument du directeur général
Un quitus (reconnaissance d'une gestion conforme aux obligations, avec décharge de responsabilité) avait été donné par l'assemblée des associés pour approbation de la gestion des mandataires sociaux de la société.
Le quitus peut être libératoire de responsabilité, par exemple pour les fautes de gestion dont l'assemblée générale a eu connaissance et qu'elle a été à même de constater.

↓

Argument de la Cour de cassation
Lorsque le dirigeant commet des fautes personnelles constitutives d'un motif grave de révocation, peu importe le quitus donné, sa révocation pourra être prononcée par l'assemblée des associés.

↓

Solution de la Cour de cassation
La Cour de cassation décide que la révocation pour motif grave d'un directeur général, en raison de « l'existence de fautes personnelles imputables au directeur général qui portaient atteinte à l'intérêt social », était justifiée en dépit du quitus donné. Le directeur général ne peut pas prétendre à des dommages-intérêts pour révocation abusive.

6 En vous appuyant sur le résumé de cette affaire, expliquez le rôle du mandataire social.

7 Recherchez les raisons pour lesquelles la Cour de cassation rejette le pourvoi formé par l'ancien directeur général.

L'essentiel

- La personne physique incapable est représentée dans les actes de la vie civile par le curateur ou le tuteur.
- Le représentant doit rendre compte de son mandat et peut être révoqué à tout moment par le juge.
- La personne morale est représentée par un mandataire social.

À VOUS DE JOUER !

M. X. a été placé sous tutelle en raison de son âge avancé. Le tuteur a procédé à la vente de la maison familiale pour acheter des bitcoins sur internet.

> **Expliquez pourquoi le tuteur a commis une faute en procédant à ces deux actes juridiques.**
> **Décrivez la procédure à suivre pour permettre à l'héritier de M. X. d'obtenir un changement de tuteur.**

Synthèse

3 minutes pour **retenir**
foucherconnect.fr/23dteco60

1 Les personnes et leur patrimoine

Chaque personne, physique ou morale, dispose dès sa naissance ou sa création d'un patrimoine :

- Actif
  - Biens corporels ou incorporels
  - Biens meubles ou immeubles
- Passif
  - Dettes et charges financières

2 La capacité et l'incapacité juridique des personnes

Toute personne dispose de la capacité juridique.
- Capacité de jouissance
- Capacité d'exercice

Mais

Cette capacité peut être réduite. On parle alors d'incapacité juridique.
- Pour protéger les mineurs → Incapacité d'exercice (administration légale, tutelle ou curatelle)
- Pour protéger les majeurs → Incapacité d'exercice (administration légale, tutelle ou curatelle)
- Pour sanctionner des personnes → Incapacité de jouissance

3 La représentation des personnes

L'incapacité d'exercice impose une représentation qui est révocable à tout moment.

Les personnes physiques peuvent être représentées par :
- les parents pour les mineurs non émancipés ;
- les tuteurs et les curateurs pour les majeurs protégés.

Les personnes morales peuvent être représentées par les mandataires sociaux.

Mots-clés

- Actif
- Capacité d'exercice
- Capacité de jouissance
- Passif

Voir lexique P. 282

QUIZ
Vocabulaire juridique
foucherconnect.fr/23dteco61

Fiche Méthode 8 — Comprendre un jugement et interpréter une décision de justice

Objectif *Identifier la structure d'une décision de justice et comprendre le sens de cette décision afin d'en extraire le fondement juridique*

Exemple d'une décision de justice	Interprétation
TRIBUNAL JUDICIAIRE DE PARIS	**Étape 1** **Identifier le lieu et type de la juridiction** Le tribunal judiciaire est une juridiction du premier degré.
JUGEMENT rendu le 14 février 2022	**Étape 2** **Donner la date de la décision** Le 14 février 2022.
DEMANDEURS Mme Marie-Madeleine X, M. Jean-Marie X Représentés tous deux par Me L, avocat au barreau de PARIS. **DÉFENDEUR** M. François Z représenté par Me T, avocat au barreau de PARIS.	**Étape 3** **Présenter les parties et les qualifier juridiquement** Le demandeur est celui qui revendique un droit en justice et le défendeur est celui qui est assigné par le demandeur. Mme Marie-Madeleine X ainsi que son père, M. Jean-Marie X, incapable majeur, assignent M. François Z, tuteur de M. X.
JUGEMENT Prononcé publiquement par mise à disposition au greffe. Contradictoire en premier ressort.	**Étape 4** **Repérer le type de jugement dont il s'agit** **Un jugement est contradictoire lorsqu'il est rendu à l'issue d'une procédure au cours de laquelle les parties étaient présentes et ont fait valoir leurs moyens de défense.**
EXPOSÉ DU LITIGE Mme Marie-Madeleine X..., fille aînée du protégé, est venue s'installer chez son père au décès de sa mère en 2022 en raison de la perte d'autonomie de M. Jean-Marie X... lequel, après plusieurs accidents vasculaires cérébraux, se trouve dans l'incapacité de marcher et présente une apraxie majeure selon l'expert ; qu'elle a pris en charge la gestion des biens ; M. Jean-Marie X... et Mme Marie-Madeleine X... remettent en cause le choix du juge des tutelles concernant la personne du gérant de tutelle, au regard de sa gestion dans le cadre du mandat spécial et de son comportement ;	**Étape 5** **Rappeler les faits à l'origine du litige** **Le jugement va rappeler objectivement les faits à l'origine du litige et les actes de procédures antérieurs.** Mme X souhaite révoquer le mandat de M. Z.
MOTIFS DE LA DÉCISION Les demandeurs font valoir que M. François Z a notamment mis en vente d'une manière opaque l'appartement de M. Jean-Marie X dans l'urgence sans consulter les héritiers. M. Z estime avoir agi conformément à son mandat. Aucun grief sérieux ne peut lui être reproché par les héritiers ;	**Étape 6** **Indiquer les arguments des parties** **Le jugement va rappeler les demandes des parties engagées dans la procédure judiciaire. Les prétentions forment le cadre du litige. Le juge est tenu de répondre à chacune d'elles par une disposition de son jugement.** Le juge rappelle les arguments développés par les deux parties.
SUR CE La mise en vente de l'appartement est justifiée par l'inadéquation de l'appartement avec l'état de santé du protégé qui n'est plus capable de marcher et la nécessité de dégager des revenus. Les motifs d'opacité de la gestion de Monsieur Z, alors que ce dernier agit sous le contrôle du juge des tutelles, n'apparaissent pas pertinents ;	**Étape 7** **Relever la décision retenue par les juges** **Les juges vont donner leur avis. Cette partie, appelée motivation, comporte toute l'argumentation juridique qui va être retenue par les juges pour aboutir à la décision. C'est ici que l'on va retrouver le fondement juridique.**
PAR CES MOTIFS Le tribunal, statuant publiquement par jugement mis à disposition au greffe, contradictoire et en premier ressort, DIT sans objet le recours formé par M. Jean-Marie X... ; CONFIRME en toutes ses dispositions le jugement du juge des tutelles de Paris qui a prononcé la mise sous tutelle de M. Jean-Marie X... et a désigné M. François Z en qualité de gérant de tutelle ; Le Greffier (signature) Le président (signature)	**Il s'agit de la décision finale du tribunal. On appelle cette partie le dispositif.** Le tribunal retient que les actes effectués par M. Z sont tout à fait valables. Son mandat de tuteur de M. X. est confirmé.

Activités

3 minutes pour se tester

foucherconnect.fr/23dteco62

1 APPLIQUER

vidéo

Parole d'avocat. À 16 ans, que peut faire un ado sans autorisation parentale ? - 2,06 min

foucherconnect.fr/23dteco63

Doc Le cas de l'émancipation d'un mineur

Quels sont les effets de l'émancipation ?

[...] Le mineur émancipé est capable, comme un majeur, de tous les actes de la vie civile : il peut conclure un contrat de travail, signer une vente, contracter un crédit...

Le mineur émancipé doit, s'il a des revenus personnels, faire une déclaration aux impôts. Ses parents devront également faire une déclaration de non-rattachement.

Toutefois, certains actes jugés graves lui sont cependant interdits :

- il ne peut pas se marier ou consentir à son adoption sans le consentement de ses parents ;
- il ne peut pas être commerçant sans l'autorisation du juge des tutelles au moment de son émancipation (ou du président du tribunal après son émancipation).

Il faut avoir 18 ans pour pouvoir voter, conclure un Pacs, conduire seul ou entrer dans un casino.

Quelle est la relation du mineur émancipé avec ses parents ?

Le mineur émancipé cesse d'être sous l'autorité de ses parents. Ils ne sont plus responsables des dommages (dégât matériel, tel que la détérioration d'un véhicule) que le mineur pourrait causer. Le mineur émancipé peut ainsi choisir le lieu où il va habiter, ses fréquentations et loisirs, son orientation professionnelle.

En revanche, les parents doivent continuer à contribuer à l'entretien et à l'éducation de leur enfant (frais de scolarité, soins médicaux, vêtements...).

demarches.interieur.gouv.fr, 13.09.2022 – © DILA.

Questions

1. Expliquez en quoi consiste le mécanisme de l'émancipation.
2. Citez les nouveaux droits du mineur émancipé.
3. Déduisez-en certains de ses devoirs.

2 ARGUMENTER À L'ORAL

Doc La responsabilité pénale des mineurs de moins de 13 ans

Le jeune Lucas s'est donné la mort en janvier 2023 après avoir été harcelé durant quatre mois et une semaine en raison de son orientation sexuelle. Quatre jeunes adolescents, deux garçons et deux filles âgés de 13 ans, devraient prochainement être jugés par le tribunal pour enfants d'Épinal pour « harcèlement scolaire ayant entraîné le suicide » de l'un de leur camarade de classe.

Boîte à outils Oral

- Le débat doit reposer sur des éléments concrets et récents.
- Pendant la recherche, vous devez bien noter la source des documents qui seront présentés. De même, vous devez faire attention à ce que les données recherchées soient à jour et issues du droit français.

DÉBAT

Il s'agit d'argumenter sur la **notion de capacité juridique et de discernement d'un mineur**.

Un groupe d'élèves (groupe 1) recherche des éléments sur la responsabilité pénale d'un mineur et sur la détermination de sa faculté de discernement.

Un autre groupe (groupe 2) réalise une recherche pour identifier des situations où se pose la question de retenir la responsabilité pénale de mineurs de moins de 13 ans.

Les conséquences juridiques de la mise en cause de la responsabilité pénale d'un mineur pourraient être abordées.

En s'appuyant sur différentes sources juridiques (articles, décisions, etc.), les élèves présentent à l'oral l'état du droit en matière d'irresponsabilité pénale du mineur de moins de 13 ans (groupe 1) et les raisons autorisant une remise en cause de ce principe d'irresponsabilité (groupe 2).

Un support visuel devra être utilisé par chaque groupe.

3 APPROFONDIR

Doc 1 Déclaration de radiation

La radiation d'une personne morale fait l'objet d'une déclaration auprès du greffe du tribunal de commerce. Un formulaire M4 doit alors être complété.

M4 cerfa 11685*03

DECLARATION DE RADIATION

RESERVE AU CFE M G U I D B E F K T
Déclaration n°
Reçue le
Transmise le

PERSONNE MORALE (SAS, SARL, société civile, groupement, EPIC, association...)

RAPPEL D'IDENTIFICATION

1 **Numéro unique d'identification**
☐ Immatriculation au RCS du greffe de :
Si vous avez une activité artisanale nécessitant une immatriculation au RM, dépt.
Dénomination
Forme juridique

2 ☐ **Siège** ☐ **1er établissement en France pour les sociétés étrangères :**
Rés., bât., n°, voie, lieu-dit
Code postal Commune
Le cas échéant, ancienne commune

DECLARATION RELATIVE A LA PERSONNE

3 **DATE DE CESSATION TOTALE D'ACTIVITE :**
☐ Ambulant, joindre la carte d'ambulant.

4 **PRESENCE DE SALARIES dans l'entreprise au moment de la radiation** ☐ oui ☐ non

3B **DATE**
☐ Clôture de la liquidation
☐ Réalisation du transfert de patrimoine (réunion des parts sociales dans une même main)
☐ Fusion ☐ Scission ☐ Autre

DECLARATION RELATIVE A LA FERMETURE D'ETABLISSEMENT(S) — Suite sur intercalaire M'

ETABLISSEMENT(S) AUTRE(S) QUE LE SIEGE ET SIMULTANEMENT FERME(S) situé(s) dans le ressort du même greffe du tribunal de commerce ou de la chambre commerciale du tribunal judiciaire (pour l'Alsace-Moselle)

5 **Adresse :** *Rés., bât., n°, voie, lieu-dit*
Code postal Commune
Le cas échéant, ancienne commune
Destination : ☐ Suppression ☐ Vente ☐ Autre

Adresse : *Rés., bât., n°, voie, lieu-dit*
Code postal Commune
Le cas échéant, ancienne commune
Destination : ☐ Suppression ☐ Vente ☐ Autre

DECLARATION SOCIALE à remplir par les personnes affiliées au régime TNS

6 **NOM DE NAISSANCE**
Nom d'usage Prénoms
Né(e) le à
Pour le régime TNS : N° de sécurité sociale

NOM DE NAISSANCE
Nom d'usage Prénoms
Né(e) le à
Pour le régime TNS : N° de sécurité sociale

RENSEIGNEMENTS COMPLEMENTAIRES

6 **OBSERVATIONS :**

7 **ADRESSE de correspondance** ☐ Déclarée au cadre n° ☐ Autres
Code postal Commune Le cas échéant, ancienne commune
Tél Tél
Télécopie / courriel

Le présent document constitue une déclaration de radiation au RCS, le cas échéant au RM vaut déclaration aux services fiscaux, aux organismes de sécurité sociale, à l'INSEE et s'il y a lieu, à l'inspection du travail. Quiconque donne, de mauvaise foi, des indications inexactes ou incomplètes s'expose à des sanctions pénales pouvant aller jusqu'à l'emprisonnement.

Les informations sont transmises aux organismes destinataires, notamment pour les registres et répertoires prévus par la réglementation et qui sont accessibles au public. Le règlement (UE) 2016/679 modifié du Parlement européen et du Conseil du 27 avril 2016 (RGPD) et la loi n° 78-17 du 6 janvier 1978 modifiée relative à l'informatique, aux fichiers et aux libertés s'appliquent aux réponses des personnes physiques à ce questionnaire. Ils leur garantissent un droit d'accès et de rectification, pour les données à caractère personnel les concernant, auprès du responsable de traitement concerné, ainsi qu'un droit d'opposition à la réutilisation de ces données par des tiers, à d'autres fins que les missions des organismes destinataires, et qui s'exerce auprès des responsables des sites rediffusant leurs données (cf. annexe aux notices).

8 ☐ **LE REPRESENTANT LEGAL**
☐ **LE MANDATAIRE** *ayant procuration*
☐ **AUTRE PERSONNE** *justifiant d'un intérêt*
Nom, prénom / dénomination et adresse

Certifie l'exactitude des renseignements donnés
Fait à
Le
Nombre d'intercalaire(s) M' :

SIGNATURE
Signer chaque feuillet séparément

infogreffe.fr

Doc 2 Guide des formalités en cas de radiation d'une personne morale

Documents à joindre au dossier

- **Actes à produire en annexe au RCS**

Un exemplaire de l'acte constatant la clôture des opérations de liquidation, certifié conforme par le liquidateur (en cas de boni de liquidation, l'acte joint doit être timbré et enregistré préalablement auprès de la recette des impôts, sauf pour une EURL).
Un exemplaire des comptes de clôture, certifié conforme par le liquidateur.

- **Pièces justificatives**

Les imprimés M4 dûment remplis et signés.
Un pouvoir en original du liquidateur, s'il n'a pas signé lui-même les formulaires M4.
Une attestation de parution dans un journal d'annonces légales.

infogreffe.fr

Questions

1. Expliquez en quoi consiste la radiation d'une personne morale.
2. Recherchez dans le formulaire les différentes causes qui peuvent provoquer cette demande de radiation.
3. Détaillez les conséquences de cette radiation sur le patrimoine de l'entreprise.
4. Listez les personnes qui vont signer le formulaire M4.
5. Dans une note argumentée, vous expliquerez les conséquences de la représentation juridique d'une personne.

Boîte à outils — Production écrite

- La note argumentée exige un minimum de structure. Une introduction doit d'abord définir les termes du sujet : ici ce sont les mots « personne physique », « personne morale », « capacité » et « incapacité » qui doivent être définis.
- Le développement doit idéalement se structurer autour de deux idées principales. Dans le cas présent, on pourrait structurer une première partie ciblée sur les personnes physiques avec les conséquences pour l'incapable et pour le représentant. La seconde partie pourrait alors être consacrée à l'incapacité des personnes morales et au mécanisme de la représentation de la personne morale, ainsi qu'à ses éventuelles conséquences pour le représentant ainsi que pour la personne morale.

Le début de la personnalité juridique

Sandrine a 29 ans et travaille en tant que DRH. Elle est actuellement enceinte de 8 mois et demi.

Très dynamique et en pleine forme, elle profite du début de son congé de maternité pour faire des courses afin de préparer l'arrivée de son bébé. Malheureusement, elle est heurtée violemment par la voiture de Michel, alors qu'elle traverse au passage piéton. Sandrine est conduite en urgence à l'hôpital, où elle accouche quelques heures plus tard d'un enfant décédé.
Le mari de Sandrine, Léo, pense que des poursuites pénales pour homicide involontaire permettraient à Sandrine de mieux faire son deuil. Sandrine compte bien évidemment demander une réparation financière pour la perte de son enfant.

Questions

1. Résumez la situation en qualifiant juridiquement les faits et les parties en présence.
2. Formulez le problème de droit dont il est question.
3. Déterminez à partir de quand l'infraction d'homicide involontaire s'applique aux personnes.
4. Expliquez alors à Sandrine si elle peut envisager des poursuites pénales contre le conducteur de la voiture.
5. Précisez si Sandrine peut obtenir une indemnisation du fait de la perte de son enfant.
6. Comparez la notion de personne humaine en droit pénal et de personne juridique en droit civil.

Annexe 1 Définition de l'homicide involontaire (article 221-6 du Code pénal)

Le fait de causer, dans les conditions et selon les distinctions prévues à l'article 121-3, par maladresse, imprudence, inattention, négligence ou manquement à une obligation de prudence ou de sécurité imposée par la loi ou le règlement, la mort d'autrui constitue un homicide involontaire puni de trois ans d'emprisonnement et de 45 000 euros d'amende.

legifrance.gouv.fr

Annexe 2 — Cour de cassation, assemblée plénière, 29 juin 2001 (extrait)

Attendu que le 29 juillet 1995 un véhicule conduit par M. Z... a heurté celui conduit par Mme X..., enceinte de six mois, qui a été blessée et a perdu des suites du choc le fœtus qu'elle portait ; que l'arrêt attaqué [...] a notamment condamné M. Z... du chef de blessures involontaires sur la personne de Mme X..., avec circonstance aggravante de conduite sous l'empire d'un état alcoolique, mais l'a relaxé du chef d'atteinte involontaire à la vie de l'enfant à naître ; [...]

Mais attendu que le principe de la légalité des délits et des peines, qui impose une interprétation stricte de la loi pénale, s'oppose à ce que l'incrimination prévue par l'article 221-6 du Code pénal, réprimant l'homicide involontaire d'autrui, soit étendue au cas de l'enfant à naître dont le régime juridique relève de textes particuliers sur l'embryon ou le fœtus ;
D'où il suit que l'arrêt attaqué a fait une exacte application des textes visés par le moyen ;
Par ces motifs :
Rejette le pourvoi.
[...]

legifrance.gouv.fr

Annexe 3 — Cour de cassation, chambre criminelle, 2 décembre 2003 (extrait)

Attendu qu'il résulte de l'arrêt attaqué que, le 5 octobre 1998, Pascale Y..., enceinte de huit mois, a été grièvement blessée dans un accident de la circulation impliquant Noëlle X... ; qu'après une césarienne, elle a, le même jour à 16 heures 39, donné naissance à un garçon prénommé Yoan, qui est décédé à 17 heures 39 ;
Attendu que, pour déclarer Noëlle X... coupable d'homicide involontaire sur la personne de Yoan Y..., l'arrêt attaqué retient qu'elle a, par un défaut de maîtrise de son véhicule, causé la mort de l'enfant qui a vécu une heure après sa naissance et qui est décédé des suites des lésions vitales irréversibles subies au moment du choc ;
Attendu qu'en l'état de ces énonciations, la cour d'appel a justifié sa décision ;
D'où il suit que le moyen doit être écarté ;
Et attendu que l'arrêt est régulier en la forme ;
Rejette le pourvoi.
[...]

legifrance.gouv.fr

Annexe 4 — Accident de la route : indemnisation des victimes de dommages corporels

Si vous êtes piéton, usager de 2 roues ou passager victime de l'accident, vous serez intégralement indemnisé pour les dommages causés par l'accident. [...] Vous pouvez demander une indemnisation en tant que victime d'un accident de la circulation, mais si vous décédez, vos proches pourront aussi demander une indemnisation. [...]

Vous pouvez demander l'indemnisation pour les préjudices suivants :

- préjudice causé par la douleur et les souffrances (appelé *pretium doloris*) ;
- préjudice causé par les blessures : invalidité permanente ou temporaire, totale ou partielle (impossibilité de travailler) ;
- préjudice esthétique (cicatrices, déformation de parties du corps) ; [...]
- préjudice d'agrément (impossibilité de se livrer à des activités culturelles, sportives, et de loisirs...). [...]

Si vous décédez, vos proches peuvent réclamer une indemnisation pour les préjudices suivants :

- préjudice moral (la peine causée par votre absence) ;
- préjudice économique (les problèmes financiers causés par votre absence, par exemple paiement de la pension alimentaire).

service-public.fr

▲ L'utilisation accrue des nouvelles technologies de l'information et de la communication fait de la protection des données à caractère personnel un enjeu majeur.

Notions

Droits de la personne + Protection des données à caractère personnel + Respect de la vie privée + Droit à l'image

9 Les droits extrapatrimoniaux

Découvrir ensemble

> Que signifie l'acronyme NTIC ?
> En quoi la protection de nos données personnelles constitue-t-elle un enjeu majeur aujourd'hui ?

VIDÉO

3 minutes pour découvrir autrement

foucherconnect.fr/23dteco64

1 Le droit extrapatrimonial, une valeur marchande ?

DOC 1 La distinction entre droit patrimonial et droit extrapatrimonial

 # vidéo
Je dois protéger ma vie privée ! - 1,40 min
foucherconnect.fr/23dteco65

Droits subjectifs
Droits attachés aux personnes (sujets de droit)

Droits extrapatrimoniaux
Attachés à la personne, sans valeur marchande*.
Exemple : droit au respect de la vie privée

Droits patrimoniaux
Forment le patrimoine et ont une valeur marchande.
Exemple : droit de propriété

* Valeur marchande : ensemble de biens ou services qui possèdent une valeur commerciale.

© Foucher

1 Indiquez le principal critère permettant de distinguer les droits patrimoniaux des droits extrapatrimoniaux.

DOC 2 Un droit non monnayable

Le droit extrapatrimonial n'a pas de valeur pécuniaire. Il est « hors du commerce ».
Il possède :

- Une valeur **morale**
Exemple : le droit à l'honneur

- Une valeur **sociale**
Exemple : le droit au respect de la vie privée

- Une valeur **politique**
Exemple : le droit de vote

- Une valeur **familiale**
Exemple : le droit au mariage

Le droit extrapatrimonial peut co-exister avec le droit patrimonial. Ainsi, le droit d'un auteur sur son œuvre comprend à la fois l'aspect patrimonial, avec le droit de reproduire publiquement l'œuvre ; le droit d'accorder une autorisation pour exploiter l'œuvre ; le droit de la retirer ; le droit d'exploiter et de diffuser cette œuvre… et l'aspect extrapatrimonial, comme le respect de la vie privée de l'auteur de l'œuvre, le droit de ne pas divulguer l'œuvre.

© Foucher

2 Précisez la signification d'« extra » dans la notion de droit extrapatrimonial.
3 Relevez dans le document les droits rattachés aux droits patrimoniaux.

DOC 3 Classification des droits extrapatrimoniaux

Droits de la personnalité
- Droit au respect de la vie privée
- Droit au nom
- Droit à la protection des données à caractère personnel

Droits publics ou collectifs
- Liberté d'expression
- Droit d'association
- Droit de grève

Droits familiaux
- Droit au mariage
- Droit de la filiation
- Droit d'adoption

Droits politiques et socio-économiques
- Droit à la santé
- Droit de vote
- Droit de travailler

© Foucher

4 Précisez à quelle catégorie appartiennent les droits suivants :

droit à l'image / droit à la vie / droit à l'autorité parentale / liberté de pensée / droit d'expression

DOC 4 Vie privée atteinte, préjudice à réparer…

La cassette contenant le film de vacances de l'actrice Pamela Anderson et de son époux est volée puis postée en ligne par un ouvrier. Sa diffusion sera à la hauteur du scandale et fera de Pamela Anderson « la vedette la plus téléchargée de tous les temps ». Cette affaire rappelle que la séparation entre vie privée et publique s'est estompée au fur et à mesure du développement des réseaux sociaux.

L'article 9 du Code civil stipule que « chacun a droit au respect de sa vie privée ». Les juges peuvent, sans préjudice de la réparation du dommage subi, prescrire toutes mesures, telles que séquestre, saisie et autres, propres à empêcher ou faire cesser une atteinte à l'intimité de la vie privée : ces mesures peuvent, s'il y a urgence, être ordonnées en référé.

L'atteinte aux droits extrapatrimoniaux est puni d'un an d'emprisonnement et de 15 000 euros d'amende et donne droit à la victime, en cas de préjudice, au versement de dommages et intérêts.

L'actrice et son époux ont quant à eux, exigé une réparation d'un montant de 500 000 euros.

© Foucher

5 Expliquez pourquoi l'actrice et son époux peuvent intenter une action en justice.

6 Indiquez sur quels fondements juridiques les époux peuvent agir.

7 Indiquez la réparation accordée pour le type de préjudice subi par le couple.

L'essentiel

- Les droits patrimoniaux ont une valeur pécuniaire ; les droits extrapatrimoniaux n'en ont pas.
- Les droits extrapatrimoniaux sont attachés à la personne physique ou morale et se composent :
  - des droits de la famille ;
  - des droits de la personnalité ;
  - des droits politiques ;
  - des droits socio-économiques ;
  - ainsi que des droits collectifs.

À VOUS DE JOUER !

L'employeur de l'entreprise Metonette menace son salarié M. Trabar d'un licenciement pour faute grave, car ce dernier a utilisé l'ordinateur de l'entreprise pour une correspondance privée. L'employeur a pris connaissance des messages personnels de son salarié, rédigés sur son temps de travail. M. Trabar considère qu'un licenciement pour faute grave est injustifié, l'employeur ayant porté atteinte à sa vie privée en lisant sa correspondance, alors même que les dossiers étaient identifiés comme « personnels ». L'avocat de M. Trabar se fonde sur la jurisprudence qui considère que « la consultation par l'employeur des documents sur le poste informatique du salarié est licite, à l'exception des documents identifiés comme personnels. Dans ce cas, l'employeur ne peut les consulter qu'en présence du salarié ».

> **Citez la règle de droit invoquée par le salarié pour contester son licenciement.**

> **Expliquez pourquoi l'employeur ne peut pas obtenir le licenciement de son salarié.**

2 La spécificité des droits extrapatrimoniaux

DOC 1 Les quatre caractères des droits extrapatrimoniaux

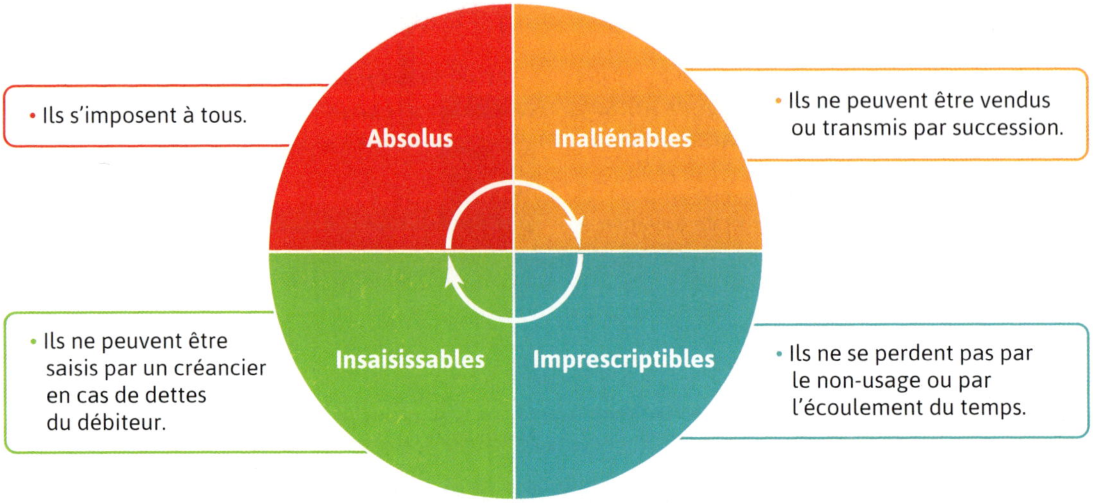

© Foucher

1 Relevez les caractéristiques principales des droits extrapatrimoniaux.
2 Précisez pourquoi il n'est pas possible de céder son droit à l'image.
3 Expliquez pourquoi le droit sur son nom est imprescriptible.

DOC 2 Droits économiques, sociaux et culturels

Les droits économiques, sociaux et culturels (DESC) englobent le droit à un travail décent, à un standard de vie, de logement, de nourriture, d'eau, d'accès aux sanitaires, de sécurité sociale, de santé et d'éducation suffisant.

Les DESC sont par conséquent aussi essentiels que la liberté d'expression ou le droit à bénéficier d'un procès équitable, pour garantir la dignité humaine.

Les États ont constamment réaffirmé leur croyance en l'universalité et l'indépendance de tous les droits de l'homme et se sont engagés à traiter les droits économiques, sociaux et culturels sur un pied d'égalité avec les droits civiques et politiques.

icj.org.fr

4 Relevez les droits caractérisant les DESC.
5 Précisez pourquoi les DESC sont répertoriés dans les droits extrapatrimoniaux.
6 Indiquez la signification de CDESC.

 # vidéo
• Le Comité des droits économiques, sociaux et culturels (CDESC) - 0,31 s
• Réseau international pour les droits économiques, sociaux et culturels - 6,02 min
foucherconnect.fr/23dteco66

DOC 3 Droit à l'image et respect de la vie privée

Nouvelles règles pour diffuser l'image d'un enfant sur une plateforme en ligne

La loi du 19 octobre 2020 encadre l'activité d'un enfant de moins de 16 ans dont l'image est diffusée sur une plateforme de vidéos en ligne (YouTube, Instagram, TikTok, Twitch...).

Même si l'activité de l'enfant n'est pas considérée comme un travail, ses représentants légaux* doivent faire une déclaration lorsque l'enfant est le sujet principal de la vidéo.

Un décret doit préciser les seuils de durée et de revenus au-dessus desquels la déclaration est obligatoire.

Les informations contenues dans cette page restent d'actualité et seront modifiées dès l'entrée en vigueur du texte.

* Personnes désignées par la loi pour représenter et défendre les intérêts d'une autre personne. Il peut s'agir d'une personne physique (par exemple, le père ou la mère d'un enfant mineur) ou d'une personne morale (par exemple, le dirigeant d'une société).

service-public.fr, © LA DILA

 # vidéo
Les enfants influenceurs sont-ils exploités ? - 3,36 min
foucherconnect.fr/23dteco67

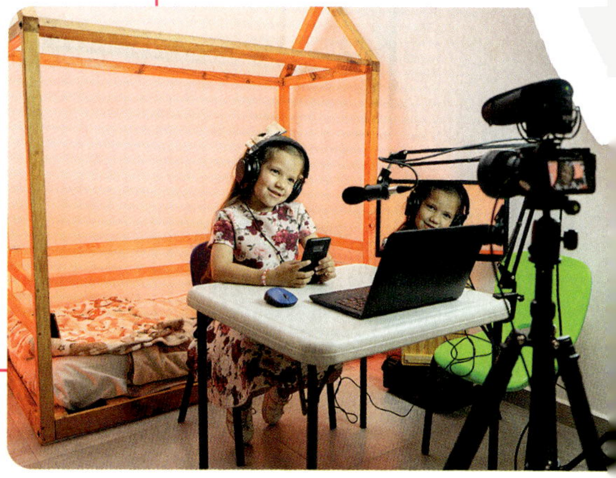

7 Citez le droit extrapatrimonial concerné dans le document.

8 Indiquez les obligations relatives à la diffusion de l'image de l'enfant de moins de 16 ans.

9 Expliquez pourquoi la loi impose des obligations lors de la diffusion d'images de l'enfant.

DOC 4 Droit à l'image : pas d'autorisation, même implicite*

 # vidéo
Qu'est-ce que le droit à l'image ? Qu'est-ce que le droit à l'information ? - 2,15 min
foucherconnect.fr/23dteco68

Le tribunal judiciaire (TJ) de Paris a condamné en 2018 une société pour avoir diffusé sur internet des photos d'une modèle sans son autorisation ou son consentement. Pour le TJ, il s'agit d'une atteinte au droit à l'image ; il a condamné la société à verser la somme de 4 000 euros pour le préjudice moral et 6 000 euros au titre du préjudice patrimonial. L'affaire concernait en effet une jeune femme qui, en tant que modèle, avait posé pour une marque de vêtements pour un montant de 300 euros par séance, puis sans rémunération lorsque la jeune femme a été embauchée en tant que salariée de la société. Les photos de la modèle sont apparues sur des catalogues en ligne et sur des réseaux sociaux. Cependant, la jeune femme ne s'attendait pas à une diffusion à aussi grande échelle, d'autant qu'aucun document écrit n'avait été conclu pour autoriser l'exploitation de son image. Il n'est pas non plus démontré que la modèle aurait consenti une autorisation implicite. Cette dernière s'oppose donc à la diffusion des photos et saisit la justice. Le tribunal judiciaire indique « que la société ne démontre pas qu'implicitement, la jeune femme aurait donné son accord à l'utilisation de son image sur les multiples supports en cause, le simple fait d'accepter des séances photo n'impliquant pas un tel accord ; qu'au demeurant, ne serait pas valable une autorisation, illimitée dans le temps, sur tout support, s'agissant d'un attribut de la personnalité [droit extrapatrimonial] et compte tenu des règles régissant le droit des contrats ».

* Implicite : qui n'est pas formellement exprimé.

© Foucher

10 Expliquez le litige opposant la modèle à sa société.

11 Indiquez les motifs invoqués par le tribunal pour condamner la société.

L'essentiel

- Les droits extrapatrimoniaux sont absolus, insaisissables, inaliénables et imprescriptibles.
- Le droit à l'image est le droit au respect de la vie privée et à l'image personnelle de chaque individu.
- Les conditions de reproduction et de diffusion sont encadrées par des règles strictes de protection.

À VOUS DE JOUER !

Mme Tauba, fille d'une actrice célèbre, porte plainte contre le magazine *Média* pour avoir publié un photomontage et des commentaires portant atteinte à la dignité et à l'honneur de sa mère décédée. Le magazine se défend en faisant prévaloir un trait d'humour.

> **Indiquez quel droit est malmené dans cette affaire.**

> **Précisez pour quelle raison Mme Tauba ne peut exercer une action en justice au nom de sa mère.**

3 La protection des droits extrapatrimoniaux

DOC 1 Le respect de la vie privée

1 Précisez la nature du litige opposant M. Bleu, salarié de l'entreprise Bâti, et son employeur.

2 Expliquez la décision de la juge.

DOC 2 La protection de la vie privée dans les Codes civil et pénal

• **Article 9 du Code civil :** Chacun a droit au respect de sa vie privée. Les juges peuvent, sans préjudice de la réparation du dommage subi, prescrire toutes mesures, telles que séquestre, saisie et autres, propres à empêcher ou faire cesser une atteinte à l'intimité de la vie privée : ces mesures peuvent, s'il y a urgence, être ordonnées en référé.

• **Article 1240 du Code civil :** Tout fait quelconque de l'homme, qui cause à autrui un dommage, oblige celui par la faute duquel il est arrivé à le réparer.

• **Article 226-1 du Code pénal :** Est puni d'un an d'emprisonnement et de 45 000 euros d'amende le fait, au moyen d'un procédé quelconque, volontairement de porter atteinte à l'intimité de la vie privée d'autrui :

1. En captant, enregistrant ou transmettant, sans le consentement de leur auteur, des paroles prononcées à titre privé ou confidentiel ;
2. En fixant, enregistrant ou transmettant, sans le consentement de celle-ci, l'image d'une personne se trouvant dans un lieu privé.

Lorsque les actes mentionnés au présent article ont été accomplis au vu et au su des intéressés sans qu'ils s'y soient opposés, alors qu'ils étaient en mesure de le faire, le consentement de ceux-ci est présumé.

© LA DILA/Légifrance

3 Expliquez comment l'article 226-1 du Code pénal protège l'atteinte à l'intimité de la vie privée.

4 Précisez les sanctions prévues par le Code pénal en cas d'atteinte à la vie privée.

DOC 3 Mise en conformité avec le Règlement général de protection des données (RGPD) par la Commission nationale de l'informatique et des libertés (CNIL)

© cnil.fr

- **Étape 1 - Constituer un registre de traitements de ses données** : repérer les activités de votre entreprise qui utilisent des données personnelles : paye, recrutement, formation, etc.
- **Étape 2 - Faire le tri dans ses données** : éliminer les informations inutiles, redéfinir l'accès aux seules personnes concernées, etc.
- **Étape 3 - Respecter le droit des personnes** : leur permettre d'exercer facilement leurs droits en facilitant l'accès, la rectification, l'opposition, l'effacement, etc.
- **Étape 4 - Sécuriser ses données** : mettre à jour antivirus et logiciels, bien choisir ses mots de passe, chiffrer ses données dans certaines situations et faire régulièrement des sauvegardes.

Remarque : Le RGPD protège toutes les données personnelles qui permettent d'identifier une personne ; lorsque des manquements au RGPD sont portés à sa connaissance, la CNIL peut prononcer des mesures pouvant aller d'un simple rappel à l'ordre jusqu'à une amende administrative pouvant s'élever jusqu'à 20 millions d'euros ou 4 % du chiffre d'affaires annuel mondial pour les manquements les plus graves.

© Foucher

5 Indiquez les étapes permettant la conformité avec le RGPD.
6 Présentez les finalités du RGPD.

DOC 4 Les mesures de protection du RGPD

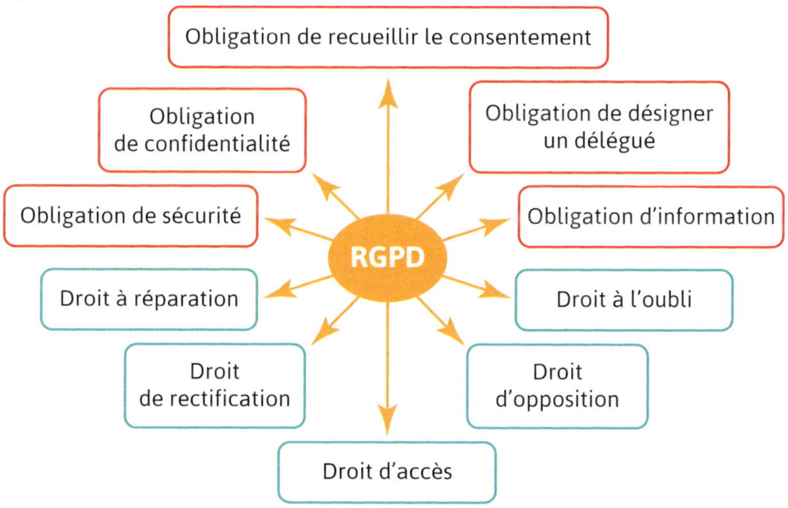

© Foucher

 # vidéo
Comprendre le RGPD en cinq questions - 3,27 min
foucherconnect.fr/23dteco69

- Obligations du responsable du traitement des données personnelles
- Droits des personnes physiques sur leurs données personnelles

7 Citez des informations personnelles pouvant être qualifiées de données personnelles.

L'essentiel

- Les atteintes à la vie privée et aux données personnelles sont sanctionnées par le Code civil et par le Code pénal.
- La CNIL a pour rôle le recensement des fichiers numériques des données personnelles, la surveillance de la sécurité des systèmes d'information et le contrôle des organismes.
- Le RGPD est une directive européenne obligeant les entreprises et les administrations à respecter les règles concernant le traitement des données à caractère personnel.

À VOUS DE JOUER !

Mme Alerte estime que les données personnelles collectées par l'entreprise ToSell n'ont pas été protégées par cette dernière. Elle a en effet retrouvé sur un site marchand des informations qu'elle juge confidentielles sans qu'elle ait été informée ou qu'elle ait donné son consentement pour la diffusion.

> **Précisez à quel droit l'entreprise a porté atteinte.**

> **Indiquez quelles poursuites pourraient être engagées par Mme Alerte à l'encontre de l'entreprise ToSell.**

Synthèse

3 minutes pour retenir

foucherconnect.fr/23dteco70

1 Le droit extrapatrimonial, une valeur marchande ?

C'est un droit attaché à la personne.
- Sans valeur marchande

Il concerne :
- Droits de la personnalité
- Droits familiaux
- Droits politiques et socio-économiques
- Droits collectifs

Le préjudice résultant de l'atteinte à ce droit est indemnisable.
- Dommages et intérêts

2 La spécificité des droits extrapatrimoniaux

Ils sont

absolus	inaliénables	imprescriptibles	insaisissables
S'imposent à tous	Ne peuvent être vendus	Ne se perdent pas dans le temps	Ne peuvent être saisis

3 La protection des droits extrapatrimoniaux

La protection de la vie privée

Droit civil	Droit pénal
Réparation civile : dommages et intérêts.	Sanction de l'auteur (45 000 € d'amende).

La protection des données personnelles

Droit civil	Droit pénal	La CNIL et le RGPD
Réparation civile : dommages et intérêts.	Sanction de l'auteur (5 ans d'emprisonnement et 300 000 € d'amende).	Amende administrative jusqu'à 4 % du chiffre d'affaires annuel mondial.

Mots-clés

> Droit extrapatrimonial
> Droit imprescriptible
> Droit inaliénable
> Droit insaisissable
> Droit patrimonial

Voir lexique P. 282

QUIZ
Vocabulaire juridique
foucherconnect.fr/23dteco71

Fiche Méthode 9 Identifier et interpréter une décision de justice

Objectif *Comprendre le sens d'une décision de justice*

Exemple. M. Soigneux a perdu sa sacoche qui contenait tous ses papiers d'identité en août 2021. Il est depuis destinataire de très nombreux appels téléphoniques masqués, de messages adressés *via* divers comptes Facebook et d'e-mails envoyés *via* diverses adresses électroniques, le menaçant et lui réclamant le versement d'importantes sommes d'argent. Les menaces portent également sur la destruction de ses véhicules et sur l'intention de mettre le feu à son domicile.

Suite à des recherches, il apparaît que l'opérateur gérant le numéro de téléphone est la société LB France.

En se fondant sur les articles 33 et 34 du RGPD : « Lorsque la violation de données à caractère personnel est susceptible d'engendrer un risque élevé pour les droits et libertés d'une personne (ex. : usurpation d'identité), le responsable du traitement doit communiquer les données à la victime de l'usurpation d'identité et ce, dans les meilleurs délais. »

La société téléphonique LB France refuse de délivrer les informations, considérant que la communication des données téléphoniques relève du domaine de la vie privée et qu'elle ne peut se soumettre à la demande sans violation de l'article 9 du Code civil. M. Soigneux décide de saisir le tribunal judiciaire (TJ) à l'encontre de la société LB France. Le TJ ordonne à la société LB France de communiquer à M. Soigneux, dans un délai de 15 jours à compter de la notification de la présente ordonnance, l'ensemble des données qu'elle détient permettant l'identification du titulaire du téléphone et en particulier les nom et prénom ainsi que les adresses postale et électronique, numéros de téléphone… Le TJ considère que la violation des DCP* présente un risque élevé portant atteinte aux droits et libertés fondamentaux.

*DCP : Données à caractère personnel.

Étape 1 Préciser la nature du document

Astuces
> Utilisez la forme interrogative pour poser le problème de droit.
> Formulez la question permettant une réponse par oui/non au problème posé.

Repérer la juridiction.

- Il s'agit du tribunal judiciaire (TJ).

Lister les éléments caractérisant les droits patrimoniaux et extrapatrimoniaux.

- Droits patrimoniaux : biens meubles (véhicules), biens immeubles (domicile).
- Droits extrapatrimoniaux : données personnelles, vie privée.

Citer le problème juridique.

- Un responsable de société peut-il délivrer des informations à caractère personnelles lorsque la liberté et les droits d'une personne sont bafoués ?

Étape 2 Analyser le document

Rappeler brièvement les faits.

- Suite à la perte de ses papiers d'identité, M. Soigneux reçoit des menaces par la personne qui a trouvé ses papiers. Il demande alors que lui soit communiquées les coordonnées de l'auteur des menaces. La société de communication refuse en arguant de l'atteinte à la vie privée.

Citer les parties (demandeur/défendeur) et leurs prétentions.

- Demandeur : M. Soigneux ; défendeur : Société LB France.

 # méthode+
Comment lire un arrêt (et aussi d'autres décisions de justice) - 3,41 min
foucherconnect.fr/23dteco72

Étape 3 Analyser la décision de justice

Repérer la décision du juge.

- Le TJ ordonne à la société LB France de communiquer à M. Soigneux l'ensemble des données qu'elle détient permettant l'identification du titulaire du téléphone.

Comprendre les raisons de la décision du juge ; sur quels fondements (règles) il s'appuie.

- Le TJ s'appuie sur les fondements des articles 33 et 34 du RGPD, étant donné que la violation des DCP présente un risque élevé pour les droits et libertés fondamentaux.

Activités

3 minutes pour **se tester**
foucherconnect.fr/23dteco73

1 APPLIQUER

Doc Un majordome peu scrupuleux…

Par un arrêt rendu le 2 juillet 2014, la première chambre civile de la Cour de cassation a validé le retrait et l'interdiction du site mediapart.fr des retranscriptions des enregistrements effectués par le majordome de la milliardaire. Les parties en cause avaient invoqué en référé un trouble manifestement illicite au regard de l'article 226-1 du Code pénal relatif à l'atteinte à l'intimité de la vie privée d'autrui, en enregistrant ou diffusant, sans le consentement de leur auteur, des paroles prononcées à titre privé ou confidentiel.

Que s'agissant de propos publiés issus des captations de conversations opérées à son domicile, à son insu, pendant un an, et diffusées sans son consentement, la Cour de cassation a estimé que la cour d'appel avait justement caractérisé l'atteinte à l'intimité de la vie privée des personnes en cause, la conscience du caractère délictueux des agissements litigieux du site internet et le trouble manifestement illicite qui en résultait. Mediapart avait invoqué l'article 10 de la Convention de sauvegarde des droits de l'homme qui garantit la liberté d'information.

© Foucher

Questions

1. Citez le droit extrapatrimonial concerné.
2. Indiquez à quelle autre liberté ce droit s'oppose.

2 ARGUMENTER À L'ORAL

 # vidéo
Vie privée et liberté d'expression - 4,17 min
foucherconnect.fr/23dteco74

Doc Protection de la vie privée et liberté d'expression

Le droit au respect de la vie privée a été affirmé en 1948 par la Déclaration universelle des droits de l'homme des Nations unies. En France, l'article 9 du Code civil consacre cette protection en droit français : « Toute personne a droit au respect de sa vie privée. » La vie privée revêt plusieurs aspects : protection du domicile, du droit à l'image, de l'intimité… La protection de la vie privée peut dans certaines situations s'opposer à la liberté d'expression. Cette dernière est définie par l'article 10 de la Convention européenne des droits de l'homme comme « la liberté de recevoir ou de communiquer des informations ou des idées sans qu'il puisse y avoir ingérence d'autorités publiques et sans considération de frontière ». De cette liberté découlent celles de la presse, de la communication audiovisuelle et numérique.

DÉBAT

> Peut-on considérer que la vie privée doit être davantage protégée que la liberté d'expression ?
Dans le cadre d'un débat, répartissez-vous par groupes pour rechercher des arguments sur la protection de la vie privée d'une part et sur la liberté d'expression d'autre part. Chaque groupe défendra oralement l'une et l'autre des libertés. La prise de parole pour chaque groupe sera comprise entre 5 et 10 minutes.

Boîte à outils Oral

Pour réaliser une présentation orale, tenez compte de ces quelques conseils judicieux :
- structurez votre exposé ; illustrez-le « comme si vous racontiez une histoire » ;
- votre corps « parle » ; tenez-vous droit et prenez une position naturelle ;
- votre voix doit être variée, rythmée selon la teneur de vos propos : parfois vous serez amené·e à parler lentement, parfois vite ; à élever la voix ou la poser, voire à chuchoter… mais pas « n'importe quand, pas n'importe comment » ; le ton de la voix diffère selon ce que vous racontez.

3 APPROFONDIR

 # vidéo
Données personnelles et réseaux sociaux - 4,33 min
foucherconnect.fr/23dteco75

Doc 1 Coming out forcé sur Instagram : atteinte à la vie privée

L'homme qui s'était vengé de deux ex-amants en révélant leur homosexualité sur Instagram, avec photos à l'appui, a été condamné par une ordonnance de référé du 15 mai 2019 du TJ de Paris pour atteinte à leur vie privée (article 9 du Code civil). En réparation de préjudice moral subi, il doit leur verser, respectivement, 10 000 € et 7 000 € de dommages-intérêts, et 2 500 € au titre des frais qu'ils ont dû engager pour se défendre. [...] Le gérant d'un salon de beauté pour hommes avait révélé aux familles de deux ex-amants leur homosexualité pour se venger d'avoir été quitté. [...] Les 2 jeunes gens avaient choisi de cacher leur homosexualité à leurs proches. À chaque fois, les mêmes méthodes étaient employées. Le prévenu volait les coordonnées des proches du jeune homme sur son portable pour leur révéler les pratiques sexuelles de ce dernier. Il créait un faux profil Instagram, auquel il abonnait un bon nombre de connaissances de son ancienne relation et sur lequel il diffusait des photos très explicites, des conversations WhatsApp, et de faux comptes sur des applications de rencontres avec les photos de sa victime, des images à caractère sexuel, son adresse. Le prévenu, qui n'a pas reconnu les faits, a remis en cause la validité de certaines captures écrans, en l'absence de constat d'huissier permettant de les dater et de savoir si les comptes avaient bien été supprimés.

Si la preuve des faits est libre, rappelle le tribunal, la production d'une simple impression d'écran n'est pas suffisante à elle seule. Toutefois, dans cette affaire, les courriels, les attestations, la similitude des modes opératoires dans les deux cas, etc. permettent d'établir une apparence suffisante des faits reprochés. Il en résulte une incontestable atteinte à l'intimité de la vie privée des deux hommes, laquelle ne se trouve en rien justifiée par la liberté d'expression.

legalis.net, 22 mai 2019.

Doc 2 J'ai la preuve !

L'article 1353 du Code civil énonce que la charge de la preuve est l'obligation faite à une personne ou à l'une des parties en présence d'apporter, par des arguments étayés et vérifiables, la preuve qu'une proposition avancée est vraie ou bien fausse, selon le cas.
Le Code civil prévoit cinq moyens de preuve :
- l'écrit (acte authentique ou sous signature privée, copie de l'original) ;
- le témoignage ;
- la présomption (déduction faite par le juge) ;
- l'aveu ;
- le serment.

© Foucher

Questions

1. Citez le droit extrapatrimonial concerné.
2. Expliquez la phrase soulignée du document 1.
3. Élaborez une note structurée en rappelant les faits, le problème de droit, la règle de droit applicable et la solution.

Boîte à outils Production écrite

Pour réaliser une production écrite, tenez compte de ce conseil judicieux : votre note reprendra de façon chronologique et visibles (niveaux de titre, numérotation) les quatre éléments donnés dans la question 3.

▲ Le travail de ce designer industriel est soumis au droit de propriété.

Notions

Bien corporels/biens incorporels + Usus, abusus, fructus + Caractère absolu, exclusif et perpétuel du droit de propriété + Trouble anormal du voisinage + Marque commerciale + Propriété industrielle + Monopole d'exploitation + Action en contrefaçon + Droit d'auteur

10 Le droit de propriété

Découvrir ensemble

> **Que signifie être propriétaire ?**
> **Le droit de propriété s'exerce-t-il exclusivement sur les biens matériels ?**

VIDÉO

3 minutes pour découvrir autrement

foucherconnect.fr/23dteco76

1 Le droit de propriété, un droit patrimonial

DOC 1 Les différents types de droits patrimoniaux

Droits intellectuels
Ex. : droit de la propriété intellectuelle et artistique.

Droits réels
Ex. : droit de propriété sur une maison.

Droits personnels
Ex. : droit de propriété sur un crédit bancaire.

Ces droits sont évaluables en argent.

© Foucher

1 Rappelez le critère de distinction des droits patrimoniaux et des droits extrapatrimoniaux.

2 Classez les éléments suivants parmi les droits intellectuels, les droits réels ou les droits personnels :

le droit de propriété sur un local / être propriétaire d'une marque / un contrat de location sur un véhicule / le droit de propriété sur son animal de compagnie / le droit à rémunération pour un salarié

DOC 2 Les biens corporels et les biens incorporels

• Les **biens corporels** sont des droits réels, car ils portent sur une chose corporelle : un coffre-fort ou une maison, par exemple. Ils se distinguent des droits de créance, qui sont des droits personnels, car ils s'exercent sur une personne.

• Sont appelés **droits de créance** les droits qui permettent à un créancier d'exiger d'un débiteur l'exécution d'une obligation : de faire, de ne pas faire ou de donner. Un salarié peut ainsi exiger de son employeur qu'il lui verse des salaires impayés.

• Les **biens incorporels** sont des biens immatériels, par exemple une chanson, un logiciel informatique, un savoir-faire, etc. Parmi ces biens incorporels, certains portent sur les œuvres de l'esprit tels que les droits de l'auteur sur son livre, d'un photographe sur sa photographie, d'un programmeur sur son logiciel ou sur des éléments de la propriété industrielle comme la marque ou le brevet.

© Foucher

3 Expliquez la différence entre les biens corporels et les biens incorporels.

4 Indiquez si les biens suivants sont des biens corporels ou incorporels :

un vélo / une boîte / un animal / une marque commerciale / un brevet

DOC 3 Possession et propriété

Il est essentiel de ne pas confondre la possession avec la propriété ; dans le langage juridique, posséder n'est point la même chose qu'être propriétaire. L'idée générale est que, la propriété étant le droit, la possession est le fait [...] ; la possession, de ce point de vue, est l'ombre de la propriété. D'une façon plus précise, la possession se définit comme la maîtrise de fait, le pouvoir physique exercé sur une chose, que ce pouvoir de fait coïncide ou non avec le pouvoir de droit, avec la propriété. [Ainsi, lorsqu'un objet est volé, son propriétaire reste propriétaire de l'objet volé mais a perdu la possession, tandis que le voleur a la possession de l'objet volé sans en avoir la propriété].

Jean Carbonnier, *Droit civil, Tome 3, Les biens*, coll. Thémis, PUF, 1973.

 # vidéo
La possession - 3,58 min
foucherconnect.fr/23dteco77

5 Expliquez ce que signifie la possession.

6 Précisez ce qui distingue la propriété de la possession.

DOC 4 Les biens meubles et les biens immeubles

On appelle **meuble** un bien susceptible d'être déplacé : un coffre-fort, par exemple.
On appelle **immeuble** un bien qui ne peut pas être déplacé parce qu'il est attaché durablement à un autre immeuble. C'est le cas d'une maison, car c'est un immeuble par nature. Une statuette dans une niche creusée dans un mur est un immeuble par destination (un meuble par nature qui perd sa nature parce qu'il est l'accessoire d'un immeuble). Cette distinction est importante, car des règles différentes s'appliquent à ces deux types de biens :

- En cas de **vente** : lorsqu'un immeuble fait l'objet d'une vente, celle-ci doit être réalisée devant un notaire et faire l'objet d'une publicité foncière au service dédié de la direction locale des finances publiques. La vente d'un meuble n'est en revanche pas soumise à une publicité.
- Lors d'une **garantie** : ces biens meubles et immeubles peuvent faire l'objet d'une garantie demandée par un créancier. Un banquier qui accorde un crédit peut exiger la constitution d'une hypothèque sur la maison. Les meubles ne peuvent pas être hypothéqués, ils sont remis au créancier en garantie du paiement d'une créance.
- En termes de **lieu** : lorsqu'un litige porte sur un immeuble, le tribunal compétent est celui où s'élève l'immeuble. Lorsqu'il s'agit d'un meuble, le tribunal compétent est celui où demeure le défendeur.

7 Expliquez sur quels critères se différencient les biens meubles et les biens immeubles.

8 Expliquez l'intérêt de la distinction entre les biens meubles et les biens immeubles.

L'essentiel

- Le droit de propriété est un droit patrimonial.
- Les droits patrimoniaux ont une valeur pécuniaire (évaluable en argent).
- Le patrimoine peut être composé de droits réels, de droits personnels et de droits intellectuels.
- On doit distinguer la possession de la propriété.
- Parmi les droits réels, on distingue les droits corporels et incorporels, et les droits meubles et immeubles.

À VOUS DE JOUER !

Ramine souhaite acquérir un château du XVIIIe siècle, situé à la campagne, dans le Limousin. Elle souhaite solliciter un emprunt à la condition d'hypothéquer le château pour le financer. Le bien convoité est accompagné de 10 hectares de bois et de 50 hectares de terre. La visite commence. Dans la salle à manger se trouvent des boiseries Louis XV ; un miroir de la même époque rattaché à ces boiseries, légèrement évidées pour le recevoir ; un buste d'Aristide Briand placé sur la cheminée. Dans une niche est joliment posée une sculpture en bronze.

> **Listez les droits patrimoniaux de Ramine.**
> **Indiquez quels sont les biens meubles et les biens immeubles.**

2 L'étendue du droit de propriété

DOC 1 Les caractères du droit de propriété

Absolu	Individuel ou exclusif	Perpétuel
• Article 544 du Code civil : « La propriété est le droit de jouir et de disposer des choses de la manière la plus absolue. » > Ce qui signifie que le propriétaire peut utiliser sa propriété de la manière la plus indépendante, la plus souveraine. • Article 522 du Code civil : « La propriété du sol emporte la propriété du dessus et du dessous. » > Ce qui signifie que le propriétaire peut faire des fouilles, des plantations, des constructions sur sa propriété.	Un bien immeuble ne peut avoir qu'un seul propriétaire, à l'exception de : • **l'indivision** : un même bien appartient à deux ou plusieurs propriétaires ; • **la mitoyenneté** : un bien qui sépare deux propriétés contiguës et appartient aux deux propriétaires (ex. : un mur) ; • **la copropriété** : un immeuble dont la propriété est répartie en parties privatives (ex. : appartement) et en parties communes (ex. : cage d'escalier).	• La durée du droit de propriété se confond avec la durée du bien sur lequel il porte. • Le droit de propriété n'est pas limité dans sa durée. • À la mort du titulaire, le droit est légué aux héritiers.

© Foucher

1 Indiquez pourquoi, en principe, un bien ne peut avoir qu'un seul propriétaire.
2 Précisez les cas de l'exception au caractère exclusif du droit de propriété.
3 Précisez la signification du droit de propriété qui dure aussi longtemps que la chose.

DOC 2 Les attributs du droit de propriété

Droit de propriété	
USUS	Droit d'utiliser le bien Ex. : habiter dans sa maison.
FRUCTUS	Droit d'en percevoir les revenus Ex. : percevoir les loyers de sa maison mise en location.
ABUSUS	Droit de le vendre, de le donner mais aussi de le transformer, voire de le détruire. Dans certaines conditions, la loi peut obliger le propriétaire à céder son bien, il s'agit de l'expropriation pour cause d'utilité publique. Ex. : démolir puis reconstruire sa maison.

© Foucher

4 Indiquez pourquoi l'expropriation est une limite au droit de propriété.
5 Précisez, pour chacune des situations données, les attributs du droit de propriété.
a. L'artiste César a décidé de compresser sa voiture pour en faire une œuvre d'art.
b. Lilyrose envisage de profiter des revenus de son appartement en le louant à des étudiants.
c. Marwa a installé un portique électrique devant sa nouvelle maison et a décidé de s'y installer.
6 Expliquez comment l'abusus permet d'exercer la liberté de céder son bien.

DOC 3 Les limites au droit de propriété

Pour préserver l'intérêt général

- **Expropriation pour cause d'utilité publique :** l'État oblige un propriétaire à lui vendre son bien.
- **Nationalisation :** acquisition forcée par l'État du capital d'une société.

Pour préserver l'intérêt du voisinage

- **Abus de droit de propriété**
- **Trouble du voisinage**

Le droit de propriété entraîne l'obligation de ne pas causer au voisin un dommage excédant les inconvénients ordinaires du voisinage. C'est une notion jurisprudentielle, c'est-à-dire que c'est au juge d'apprécier l'atteinte.

© Foucher

7 Précisez l'objectif des limites au droit de propriété dans l'intérêt général.

8 Expliquez l'objectif des limites au droit de propriété dans l'intérêt du voisinage.

DOC 4 L'abus du droit de propriété

Le droit de propriété peut parfois faire l'objet d'abus que la théorie de l'abus de propriété doit permettre de limiter. Pour comprendre ce qu'est l'abus de propriété, on se réfère souvent à l'affaire Clément-Bayard de 1915 [...]. Un homme avait acheté un terrain encerclé par une zone destinée à l'usage de dirigeables ; l'homme, pour se venger de ses voisins, avait érigé dans son propre terrain des pics très hauts juste devant la piste des dirigeables. Si cet homme avait effectivement le droit d'ériger ce qu'il voulait sur sa propriété, il y avait en l'espèce une intention de nuire, et donc un abus du droit de propriété. [...] On peut donc constater que l'intention de nuire peut ou non être prise en compte en fonction des cas. La sanction de l'abus de droit [...] entraîne une réparation en nature ou en argent. [...]

lemondepolitique.fr

9 Expliquez pourquoi le droit a instauré la théorie de l'abus de droit de propriété.

10 Recherchez les éléments constitutifs de l'abus de droit.

L'essentiel

- Le droit de propriété est un droit exclusif, perpétuel et absolu.
- Le propriétaire dispose de trois attributs : l'usus (user du bien), le fructus (bénéficier des fruits du bien) et l'abusus (disposer du bien).
- L'exercice du droit de propriété fait l'objet de limites : dans l'intérêt général et dans celui du voisinage.

À VOUS DE JOUER !

Mirna et Alex ont mis en vente leur maison située dans le sud de la France. Ils craignent d'avoir des difficultés à la vendre, car depuis quelques étés, leur voisin a planté un grand palmier jouxtant leur terrasse, qui empêche la lumière du soleil de passer.

> **Indiquez si tous les attributs du droit de propriété sont réunis afin que Mirna et Alex puissent vendre leur maison.**

3 Le droit de la propriété intellectuelle

DOC 1 La protection des créations par la propriété intellectuelle

 # vidéo
Propriété intellectuelle : comment protéger une idée ? - 2,26 min
foucherconnect.fr/23dteco78

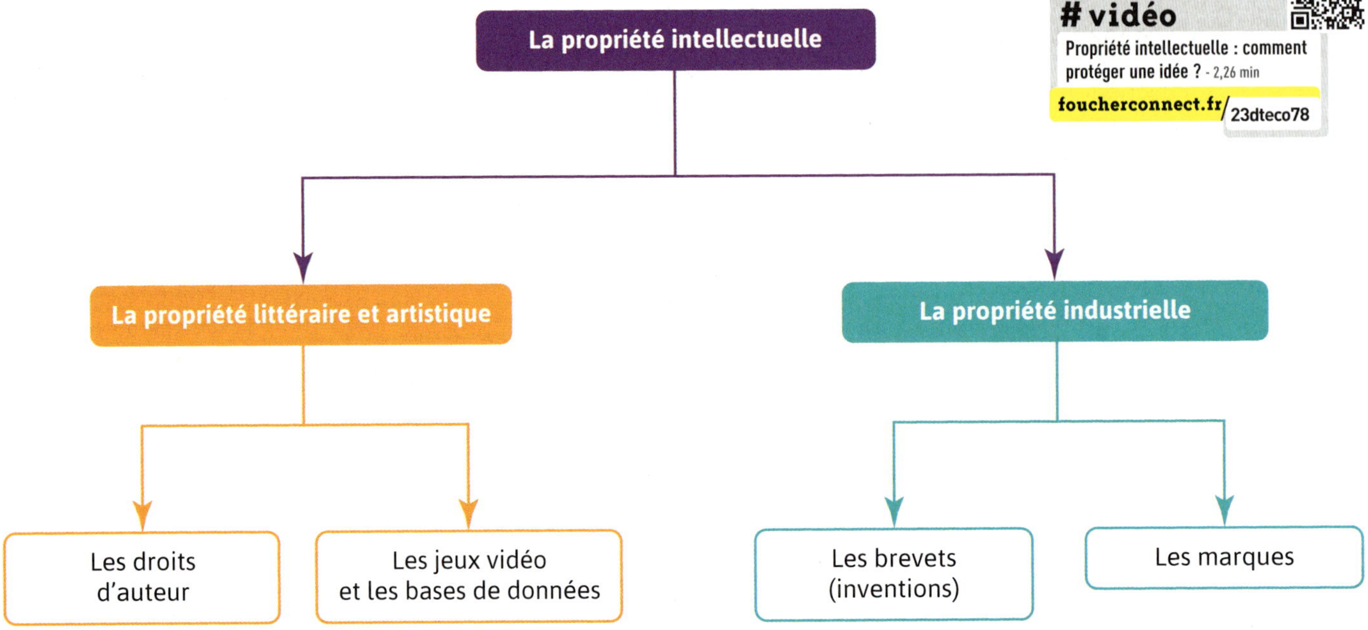

© Foucher

1 Expliquez pourquoi il existe une telle diversité dans la protection des œuvres.
2 Recherchez quelles sont les œuvres susceptibles d'être protégées par les droits d'auteur.

DOC 2 Les œuvres de l'esprit

L'auteur est une personne physique qui dispose d'un droit appelé « **droit d'auteur** », comprenant un droit patrimonial et un droit moral. Le droit de la propriété littéraire protège la création répondant au critère d'originalité. L'originalité est définie comme « l'empreinte de la personnalité de l'auteur sur son œuvre ».

Le Code de la propriété intellectuelle confère à l'auteur sur son œuvre deux catégories de droits :
- les **droits patrimoniaux**, droits exclusifs comprenant notamment le droit à rémunération toute la vie de l'auteur et 70 ans après son décès, ainsi qu'un droit de représentation (communiquer l'œuvre au public) et de reproduction (imprimer un livre, copier une photographie…) de l'œuvre ;
- les **droits moraux** comprenant le droit de paternité, le droit de divulgation ou encore le droit au respect de l'œuvre.

© Foucher

3 Indiquez l'élément caractérisant une propriété littéraire.
4 Précisez les domaines auxquels se rattache le droit de propriété littéraire.

DOC 3 La marque commerciale

La marque est un signe distinctif d'une entreprise servant à distinguer ses produits ou services de ceux de ses concurrents.
Elle est protégée, comme les inventions et les innovations, par la propriété industrielle, qui fait partie, avec la propriété littéraire et artistique, de la propriété intellectuelle. Selon le Code de la propriété intellectuelle, la marque peut être tous signes distinctifs tels que la dénomination sociale, les signes sonores ou figuratifs comme les dessins ou les logos.

inpi INSTITUT NATIONAL DE LA PROPRIÉTÉ INDUSTRIELLE

Contrairement aux droits d'auteur, la marque doit faire l'objet d'un dépôt à l'Institut national de la propriété industrielle (INPI) pour bénéficier d'une protection. C'est un établissement public chargé d'enregistrer les éléments de la propriété industrielle tels que les brevets, les marques, les dessins et modèles.
Le dépôt à l'INPI est nécessaire afin d'obtenir une protection effective de la marque et confère à son titulaire un monopole d'exploitation. Celui-ci procure plusieurs avantages :

- il permet à son titulaire de se différencier : ce signe de ralliement (marque, logo, tous signes distinctifs) garantit à l'entreprise d'être identifiée par sa clientèle. Les produits et services sont ainsi distingués de ceux de la concurrence, valorisent l'image de l'entreprise et sont un gage de qualité pour le client ;
- l'entreprise est la seule à pouvoir utiliser sa marque, elle peut choisir de fixer les prix comme elle l'entend pendant la durée du monopole puisqu'elle n'a aucun concurrent ;
- il assure à l'entreprise d'être protégée contre les imitateurs.

© Foucher

 # pdf
Protéger ses créations
foucherconnect.fr/23dteco79

5 Rappelez à quelle branche du droit appartient la propriété industrielle.
6 Précisez comment une marque peut être protégée.
7 Expliquez l'intérêt pour les entreprises de déposer une marque.

DOC 4 L'action en contrefaçon

La contrefaçon est une tromperie créant une confusion dans l'esprit du client.

→ La reproduction et l'imitation sont interdites par le Code de la propriété intellectuelle.

→ L'action en contrefaçon protège le droit exclusif du titulaire du droit intellectuel.

→ **Le contrefacteur engage sa responsabilité civile (article 1240 du Code civil) et sa responsabilité pénale (Code de la propriété intellectuelle).**

© Foucher

 # vidéo
La contrefaçon, c'est quoi ? - 1,51 min
foucherconnect.fr/23dteco80

8 Expliquez en quoi consiste la contrefaçon.
9 Précisez l'objectif de la protection par l'action en contrefaçon.
10 Expliquez l'étendue de la responsabilité du contrefacteur.

L'essentiel

- Les droits de la propriété intellectuelle regroupent la propriété littéraire et artistique (les droits d'auteur) et la propriété industrielle (la marque).
- Les droits d'auteur comprennent un droit moral et un droit patrimonial.
- L'action en contrefaçon assure la protection de ces droits intellectuels.

À VOUS DE JOUER !

Anaëlle Zazman n'en revient pas ! En feuilletant le catalogue de son principal concurrent de fabrication de chaussures, elle tombe sur une page présentant sa dernière création de chaussures vedettes « Les Pépites ». En y regardant de plus près, elle ne trouve pas sa marque. Il s'agit en fait de magnifiques copies conformes !

> **Précisez à quelle condition Anaëlle peut obtenir la protection de sa marque.**
> **Indiquez les moyens juridiques pouvant être utilisés pour faire cesser le dommage.**

Synthèse

3 minutes pour retenir
foucherconnect.fr/23dteco81

1 Le droit de propriété, un droit patrimonial

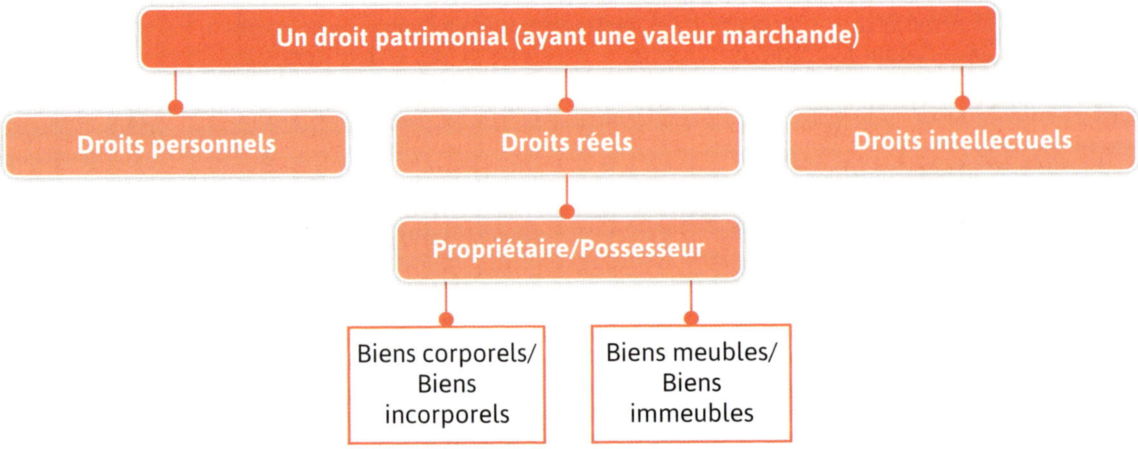

2 L'étendue du droit de propriété

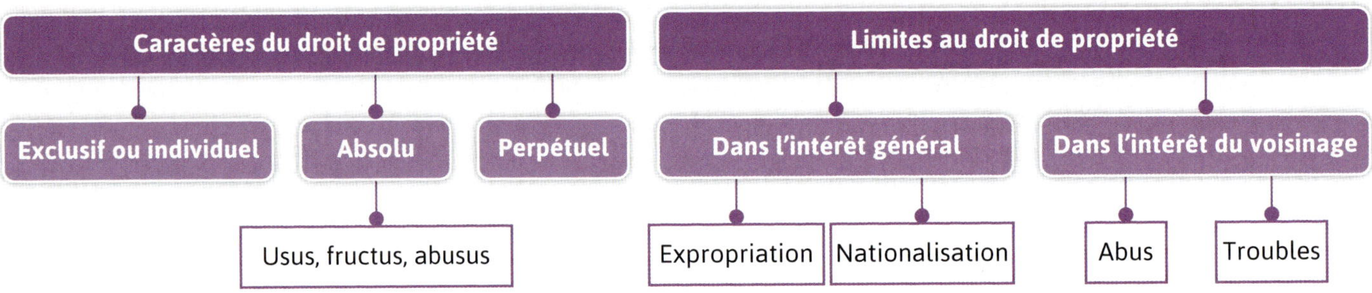

3 Le droit de la propriété intellectuelle

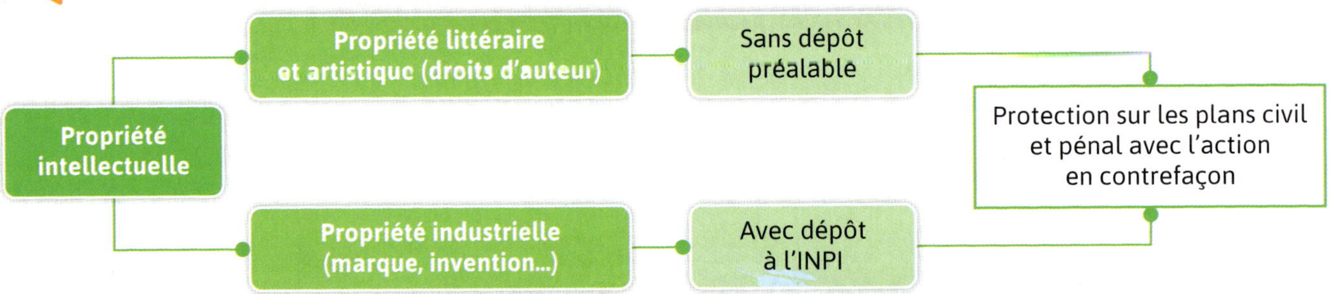

Mots-clés

- Abus de droit
- Action en contrefaçon
- Biens corporels
- Biens immeubles
- Biens incorporels
- Biens meubles
- Possesseur
- Propriétaire

Voir lexique P. 282

QUIZ
Vocabulaire juridique
foucherconnect.fr/23dteco82

Fiche Méthode 10 Identifier les voies de recours suite à une décision de justice

Objectif *À partir d'une décision de justice, comprendre les voies de recours et leur objectif*

Exemple. M. Conteste, propriétaire d'une maison d'habitation voisine de celle de Mme Fleurie, a assigné cette dernière pour la faire condamner à arracher la haie implantée sur sa propriété qui ne respecte pas la hauteur fixée au cahier des charges du lotissement, à savoir 1,30 mètre. Le tribunal judiciaire le déboute de sa demande, considérant que les dispositions légales autorisent une hauteur de 2 mètres. M. Conteste saisit la cour d'appel en indiquant que les dispositions légales de 2 mètres ne peuvent s'appliquer en l'espèce dans la mesure où Mme Fleurie, sa voisine, n'a pas respecté une distance « honorable » entre les haies qu'elle a plantées et sa propriété. La cour d'appel confirme le jugement du tribunal judiciaire en indiquant que la distance « honorable » est une invention personnelle du demandeur et non un concept jurisprudentiel. Deux mois après la décision de la cour d'appel, M. Conteste se pourvoit devant la Cour de cassation qui rejette sa demande sans le renvoyer devant une autre cour d'appel.

Étape 1 Identifier la juridiction qui a statué

Repérer le nom de la juridiction.

La juridiction saisie par M. Conteste est le tribunal judiciaire ; puis la cour d'appel et enfin la Cour de cassation.

Situer cette dernière juridiction dans le schéma d'organisation de la justice française.

La juridiction saisie par M. Conteste est la Cour de cassation (juridiction suprême).

Repérer le type de décision.

La Cour de cassation a rendu un arrêt de rejet.

Conseil

> Souvenez-vous que la Cour de cassation n'est pas une juridiction de 3e degré. Elle juge en droit et non en fait.

Étape 2 Analyser la décision de justice

Identifier les prétentions du demandeur.

Le demandeur, M. Conteste, souhaite faire arracher la haie de sa voisine, Mme Fleurie, car il considère que la hauteur des haies dépasse celle qui est fixée par le règlement du lotissement.

Identifier le taux de ressort de la juridiction : la décision a-t-elle été rendue en premier ou en dernier ressort ? Si le jugement est rendu en dernier ressort, il ne peut alors faire l'objet d'un appel.

L'affaire opposant M. Conteste et sa voisine est une affaire qui a fait l'objet d'un appel en cour d'appel puis d'un pourvoi devant la Cour de cassation. L'affaire a donc été rendue en premier ressort.

Rechercher le délai du recours : le recours est de 1 mois pour un appel et 2 mois pour un pourvoi.

M. Conteste a donc attendu le délai légal pour le pourvoi devant la Cour de cassation.

Étape 3 Déterminer la voie de recours

Décider de faire appel d'un jugement rendu en premier ressort : la décision est réformée ; la cour d'appel réexamine l'affaire en fait et en droit.

M. Conteste a vu sa demande déboutée par la juridiction judiciaire et a saisi la cour d'appel qui a confirmé la position de la juridiction judiciaire.

Décider d'exercer un pourvoi en cassation d'une décision rendue en appel. La Cour de cassation rejette le pourvoi du demandeur lorsqu'elle considère que les juges du fond ont respecté la règle de droit. Elle casse et renvoie la décision devant une autre cour d'appel lorsqu'elle considère que les juges du fond n'ont pas respecté la règle de droit.

Dans l'affaire qui oppose M. Conteste et Mme Fleurie, la Cour de cassation a rejeté son pourvoi sans renvoi devant une autre cour d'appel. Elle considère que le pourvoi est jugé sans fondement.

 # méthode+
Le recours au juge : les voies de recours - 5,24 min
foucherconnect.fr/23dteco83

Activités

3 minutes pour se tester
foucherconnect.fr/23dteco84

1 APPLIQUER

Doc Contrefaire les contrefacteurs

La contrefaçon est une tromperie destinée à créer une confusion dans l'esprit du public. Elle peut consister en la reproduction ou l'imitation de la marque ou tout élément de la propriété industrielle.
L'INPI définit la pratique comme « la reproduction, l'imitation ou l'utilisation totale ou partielle d'une marque, d'un dessin, d'un brevet, d'un logiciel ou d'un droit d'auteur, sans l'autorisation de son titulaire, en affirmant ou laissant présumer que la copie est authentique ».
Selon un rapport de la douane française, 5,4 millions de faux produits auraient été saisis durant l'année 2018. 80 % de ces produits venaient d'Asie et 30 % provenaient d'un achat en ligne. Le contrefacteur peut être poursuivie sur le fondement de l'article L. 716-9 et s. du CPI et risque jusqu'à quatre ans d'emprisonnement et 400 000 euros d'amende.

L'action en contrefaçon vise à préserver la création, l'innovation et l'emploi, car les pertes dues à la contrefaçon représenteraient chaque année plus de 35 millions d'emplois et 6,7 millions d'euros, selon l'étude de l'Observatoire européen de l'EUIPO. L'action en contrefaçon permet donc de faire respecter le caractère exclusif attaché à la marque, autrement dit le titulaire de la marque est le seul à pouvoir l'utiliser ; il dispose sur cette marque d'un monopole d'exploitation.

© Foucher

Questions

1. Précisez pourquoi le contrefacteur est puni par une peine d'amende et d'emprisonnement.
2. Précisez l'objectif de la protection par l'action en contrefaçon.

2 ARGUMENTER À L'ORAL

BRAINSTORMING

Sur le **thème de la contrefaçon en France**, votre professeur, en qualité d'animateur, lance un brainstorming* de 15 minutes au sein de la classe pour vous permettre d'émettre collectivement des idées sur ce thème.
Premièrement, il vous faut définir le problème de départ, à savoir trouver des axes de réflexion pour aborder le sujet de la contrefaçon en France. Vous pouvez vous inspirer des problématiques suivantes :
« En quoi consiste la contrefaçon ? » / « Comment est-elle sanctionnée en France ? » / « Quelles sont les conséquences économiques, sociales et sociétales de la contrefaçon » ?
Puis vous échangez vos idées diverses et variées selon l'axe retenu.
À l'issue de ce brainstorming, reformulez, classez et hiérarchisez, à l'aide du matériel adéquat (Post-it®, tableau blanc, paperboard), les idées émises pour ne retenir que les meilleures !

* Appelé aussi « tempête d'idées » ou « remue-méninges ».

Boîte à outils Oral

En savoir plus :

vidéo
Le brainstorming - 3,10 min
foucherconnect.fr/23dteco85

3 APPROFONDIR

Doc 1 Les campagnes, un patrimoine à protéger

Alicia a acquis en janvier 2022 une propriété située à Florac. Elle souhaite bénéficier du calme de cette petite ville. Quelques mois après avoir emménagé, Alicia ne supporte déjà plus le chant du coq du voisin qui, tous les matins, la réveille. En outre, elle a la désagréable surprise d'apprendre qu'une porcherie va être construite à proximité. Elle se rend à la mairie pour obtenir des informations complémentaires. Le maire lui assure que l'établissement sera construit dans le respect des réglementations applicables. Cependant, elle souffre d'insomnies, sa tension augmente, et elle n'est plus en mesure de finir le livre qu'elle était venue écrire au calme. Le maire l'informe que depuis janvier 2021, une loi a été votée pour protéger « le patrimoine sensoriel des campagnes ». La cour d'appel de Chambéry a en effet tranché : le chant du coq n'est pas une nuisance sonore. Le texte protégeant « le patrimoine sensoriel des campagnes » comprend les sons et les odeurs liés à ces territoires.

Ville de Florac en Lozère.

Enfin, en consultant des sites juridiques sur internet, elle constate que l'article 112-16 du Code de la construction et de l'habitation prévoit que « l'installation d'exploitations industrielles, commerciales, agricoles, conformément aux normes, ne peut entraîner d'indemnisation si ces exploitations étaient déjà présentes avant l'installation du voisinage ».
Alicia vient vous consulter, elle souhaite connaître ses droits.

© Foucher

 # vidéo
- Des coqs de Haute-Savoie condamnés pour nuisances sonores - 2,04 min
- Loi « patrimoine sensoriel » : le bruit et l'odeur... - 3,13 min

foucherconnect.fr/23dteco86

Doc 2 L'essentiel de la loi n° 2021-85 du 29 janvier 2021 sur le patrimoine sensoriel des campagnes françaises

Cette courte loi, modifiée en première lecture par les députés et adoptée sans modification par les sénateurs, part du constat que les maires sont de plus en plus confrontés à des conflits de voisinage provoqués par de nouveaux habitants.
Elle introduit dans le Code de l'environnement « les sons et odeurs » comme caractéristiques des espaces naturels. Ces sons et ces odeurs font désormais partie du patrimoine commun de la nation, aux côtés des paysages, de la qualité de l'air ou des êtres vivants et de la biodiversité.

vie-publique.fr

Questions

1. Expliquez l'évolution de la situation juridique concernant les nuisances sonores et olfactives.
2. Élaborez une note structurée en rappelant les faits, le problème de droit, la règle de droit applicable et la solution.

Boîte à outils Production écrite

Une bonne note structurée doit rappeler les faits, poser le problème de droit, rappeler la règle de droit applicable et donner la solution.

 # vidéo
La qualification juridique - 5,08 min

foucherconnect.fr/23dteco87

Vie privée et données à caractère personnel

Cristina Moratinez est une actrice espagnole devenue célèbre en France grâce aux films du réalisateur Pedro Almondonbar.

L'actrice s'est toujours tenue éloignée de la presse, notamment des magazines « peoples », car très attachée au respect de sa vie privée. Or, le journal *La Matinée de Lyon* a publié sur son site internet un article comportant le passage suivant : « Dimanche dernier, au Cintra, célèbre bouchon lyonnais, Cristina Moratinez était assise à côté de nous, elle attendrait un bébé que cela ne nous étonnerait pas ! » L'article comportait également des informations personnelles telles que le lieu de sa résidence de vacances et le nom de son conjoint.

Estimant qu'il avait été porté atteinte à sa vie privée, l'actrice a sollicité auprès du responsable du traitement des données du site que l'article soit retiré. Devant l'inaction du journal, Cristina a réclamé à la société éditrice la réparation de son préjudice. Le site du journal sur internet considère qu'il n'y a pas d'atteinte à la vie privée, dans la mesure où les informations recueillies ont été constatées dans un lieu public.

Questions

1. Rappelez les faits, précisez la qualité de chacune des parties et indiquez la nature des préjudices.
2. Formulez la nature du problème juridique qui se pose.
3. Précisez la règle juridique retenue par la Cour de cassation Cass. 2e Chambre civile, novembre 2022 et précisez la solution arrêtée.
4. Expliquez pourquoi l'éditeur de *La Matinée de Lyon*, ne peut pas être en mesure de refuser de retirer les informations personnelles sur son site internet.

Annexe 1 Article 9 du Code civil

Chacun a droit au respect de sa vie privée.
Les juges peuvent, sans préjudice de la réparation du dommage subi, prescrire toutes mesures, telles que séquestre, saisie et autres, propres à empêcher ou faire cesser une atteinte à l'intimité de la vie privée : ces mesures peuvent, s'il y a urgence, être ordonnées en référé.

LA DILA/Légifrance

Annexe 2 Protection des données et respect de la vie privée en ligne

Les règles de l'Union relatives à la protection des données protègent les données à caractère personnel [...]. Ces règles s'appliquent tant aux entreprises qu'aux organisations (publiques et privées), établies dans ou en dehors de l'UE, qui y proposent des biens ou des services lorsqu'elles demandent ou réutilisent les données à caractère personnel de citoyens de l'UE.

Lorsqu'une entreprise ou organisation demande à une personne son consentement pour l'utilisation de ses données personnelles à des fins commerciales, la personne concernée doit expressément marquer son accord, en signant un formulaire de consentement ou en répondant « oui » (au lieu de « non ») à une demande de consentement figurant de manière claire sur une page web.

Par ailleurs, elle doit recevoir des informations sur l'entreprise qui traitera ses données à caractère personnel ainsi que les raisons d'utilisation des données et la durée de conservation. Enfin, l'entreprise doit informer la personne sur ses droits en matière de protection des données (accès, rectification, suppression, plaintes et retrait du consentement).

Annexe 3 Cass. 2e Chambre civile, novembre 2022

Attendu que le journal *Le Matin de Paris* fait grief à l'arrêt de décembre 2021 de la cour d'appel de Paris, condamnant le journal a réparer le préjudice subi par l'actrice Camille Lalouche pour avoir révélé son état de grossesse ; alors, d'une part, que ne saurait être considéré comme faisant partie de la vie privée d'une personne un événement qui peut être constaté dans un lieu public ; qu'en particulier une femme enceinte qui se montre dans un lieu public ne saurait soutenir que la révélation de son état de grossesse porte atteinte à sa vie privée, et alors d'autre part, que, dès lors qu'une personne qui mène une vie publique de nature à attirer sur elle l'attention de la presse, telle qu'un acteur de cinéma, laisse apparaître en public des faits qui pour toute autre personne pourraient relever de sa vie privée, un journaliste qui ne fait que relater ce qu'il a ainsi pu constater ne porterait pas atteinte à l'intimité de la vie privée de cette personne ; que le fait qu'un journaliste ait relaté que Camille Lalouche exerçant la profession d'artiste, était enceinte, pour avoir constaté ce fait dans un lieu public, ne constituerait pas une atteinte à l'intimité de la vie privée de cette actrice ;

Mais attendu qu'après avoir exactement énoncé que, comme toutes autres personnes, les artistes avaient droit au respect de leur vie privée (article 9 du Code civil), et que la maternité faisait partie de celle-ci, l'arrêt relève qu'ayant le désir de ne donner aucune publicité à sa grossesse, l'actrice avait pris soin d'éviter que cette grossesse soit divulguée ; qu'en l'état de ces énonciations,

La cour d'appel a pu estimer que la publication sans l'autorisation de l'actrice, de son état de grossesse, même s'il avait pu être constaté dans un lieu public constituait une atteinte à la vie privée de cette artiste ; d'où il suit que le moyen n'est pas fondé ;

Par ces motifs : rejette le pourvoi formé contre l'arrêt de décembre 2021 rendu par la cour d'appel de Paris.

▲ Marché de Noël de Strasbourg, Alsace.

Notions

Les différents agents économiques et leur fonction principale + Les différents types de biens et services + Les contraintes économiques : revenu, temps, espace, information + L'arbitrage entre les différentes activités et les choix économiques

11 Les agents économiques et les différents types de biens et services

Découvrir ensemble

> **Quels sont les acteurs de la vie économique représentés ici et qu'échangent-ils ?**

> **Selon vous, quels autres types de biens économiques peuvent faire l'objet d'échanges entre les acteurs de la vie économique ?**

VIDÉO

3 minutes pour découvrir autrement

foucherconnect.fr/23dteco88

1 Les agents économiques et leurs fonctions

DOC 1 Le classement des agents économiques

Participant à la vie économique, les agents économiques sont des millions mais, par souci de rationalisation, la comptabilité nationale les regroupe en plusieurs catégories (appelées « secteurs institutionnels ») selon leur fonction principale.

SECTEURS INSTITUTIONNELS	EXEMPLES	FONCTION PRINCIPALE
MÉNAGES	Ensemble des occupants d'un même logement (avec ou sans lien de parenté) : un couple, une famille, un étudiant, une colocation…	Consommer des biens et des services
SOCIÉTÉS NON FINANCIÈRES	Entreprises	Produire des biens et des services marchands
SOCIÉTÉS FINANCIÈRES	Banques	Fournir des prêts et des services financiers aux agents économiques afin de financer l'activité économique
ADMINISTRATIONS PUBLIQUES	État central, collectivités territoriales, organismes sociaux	Fournir des services publics et entretenir les biens publics
INSTITUTIONS SANS BUT LUCRATIF AU SERVICE DES MÉNAGES (ISBLSM)	Associations, partis politiques, syndicats	Fournir des biens et des services non marchands (sans recherche de profit) au bénéfice des ménages
RESTE DU MONDE		Importer et exporter des biens et des services

1 Précisez l'intérêt de regrouper les agents économiques par catégories.
2 Expliquez comment les ménages peuvent assurer leur fonction principale.
3 Proposez une définition de la notion d'agent économique.

DOC 2 Les agents économiques se spécialisent

Une économie dans son ensemble peut produire davantage quand chaque individu se spécialise dans une tâche et échange avec les autres. Les bénéfices de la spécialisation sont la raison pour laquelle une personne choisit généralement une seule carrière.
Il faut plusieurs années d'études et d'expérience pour devenir médecin ou pilote de ligne. Beaucoup de médecins auraient très bien pu avoir le potentiel pour devenir d'excellents pilotes, et vice versa ; mais il est très peu probable qu'une personne qui aurait décidé de se lancer dans les deux carrières puisse être aussi compétente dans les deux domaines qu'une autre qui aurait décidé dès le départ de se spécialiser.
<u>C'est donc à l'avantage de tout le monde que les individus se spécialisent dans leur choix de carrière</u>.

Paul Krugman, Robin Wells, *Macroéconomie*, 3e édition, 05.2016, Éditions De Boeck.

4 Expliquez la phrase soulignée.
5 Montrez que la spécialisation conduit à la notion d'agent économique.
6 Expliquez pourquoi la spécialisation rend l'échange nécessaire entre les agents économiques.

DOC 3 Les différentes ressources des agents économiques

Les agents économiques génèrent et utilisent différentes ressources. Par exemple, les ressources des ménages sont composées pour l'essentiel des fruits de leur force de travail qu'ils mettent à disposition des entreprises. Ainsi, les salaires constituent un type de ressources des agents économiques. Par ailleurs, d'autres ressources peuvent provenir des prélèvements obligatoires comme les impôts et les taxes, des cotisations d'adhérents, des dons ou des subventions publiques, ou encore de la vente de biens et services marchands.

© Foucher

7 Identifiez les ressources des agents économiques.

8 Associez chaque ressource au secteur institutionnel qui lui correspond (doc 1).

DOC 4 Les dépenses et les recettes de l'État en 2022

Recettes nettes de l'État

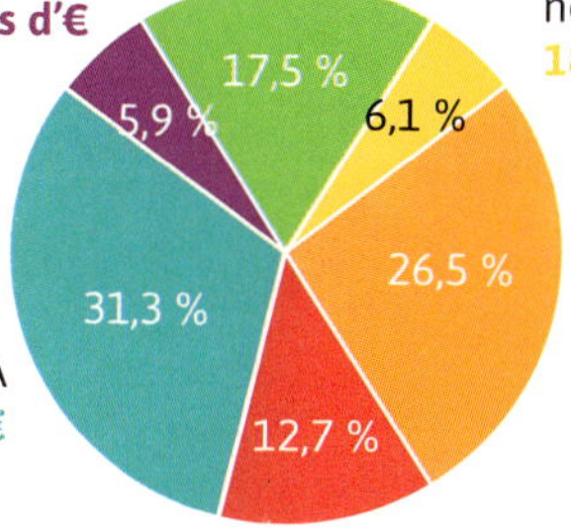

Dépenses de l'État par mission

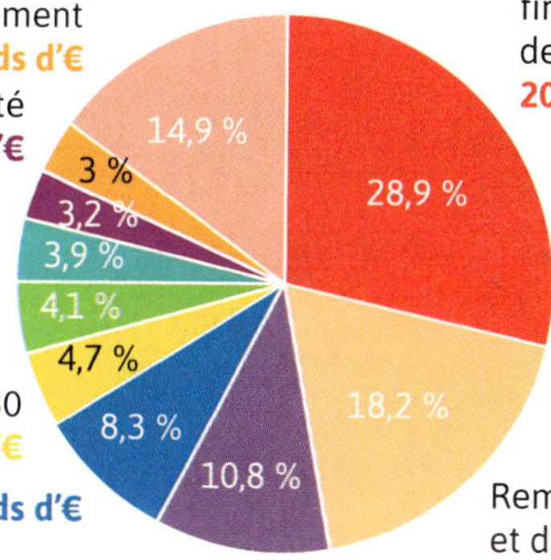

Source : Loi de finances 2022.

9 Identifiez les principales composantes du budget de l'État (recettes et dépenses).

10 Calculez puis comparez les dépenses et les recettes totales de l'État pour 2022.

11 Déduisez-en la situation de l'État français en 2022.

12 Recherchez sur internet la différence entre un « déficit » et une « dette ».

L'essentiel

- Les agents économiques sont regroupés par secteurs institutionnels selon leur fonction principale dans l'économie.
- Pour répondre à leurs besoins, les différents agents économiques se spécialisent autour de ces grandes fonctions.
- Les agents économiques utilisent différentes ressources pour assurer leur fonction principale.
- L'État utilise son budget pour financer ses dépenses publiques. Le solde budgétaire correspond à la différence entre les recettes et les dépenses de l'État. Il est déficitaire s'il est négatif.

À VOUS DE JOUER !

Ethan vient de décrocher son premier emploi dans l'entreprise Vivotech. En vue de ses déplacements professionnels, il décide d'acheter une voiture chez son concessionnaire, spécialisé dans l'importation de véhicules de marque allemande. Cela lui permettra également de se rendre plus facilement à son club de handball, situé en périphérie de la ville. La voiture coûte 14 000 €, mais Ethan ne dispose que de 9 000 € d'épargne. Il doit donc faire un prêt à la banque.

> **Précisez la nature des liens qu'Ethan entretient avec les autres agents économiques en précisant les opérations effectuées.**
> **Associez chacun de ces acteurs à un secteur institutionnel.**

2 Les différents types de biens et services

DOC 1 Production marchande et production non marchande

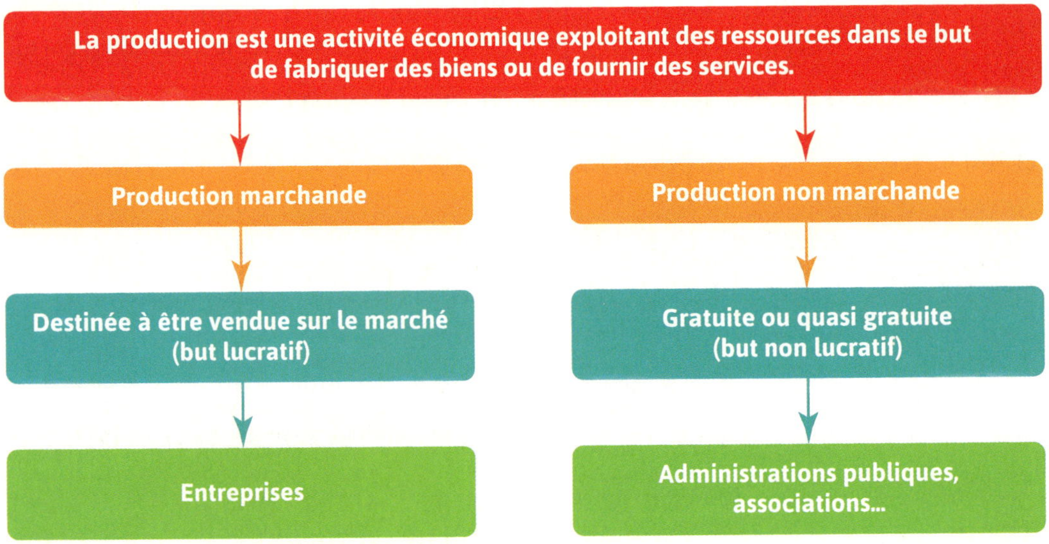

© Foucher

1 Identifiez les agents économiques à l'origine de la production marchande et de la production non marchande.

2 Expliquez pourquoi la production non marchande est dite « à but non lucratif ».

3 Proposez des exemples de production marchande et non marchande.

DOC 2 Bien ou service ?

Un service est une prestation offerte par un agent économique à un autre.

Trois caractéristiques différencient le service du bien :

- Un service ne dure pas dans le temps. Par conséquent, un service ne peut pas être stocké (même si le processus peut être lié à un produit physique), comme c'est le cas pour un bien. Par exemple, un déplacement en avion ne peut pas être conservé dans le temps, ce service est consommé en même temps que l'avion décolle.
- Un service ne se possède pas. On peut par exemple posséder une tondeuse mais pas une coupe de cheveux chez le coiffeur.
- Le service est intangible, c'est-à-dire qu'il n'est pas palpable (contrairement à un objet).

On peut distinguer les services marchands (exemple : location d'une chambre d'hôtel) des services non marchands (exemple : un cours d'économie au lycée), mais également les services aux particuliers des services aux entreprises.

© Foucher

4 Relevez les éléments permettant de distinguer les biens et les services.

5 Indiquez pour les exemples suivants s'il s'agit d'un bien ou d'un service : une séance de cinéma / une imprimante / une montre / un forfait de ski / un sandwich

6 Comparez une course en taxi et un déplacement dans un véhicule personnel à l'aide des critères proposés dans le document.

DOC 3 Une typologie des biens

Biens de production	Biens permettant de produire d'autres biens (ex. : machines, bâtiments...).
Biens de consommation finale	Biens durables (ex. : une montre) ou non (ex. : des produits alimentaires) qui satisfont directement les besoins humains.
Biens de consommation intermédiaire	Biens non durables utilisés dans le processus de production (ex. : matières premières, énergie, produits semi-finis...).

© Foucher

7 Classez les exemples de biens suivants en biens de production, de consommation finale ou de consommation intermédiaire :

une barre chocolatée / l'électricité d'un atelier / les locaux d'une imprimerie / une machine de découpe

8 Expliquez pourquoi un bien de consommation finale dépend des biens de production et des biens de consommation intermédiaire.

DOC 4 Henitex mise sur les machines à tricoter sans couture

Henitex a inauguré le 11 mars un investissement dans un nouvel outil de production qui va lui permettre de diversifier ses débouchés. [...] L'investissement de 1,2 M € a consisté à acquérir huit machines « seamless » de tricotage sans couture, qu'elle utilise notamment pour produire des sous-vêtements. C'est une évolution pour cette PME qui jusqu'à présent était spécialisée dans le tricotage de tissus au mètre. [...] Pour augmenter les capacités de son entreprise, installée sur 7 000 m^2, [le dirigeant] envisage de faire l'acquisition de nouvelles machines à tricoter sans couture jusqu'à en disposer d'une trentaine. [...] Il a salué le rôle joué dans cette aventure par le Slip Français qui a suscité l'investissement de la TPE ligérienne dans cette nouvelle technologie qui permet des économies de matière première et d'eau. « Avec au final un coût de revient inférieur de 15 % », a souligné Guillaume Gibault, le président de la start-up [le Slip Français], qui fait travailler une trentaine d'ateliers textile dans l'Hexagone, dont plusieurs dans la région Aura*. Pour les trois modèles bleu marine dont la fabrication est confiée à Henitex (un boxer pour homme, une culotte et une brassière pour femme), il vise la vente de 15 000 exemplaires la première année [...].

* Auvergne Rhône-Alpes.

lessor42.fr, Denis Meynard, 19.03.2022.

 # vidéo
Le Slip Automatique, quand le sous-vêtement français fait sa révolution - 1,28 min
foucherconnect.fr/23dteco89

9 Relevez dans le texte des exemples de biens de production, de biens de consommation intermédiaire et de biens de consommation finale.

10 Qualifiez les produits finaux de l'entreprise en vous appuyant sur la typologie des biens.

L'essentiel

- L'activité économique se décompose en production marchande et production non marchande.
- Les agents économiques font face à leurs besoins grâce à différents types de biens et services. Contrairement aux biens, les services ne se possèdent pas, ne sont pas palpables et ne se stockent pas.
- On distingue les biens de consommation finale, les biens de production et les biens de consommation intermédiaire. Les biens peuvent être durables ou non durables.

À VOUS DE JOUER !

À midi, Marc-Antoine prend le bus pour se rendre à son restaurant favori. Il y retrouve Jérôme, qui a suivi dans la matinée un cours de danse proposé par une association locale. Jérôme est vendeur pour une marque de véhicules. Son entreprise propose des garanties supplémentaires qui allongent la durée de garantie légale.

> **Repérez les biens et services évoqués en précisant s'ils sont marchands ou non marchands.**

3 Les contraintes et les arbitrages économiques

DOC 1 La rareté en économie

Un bien libre est un bien présent en abondance dans la nature, gratuit et non produit par l'homme. Il s'oppose aux caractéristiques du bien économique, qui est par nature un bien rare.

1 Précisez à quels types de biens s'apparentent le carburant et la rivière.
2 Donnez d'autres exemples de biens libres.
3 Démontrez que l'eau peut s'apparenter à un bien économique.
4 Expliquez le lien existant entre biens économiques, ressources rares et besoins.

DOC 2 La rareté impose des choix

Dans une société, si les ressources sont rares, tout ne peut pas être produit. Ainsi, il convient de choisir quels biens produire et en quelles quantités pour satisfaire les agents économiques. Il faut aussi savoir comment ces biens doivent être produits, c'est-à-dire réfléchir à la part du travail humain par rapport au travail de la machine. La réponse aux questions « que produire, pour qui, combien et comment produire ? » constitue le problème de l'allocation des ressources.
Ce problème ne se pose que parce que les ressources ne sont pas illimitées. Si elles l'étaient, il n'y aurait pas de biens économiques mais uniquement des biens libres et la science économique n'aurait pas lieu d'être.
Ainsi, l'économie est la science des choix. Elle étudie comment les agents économiques allouent des ressources rares à la satisfaction de leurs besoins.

© Foucher

5 Repérez les problèmes qui se posent aux agents économiques.
6 Expliquez pourquoi les agents économiques sont contraints de faire des choix.

DOC 3 Les contraintes pesant sur les choix économiques

Contrainte	Explication	Exemple
Revenu	Le revenu étant limité, le ménage ne peut pas tout acheter, il doit faire des choix.	Si un ménage dispose de 1 000 €, il ne peut pas s'acheter un bien à 800 € et un autre à 700 €.
Temps	Les individus ne peuvent rien changer au fait qu'une journée ne dure que 24 heures et qu'ils ne peuvent pas être partout à la fois.	Consacrer une partie de sa journée à aller au cinéma prive de ce temps pour le consacrer à une autre activité.
Espace	En raison du caractère fini de la Terre, tout espace occupé par un acteur économique se fait au détriment des autres acteurs économiques.	Un État ne peut pas augmenter la superficie de son territoire sans empiéter sur celui d'un autre État.
Information	Face à un choix économique, les agents ne peuvent pas prévoir toutes les alternatives envisageables, ni envisager toutes les conséquences de chacun de ces choix.	Les entreprises ne peuvent pas prévoir si un produit va rencontrer un succès commercial.

© Foucher

7 Expliquez pourquoi le revenu est une contrainte économique des ménages qui impacte également les entreprises.

DOC 4 En Isère, le ministre de l'Écologie indique que d'autres restrictions d'eau « sont sur la table »

 # vidéo
Face à la pénurie d'eau potable, quelles alternatives ? - 3,16 min
foucherconnect.fr/23dteco90

Le mois de juillet 2022 est le mois de juillet le plus sec depuis le début des relevés en France en 1958-1959, a indiqué ce lundi 1er août le ministre de la Transition écologique et de la Cohésion des Territoires, Christophe Béchu, en visite à Vinay dans une exploitation agricole. Une visite en plein épisode de sécheresse, avec des restrictions d'usage de l'eau dans 93 départements de France, dont l'Isère. [...] Difficile exercice d'« en-même-temps » pour le nouveau ministre, qui a été accueilli en Isère, au bord d'un cours d'eau à sec, la Drevenne, par plusieurs intervenants aux enjeux parfois divergents : pêcheurs, agriculteurs, militants environnementaux. Au pied du Vercors, on est aussi dans le pays de la noix. Il y avait donc des producteurs et le président de l'association des irrigants de l'Isère, Jean-François Charpentier, qui a interpellé le ministre sur leurs quotas d'eau : « On va continuer d'arroser nos cultures, tant pis, on dépassera peut-être », a-t-il lancé au ministre. [...] Christophe Béchu appelle au « dialogue avec toutes les parties prenantes » et il tente de mettre tout le monde d'accord. « Quand on est au moment de la sécheresse, l'une des questions est celle du partage entre les différents besoins, comment on alloue la ressource. Et donc de savoir s'il faut aller plus loin dans les interdictions d'arrosage, etc. ».

Radio France/France Bleu, Théo Hetsch, 01.08.2022.

8 Identifiez le problème économique mentionné et précisez les causes de ce problème.

9 Expliquez les choix économiques que cette contrainte impose. Précisez la qualité de l'agent économique (secteur institutionnel) concerné.

L'essentiel

- Les biens économiques rares s'opposent aux biens libres.
- La rareté des ressources impose ainsi des choix économiques.
- Les agents économiques font face à d'autres types de contraintes économiques : le revenu, le temps, l'information et l'espace.
- Ces contraintes amènent les agents à réaliser des arbitrages économiques.

À VOUS DE JOUER !

Eulalie dispose d'un salaire net de 1 200 € tous les mois et doit régler ses factures de loyer (600 €), d'eau et d'électricité (100 €). Son budget nourriture est évalué à 350 €. Elle épargne généralement 10 % de son revenu mensuel et souhaiterait offrir ce mois-ci un cadeau d'anniversaire à sa mère d'une valeur de 60 €.

> **Identifiez la contrainte économique à laquelle Eulalie doit faire face.**
> **Précisez si Eulalie peut réaliser ses projets.**

Synthèse

3 minutes pour **retenir**

foucherconnect.fr/23dteco91

1 Les agents économiques et leurs fonctions

- **Ménages** → Consommer
- **Économie marchande**
  - **Sociétés financières** → Financer l'activité
  - **Sociétés non financières** → Produire des biens et des services marchands
- **Économie non marchande**
  - **Administrations publiques**
  - **ISBLSM**
  - → Fournir des biens et des services non marchands

2 Les différents types de biens et services

- **Production**
  - **Non marchande** → **Services non marchands**
  - **Marchande**
    - **Biens**
      - **Durables**
        - Biens de production
        - Biens de consommation finale
      - **Non durables**
        - Biens de consommation finale
        - Biens de consommation intermédiaire
    - **Services**
      - Non palpables
      - Non stockables
      - Ne se possèdent pas

3 Les contraintes et les arbitrages économiques

Rareté des ressources → **Contraintes économiques : revenu, temps, espace, information** → Choix et arbitrages économiques

Mots-clés

> Agent économique
> Biens et services
> Choix économique
> Contrainte économique
> Production marchande
> Production non marchande

Voir lexique P. 284

QUIZ
Vocabulaire économique
foucherconnect.fr/23dteco92

Fiche Méthode 11 Comprendre une consigne

Objectif *Construire une réponse qui correspond aux attendus de la question*

Une consigne est un énoncé qui commande à l'élève une tâche. Les consignes ont des niveaux de complexité variables que l'élève doit être capable de repérer dès la première lecture pour anticiper le temps de traitement à consacrer à chaque consigne et proposer des réponses adaptées.

Exemple. En comparant deux consignes : « Repérez les agents économiques et leur fonction principale évoqués dans le document » et « Analysez les arbitrages économiques qui ont dû être retenus », on s'aperçoit que la deuxième consigne implique une tâche plus complexe que la première qui relève d'un simple repérage, car elle mobilise des compétences d'analyse. Elle sera donc a priori plus longue à traiter.

Étape 1 Identifier le verbe d'action

Le verbe d'action donné en début de consigne donne une idée de la complexité de la consigne, qui impliquera un travail plus ou moins conséquent.

Exemples de verbes d'action impliquant une consigne simple	Exemples de verbes d'action impliquant une consigne complexe
Nommer, identifier, citer, rappeler, énumérer…	Analyser, examiner, comparer, interpréter, expliquer, proposer, évaluer, mesurer…

Étape 2 Comprendre les attendus des verbes d'action

Principaux verbes d'action	Attendus
Analyser	Faire apparaître l'ensemble des éléments qui donnent du sens à la situation.
Apprécier	Évaluer approximativement la valeur d'une chose mesurable.
Caractériser	Relever dans une situation les éléments propres, les caractères distinctifs.
Comparer	Confronter deux objets et faire apparaître les ressemblances et les différences.
Décrire	Raconter ce que l'on observe ou ce que l'on connaît d'une situation donnée.
Expliquer	Faire comprendre un phénomène, l'éclaircir en donnant les éléments nécessaires.
Identifier	Repérer un élément, en préciser la nature et les caractères.
Préciser	Apporter des compléments sur un point particulier.
Relever/Repérer	Rechercher dans les documents fournis des éléments de réponse.

Étape 3 Comprendre le sens global de la consigne

S'interroger sur tous les mots composant la consigne, notamment si le vocabulaire est spécifique.

- Agents économiques, arbitrages économiques.

Repérer l'ordre des tâches à effectuer. Il est possible que la consigne énonce deux tâches à effectuer.

- Repérez les agents économiques et leur fonction principale évoqués dans le document.

Réfléchir à la construction de sa réponse en vérifiant qu'elle répond bien à la question posée.

Pièges à éviter

> Survoler la consigne : vous avez alors une représentation erronée de la tâche à accomplir.

> Mal comprendre le vocabulaire employé : un mot technique n'est pas connu (manque de travail en amont du cours), ce qui vous empêche de répondre correctement à la consigne.

> Mal interpréter le verbe d'action : ces injonctions n'ont pas le même écho en fonction de la discipline. C'est l'écoute et la participation au cours, en amont, qui vous permettent de retrouver le sens attendu de ces verbes.

 # méthode+
Lire et comprendre une consigne - 3,38 min
foucherconnect.fr/23dteco93

Activités

3 minutes pour se tester
foucherconnect.fr/23dteco94

1 APPLIQUER

Doc Animaux domestiques : le dur été de la SPA

« En ce moment, les gens sont partis en vacances, on a moins de bénévoles », explique Cindy Cordier, responsable du refuge des Longeaux. En raison du manque d'effectif, l'accès au refuge n'est possible que sur rendez-vous jusqu'à la mi-août. [...]
« Les admissions pour abandon ou retrait après mauvais traitement sont en hausse », poursuit cette membre de la SPA. « Dans la majorité des cas, on constate que ce sont des animaux qui ont été adoptés par les familles lors du premier confinement. » Des bêtes dont la gestion exigeante n'a pas été évaluée de façon conséquente par les maîtres. Résultat, les chiffres explosent au refuge de Deluz. [...]
L'été, la gestion des chats pose aussi certains problèmes : « C'est la saison des naissances », précise Cindy Cordier. « Souvent, on reçoit les chatons sans leur mère. On est obligé de les biberonner, ça prend du temps. » Face à cette augmentation du nombre d'admissions, les besoins en nourriture sont plus importants. La SPA compte sur les donateurs qui pourront faire parler leur générosité lors d'une collecte organisée ce week-end au Carrefour d'École-Valentin [...].
D'autres activités chronophages s'imposent aux bénévoles : la gestion des maladies des chats, comme le typhus, ou la lutte contre les nuisances liées à la chaleur. [...] Une façon de rappeler que la SPA ne cherche pas que des familles d'accueil. Les bénévoles sont aussi les bienvenus.

estrepublicain.fr, Maxime Courché, 02.08.2022.

la SPA
Protectrice des Animaux depuis 1845

Questions

1. Précisez à quelle catégorie d'agent économique se rattache la SPA.
2. Décrivez les contraintes économiques auxquelles est confrontée la SPA du refuge des Longeaux.
3. Relevez les raisons qui expliquent les difficultés rencontrées par la SPA du refuge des Longeaux.
4. Recherchez les solutions mises en œuvre par la SPA du refuge des Longeaux pour faire face à ces contraintes.

2 ARGUMENTER À L'ORAL

DÉBAT

Est-il possible et souhaitable que la production marchande remplace toute forme de production non marchande ?
Au sein de la classe, constituez des groupes pour effectuer des recherches documentaires préalables à l'organisation du débat.
Dans le cadre du débat, la moitié des groupes devra défendre à l'oral une réponse positive à la question tandis que l'autre moitié des groupes devra exprimer des arguments contre.
• Conseils : il faut dans un premier temps vous demander si la disparition de la production non marchande au profit d'une production uniquement marchande est faisable et réaliste. Dans un second temps, vous devez vous demander si cette évolution serait une bonne chose (d'un point de vue global, du point de vue de certains agents économiques...).

Boîte à outils Oral

Pour vous préparer efficacement à un débat oral, il faut commencer par bien définir les termes du débat (ici les notions de production marchande et non marchande) pour en cerner les différents aspects, ses contours et ses limites. Cela vous permettra de cibler les arguments les plus solides.

vidéo
Géopolitique de l'inflation - 2,30 min
foucherconnect.fr/23dteco95

Doc Comment l'inflation bouleverse les choix budgétaires du gouvernement

L'inflation, exceptionnellement élevée, et ses conséquences notamment sur le pouvoir d'achat des Français seront encore un des sujets majeurs de la rentrée. [...] Porté par l'envolée des prix de l'énergie importée, le phénomène a pris une ampleur que la France n'avait pas connue depuis trente ans, alimenté par la reprise post-Covid, puis aggravé par la guerre en Ukraine. [...] Les ménages sont touchés au portefeuille tandis que les entreprises voient leurs coûts exploser, en particulier celles qui consomment beaucoup d'énergie. [...]

Le président de l'Observatoire français des conjonctures économiques (OFCE), Xavier Ragot, résumait ainsi l'un des dilemmes auquel l'exécutif est confronté dans une interview récente aux *Échos* : « En période d'inflation élevée, jusqu'où faut-il aller dans l'utilisation des outils budgétaires pour atténuer le choc sur les ménages ? » Autre question posée : qui l'État doit-il aider ? Les Français ne sont pas égaux face à la hausse des prix de l'énergie et de l'alimentation. Selon une étude de l'Insee, les habitants des zones rurales, les agriculteurs et les plus modestes sont exposés à un surcroît d'inflation. À l'inverse, pour les cadres et les moins de 30 ans l'indice des prix est inférieur à la moyenne. [...]

S'agissant des finances publiques, l'inflation a certes dans un premier temps pour effet de réduire le ratio de dette sur PIB de la France. « Au premier semestre, elle a aussi dopé les rentrées de TVA et tiré à la hausse les cotisations sociales en soutenant la dynamique salariale », relève Mathieu Plane à l'OFCE. Mais l'inflation actuelle étant pour l'essentiel importée, elle provoque un « appauvrissement national », souligne Xavier Ragot, et creuse le déficit commercial en renchérissant la facture d'énergie. Et dans la durée, les effets négatifs seront de plus en plus visibles.

lesechos.fr, Nathalie Silbert, 11.08.2022.

Questions

1. Relevez les principaux agents économiques mentionnés dans le document et rappelez leur fonction principale.
2. Expliquez à quoi correspond l'inflation et identifiez ses causes.
3. Évaluez dans une note structurée les contraintes engendrées par l'inflation pour les agents économiques identifiés dans le document.
4. Démontrez que l'inflation contraint le gouvernement à des arbitrages.

Boîte à outils — Production écrite

Pour élaborer une note structurée, il est important de réfléchir en amont à l'organisation de votre réponse :
- **avant la rédaction : vous devez décider de l'ordre de vos arguments pour que la démonstration soit la plus cohérente possible ;**
- **au cours de la rédaction : pensez à sauter une ligne ou à revenir à la ligne à chaque nouvel argument pour aérer votre réponse.**

▲ Distribution de produits frais de la start up La Ruche qui dit Oui à Paris : rencontre entre les producteurs et les personnes inscrites dans le réseau.

Notions

Préférences et choix économiques + Coûts d'opportunité + Préférences individuelles + Rationalité et utilité individuelles + Maximisation et raisonnement « à la marge » + Rareté, valeur, utilité marginale + Production, ressources et facteurs de production + Égalisation entre coût marginal et recette marginale

12 Les décisions du consommateur et du producteur

Découvrir ensemble

> Que signifie « consommer local » ?

> Quel est l'intérêt de « consommer local » ?

VIDÉO

3 minutes pour découvrir autrement

foucherconnect.fr/23dteco96

1 Les préférences et les choix économiques

DOC 1 Le choix des individus

1 Identifiez les choix respectifs des personnages.

2 Expliquez les motivations pour chacun d'eux.

DOC 2 Des choix sous contraintes économiques et sociales

Dans une société où l'espérance de vie augmente de plus en plus, certains seniors choisissent de travailler plutôt que de rester à la retraite.

C'est le cas de Géraldine, à la retraite depuis quatre ans, mais qui a préféré continuer une activité, elle est devenue auto-entrepreneuse. Elle avance deux raisons à son choix. D'une part, elle cherche un complément de revenus car son allocation retraite est assez faible. D'autre part, elle souhaite garder une vie active, en ayant une activité stimulante qui lui permet de multiplier les contacts.

© Foucher

3 Relevez et qualifiez les deux contraintes qui ont conditionné le choix de Géraldine.

 # vidéo
ZFE : les véhicules Crit'Air 5 interdits de circuler dans 11 grandes villes - 1,48 min
foucherconnect.fr/23dteco97

DOC 3 Des choix sous d'autres types de contraintes

ZFE, voiture électrique ou thermique, inflation : les conducteurs ne savent plus quoi choisir, le marché automobile à l'arrêt

[…] Sébastien ne sait plus quoi faire. Cet employé d'une société toulousaine est dans un véritable dilemme. Propriétaire d'une camionnette de 2002 avec 330 000 kilomètres au compteur, il appartient à la catégorie des conducteurs ayant un véhicule classé Crit'Air 4, soit entre 5 et 7 000 dans la région de la ville rose. Il n'a plus le droit de rouler dans Toulouse (Haute-Garonne) depuis le 1er janvier 2023. « J'ai pris la rocade ce matin. Je savais que j'étais dans l'illégalité à cause de la zone à faible émission (ZFE) », avoue-t-il, un peu gêné. Il l'est encore plus lorsqu'il évoque la possibilité de racheter un nouveau véhicule : « Les occas' en Crit'air 3, cela a flambé en termes de prix. C'est minimum 15 000 euros. Soit je prends le risque de continuer à circuler avec ma vieille camionnette, soit je prends les transports en commun, mon vélo ou j'achète un scooter 125 cm^3. »

Thermique ? Hybride ? Électrique ? Neuve ? D'occasion ?

Le Toulousain n'est pas le seul à être plongé dans cette indécision. « Les consommateurs sont littéralement perdus, témoigne le responsable d'une concession installée dans le Tarn. Ils sont indécis sur leurs choix de motorisation. Faut-il prendre une hybride ? Une électrique ? Ou faire le choix de rester avec un moteur thermique moins cher question coût ? » […]

france3-regions.francetvinfo.fr, Sylvain Duchampt, 02.01.2023.

4 Expliquez en quoi Sébastien doit faire des choix quant à son moyen de transport.

5 Identifiez la contrainte qui s'impose à lui.

DOC 4 La rationalité et l'utilité individuelle

L'individu est un être rationnel, c'est-à-dire qu'il raisonne et calcule afin d'atteindre le mieux possible un objectif, compte tenu des contraintes auxquelles il doit faire face. Il recherche alors le maximum de satisfaction ou de gain pour le minimum de peine, de dépenses et de sacrifices.
La démarche de l'individu rationnel est de répertorier toutes les options possibles puis de les classer. À partir de ce classement, il définit une échelle de préférences, déterminant ainsi une mesure de la satisfaction obtenue. En économie, cette mesure de la satisfaction est appelée l'utilité.

6 Schématisez la démarche de l'individu rationnel.

7 Illustrez par un exemple la notion de rationalité.

DOC 5 Une sportive rationnelle

Julie doit passer son baccalauréat cette année. Elle pratique l'escrime en compétition. Son objectif est de devenir championne de France.
Elle a trois options possibles face à cette situation :
- abandonner l'escrime et se consacrer à ses révisions ;
- continuer ses entraînements quotidiens et participer aux compétitions d'escrime le week-end, sachant qu'elle ne pourra pas réviser ;
- mettre en place un planning de révisions et se maintenir en forme grâce à une pratique modérée de son sport favori.

8 Identifiez les choix qui s'offrent à Julie pour maximiser sa satisfaction avec le minimum de sacrifice.

9 Précisez la solution qui vous semble la plus rationnelle dans le cas de Julie.

L'essentiel

- Les agents font des choix en fonction de leurs préférences individuelles.
- Les choix des individus sont conditionnés par des contraintes économiques, sociales et environnementales.
- Les agents sont rationnels dans leurs décisions : ils maximisent leur satisfaction (il s'agit de l'utilité individuelle) sous contraintes.

À VOUS DE JOUER !

Vous êtes un agent économique rationnel.

> **Imaginez trois options possibles pour occuper votre week-end en identifiant les contraintes associées.**
> **Déterminez votre échelle de préférences.**
> **Identifiez l'option qui va maximiser votre satisfaction.**

2 Les décisions du consommateur

DOC 1 La valeur des biens

Vue aérienne d'une mine de diamant à ciel ouvert, ville d'Aïkhal, Russie.

1 Expliquez ce qui donne sa valeur au diamant.

DOC 2 La valeur des biens comme utilité et l'utilité marginale

Le paradoxe de l'eau et du diamant

« Il n'y a rien de plus utile que l'eau, mais elle ne peut presque rien acheter ; à peine y a-t-il moyen de rien avoir en échange. Un diamant, au contraire, n'a presque aucune valeur quant à l'usage, mais on trouvera fréquemment à l'échanger contre une très grande quantité d'autres marchandises. »

Adam Smith, *Recherches sur la nature et les causes de la richesse des nations* (1776).

En plein désert, la valeur de l'eau est importante, mais sitôt le premier verre bu et la soif étanchée, sa valeur diminue rapidement pour être proche de zéro quand la soif ne se fait plus sentir. L'utilité marginale de l'eau est l'utilité (ou la satisfaction) procurée par la dernière unité de bien consommée (la dernière gorgée par exemple). Cette utilité diminue puisque la satisfaction procurée par une gorgée supplémentaire diminue.

2 Expliquez pourquoi l'eau est plus utile que le diamant pour l'homme dans les deux extraits proposés.

3 Déduisez-en la définition de valeur d'usage et de valeur d'échange.

4 Expliquez pourquoi l'utilité marginale de l'eau décroît.

5 Comparez l'utilité marginale de l'eau et l'utilité marginale du diamant.

DOC 3 Le coût d'opportunité

Le coût d'opportunité est le manque à gagner potentiel d'une décision économique. Par exemple, dans le choix de prendre le bus ou le train, la décision dépendra non seulement du coût de chacun de ces moyens de transport, mais aussi des autres coûts qui peuvent être la conséquence de ce choix (perte de temps, par exemple, si le voyage est plus long). Le coût d'opportunité sera alors le total des deux coûts.
Exemple : Héloïse doit se rendre de Paris à Stuttgart. En fonction du moyen de transport choisi, elle devra renoncer totalement ou en partie à un emploi occasionnel d'extra. Elle calcule les différents coûts.

	Bus	Train	Avion
Durée du voyage	12 heures	3 heures	1 heure
Renoncement à un emploi occasionnel	1 jour soit 360 €	0,5 jour soit 180 €	0 jour
Coût du voyage	30 €	150 €	300 €

© Foucher

6 Déterminez le coût d'opportunité des trois solutions possibles.

7 Indiquez si la décision la plus rationnelle est celle dont le coût d'opportunité est le plus faible ou le plus élevé.

DOC 4 La maximisation de la satisfaction sous contrainte budgétaire et le raisonnement à la marge

Le consommateur cherche à obtenir la satisfaction la plus élevée possible en achetant le maximum de biens correspondant à ses préférences, étant donné les prix de ces biens et ses ressources. Ainsi, le consommateur maximise ses préférences sous la contrainte du revenu dont il dispose. Le consommateur rationnel raisonne à la marge : il va déterminer si la consommation d'une unité supplémentaire d'un bien va lui procurer une satisfaction supplémentaire suffisante.
Exemple : Jean dispose de 10 € pour déjeuner. Le hamburger coûte 5 € et la boisson 2,50 €. L'utilité que lui procure la consommation de chacun de ces biens évolue de la manière suivante :

	Utilité marginale du bien mesurée en unités de satisfaction	
	Hamburger[1]	Boisson
1re unité de bien consommée	2	2
2e unité de bien consommée	1	0,5
3e unité de bien consommée	0,5	0,2
4e unité de bien consommée	0,2	0,1

1. La satisfaction (ou utilité) procurée par un hamburger est de 2 pour le premier hamburger consommé, puis de 1 pour le 2e, puis de 0,5 pour le 3e puis de 0,2 pour le 4e. Elle diminue avec les hamburgers consommés.

L'un des choix envisageables pour le déjeuner de Jean, s'il dépense 10 €, serait d'acheter 4 boissons. Dans ce cas, sa satisfaction totale serait de : 2 + 0,5 + 0,2 + 0,1 = 2,8 unités.

© Foucher

8 Déterminez les deux autres choix possibles pour que Jean maximise sa consommation dans la limite de son budget.

9 Calculez, pour chacun des cas, la satisfaction procurée.

10 Déduisez-en ce que va consommer Jean pour son déjeuner.

L'essentiel

- Les biens abondants ont une valeur faible et les biens rares ont une valeur élevée.
- L'utilité marginale est l'utilité de la dernière unité de bien consommée.
- Le consommateur rationnel compare les coûts d'opportunité pour maximiser sa satisfaction.
- Le consommateur rationnel cherche à maximiser sa satisfaction (consommation, bien-être) en prenant en compte sa contrainte budgétaire et l'utilité marginale estimée pour chacun des biens qu'il souhaite consommer.

À VOUS DE JOUER !

Constance souhaite s'acheter des bijoux. Elle a 30 €. Elle a repéré des bagues et des bracelets à 15 € chacun.
L'utilité de ces bijoux varie selon le nombre de pièces achetées. Sa satisfaction pour la 1re bague achetée sera de 1 unité, puis de 0,5 pour la seconde. De même, sa satisfaction pour le 1er bracelet sera de 1 unité puis de 0,5 pour le second.

> **Déterminez ce que Constance pourra acheter comme bijoux si elle dépense ses 30 €.**

> **Retrouvez le choix de bijoux qui maximisera sa satisfaction.**

3 Les décisions du producteur

DOC 1 La question de la production

1 Résumez les deux interrogations qui se posent au producteur.

 # vidéo
Ces commerçants qui choisissent de ne pas augmenter leurs prix - 2,06 min
foucherconnect.fr/23dteco98

DOC 2 Les facteurs de production et le prix des biens fabriqués

Augmenter ou non les prix : à Guingamp, le dilemme des boulangers face à la hausse des coûts

Comme beaucoup de boulangers, le gérant de la boutique a connu une véritable flambée des coûts de production, entre la hausse du prix de l'électricité et des matières premières. « On paye l'électricité 20 % plus cher, le prix du sucre est passé de 0,65 à 1 € le kilo en trois mois. Pendant quatre ans, la levure était fixe, mais cette semaine elle a plus que doublé. Les œufs, le beurre et même les emballages, tout a augmenté. »

[…] L'année dernière, on a dépensé 10 000 € de plus, rien que pour l'achat des matières premières. Avec cet argent, on aurait pu augmenter les salaires ou investir sur de nouveaux équipements. »

Face à cette difficulté, les artisans sont contraints de faire des économies. « On ne veut pas augmenter les tarifs par peur de perdre des clients. On essaie de négocier les prix en gros auprès des fournisseurs. J'ai déjà pris des matières premières pour la galette des Rois et pour les fêtes de fin d'année. » Un achat préventif, par crainte de voir les prix grimper à nouveau.

Pour aller plus loin, il enchaîne au maximum les cuissons et lorsqu'il n'y a plus rien à chauffer, il éteint les machines.

Si l'économie ne suffit pas, il reste la hausse des prix. La Confédération nationale de la boulangerie-pâtisserie française (CNBPF) redoute que, « si le prix de l'énergie est multiplié par trois, le boulanger ne doive augmenter ses prix de 10 à 15 % pour tenir à flot son activité ». […]

ouest-france.fr, Zaïd Zouihri, 17.10.2022.

2 Repérez le dilemme des boulangers.

3 Expliquez l'impact du prix de l'énergie et des matières premières sur les choix du producteur.

DOC 3 Le raisonnement à la marge du producteur

L'entreprise cherche à maximiser son profit, qui est la différence entre les recettes et les coûts de production.
Le **coût marginal** est le coût supplémentaire pour produire une unité de plus d'un bien. Il s'agit du coût de la dernière unité produite. La **recette marginale** est la recette de la dernière unité vendue. En l'occurrence, c'est le prix de vente.
Exemple : une entreprise de garde-meubles possède un entrepôt de 500 m^2. Elle a actuellement 50 clients et n'a plus de place pour en accueillir de nouveaux. Pour accepter un nouveau client, le dirigeant doit prendre la décision d'ouvrir un nouvel entrepôt.
Vous disposez des données suivantes :
- Offre de location du box de 10 m^2 : 50 € par mois.
- Coût de l'entrepôt supporté par l'entreprise : 1 000 € par mois.

© Foucher

4 Recherchez :
– le coût marginal pour l'entreprise de l'arrivée d'un nouveau client ;
– la recette marginale pour l'entreprise de l'arrivée d'un nouveau client.

5 Précisez la décision du dirigeant de l'entrepôt quant à l'arrivée d'un nouveau client.

DOC 4 La maximisation du profit

La comparaison des coûts et des recettes permet de définir les conditions de maximisation du profit par l'entreprise.
Lorsqu'elle développe sa production pour satisfaire une demande, sa recette attendue augmente mais ses coûts aussi. Tant que la recette marginale est supérieure au coût marginal, le profit s'améliore. À l'inverse, si le coût marginal est supérieur à la recette marginale, la production d'une unité supplémentaire conduit à diminuer le profit du producteur. On en déduit que la dernière unité vendue dégage un profit tant que le coût marginal ne dépasse pas la recette marginale.

© Foucher

6 Repérez la condition de marché qui maximise le profit.

7 Déterminez cette condition dans l'exemple du document 3.

DOC 5 L'égalisation entre le coût marginal et la recette marginale

Un artisan fabrique des meubles. Il vend chaque meuble 880 €. Il a calculé les coûts engendrés par sa production (coûts totaux et coûts marginaux). Il a calculé son chiffre d'affaires et son profit en fonction du nombre de pièces produites. Il a estimé que, pour fabriquer plus de 4 pièces, il est obligé de se faire aider et va embaucher un apprenti.

Nombre de meubles produits	Coût total	Coût marginal	Chiffre d'affaires	Profit
0	1 000	/	/	/
1	1 800	800	880	– 920
2	2 400	600	1 760	– 640
3	2 500	100	2 640	140
4	3 300	800	3 520	220
5	4 300	1 000	4 400	100

© Foucher

8 Retrouvez la quantité à produire par cet artisan pour qu'il fasse un profit.

9 Retrouvez la quantité à produire par cet artisan pour qu'il maximise son profit.

10 Justifiez le fait qu'il n'a pas intérêt à produire cinq meubles.

L'essentiel

- Le problème du producteur est de savoir quoi produire et en quelle quantité.
- Le choix du producteur dépend à la fois des quantités et du coût des ressources disponibles et de la valeur du bien fabriqué, exprimée par son prix.
- Le producteur rationnel raisonne à la marge.
- Il poursuit sa production jusqu'à ce que la fabrication d'une unité supplémentaire engendre un coût marginal égal à la recette marginale obtenue par celle-ci.

À VOUS DE JOUER !

Une entreprise vous fournit ses coûts totaux selon les quantités produites. Le prix de vente de son produit est de 150 €.

Quantité produite	0	1	2	3	4
Coût total	180	230	290	430	590

> **Déterminez la production optimale (la quantité à produire pour maximiser le profit).**

Synthèse

3 minutes pour retenir
foucherconnect.fr/23dteco99

1 Les préférences et les choix économiques

L'agent économique rationnel

↓

Détermine ses préférences individuelles sous contraintes
• Économiques • Sociales • Environnementales

↓

Maximise sa satisfaction = son utilité individuelle

2 Les décisions du consommateur

Le consommateur rationnel → **Compare les coûts d'opportunité des différents choix possibles** → Pour maximiser sa satisfaction → En tenant compte de :
- sa contrainte budgétaire ;
- des utilités marginales de chacun des biens.

3 Les décisions du producteur

La question de la production :
- Que produire ?
- Quelle quantité produire ?

Le choix du producteur dépend :
- des quantités des ressources disponibles ;
- du coût des ressources disponibles ;
- du prix du bien fabriqué.

↓

Le producteur rationnel poursuit sa production jusqu'à ce que le coût marginal égale sa recette marginale.

Mots-clés

> Coût d'opportunité
> Coût marginal
> Individu rationnel
> Utilité individuelle
> Utilité marginale

Voir lexique P. 284

QUIZ
Vocabulaire économique
foucherconnect.fr/23dteco100

Fiche Méthode 12 Lire un texte économique

Objectif *Savoir lire et comprendre un texte économique*

Exemple. **« Hausse inédite » du coût de production du livre : quel impact pour le consommateur ?**

L'industrie du livre est actuellement confrontée à une situation jamais vue jusqu'alors : la hausse inédite des coûts de fabrication. Cette flambée risque-t-elle de se répercuter sur le prix de vente final du livre ?

L'augmentation des coûts des prix de l'énergie, des transports et des matières premières (papier, colle, etc.) n'épargne pas les filières de la papeterie et de l'impression. Le coût de la fabrication d'un livre, qui représente environ 15 à 20 % du prix HT du livre, a « augmenté de 20 à 40 % environ depuis l'été 2021, indique Pascal Lenoir, président de la commission fabrication du SNE et directeur de production chez Gallimard. C'est une hausse complètement inédite qui résulte d'un enchaînement d'événements [NDLR : inflation, prix du gaz et de l'énergie qui flambent depuis la guerre en Ukraine, etc.]. Les problèmes ne se substituent pas les uns aux autres ; ils s'additionnent ». […]

Un prix de vente revu à la hausse ?

Dans ce contexte, papetiers et imprimeurs n'ont d'autres solutions que de réviser les facturations à leurs clients, à savoir les éditeurs. Comment alors pallier l'augmentation du prix de fabrication sans toucher au prix de vente ? Difficile équation… […]

« Il faut revaloriser le prix du livre »

En bout de chaîne, les libraires temporisent, eux aussi : « Les hausses des prix des livres sont en dessous de l'inflation », assure Guillaume Husson, délégué général du Syndicat de la librairie française. Bonne nouvelle pour le consommateur ! Un peu moins pour les libraires : « On a une explosion des charges et ce ne sont pas les libraires qui ont la faculté de reporter cette hausse sur le coût de vente des livres. Les libraires sont tributaires des éditeurs, qui fixent les prix. » Pour Guillaume Husson, la solution est claire : « Il faut revaloriser le prix du livre. Depuis plus de 20 ans, la croissance des prix des livres est inférieure à l'inflation. Si les prix augmentent trop, ce serait un problème, mais s'ils n'augmentent pas du tout, c'est aussi un problème… »

letelegramme.fr, Laura Baudier, 14.12.2022.

Étape 1 Identifier la source

Repérer le titre, l'auteur et la date du document.

Intitulé *« Hausse inédite » du coût de production du livre : quel impact pour le consommateur ?*, cet article est écrit par Laura Baudier, journaliste au *Télégramme* (édition Bretagne). Il date du 14 décembre 2022.

Retrouver d'où provient le texte (site internet, presse écrite, documentation juridique, etc.).

Cet article provient du site internet letelegramme.fr.

Étape 2 Cerner le sujet

Surligner les mots et expressions clés afin de faire ressortir les principales idées.

Idées : coût de production du livre augmenté de 20 à 40 % depuis l'été 2021 / augmentation des prix de l'énergie, des transports et des matières premières / interrogation sur l'augmentation du prix de vente des livres, etc.

Astuce

> Dans la marge du texte, il est possible d'annoter les idées en se créant son propre code d'annotation : abréviations, symboles, couleurs, surlignage, etc.

Étape 3 Comprendre le contenu

Repérer la structure du texte afin de déceler l'argumentation.

Le premier paragraphe fait le constat de l'augmentation du coût de production du livre et donne l'explication de cette augmentation. Le deuxième paragraphe pose la problématique. Le troisième paragraphe livre le point de vue des éditeurs et des libraires.

Conseils

> Avant la lecture : cernez la structure du texte.
> Pour bien comprendre le texte : attardez-vous sur son organisation, puis observez attentivement les éléments afin d'en dégager la structure (titre, sous-titres, passages à la ligne, illustrations, légendes, encadrés, mots en caractères gras, etc.).

 # méthode+
Apprendre à lire deux fois plus vite
4,46 min
foucherconnect.fr/23dteco101

Activités

3 minutes pour se tester
foucherconnect.fr/23dteco102

1 APPLIQUER

Doc Ouvrir le dimanche : une bonne opportunité ?

Apolline possède un magasin de vêtements. Elle s'interroge sur l'opportunité d'ouvrir le dimanche. Elle a estimé les coûts supplémentaires (surtout les coûts salariaux) et le chiffre d'affaires additionnel liés à cette ouverture dominicale.

	Coûts totaux mensuels	Chiffre d'affaires mensuel prévisionnel
Ouverture 5 jours par semaine	4 500 €	8 000 €
Ouverture 6 jours par semaine	6 000 €	9 000 €

Questions

1. Calculez pour ces deux possibilités le profit estimé.
2. Déduisez-en la décision d'Apolline.
3. Calculez le chiffre d'affaires minimum que devra réaliser Apolline pour que l'ouverture du dimanche soit fondée.

Boîte à outils Calcul

Le chiffre d'affaires minimum à calculer correspond au chiffre d'affaires réalisé pour cinq jours d'ouverture, additionné au coût supplémentaire engendré par l'ouverture du magasin le dimanche.

2 ARGUMENTER À L'ORAL

COMPTE RENDU

Par groupes de 4 élèves, vous devez arbitrer entre les **alternatives possibles pour écouter de la musique**. Les moyens envisagés sont : écouter des disques vinyles, écouter de la musique gratuite en ligne, télécharger illégalement de la musique, avoir recours au service de streaming musical parmi deux fournisseurs que vous choisirez.

Vous êtes un agent rationnel qui maximise son utilité en tenant compte des contraintes.

Votre groupe devra présenter les différents choix possibles et la décision prise.

- Pour mener votre travail, vous rechercherez les informations relatives aux services de streaming musical.
- Vous préparerez une présentation PowerPoint en quatre ou cinq diapositives, qui sera utilisée pour expliquer votre choix réalisé entre les différentes propositions que vous aurez pris soin de présenter.
- Durée : 10 minutes.

Boîte à outils Oral

Pour pouvoir formuler une argumentation critique et étayée sur cette question, vous pouvez consulter, en plus des sites commerciaux, des articles de presse sur les différentes possibilités offertes pour écouter de la musique. Vous pouvez également vous inspirer de votre propre expérience.

3 APPROFONDIR

Doc Ce que votre valise dit de vous

Adepte du fourre-tout monogrammé, du sac à dos technique ou du trolley en alu ? Le choix de votre bagage est moins anodin qu'il n'y paraît.

Avez-vous déjà entendu parler de l'effet Diderot ? C'est un concept que l'on doit à l'anthropologue de la consommation canadien Grant McCracken, qui s'appuie sur un texte daté de 1772 du philosophe français, *Regrets sur ma vieille robe de chambre*. Denis Diderot y raconte comment un superbe peignoir écarlate, offert par Mme Geoffrin, a mis sens dessus dessous son existence. En effet, impressionné par la beauté de l'objet, il entreprend de remplacer son mobilier et les estampes accrochées à ses murs par des éléments plus en accord avec l'étoffe de ce vêtement. Jusqu'à le mener à la ruine… […] De cet exemple, McCracken tire deux constats : la première idée est que les biens achetés par les consommateurs correspondent à leurs goûts et, par conséquent, se complètent les uns les autres. La deuxième montre comment l'introduction d'un nouveau bien qui s'écarte (en qualité comme en esthétique) des possessions d'une personne peut l'entraîner dans une spirale de consommation.

Il suffit d'ouvrir l'œil dans les terminaux des aéroports, des cabines business d'Air France à celles, low cost, d'EasyJet, dans les gares et les wagons Eurostar ou Ouigo pour constater que nombre de nos contemporains ont connu une mésaventure similaire lorsqu'il a fallu choisir ses bagages. Car à l'heure où tout s'instagramme, fourre-tout et valises sont devenus un symbole de statut et doivent s'accorder avec le style de vie, mais aussi le look. […]

Un symbole de statut

Ainsi, chaque tribu de voyageurs a son attribut : les aventuriers préfèrent le sac The North Face, portable sur le dos et ultrarésistant ; les adeptes du minimalisme, l'aluminium d'une Rimowa ; les millennials, les valises bien pensées et à prix « juste » d'Away ; les aficionados du luxe, les modèles de Louis Vuitton ; ceux de la légèreté, les créations souples de Lipault ou les sacs en toile de Longchamp, etc. « Pour moi, une valise en dit beaucoup sur ta manière de voyager, confie Ibtissame, attachée de presse dans la mode. Certaines marques, et certains modèles, montrent que l'on est initié, que l'on a l'habitude de voyager. Qu'on fait partie du club. »

Ce que confirme Chiara Carminati : « Avez-vous remarqué que la plupart des gens, lorsqu'ils attendent patiemment l'embarquement, ont tendance à examiner les autres, à se demander qui ils sont, quelle sera leur destination finale ? » Quand on est susceptible d'être ainsi scruté, on attache plus d'importance à ces choix. Mais choisit-on sa valise en fonction de sa marque ? Le look compte aussi. « Je mentirais si je disais que je prête autant d'attention au choix de ma valise qu'au reste de ma tenue, mais il est évident qu'un sac à dos, par exemple, ne va pas avec tout », poursuit Ibtissame. […]

lefigaro.fr, Matthieu Morge Zucconi, 04.05.2022.

Questions

1. Expliquez l'effet Diderot et dégagez les conséquences de cet effet.
2. Montrez que le choix de consommation d'une valise illustre l'effet Diderot.
3. Justifiez le fait que le choix de la valise correspond à un comportement irrationnel du consommateur.
4. Recherchez sur internet une définition de l'effet d'imitation et relevez dans le texte une phrase illustrant cette notion.

Boîte à outils Recherche sur internet

Pour effectuer une recherche efficace sur le web, la syntaxe utilisée est importante.

- Afin de limiter le nombre de résultats, il est conseillé de mettre entre guillemets l'expression recherchée (ex. : « effet d'imitation »).
- Vous pouvez également utiliser « define » pour rechercher rapidement une définition (ex. : define : effet d'imitation).

▲ L'entreprise française Bernardaud manufacture de la porcelaine de Limoges depuis 1863. Conjuguant savoir-faire et innovation, créativité et tradition françaises, elle exporte sa production avec succès à l'international.

Notions

Spécialisation des producteurs et des pays + Échanges + Circuit économique élémentaire + Différentes fonctions de la monnaie

13 Les échanges économiques

Découvrir ensemble

> Pourquoi l'entreprise Bernardaud exporte-t-elle une partie de sa production ?

> Pourquoi les fabricants de porcelaine doivent-ils effectuer des échanges avec d'autres entreprises pour produire ?

VIDÉO

3 minutes pour découvrir autrement

foucherconnect.fr/23dteco103

1 La spécialisation et les échanges

 # vidéo
Industrie : au Portugal, un nouvel âge d'or du textile ? - 3,56 min
foucherconnect.fr/23dteco104

DOC 1 La spécialisation des pays

	Portugal	Angleterre
Vin (100 litres)	80 heures de travail	120 heures de travail
Drap (100 mètres)	90 heures de travail	100 heures de travail

© Foucher

1 Identifiez le pays le plus productif dans chaque production.
2 Indiquez dans quelle production chaque pays a intérêt à se spécialiser. Expliquez.
3 Déduisez-en l'élément expliquant la spécialisation des pays.

DOC 2 Le coût d'opportunité

Parce que l'on doit faire des choix, prendre une décision implique d'être capable de comparer les coûts et les bénéfices des diverses options possibles. Mais dans de nombreux cas, le coût d'une action n'est pas aussi évident qu'il le paraît.
Prenons par exemple la décision d'aller à l'université. Le bénéfice est représenté par l'enrichissement intellectuel et la probabilité de décrocher un emploi plus qualifié. Mais quel en est le coût ? Pour répondre à cette question, on pourrait additionner les dépenses en matière de frais de scolarité, de livres, d'hébergement et de nourriture. Mais ce total ne représente pas tout ce à quoi on a renoncé pour passer une année à l'université. Pour commencer, cette réponse inclut des éléments qui ne sont pas à proprement parler des coûts liés à l'université. Même si l'on arrête ses études, on aura besoin d'un gîte et d'un couvert. Et si le gîte et le couvert sont des éléments du coût de la vie, ils ne sont pas spécifiques à l'université. Ils ne le deviennent que dans la mesure où leur montant à l'université excède leur montant ailleurs. En effet, il se peut que le coût d'une chambre universitaire soit inférieur à ce qu'il vous en coûterait pour vous loger en ville. Dans cette hypothèse, l'économie réalisée constitue un bénéfice lié à la poursuite d'études universitaires. Ensuite, le calcul évoqué plus haut ignore le facteur de coût le plus important : votre temps. Quand vous consacrez une année à suivre des cours, à lire des manuels et à rédiger des mémoires, c'est autant de temps que vous passez hors de la vie active professionnelle. Pour une majorité d'étudiants, le principal facteur de coût de l'éducation universitaire, c'est la somme des salaires auxquels il a fallu renoncer.
Le coût d'opportunité d'un bien, c'est ce à quoi on renonce pour obtenir le bien désiré. Au moment de prendre une décision, comme savoir si on doit aller à l'université, il faut être capable d'évaluer le coût d'opportunité associé à chaque action possible.

N. G. Mankiw, *Principes de l'économie*, Economica, 1998.

4 Explicitez le coût d'opportunité de faire des études à l'université.
5 Citez un autre exemple illustrant la notion de coût d'opportunité.
6 Montrez en quoi le coût d'opportunité conditionne la spécialisation des acteurs.

DOC 3 Les fleurons de la France à l'export en 2021

Secteurs industriels avec le solde commercial positif le plus élevé en 2021, en milliards d'euros *

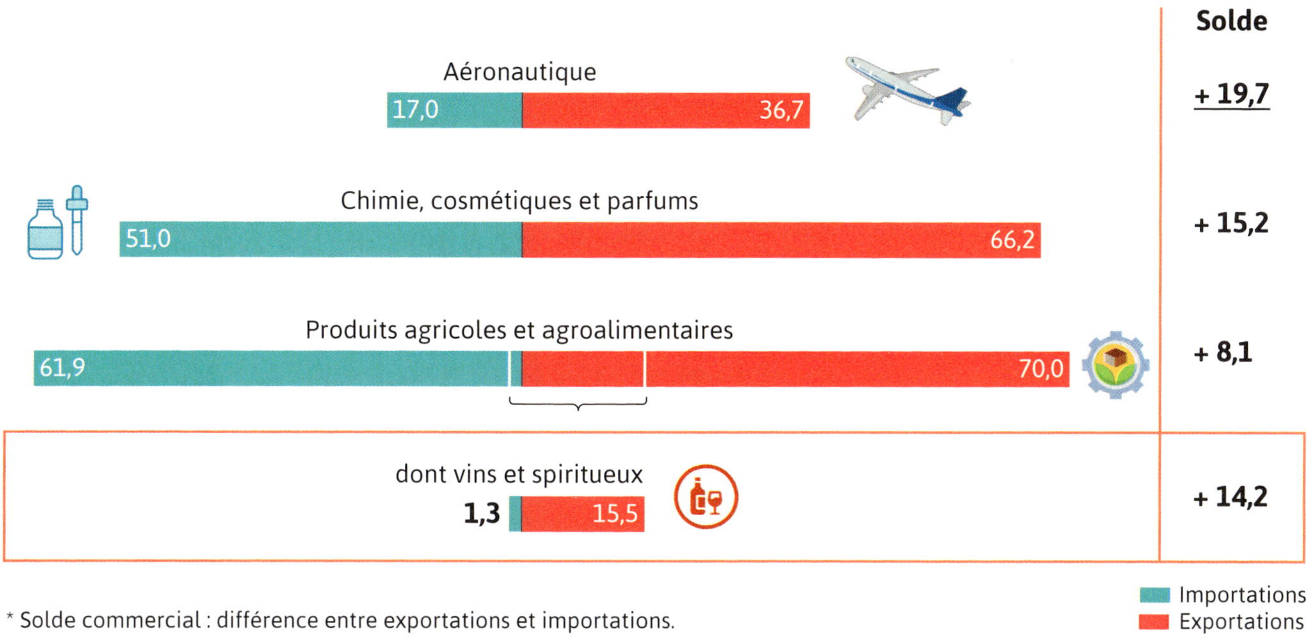

* Solde commercial : différence entre exportations et importations.

Source : Direction générale des douanes, FEVS.

7 Relevez les deux secteurs où la France exporte le plus.

8 Expliquez l'élément chiffré souligné.

9 Précisez les facteurs pouvant expliquer ces résultats.

L'essentiel

- Les agents économiques échangent car ils ne peuvent pas tout produire eux-mêmes.
- Le coût d'opportunité représente le coût pour les agents économiques du renoncement à un investissement. Il entraîne donc la spécialisation des agents économiques.
- Les agents économiques se spécialisent dans les activités pour lesquelles ils disposent d'un avantage particulier. Cette spécialisation entraîne des échanges interindividuels et internationaux qui se réalisent sur des marchés.

À VOUS DE JOUER !

Clara souhaite repeindre son portail en bois. Elle estime le temps nécessaire à 20 heures si elle réalise ce travail elle-même.
En faisant appel à un professionnel, cela coûtera 35 euros/heure et le temps nécessaire sera de 13 heures. Par ailleurs, Clara délivre régulièrement des cours de peinture sur porcelaine, facturés à 30 euros de l'heure.

> **Précisez le coût d'opportunité pour Clara de réaliser le travail de peinture elle-même.**

> **Concluez en lui indiquant s'il est préférable qu'elle repeigne le portail elle-même.**

2 Le circuit économique élémentaire

DOC 1 Représentation de l'achat d'une place pour assister à un match de basket

© Foucher

1 Identifiez sur le schéma les agents économiques et explicitez les relations entre eux.

2 Illustrez les deux types de flux en présentant deux autres exemples d'échanges économiques.

DOC 2 Différents types de flux

Les agents économiques ont différentes fonctions et ont donc des besoins complémentaires. Ces relations créent des flux qui représentent une circulation de biens, de services, de capitaux, etc.
Ces flux sont :
- **réels**, ils concernent les échanges de biens ou de services (ex. : livraison d'un meuble, transports publics) ;
- **monétaires** (ex. : versement d'une somme d'argent, paiement d'une facture).

Très souvent, un flux réel entraîne un flux monétaire et inversement ; on parle de réciprocité. Par exemple, si un commerçant vend un service en porcelaine de Limoges à un client (flux réel), ce dernier lui versera en contrepartie une somme d'argent (flux monétaire).

© Foucher

3 Expliquez la différence entre un flux monétaire et un flux réel.

4 Trouvez un exemple de flux monétaire pour lequel il n'y a pas de flux réel en contrepartie.

DOC 3 Le circuit économique élémentaire

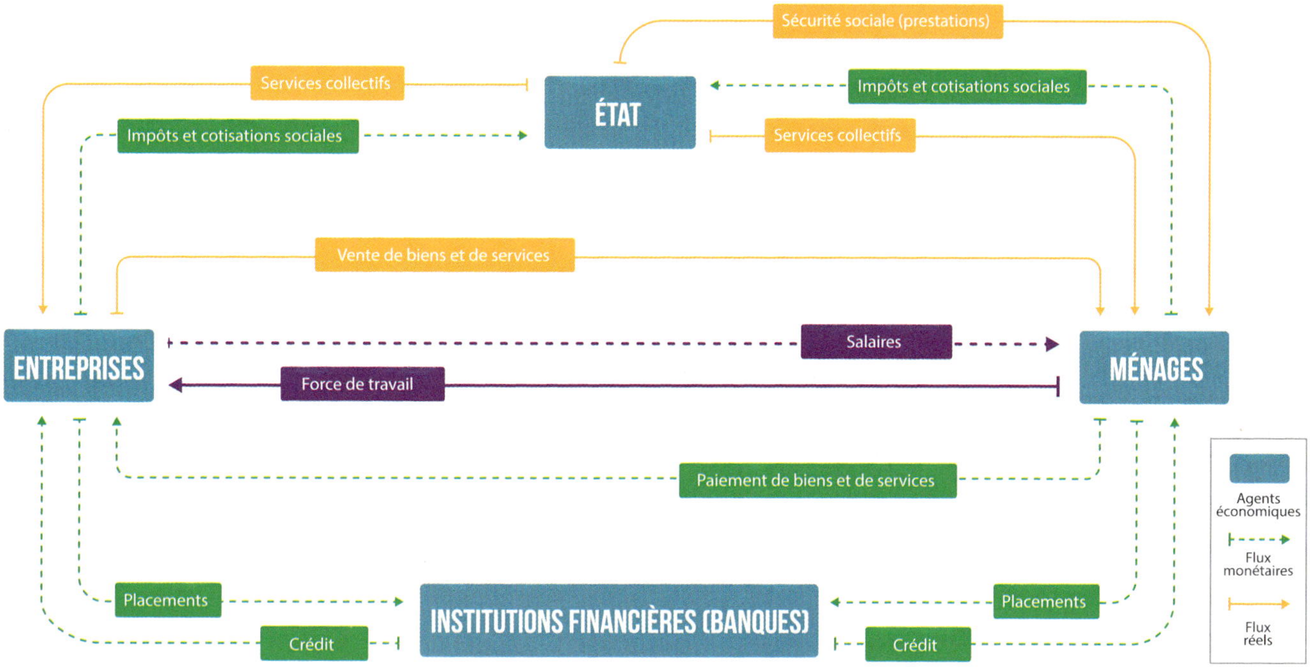

© Foucher

5 Repérez les agents économiques et rappelez leur fonction économique principale.

6 Identifiez le marché correspondant aux flux représentés en violet.

7 Expliquez les différents flux générés entre les ménages et les autres agents économiques.

DOC 4 Les échanges entre les agents économiques

Un de plus ! Après des mois de négociations, un nouveau pays vient s'ajouter à la liste des clients de Dassault Aviation. L'Indonésie a commandé ce jeudi 42 avions de combat Rafale, pour un montant de 8,1 milliards de dollars (soit environ 7,1 milliards d'euros). Pour le constructeur aéronautique, cette bonne nouvelle vient s'ajouter à une belle récolte en 2021 : 18 appareils ont été vendus à la Grèce (dont 12 d'occasion), 30 à l'Égypte, 12 à la Croatie (d'occasion), et surtout un « contrat historique » de 80 avions de combat a été signé avec les Émirats arabes unis en fin d'année dernière. Ce qui porte le total de Rafale commandé à 471, dont 279 à l'export.

lexpansion.lexpress.fr, Philippine Robert, 10.02.2022.

8 Repérez les agents économiques concernés par les échanges présentés dans l'article.

9 Identifiez le flux réel et le flux monétaire relatifs à l'échange entre Dassault Aviation et l'Indonésie.

10 Expliquez en quoi cet échange illustre l'interdépendance entre les agents économiques.

L'essentiel

- Lors d'un échange économique, on distingue un flux réel (biens et services) et un flux monétaire (argent).
- L'ensemble des échanges entre les agents économiques peuvent être représentés dans un schéma, le circuit économique élémentaire, qui met en évidence les interrelations entre les agents économiques.

À VOUS DE JOUER !

Voici différents exemples de flux :

a. La livraison d'une pizza à domicile.

b. Un versement sur un livret (livret A, par exemple).

c. Le paiement d'un véhicule neuf acheté dans une concession.

d. La livraison par colis d'une montre connectée.

> **Déterminez, parmi ces flux, lesquels sont des flux réels.**

3 Le rôle de la monnaie dans les échanges

DOC 1 La monnaie, un moyen de faciliter les échanges

 # vidéo
Histoires d'argent - 4,54 min
foucherconnect.fr/23dteco105

© Deligne-Iconovox

1 Appréciez la proposition faite par la personne qui désire acheter l'horloge.
2 Déduisez-en le problème posé par cet échange.
3 Proposez un élément permettant de résoudre ce problème.

DOC 2 Les fonctions de la monnaie

Unité de compte

Mesurer la valeur de l'ensemble des biens et services dans une unité commune (en euros, par exemple).

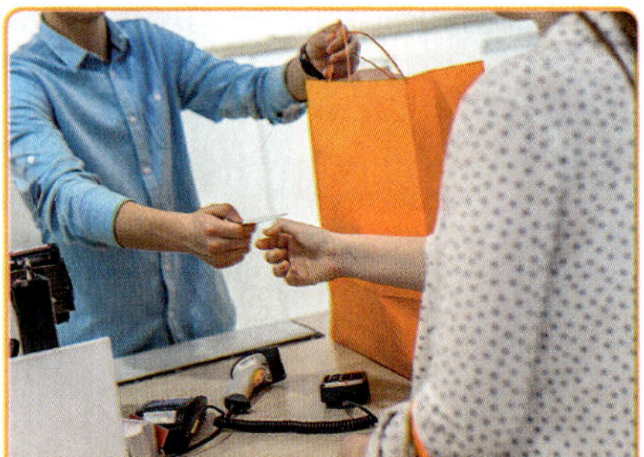

Intermédiaire des échanges

Chaque individu peut vendre ce qu'il veut et acheter ce qu'il veut sans avoir besoin d'échanger un bien contre un autre bien.

Réserve de valeur

Elle permet d'épargner afin de différer la consommation de biens et de services.

© Foucher

4 Présentez les avantages procurés par les différentes fonctions de la monnaie.
5 Appréciez si le bitcoin (cybermonnaie ou monnaie virtuelle) remplit les fonctions d'une monnaie.

DOC 3 Les formes de la monnaie

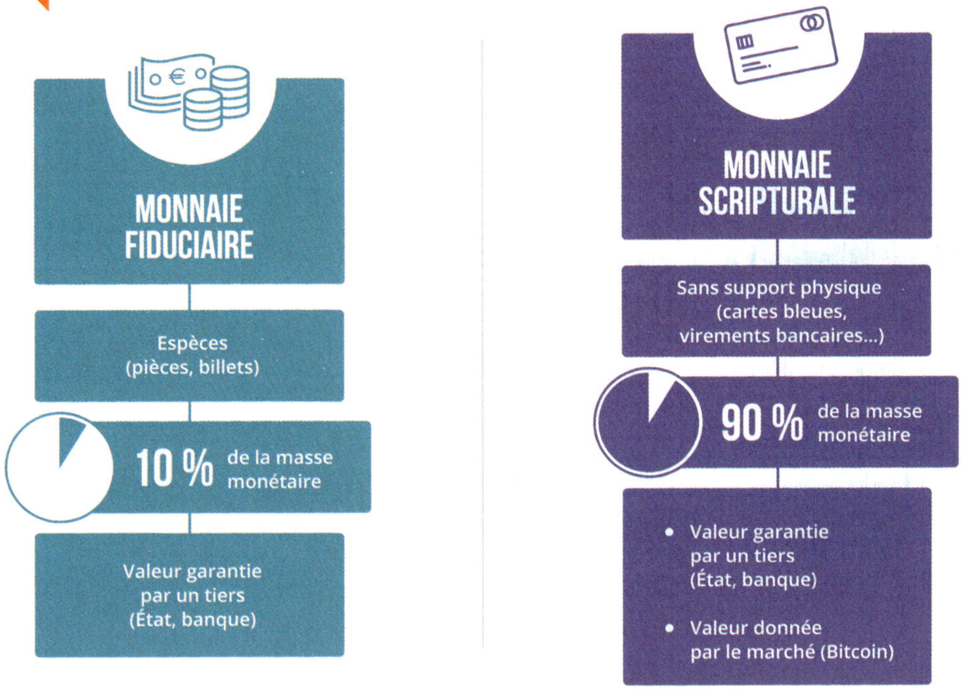

© Foucher

6 Repérez la forme de monnaie dominante dans la masse monétaire.

7 Identifiez l'élément essentiel qui permet de distinguer les deux formes de monnaie.

8 Explicitez la valeur attribuée à chaque forme de monnaie.

DOC 4 Le Pelou, une monnaie alternative

En Haute-Vienne et un peu au-delà, la monnaie locale complémentaire « Lou Pélou », créée en 2015, a fait son chemin. Elle est utilisée désormais par deux cents professionnels et de nombreux particuliers, autour de valeurs de solidarité. Une bogue de châtaigne piquante ! C'est le sens de « Lou Pélou » en patois limousin. Autrement dit, le Pélou est fait pour ne pas rester dans la poche. Et depuis sa création en 2015, il ne cesse d'être utilisé par les professionnels et les particuliers. Exemple dans cette librairie jeunesse à Limoges. Claire Hédin-Vignaud accepte bien sûr les euros, mais elle soutient aussi le Pélou. On participe à un élan de solidarité qui regroupe plusieurs commerçants. Ce sont des valeurs que l'on partage, que l'on porte. Côté pratique, c'est une monnaie, tout à fait légale et officielle, reconnue par l'État, avec des coupons-billets d'une valeur de 1, 2, 5, 10, 20 et 50 (1 pelou vaut 1 euro). [...] Ainsi, le pélou n'a pas été inventé pour enrichir des spéculateurs. Il est fait pour être échangé le plus possible et faire vivre l'économie d'un territoire. D'ailleurs, en moyenne, une monnaie locale complémentaire circule cinq fois plus que l'euro.

france3-regions.francetvinfo.fr, Thomas Milon, 04.03.2021.

9 Explicitez la notion de monnaie alternative.

10 Expliquez pourquoi le Pelou ne peut être utilisé qu'en Haute-Vienne.

11 Précisez les avantages de ce type de monnaie.

 # vidéo
La monnaie locale « Lou Pélou » tient le coup en Haute-Vienne
- 1,52 min
foucherconnect.fr/23dteco106

L'essentiel

- La monnaie facilite les échanges, car elle permet de résoudre le problème de la double coïncidence des besoins.
- La monnaie remplit trois fonctions : unité de compte, intermédiaire des échanges et réserve de valeur.
- La monnaie peut se présenter sous deux formes différentes : la monnaie fiduciaire (pièces et billets) et la monnaie scripturale (monnaie immatérielle).
- Les monnaies alternatives jouent un rôle de plus en plus important dans l'activité économique.

À VOUS DE JOUER !

a. Maeline met chaque mois de l'argent de côté par virement bancaire pour acheter un smartphone.
b. Alba compare les prix sur internet pour s'acheter une nouvelle veste.
c. Malik paie en liquide une tablette à Corinne pour son anniversaire.
d. Le prix d'une Renault Clio est de 18 000 euros.

> **Identifiez dans chaque situation la fonction de la monnaie concernée.**

> **Précisez, pour chaque situation, la forme de monnaie mobilisée.**

Synthèse

3 minutes pour retenir
foucherconnect.fr/23dteco107

1 La spécialisation et les échanges

Spécialisation : concentration de l'activité sur un secteur ou une activité selon les coûts d'opportunité pour les producteurs.

→ Augmentation :
– des échanges interindividuels et internationaux ;
– de la production et de la richesse globale

2 Le circuit économique élémentaire

Le circuit économique représente schématiquement les flux entre les différents agents économiques.

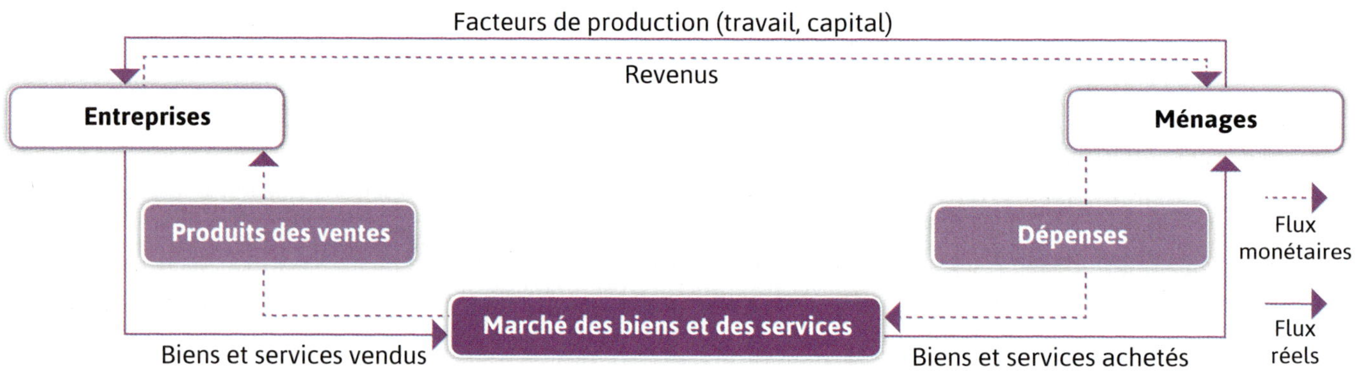

3 Le rôle de la monnaie dans les échanges

Formes de la monnaie
- Fiduciaire (pièces et billets)
- Scripturale (monnaie immatérielle)

Fonctions de la monnaie
- Unité de compte
- Intermédiaire des échanges
- Réserve de valeur

Mots-clés

- Circuit économique
- Échanges économiques
- Flux monétaire
- Flux réel
- Monnaie fiduciaire
- Monnaie scripturale
- Spécialisation

Voir lexique P. 284

QUIZ
Vocabulaire économique
foucherconnect.fr/23dteco108

Fiche Méthode 13 Lire et comprendre un schéma

Objectif *Être capable de lire et d'analyser un schéma*

Schéma du circuit économique représentant les flux entre les secteurs institutionnels.

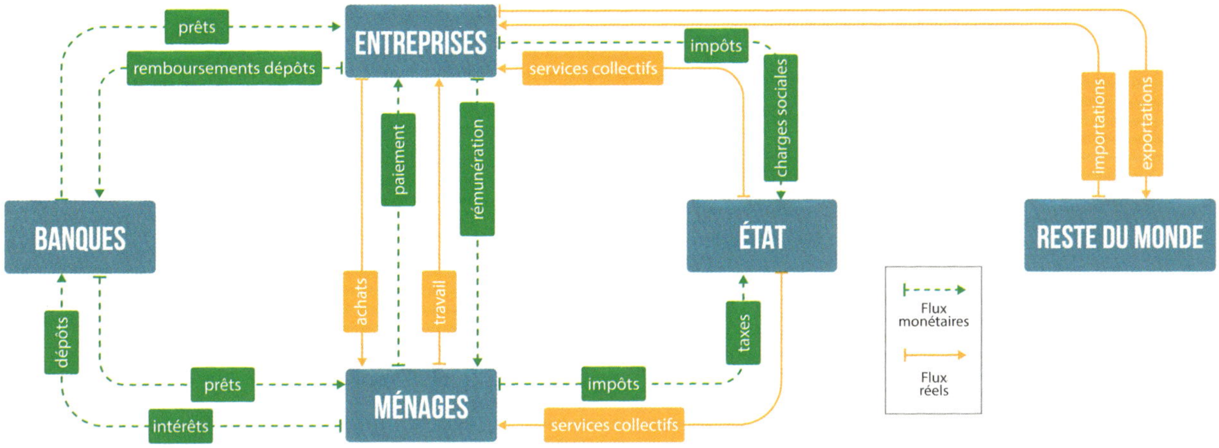

© Foucher

Étape 1 Lire le schéma

Repérer et analyser le titre.

Le titre fait apparaître l'objectif du schéma, à savoir représenter les liens et les échanges entre les différents agents économiques.

Repérer la source et éventuellement des indications de lecture.

La source donne des indications sur l'origine du document. Les indications de lecture peuvent aider à la compréhension du document.

Identifier les informations représentées : quelles sont les différentes variables économiques ? Quelles sont les variables principales ? Secondaires ?

Nous pouvons visualiser sur le schéma cinq secteurs institutionnels à savoir les entreprises, les banques, les ménages, l'État et le reste du monde. Nous pouvons également visualiser les flux réels et monétaires entre les différents secteurs institutionnels.

Étape 2 Analyser le schéma

Définir et comprendre les notions principales.

Un **circuit économique** est une représentation schématique mettant en évidence les échanges et les flux réels et monétaires entre les différents secteurs institutionnels. Un **secteur institutionnel** regroupe les agents économiques ayant des comportements similaires. Les **flux monétaires** sont représentatifs d'une somme d'argent, contrairement aux **flux réels** qui portent, eux, sur un bien ou un service. Le schéma permet de représenter de manière simplifiée l'ensemble des liens économiques entre les cinq secteurs institutionnels.

Étape 3 Interpréter et critiquer le schéma

Il s'agit dans cette étape de dégager la tendance ou l'idée principale qui ressort du schéma afin de faire ressortir l'essentiel. L'analyse doit se faire du général vers le particulier.

Astuces

> Groupez les éléments qui sont présentés de manière identique (cases, éléments de même couleur) et identifiez leur point commun.

> Recherchez en priorité à hiérarchiser ces éléments pour identifier les éléments principaux qui serviront de départ à l'analyse.

Activités

3 minutes pour se tester
foucherconnect.fr/23dteco109

1 APPLIQUER

Doc Le commerce extérieur français affiche un déficit record

Hausse des exportations en volume

[…] Selon les estimations de l'Insee, au deuxième trimestre, les exportations hexagonales, en volume, ont progressé de 0,8 % tandis que les importations se sont repliées de 0,6 %. Cette « baisse des importations signifie que la hausse de la demande globale (extérieure et intérieure) ce trimestre a été satisfaite par une hausse de la production », note l'institut.

L'économiste d'Asterès, Sylvain Bersinger, reste prudent : « Il faudra vérifier si cette tendance se confirme au cours des prochains mois », dit-il, voyant plutôt dans ce recul « les effets probables de la morosité de la consommation des ménages en début d'année ».

Les touristes étrangers de retour

Seule bonne nouvelle dans ce tableau peu réjouissant : ce vendredi, la Banque de France a confirmé les bonnes performances des échanges de services. Au premier semestre, ils affichent un excédent « historique » de 34 milliards d'euros, soit 11 milliards de plus qu'en 2021 à la même époque. Les touristes étrangers sont de retour dans l'Hexagone, ce qui a soutenu l'activité économique au printemps. Le transporteur maritime français CMA-CGM continue d'être porté par des vents très favorables.

lesechos.fr, Nathalie Silbert, 05.08.2022.

Questions

1. Citez le montant global de l'excédent concernant les échanges de services en 2021.
2. Calculez le taux d'évolution du montant des échanges de services entre 2021 et 2022 en vous aidant du passage souligné dans le document.
3. Appréciez la situation des échanges extérieurs français dans un court paragraphe argumenté.

Boîte à outils Calcul

Calcul d'un taux d'évolution :
(valeur finale – valeur initiale) / valeur initiale)) × 100
Pour effectuer le calcul précédent, décomposez en trois étapes le calcul :
1. valeur finale – valeur initiale = résultat 1
2. résultat 1 / valeur initiale = résultat 2
3. résultat 2 × 100 = taux d'évolution

2 ARGUMENTER À L'ORAL

EXPOSÉ

> La monnaie est-elle un moyen efficace pour faciliter les échanges entre les agents économiques ?

Vous présenterez un exposé oral d'une durée de 10 minutes. Ce travail pourra être présenté seul ou en binôme après un temps de préparation de 40 minutes. Il devra impérativement contenir des arguments pour et des arguments contre.

- Vous pouvez vous appuyer sur vos connaissances personnelles, votre cours et une recherche documentaire.
- Vous pouvez réaliser votre présentation sous la forme d'un diaporama (ex. : PowerPoint).

Boîte à outils Oral

- Ayez confiance en vous et sachez que cet exposé vous aidera dans le cadre de l'épreuve du grand oral en fin de terminale.
- Ne cherchez pas à parler trop vite ; articulez bien ; soyez souriant et détendu.

3 APPROFONDIR

Doc 1 France : dégradation de compétitivité et désindustrialisation

La France semble renouer avec deux caractéristiques du recul de sa compétitivité au cours des années 2000. D'une part, les pertes de parts de marché à l'exportation vont de pair avec le recul relatif de l'industrie. D'autre part, le recul des parts de marché concerne quasiment toutes les catégories de produits manufacturés.

Déjà en recul en 2020, les indicateurs de la compétitivité se dégradent encore en 2021

– Le déficit commercial a atteint un niveau record de 85 milliards d'euros en 2021, après 65 Md€ en 2020, selon les Douanes. Par rapport à l'avant-crise Covid, le déficit des échanges de marchandises s'est creusé de près de 27 Md€. Alors que le déficit de la balance énergétique a légèrement diminué, la dégradation est imputable aux produits manufacturés.

– Le déficit de l'ensemble des échanges de biens et services s'est creusé de plus d'un point de PIB depuis 2019 […].

– La part des exportations françaises dans celles de la zone euro est à son niveau le plus bas depuis 2000. La part française des exportations de biens et services est passée de 14,5 % en 2019 à 13,7 % en 2020 et 13,6 % en 2021, soit un recul de 1,9 point depuis 2019. Ce recul, qui représente une perte de revenu de 51 Md€ en 2021 (environ 2 points de PIB), est entièrement imputable aux exportations de biens et concerne la quasi-totalité des catégories de produits manufacturés.

La désindustrialisation relative de la France s'accentue, malgré une meilleure appréciation de son attractivité

La part de la valeur ajoutée de l'industrie manufacturière française dans celle de la zone euro diminue de 14,7 % en 2019 à 13,9 % en 2021. Les pertes de parts de marché à l'exportation apparaissent ainsi fortement corrélées avec la désindustrialisation relative de la France par rapport à la moyenne européenne, et notamment relativement à l'Espagne et à l'Italie.

Rexecode, Rapport annuel sur la compétitivité, Document de travail n° 82, février 2022.

Doc 2 Le modèle allemand basé sur les exportations est-il à bout de souffle ?

Plombée par l'impact des tensions commerciales sur son industrie, l'Allemagne a vu sa croissance économique nettement ralentir l'an dernier, à 0,6 %, marquant la fin d'une décennie dorée. Fierté du pays depuis les années 2000, l'industrie tournée vers l'export est devenue son talon d'Achille : la production industrielle hors bâtiment a chuté de 3,6 %, et le commerce extérieur a coûté au pays 0,4 point de PIB. Le modèle allemand était parfaitement adapté au « monde d'avant ». Son économie ne repose pas sur la technologie mais sur la production de biens industriels à très haut niveau de gamme, abondamment exportés. […] Ses trois secteurs leader – l'automobile, la chimie et les biens d'équipement pour l'industrie – sont aujourd'hui très affectés, ce qui lui porte préjudice. Les difficultés que ces domaines traversent ne lui sont pas propres, elles touchent le monde entier. Mais la situation lui est extrêmement défavorable puisqu'elle s'y est fortement spécialisée. Plusieurs éléments expliquent le changement de situation. Aujourd'hui, ce n'est plus l'industrie sur laquelle repose l'activité du monde, mais les services. En outre, la croissance mondiale est globalement faible. Par conséquent, les exportations le sont aussi, avec une baisse notable des investissements. Enfin, les nouvelles règles climatiques posent un défi évident aux domaines de la chimie et de l'automobile traditionnelles, et leur imposent une transition énergétique brutale. L'Allemagne cumule ces problèmes. 8 % de ses emplois se trouvent directement liés à ces trois secteurs leaders. En comparaison, en France on parle plutôt de 2 %. Dans l'Hexagone, les trois domaines phares sont l'aéronautique, la pharmacie et le luxe, qui sont en croissance forte. Notre spécialisation, au contraire de nos voisins outre-Rhin, nous permet donc encore de tirer notre épingle du jeu.

la-croix.com, Marine Godelier et Delphine Nerbollier, 16.01.2020.

Questions

1. Citez les raisons qui expliquent la hausse du déficit commercial de la France.
2. Distinguez les facteurs qui ont influencé les spécialisations de la France et de l'Allemagne.
3. Rédigez une argumentation pour répondre à la question suivante : La spécialisation d'un pays est-elle toujours favorable ?

Boîte à outils Production écrite

- Structurez votre propos (introduction, développement, conclusion).
- Aérez votre travail en passant une ligne entre l'introduction et le développement par exemple mais aussi entre les différentes idées.
- Construisez des phrases courtes.
- Illustrez votre propos avec des exemples.

Les choix économiques des acteurs du marché de l'automobile électrique

À partir de vos connaissances et de la documentation fournie en annexe, répondez aux questions suivantes.

Questions

1. Expliquez pourquoi l'achat d'un véhicule Tesla représente un coût d'opportunité pour les ménages.
2. Repérez et justifiez le choix économique de Tesla. Du point de vue de la maximisation du profit du producteur, précisez jusqu'où la baisse de prix reste rationnelle.
3. Démontrez que le cas de Tesla est représentatif de l'intérêt de la spécialisation qui entraîne l'échange international.
4. Rédigez une argumentation qui permette de répondre à la question suivante : Faut-il privilégier l'échange international ou la souveraineté régionale ?

Annexe 1 Ça roule pour les véhicules électriques

La fin d'année se révèle pleine de promesses pour les constructeurs de véhicules électriques, puisqu'en novembre 2022, plus d'un Français sur cinq a craqué pour une voiture électrique ou une hybride électrique. Des chiffres en hausse de 16,3 % par rapport à novembre 2021. [...]

L'un des freins principaux pour que le marché de l'électrique puisse prendre son plein essor reste toutefois le coût à l'achat. Ainsi, 94 % des personnes interrogées pensent qu'il serait pertinent de proposer un prix moins élevé et 71 % un prix équivalent, pour un même modèle, à un véhicule thermique. [...]

Les pouvoirs publics sont bien conscients de l'enjeu et plusieurs aides peuvent vous aider à financer plus facilement l'achat d'un véhicule électrique : le bonus écologique [...] ; la prime à la conversion [...] ; des subventions locales versées par certaines collectivités [...].

boursorama.com, Stéphane Coignard, 30.11.2022.

Annexe 2 Les usines Tesla ou Gigafactory

La fabrication des voitures électriques Tesla a lieu dans les usines de la marque, aussi connues sous le nom de Gigafactory. Actuellement, on en compte 6 réparties sur 3 continents : l'usine de Fremont, en Californie ; la Gigafactory Nevada ; la Gigafactory New York ; la Gigafactory Shanghai, en Chine ; la Gigafactory Texas ; la Gigafactory Berlin-Brandebourg, en Allemagne. [...]

Notez que toutes les usines ne fabriquent pas forcément toutes la même chose. Par exemple, la Gigafactory Berlin, ouverte en mars 2022, ne s'occupe pour l'instant que de la production du SUV Tesla Model Y, tandis que la Gigafactory Nevada produit les moteurs électriques, les batteries et les groupes motopropulseurs de la marque. [...]

caroom.fr, Jordane, 2023.

Annexe 3 Automobile : pourquoi Tesla baisse le prix de ses voitures en France ?

Tesla a annoncé ce vendredi 13 janvier une forte baisse de tarifs de ses véhicules vendus en France. […]
Le Model 3 est disponible en France pour environ 53 500 euros (prix d'entrée) et devrait donc descendre à 45 000 euros, soit une baisse de près de 8 500 euros (– 16 %). Le Model Y Propulsion affiche une baisse moins importante, mais assez conséquente tout de même avec 3 000 euros de moins à l'achat. […] L'entreprise automobile explique ces baisses de tarifs par le développement de ses méthodes de production, qui lui ont permis de renforcer sa « capacité à fabriquer les meilleurs produits au meilleur coût ». De plus, Tesla a rationné sa production. « Nous avons continué d'établir les fondations de notre croissance future en régionalisant notre production et notre chaîne d'approvisionnement », estime la marque américaine.
Le tout dans un contexte pourtant assez difficile entre la pénurie des semi-conducteurs, la crise énergétique, les contraintes logistiques et les perturbations liées au Covid, qui ont quand même contraint Tesla à drastiquement réduire sa production en Chine. […]

Bonne nouvelle également pour les futurs acheteurs de Tesla, les Model 3 et Model Y sont de nouveau éligibles au bonus écologique de 5 000 euros qui n'est appliqué que pour les véhicules 100 % électriques en dessous de 47 000 euros. Avec la baisse des tarifs, les deux modèles sont donc concernés. Le premier véhicule reviendra à 39 990 euros et le second à 41 990 euros.

sudouest.fr, 13.01.2023.

Annexe 4 Véhicules électriques : un énorme gisement de terres rares découvert en Suède, le plus gros d'Europe

La compagnie minière LKAB a découvert dans le nord de la Suède, dans la mine de Kiruna, en Laponie, un gisement de 1 million de tonnes d'oxydes de terres rares, soit le plus gros bassin européen jamais identifié. « Il s'agit du plus grand gisement connu d'éléments de terres rares dans notre partie du monde, et il pourrait devenir un élément important pour produire les matières premières critiques qui sont absolument cruciales pour permettre la transition verte », a expliqué le président de LKAB, Jan Moström. […]
Le temps presse pour le Vieux Continent, actuellement dépendant à 98 % de la Chine pour ces précieux métaux. Bruxelles estime que la demande en terres rares, utilisées notamment dans la construction des moteurs électriques et des turbines éoliennes, devrait être multipliée par cinq d'ici à 2030. […]

clubic.com, Samir Rahmoune, 13.01.2023.

▲ Vue de dessus de bras robotiques travaillant sur bande transporteuse dans un entrepôt automatisé (États-Unis).

Notions

Facteurs de production primaires et secondaires : travail, capital, ressources naturelles, information + Capital humain + Substitution ou complémentarité de facteurs de production les uns par rapport aux autres au sein de la production + Rôle de l'investissement dans l'accumulation des facteurs + Productivité globale des facteurs et gains de productivité

14 La combinaison des facteurs de production

Découvrir ensemble

> Pourquoi automatiser un entrepôt ?

> Quels sont les inconvénients de l'automatisation ?

VIDÉO

3 minutes pour découvrir autrement

foucherconnect.fr/23dteco110

1 Les facteurs de production

DOC 1 Les facteurs de production primaires

1 Identifiez à partir des photographies ci-dessus les ressources utilisées par les entreprises pour produire des biens ou des services.

2 Classez ces facteurs de production dans les catégories suivantes : travail / capital / ressources naturelles

DOC 2 Facteurs de production (*input*) et production (*output*)

À Salon-de-Provence, Smilers redonne le sourire à la filière dentaire made in France

Vu de l'extérieur, le grand bloc blanc formé par l'usine Smilers à Salon-de-Provence (Bouches-du-Rhône) n'attire pas particulièrement l'attention. Mais dès qu'on y pénètre, le vaste puits de lumière tout en verre offre une vue plongeante et fascinante sur les lignes de production et les opérateurs, qui s'affairent au rez-de-chaussée. Cette nouvelle usine a ouvert ses portes début septembre 2022, grâce à un investissement de l'ordre de 15 millions d'euros. Environ 150 salariés y officient, dont la moitié dans la partie production pour la fabrication d'aligneurs dentaires invisibles, appelés aussi gouttières transparentes, utilisés pour le réalignement des dents. Sur les deux niveaux supérieurs du bâtiment, bureaux, salles de réunion et espaces de restauration se déploient avec un goût prononcé pour les matériaux chaleureux, des couleurs tout sauf criardes et une atmosphère cosy. [...]

Au rez-de-chaussée, Smilers compte pour le moment sur deux lignes de production. La première est semi-automatisée et démarre avec des machines abritant des bacs de résine pour la polymérisation, chaque moule d'aligneur étant numéroté. En face, la ligne automatisée s'appuie sur des imprimantes 3D raccordées, produisant plus rapidement des moules, chacun doté d'un code QR. C'est ce modèle entièrement automatisé qui sera privilégié pour augmenter les capacités de fabrication dans l'usine. Ces moules sont ensuite insérés dans une machine qui gère thermoformage et découpe au laser. [...]

usinenouvelle.com, Julien Cottineau, 28.12.22.

3 Repérez la production de l'usine Smilers.

4 Identifiez les facteurs de production utilisés par l'entreprise.

5 Schématisez les étapes de production de cette usine en utilisant les mots suivants :
input / *output* / travail / capital / ressources naturelles

DOC 3 L'information

Une information est une indication, un renseignement, que l'on donne ou que l'on obtient sur quelqu'un ou quelque chose.

De rare et difficilement accessible, l'information est devenue, grâce aux TIC (technologies de l'information et de la communication), abondante et disponible en temps réel. Face à cette masse d'informations, l'entreprise met donc en place un système pour la gérer. Ce système d'information (SI) a pour finalité de collecter, stocker, traiter et diffuser l'information de manière efficace.

L'entreprise organise alors ses différentes ressources (matériel, logiciels, personnel, données, procédures...) de façon à rendre l'information pertinente, fiable et disponible pour ses différentes parties prenantes. Ainsi, l'information aide à prendre des décisions, permet d'éviter les erreurs, contribue à innover. En cela, elle est primordiale pour l'entreprise.

© Foucher

6 Expliquez la nécessité, pour les entreprises, d'adopter un système d'information et précisez ses fonctions.

7 Justifiez le fait que l'information soit qualifiée de facteur de production.

DOC 4 Le capital humain

Selon la définition de l'OCDE (Organisation de coopération et de développement économiques), le capital humain recouvre les connaissances, les qualifications, les compétences et les autres qualités d'un individu qui favorisent le bien-être personnel, social et économique.

8 Relevez les principales composantes du capital humain.

DOC 5 Airbus : recrutements en plein boom chez l'avionneur

En début d'année, [Airbus] annonçait une campagne de recrutement de 6 000 personnes dans le monde, dont 1 500 sur ses 11 sites français. « Nous allons finalement recruter plus de 2 000 personnes en France, et continuer sur cette lancée en 2023 », affirme le directeur des ressources humaines France, Mikael Butterbach. Sans compter le recrutement de 1 500 intérimaires et l'accueil de 1 500 apprentis et stagiaires de longue durée.

Ce fort besoin en nouvelles ressources répond à l'augmentation des cadences de production des avions commerciaux, en particulier de la famille A320. Après une baisse de ses livraisons en 2020 et en 2021 (566 puis 611 avions, au lieu de 863 en 2019), l'activité repart, avec près de 700 livraisons annoncées pour 2022.

Mais Airbus a une deuxième logique de recrutement. « Nous travaillons sur l'avion décarboné à 100 % en 2035, qui fonctionne à l'hydrogène, et aussi sur les carburants durables pour l'ensemble de nos avions commerciaux en 2030. Nous cherchons donc des compétences spécifiques », poursuit le DRH. […]

Pour trouver les profils adéquats, le groupe Airbus forme lui-même ses intérimaires, dans son lycée professionnel, au certificat de qualification paritaire de la métallurgie (CQPM) « pour accompagner leur reconversion dans l'aéronautique ».

L'avionneur a aussi créé cette année une formation en apprentissage inédite sur le site toulousain de Saint-Éloi : le certificat professionnel d'analyste en cybersécurité appliqué au domaine aéronautique et spatial. […]

sud-ouest.fr, Armelle Parion, 13.11.22.

9 Identifiez les deux logiques de recrutement d'Airbus.
10 Précisez l'intérêt pour l'entreprise de chacun de ces recrutements.
11 Relevez le moyen mis en œuvre par Airbus pour trouver ces nouvelles compétences.
12 Commentez les enjeux du capital humain comme facteur de production.

L'essentiel

- La production d'un bien ou d'un service nécessite le recours à plusieurs facteurs de production.
- Les facteurs de production primaires sont le capital, le travail et les ressources naturelles.
- Les facteurs de production secondaires sont l'information et le capital humain.
- Les facteurs de production (*input*) vont ainsi engendrer une production (*output*).

À VOUS DE JOUER !

Un paysagiste a créé il y a trois ans son entreprise, Passion verte, dans le sud de la France. Il dispose d'un bureau et d'un entrepôt où il stocke des machines. Il a embauché trois salariés et, au printemps, il embauche encore deux saisonniers. Dans sa région, de nombreux concurrents apparaissent. L'entrepreneur de Passion verte s'informe régulièrement sur les tarifs pratiqués, sur les dernières tendances du métier. Il assiste une fois par an à une rencontre avec d'autres professionnels pour se former. Il transmet ensuite ses connaissances à ses salariés.

> **Identifiez la production de Passion verte.**
> **Distinguez les facteurs de production primaires et secondaires.**
> **Appréciez l'importance de la prise en compte des facteurs de production secondaires.**

2 La combinaison productive

 # vidéo
Auchan ouvre un magasin sans caisse inspiré par Amazon - 1,41 min
foucherconnect.fr/23dteco111

DOC 1 La substitution du capital au travail

▲ Une caissière dans un supermarché traditionnel.

▲ Amazon Go, un magasin sans caisse où le client entre et scanne son application à l'entrée. Grâce à des caméras et à des capteurs de poids dans les étagères, le système est capable de savoir quelle personne a pris quel produit. Une fois ses courses terminées, le client passe le portique, qui déclenche la facturation.

1 Identifiez le facteur de production principal mis en avant sur chacune des photographies.
2 Expliquez le principe de substitution du facteur capital au facteur travail.
3 Commentez les avantages de la substitution du capital au travail pour Amazon Go.

DOC 2 Complémentarité et substituabilité des facteurs de production

Le choix des proportions des différents facteurs de production dépend :
- du bien ou du service à produire ;
- des contraintes juridiques, financières et économiques ;
- des contraintes technologiques ;
- des contraintes humaines.

© Foucher

Situation 1

Situation 2

OU

4 Identifiez la situation illustrant la substituabilité des facteurs et celle illustrant la complémentarité des facteurs.
5 Explicitez les éléments qui conditionnent les choix de combinaison productive.

DOC 3 Une combinaison productive contrainte

Crise des semi-conducteurs : Volkswagen retire cette pièce de ses véhicules

En raison des difficultés d'approvisionnement, Volkswagen a arrêté d'équiper ses ID.4 de pompes à chaleur depuis quelques semaines.

La crise des semi-conducteurs n'épargne personne, et les difficultés d'approvisionnement en matières premières contraignent les constructeurs à modifier leurs véhicules, en supprimant certains équipements pour pouvoir livrer les clients en temps et en heure.

Chez Volkswagen, c'est la pompe à chaleur qui pose problème dans la fabrication des modèles 100 % électriques de la gamme ID., comme le Volkswagen ID.4. En effet, depuis la fin du mois de décembre, le constructeur allemand a cessé d'équiper son SUV électrique de pompes à chaleur, remplacées par un système de chauffage à résistance plus classique. [...]

Volkswagen n'est pas la seule marque du groupe allemand à être touchée par cette pénurie : en effet, il y a quelques jours, Audi a annoncé qu'elle ne serait plus en mesure de livrer des Audi Q4 équipées de pompes à chaleur, en raison des difficultés d'approvisionnement en composants. [...]

autoplus.fr, Tran Ha, 23.01.23.

6 Expliquez pourquoi Volkswagen a modifié les équipements de certains véhicules.

7 Déduisez-en la contrainte illustrée dans le document qui peut peser sur le choix de la combinaison productive.

DOC 4 La productivité mesure l'efficacité des facteurs de production

• **Productivité**

L'efficacité de la combinaison productive est estimée par la productivité globale. Celle-ci se mesure par le rapport entre une production et les ressources mises en œuvre pour l'obtenir.

$$\textbf{Productivité} = \frac{\textbf{Production obtenue}}{\textbf{Moyens utilisés pour cette production}}$$

• **Gains de productivité**

Les gains de productivité mesurent l'amélioration de l'efficacité productive des facteurs de production. C'est la croissance de la productivité entre deux périodes.

Soit : P_1 = productivité de la période 1 et P_2 = productivité de la période 2

Gains de productivité en valeur = $\mathbf{P_2 - P_1}$

Gains de productivité en pourcentage =

$$\left[\frac{(P_2 - P_1)}{P_1}\right] \times 100$$

• **Exemple : dans une imprimerie**

Une imprimerie spécialisée dans la production d'étiquettes dispose d'une machine d'assemblage et d'une machine de découpe depuis dix ans. Pour assurer la production de 3 millions d'étiquettes par jour, les deux machines fonctionnent 10 heures chacune. Afin de remplacer ces machines devenues obsolètes, le dirigeant souhaite acquérir une machine qui pourra assurer les deux fonctions (assemblage et découpe). Celle-ci sera plus rapide : elle pourra atteindre le niveau de production actuel en fonctionnant 15 heures par jour (au lieu de 20 heures).

8 Calculez la productivité du capital actuelle de l'imprimerie et la productivité future si le dirigeant remplace les anciennes machines. Présentez vos calculs dans un tableau.

9 Calculez les gains de productivité envisageables en valeur et en pourcentage.

L'essentiel

- Les facteurs de production sont substituables lorsqu'il est possible de remplacer le travail par du capital ou inversement pour réaliser la même quantité de production.
- Les facteurs de production sont complémentaires lorsque, pour produire une certaine quantité, il faut utiliser une quantité fixe de travail et de capital.
- La combinaison des facteurs est contrainte par la quantité de facteurs disponibles et par leurs coûts.
- La productivité mesure l'efficacité des facteurs de production et le gain de productivité est l'augmentation de la productivité entre deux périodes.

À VOUS DE JOUER !

M. Nicolas est propriétaire d'un verger. Il obtient une production annuelle de 4 000 tonnes de pommes. Il souhaite robotiser l'exploitation de son verger. Actuellement, il utilise huit unités de production (beaucoup de main-d'œuvre et peu de machines). La robotisation lui permettra d'économiser deux unités de production.

> **Analysez l'évolution de sa combinaison productive.**

> **Calculez la productivité de chacune des combinaisons productives puis le gain de productivité en pourcentage.**

3 Les facteurs d'évolution de la productivité

DOC 1 Gain de productivité et investissement en capital humain

Le capital humain correspond à l'ensemble des connaissances et des compétences acquises par les individus tout au long de leur vie et à leur état de santé, qui leur permettent de réaliser pleinement leur potentiel en devenant des membres productifs de la société.

banquemondiale.org

1 Montrez en quoi les trois photographies illustrent des situations qui permettent d'améliorer le capital humain.

2 Explicitez le lien entre amélioration du capital humain et gains de productivité.

DOC 2 Le progrès technique, source de gains de productivité

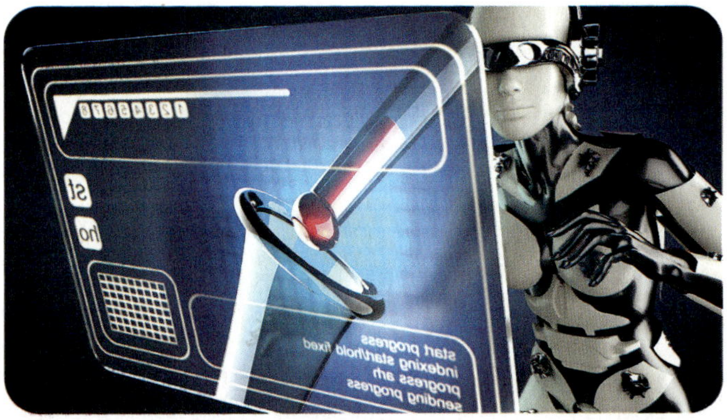

Intelligence artificielle : la révolution arrive dans le secteur du médicament

[…] L'IA représente pour les chercheurs un assistant de pointe capable d'analyser en un temps record une multitude de données mieux que n'importe quel cerveau humain. Alors qu'il faut encore compter douze ans de R&D et 2,5 milliards d'euros en moyenne pour développer un nouveau médicament, l'IA pourrait permettre d'aller quinze fois plus vite, et de réduire de 30 % les coûts de développement et de mise sur le marché d'un médicament tout en réduisant le risque d'échec – qui avoisine actuellement les 93 %. En 2020, il a fallu moins d'un an pour mettre au point plusieurs médicaments contre les troubles obsessionnels compulsifs (TOC) ou certains cancers et commencer à les tester chez l'homme. En effet, au lieu de suivre un processus complexe qui oblige à tester pour chaque cible thérapeutique une panoplie de molécules, souvent de façon aléatoire, chez l'animal puis chez l'humain, l'IA augmente considérablement la productivité des expérimentations. […]

sante.lefigaro.fr, Philippe Moingeon, 29.01.23.

3 Expliquez en quoi l'intelligence artificielle révolutionne le secteur du médicament.

4 Déduisez de cet exemple les arguments qui expliquent que le progrès technique est source de gains de productivité.

DOC 3 Une meilleure organisation des facteurs de production

 # vidéo
Pour ou contre la semaine de 4 jours ? - 5,17 min
foucherconnect.fr/23dteco112

La semaine de 4 jours en France : est-ce possible ?

Comme son nom l'indique, la semaine de 4 jours consiste à travailler 4 jours au lieu de 5 sans perte de salaire. Cela permet de bénéficier de 3 jours de repos par semaine en comptant le week-end.

[…] En effet, l'objectif de cette mesure est d'offrir plus de temps libre aux salariés tout en augmentant la qualité et la productivité du travail des salariés. Plusieurs études montreraient que la réduction du temps de travail est bénéfique pour l'ensemble des employés, pour les entreprises, mais également pour la planète, là où la consommation d'énergie devient un enjeu majeur. […]

Comment fonctionne la semaine de 4 jours de travail ?

La semaine de 4 jours est encore loin de faire l'unanimité dans l'ensemble des entreprises françaises. En effet, cette réduction du temps de travail bouleverse complètement l'organisation du travail des entreprises, mais aussi celle des salariés selon le secteur.

[…] Les entreprises disposent de plusieurs possibilités pour mettre en place ce système. Elles peuvent réduire le nombre d'heures de travail hebdomadaires et passer à une semaine de 32 heures au lieu de 35 heures. Le salarié travaillerait alors 8 heures par jour et bénéficierait d'un jour de congé en plus.

L'autre solution est d'augmenter la charge de travail journalière. En effet, dans certains secteurs, il peut être compliqué de réduire le temps de travail quotidien. Il s'agirait donc de répartir les 35 heures sur 4 jours.

D'autres aménagements sont possibles en fonction des exigences du secteur d'activité et du statut des salariés. […]

Réduction du temps de travail, quels sont les avantages ?

La semaine de 4 jours semble satisfaire les entreprises et les salariés ayant adopté ce mode d'organisation. Pourtant, selon une étude réalisée en mai 2022 par le cabinet ADP, seulement 19 % des entreprises ont mis en place un accord de travail flexible et 5 % d'entre elles ont adopté la semaine de 4 jours.

Toujours selon l'étude d'ADP : 64 % des salariés français souhaiteraient bénéficier d'une plus grande flexibilité dans l'organisation de leurs horaires de travail, avec la possibilité de passer à la semaine de 4 jours et plus de la moitié (57 %) accepterait que leur rémunération soit diminuée en échange d'un meilleur équilibre vie professionnelle/personnelle.

Augmenter la productivité des salariés

Plusieurs études ont démontré que la semaine de 4 jours a un effet positif sur la productivité des salariés : ils deviennent plus autonomes, sont plus concentrés et priorisent davantage leurs tâches. Disposer d'un jour de congé supplémentaire dans la semaine entraîne une motivation supplémentaire. […]

nouvellespublications.com, Olivier Angelini, 25.10.22.

5 Relevez la nouvelle organisation des facteurs de production illustrée dans ce document.

6 Expliquez en quoi cette nouvelle organisation est bénéfique pour les employés, pour l'entreprise et pour la planète.

L'essentiel

- Le rôle de l'investissement dans l'accumulation des facteurs contribue à la productivité.
- Ainsi, l'investissement dans le capital humain (formation, amélioration des conditions de travail) et le progrès technique permettent des gains de productivité.
- Par ailleurs, une meilleure organisation des facteurs de production améliore la productivité.

À VOUS DE JOUER !

Un associé d'un cabinet comptable souhaite automatiser l'enregistrement des factures grâce à un nouveau logiciel. L'objectif est de soulager son salarié, M. Renard, de ces tâches répétitives pour lui confier des travaux comptables qui demandent plus d'expertise et qui engendrent davantage de valeur ajoutée pour le cabinet.

M. Renard va alors se familiariser avec le logiciel et assister à des formations financées par le cabinet pour acquérir de nouvelles compétences.

> **Rédigez un paragraphe en utilisant les termes suivants : investissement, capital humain, nouvelle organisation, progrès technique, gains de productivité.**

Synthèse

3 minutes pour retenir

foucherconnect.fr/23dteco113

1 Les facteurs de production

Facteurs de production primaires (*input*)
- Travail
- Capital
- Ressources naturelles

\+

Facteurs de production secondaires (*input*)
- Information
- Capital humain

↓

Production (*output*)

2 La combinaison productive

La combinaison productive

Est choisie selon :
- la complémentarité des facteurs ;
- la substituabilité des facteurs.

Est contrainte par :
- la quantité de facteurs disponibles ;
- le coût des facteurs.

Son efficacité est mesurée par la productivité globale.

3 Les facteurs d'évolution de la productivité

Investissement en capital humain

Progrès technique

Meilleure organisation des facteurs de production

↓

Gains de productivité

Mots-clés

- Combinaison productive
- Facteurs de production
- Gains de productivité
- Productivité
- Progrès technique

Voir lexique P. 284

QUIZ

Vocabulaire économique

foucherconnect.fr/23dteco114

Fiche Méthode 14 Maîtriser la notion de pourcentage

Objectif *Savoir calculer et appliquer un pourcentage*

Exemple. Pour produire un kilogramme de crème cosmétique bio au sein de l'entreprise CosméBio, il est nécessaire d'avoir un mélangeur qui tourne pendant une heure, ainsi que quatre heures de main-d'œuvre (choix des ingrédients, pesée, préparation du mélangeur, conditionnement).

Étape 1 Calculer un pourcentage

Il permet de calculer la part occupée par un sous-ensemble dans un ensemble.
Il se définit comme étant le procédé d'expression d'une proportion.
On se base toujours sur le chiffre 100 afin d'établir cette proportion.

$$\text{Pourcentage} = \frac{\text{Valeur du sous-ensemble} \times 100}{\text{Valeur de l'ensemble}}$$

Conseil
> Vérifiez que la valeur au numérateur est inférieure à la valeur du dénominateur.

L'entreprise CosméBio souhaite connaître le pourcentage de facteur travail et de facteur capital dans sa combinaison productive.

	Donnée brute	Calcul de la proportion	Calcul du pourcentage
Heures d'utilisation d'un mélangeur pour produire 1 kg de crème (facteur capital)	1	1/5 soit 0,2. ➢ Sur 5 heures, il est nécessaire d'utiliser le mélangeur pendant 1 heure.	0,2 × 100 = 20 %. ➢ 0,2 est le résultat pour 1 kg. Pour obtenir un pourcentage, on doit se baser sur le chiffre 100 donc sur 100 kg.
Heures de travail de la main-d'œuvre pour produire 1 kg de crème (facteur travail)	4	4/5 soit 0,8. ➢ Sur 5 heures, il est nécessaire d'utiliser 4 heures de main-d'œuvre.	0,8 × 100 = 80 %. ➢ 0,8 est le résultat pour 1 kg. Pour obtenir un pourcentage, on doit se baser sur le chiffre 100 donc sur 100 kg.
Heures nécessaires pour la production de 1 kg de crème (facteurs travail et capital)	5	5/5 soit 1.	100 %

Autrement dit, la combinaison productive est répartie de la façon suivante :
– facteur travail = 4/5. Pour calculer un pourcentage, on se fixe un échantillon de 100. Soit 80 %.
– facteur capital = 1/5 × 100. Soit 20 %.

Étape 2 Appliquer un pourcentage

Il permet de calculer la valeur d'un sous-ensemble.

Valeur du sous-ensemble = Valeur de l'ensemble × Pourcentage

Astuces
> 50 % c'est la moitié de l'ensemble, 25 % c'est un quart de l'ensemble, 10 % d'un nombre revient à décaler la virgule d'un rang vers la gauche.
> Un pourcentage d'un ensemble (utilisation du terme « de ») se traduit mathématiquement par une multiplication : 80 % de 8 heures se traduit par 80 % × 8.

L'entreprise CosméBio a calculé qu'il lui fallait au total 60 salariés pour optimiser sa production. L'entreprise souhaite connaître le nombre de salariés seniors qu'elle doit recruter, sachant qu'elle souhaiterait avoir 35 % de salariés seniors et 65 % de salariés juniors sur sa chaîne de production.

Ici, on part d'un pourcentage pour déterminer la valeur d'un sous-ensemble.
Concernant les salariés seniors, l'entreprise doit donc recruter : 60 × 35/100 = 21.
Soit 21 salariés seniors.
Pour déterminer le nombre de salariés juniors, on peut le déduire du résultat précédent en procédant au calcul : 60 – 21. Soit un nombre de 39 salariés juniors. On peut aussi le vérifier en appliquant de nouveau un pourcentage : nombre de salariés juniors = 60 × 65/100.

#méthode+
Calculer une proportion en pourcentage - 2,06 min
foucherconnect.fr/23dteco115

Activités

3 minutes pour se tester
foucherconnect.fr/23dteco116

1 APPLIQUER

Doc Une nouvelle combinaison productive

Une usine fabriquant des meubles souhaite faire évoluer sa combinaison productive qui est restée inchangée depuis 2010.
On considère que 1 unité de facteur de production = 1 machine = 10 hommes.
Les données sont récapitulées dans le tableau ci-dessous.

Combinaison productive depuis 2010	1 machine et 30 salariés
Nombre d'unités de production	4
Production en nombre de pièces	800
Productivité en nombre de pièces	200

Le dirigeant de l'usine investit dans une nouvelle machine en 2023 pour augmenter la quantité produite à 1 250 meubles.

Questions

1. Calculez la nouvelle productivité obtenue à la suite de l'investissement de 2023.
2. Expliquez l'évolution de cette productivité.
3. Calculez les gains de productivité obtenus à la suite de cet investissement (en valeur et en pourcentage).

Boîte à outils Calcul

Il convient de bien distinguer un résultat obtenu en valeur et en pourcentage.
• Un résultat en valeur exprime une quantité. Il s'agit de faire la différence entre la valeur obtenue et la valeur initiale. Par exemple, lorsqu'on passe de 100 unités à 150 unités (150 – 100), on augmente en valeur de 50 unités.
• Un résultat en pourcentage exprime une évolution relative, c'est-à-dire par rapport à la valeur initiale. La formule utilisée est alors :

$$\frac{\text{Valeur d'arrivée-Valeur de départ}}{\text{Valeur de départ}} \times 100$$

Dans notre exemple, la valeur en pourcentage est égale à $\frac{150 - 100}{100} \times 100 = 50\ \%$.

2 ARGUMENTER À L'ORAL

JEU DE RÔLE

Une réunion interne doit être organisée entre le dirigeant d'une entreprise, son directeur logistique et son directeur des ressources humaines. Vous formerez des groupes de trois élèves afin de préparer cette réunion qui permettra d'échanger sur la décision à prendre quant à l'**investissement de robots pour optimiser la gestion de la logistique de l'entrepôt**. À l'issue de la réunion, les questions relatives à cet investissement de cobots* auront été soulevées.
Par trinôme :
– un élève joue le rôle du dirigeant de cette entreprise de e-commerce de taille moyenne (une centaine de salariés), qui est en croissance et cherche à faire des gains de productivité. Il s'interroge sur le fonctionnement des robots et ses avantages ;
– un élève joue le rôle du directeur logistique qui expose les conséquences de l'utilisation de robots au sein de l'entrepôt ;
– un élève joue le rôle du directeur des RH qui explique les conséquences pour les salariés de l'entrepôt.
• Pour alimenter votre jeu de rôle, vous pouvez vous aider du site et de la vidéo ci-contre.
• Durée : 50 minutes de préparation et 10 minutes d'intervention.

* Cobot : robot collaboratif capable d'apprendre de multiples tâches afin d'aider les êtres humains. Le terme est la contraction de « collaboratif » et de « robot ».

 # site et vidéo
Amazon prépare le e-commerce de demain avec son armée de robots
foucherconnect.fr/23dteco117

Boîte à outils Oral

• Avant de jouer la réunion, réfléchissez au statut de la personne interprétée.
• Pendant la réunion :
- laissez vos interlocuteurs s'exprimer et répondre avec les arguments préparés en amont ;
- exprimez-vous avec précision, en utilisant un niveau de langue adapté.

3 APPROFONDIR

Doc 1 Un changement de combinaison productive réussi

Une entreprise familiale fabrique et commercialise une large gamme de meubles pour cuisine, salle de bains et rangement.

L'équipe de direction a pour objectif la modernisation de l'usine. Elle avait tout d'abord envisagé de mettre en place une chaîne de production totalement automatisée constituée de 10 unités de facteurs de production. Or l'usine perdait en flexibilité en termes de production. La personnalisation n'était plus possible.

L'entreprise opte alors pour plusieurs lignes de fabrication organisées, chacune avec quatre robots et un opérateur. L'ensemble constitue 6 unités de facteurs de production. Il s'avère que cette combinaison de facteurs de production est moins chère que le tout automatique puisqu'elle nécessite moins de place au sol. De plus, la présence de l'opérateur permet plus de souplesse dans la programmation. La production quotidienne par équipe est passée de 1 200 pièces à 2 000 pièces depuis la mise en place de cette combinaison productive.

L'organisation de la production s'appuie sur des groupes autonomes. La structure hiérarchique est aplatie, les membres de l'équipe sont collectivement responsables de la prise de décision, du processus de production et des résultats.

Les opérateurs sont polyvalents : ils sont capables, après avoir suivi une formation, de faire la maintenance des machines. Les membres des équipes s'organisent comme ils le souhaitent : ils élaborent eux-mêmes leur planning. Toutes ces pratiques permettent une meilleure communication. Chacun des salariés est donc mieux informé. L'efficacité et la motivation de chacun sont accrues.

© Foucher

Doc 2 La productivité globale de l'usine

	Lignes entièrement automatisées	Nouvelles lignes (quatre robots et un opérateur)
Nombre d'unités de facteurs de production	10	6
Production en nombre de pièces	x	x
Productivité globale en nombre de pièces	x	x

Questions

1. Expliquez le changement de la combinaison productive opéré dans l'usine.
2. Reproduisez le tableau du document 2 sur tableur et complétez-le à partir des données issues du document 1.
3. Calculez en pourcentage le gain de productivité.
4. Développez, dans une production écrite, les différentes sources de gains de productivité pour une usine.

Boîte à outils Production écrite

- Avant de répondre aux différentes questions, il faut bien comprendre le contexte décrit dans les documents. Chaque paragraphe représente une idée à prendre en compte pour répondre aux questions.
- Avant de produire votre écrit, il faut bien se remémorer les mots-clés du chapitre pour les utiliser dans votre rédaction. Il faut également bien apprendre le plan détaillé de votre synthèse, qui reprend de manière logique les idées essentielles.

▲ Jardins de la baie et ligne d'horizon de Singapour, un des pays les plus riches en fonction du PIB par habitant.

Notions

Agrégats économiques : valeur ajoutée et produit intérieur brut (PIB) + Production non marchande + Indicateurs complémentaires au PIB : indice de développement humain (IDH), etc. + Statistique nationale et comptabilité nationale + Calcul du PIB

15 La mesure des richesses produites par une économie

Découvrir ensemble

> Pour vous, quel est le pays le plus riche au monde ?

> Quels critères utilisez-vous pour considérer qu'un pays est riche ?

VIDÉO

3 minutes pour découvrir autrement

foucherconnect.fr/23dteco118

1 La valeur ajoutée

DOC 1 Les entreprises créent de la valeur

Combien coûte un iPhone 14 Pro ?

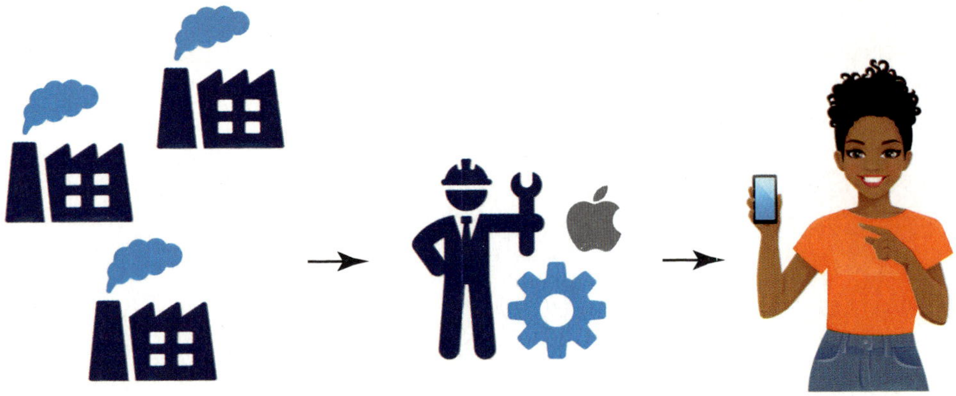

Achats de composants et matières premières
476 €

Transformation et assemblage

Vente au client
1 329 €

© Foucher

1 Exprimez, en pourcentage, la part des achats de composants et de matières premières dans le prix de vente d'un iPhone 14 Pro.

2 Commentez l'écart entre le prix de vente et le coût des composants et matières premières nécessaires pour fabriquer un iPhone 14 Pro.

 # vidéo
Calcul de la valeur ajoutée - 2,34 min
foucherconnect.fr/23dteco119

DOC 2 Le calcul de la valeur ajoutée

La valeur ajoutée (VA) représente la richesse nouvelle produite par l'entreprise lors du processus de production qui pourra être répartie sous forme de revenus […]. La VA est une notion différente du chiffre d'affaires (CA) qui représente la somme de l'ensemble des ventes des entreprises. La valeur ajoutée est obtenue si on soustrait de la valeur de la production les coûts intermédiaires, c'est-à-dire les matières premières et les services que les entreprises ont dû acheter [à l'extérieur] pour produire. […] Prenons l'exemple du pain : la valeur ajoutée dans la production du pain représente la différence entre le prix du pain vendu et la somme du prix de la farine, du levain, de l'électricité, etc. consommés pour produire ce pain.

Attention cependant, pour produire, une entreprise ne se contente pas de consommer des matières premières ou des services, elle utilise aussi [du travail et] des équipements […]. Dans l'exemple du pain, il s'agira du fournil, par exemple. Ces biens, étant des investissements, ne sont pas comptabilisés dans les coûts intermédiaires. Ils vont être utilisés plusieurs années, au lieu d'être consommés en une seule fois. Mais ils finiront par s'user ou par devenir techniquement désuets et il faudra les renouveler.
On appelle valeur ajoutée brute le calcul de la valeur ajoutée qui ne tient pas compte de cette usure des biens d'équipement […]. On parlera de valeur ajoutée nette si on [la] déduit.

lafinancepourtous.com, 28.10.2021.

3 Identifiez la différence entre la valeur ajoutée et le chiffre d'affaires d'une entreprise.

4 Proposez une formule de calcul de la valeur ajoutée.

5 Repérez les différents facteurs de production qui contribuent à la création d'une valeur ajoutée.

6 Expliquez pourquoi la valeur ajoutée est différente des bénéfices d'une entreprise.

DOC 3 La valeur ajoutée d'une production marchande ou non marchande

Production de biens et services

Marchands	**Non marchands**
Le prix de vente couvre plus de 50 % des coûts de production.	Fournis gratuitement ou à un prix qui n'est pas significatif.
• Tous les biens sont considérés marchands (ex. : une automobile). • Certains services sont marchands (ex. : un repas au restaurant). 	 Certains services sont non marchands (ex. : éducation, santé, action sociale, administration).
La production marchande a un prix, elle s'échange sur un marché.	**La production non marchande n'a pas de prix, elle n'est pas évaluée sur un marché.**
Chiffre d'affaires – Coûts intermédiaires = Valeur ajoutée	Somme des dépenses de production(1) = Valeur ajoutée (1) Matériel, salaires...

© Foucher

7 Identifiez les différences entre la production marchande et la production non marchande.
8 Expliquez si l'éducation est une activité non marchande ou une activité marchande.
9 Montrez quel problème pose le calcul de la valeur ajoutée d'une production non marchande.
10 Présentez la solution retenue pour mesurer la valeur ajoutée d'une production non marchande.

L'essentiel

- L'activité des entreprises crée de la valeur, mesurée par la valeur ajoutée.
- Il ne faut pas confondre la valeur ajoutée avec le chiffre d'affaires ni avec les profits (ou les pertes).
- La valeur ajoutée est la différence entre le chiffre d'affaires et les coûts intermédiaires.
- Il est plus difficile d'évaluer la valeur ajoutée des activités non marchandes.

À VOUS DE JOUER !

Lars Van Marcke tient un établissement de restauration rapide dans le centre d'Anvers. Il propose un nouveau sandwich bio au pâté végétal fabriqué à partir d'ingrédients achetés auprès de producteurs locaux : du pain (0,50 €), des crudités (1 €) ainsi que 40 grammes de pâté végétal (0,80 €). La préparation d'un sandwich nécessite environ 3 minutes de main-d'œuvre (0,75 €) et contribue à user le matériel de cuisine (0,10 €). Chaque sandwich est vendu au prix de 5 euros.

> **Mettez en évidence les coûts intermédiaires dans le cas de ce sandwich.**

> **Déduisez-en la valeur ajoutée puis les bénéfices pour un sandwich.**

Note : Le bénéfice, ou profit, est ce qui reste à l'entreprise une fois qu'elle a rémunéré les salariés, les banques, l'État.

2 Le PIB

DOC 1 L'importance des indicateurs économiques

1 Repérez le phénomène économique qui contraint ce personnage à repousser les embauches et les augmentations de salaires.

2 Identifiez l'indicateur qui permet de mesurer ce phénomène économique.

 # vidéo
Qu'est-ce que le produit intérieur brut ? - 2,53 min
foucherconnect.fr/23dteco120

DOC 2 Le PIB et sa mesure

Le produit intérieur brut (PIB) est le principal agrégat mesurant l'activité économique. Il correspond à la somme des valeurs ajoutées brutes nouvellement créées par les unités productrices résidentes une année donnée [...].
Il donne une mesure des richesses nouvelles créées chaque année par le système productif et permet des comparaisons internationales [...]. Son évolution en volume (c'est-à-dire hors effet de prix) mesure la croissance économique. [...]

insee.fr, novembre 2022.

3 Montrez ce que mesure le PIB.

4 Relevez l'intérêt de mesurer le PIB pour les agents économiques.

5 Expliquez le lien entre la valeur ajoutée et le PIB.

DOC 3 Le PIB de la France et de l'Inde entre 1975 et 2021

	1975	1995	2021
PIB France(1)	360,8	1 601,0	2 937,5
PIB Inde(1)	98,4	360,28	3 173,4
PIB/habitant France(2)	6,7	25,74	43,88
PIB/habitant Inde(2)	0,2	0,4	2,2

(1) En milliards de dollars courants (c'est-à-dire sans correction de la hausse des prix due à l'inflation).
(2) En milliers de dollars courants par habitant.

Source : world bank group.

6 Comparez les niveaux du PIB et du PIB/hab de la France et de l'Inde en 1975 et en 2021.

7 Commentez les évolutions du PIB de la France et de l'Inde entre 1975 et 2021.

8 Montrez l'intérêt de l'indicateur PIB/habitant pour effectuer des comparaisons internationales.

DOC 4 Le PIB en Europe en 2021

PIB des pays de l'UE (Mds d'€)

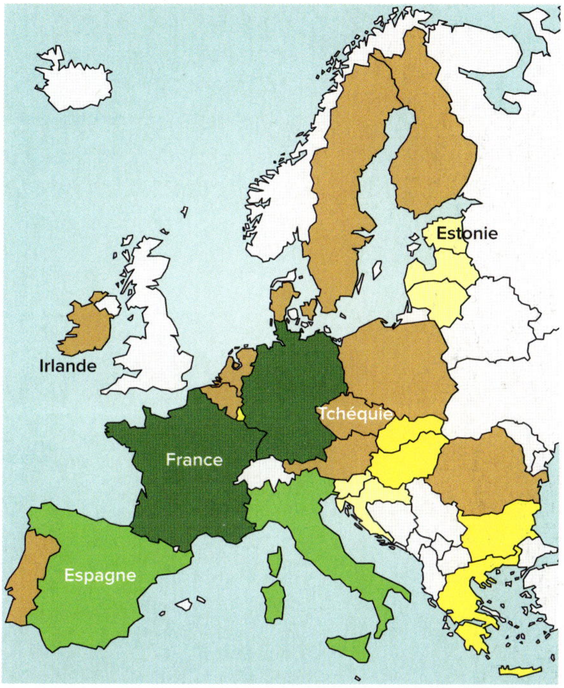

- De 10 à 50 Mrd d'euros
- De 50 à 200 Mrd d'euros
- De 200 à 1 000 Mrd d'euros
- De 1 000 à 2 000 Mrd d'euros
- Plus de 2 000 Mrd d'euros

PIB par habitant des pays de l'UE (en SPA*)

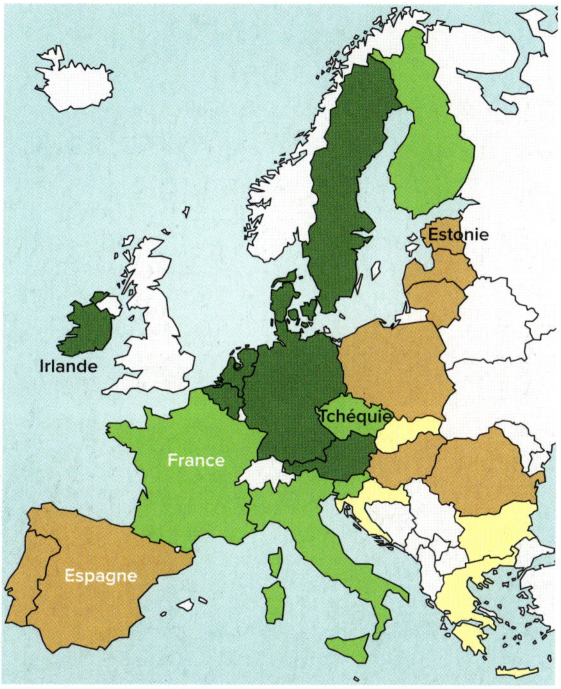

- De 14 000 à 23 000 SPA
- De 23 000 à 29 000 SPA
- De 29 000 à 37 000 SPA
- Plus de 37 000 SPA

* SPA : standard de pouvoir d'achat. C'est une unité monétaire artificielle permettant d'effacer les différences de prix entre plusieurs pays. En théorie, une unité de SPA permet de se procurer la même quantité de biens et services dans tous les pays.

Source : Eurostat, juin 2022.

9 Classez l'Estonie, l'Espagne, l'Irlande et la Tchéquie en fonction du niveau de leur PIB.

10 Classez ces mêmes pays en fonction du niveau de leur PIB par habitant.

11 Expliquez les différences entre le classement en fonction du PIB et le classement en fonction du PIB par habitant.

12 Appréciez la position de la France en Europe à l'aide de ces deux indicateurs.

L'essentiel

- Le PIB est le principal indicateur de la richesse d'un pays.
- Le PIB peut se calculer par la somme des valeurs ajoutées et mesure l'activité économique d'un pays.
- Le PIB et le PIB/habitant permettent des comparaisons internationales et dans le temps.

À VOUS DE JOUER !

Le président du Gloubistan est inquiet. Ses experts économiques viennent de lui apprendre que le PIB de son pays avait baissé de 7 % par rapport à celui de l'année précédente, dans un contexte plutôt morose au niveau international (le PIB mondial a baissé de 2 %). Le PIB par habitant du Gloubistan reste cependant parmi les plus importants au niveau mondial.

> **Expliquez ce que signifie cette baisse de 7 % du PIB pour les habitants du Gloubistan.**

> **Appréciez la situation du Gloubistan en exploitant les informations dont vous disposez.**

3 Les indicateurs complémentaires

DOC 1 L'argent fait-il le bonheur ?

Richard Easterlin, un économiste américain, a mis en évidence en 1974 le « paradoxe d'Easterlin » qui peut s'illustrer par ce graphique :

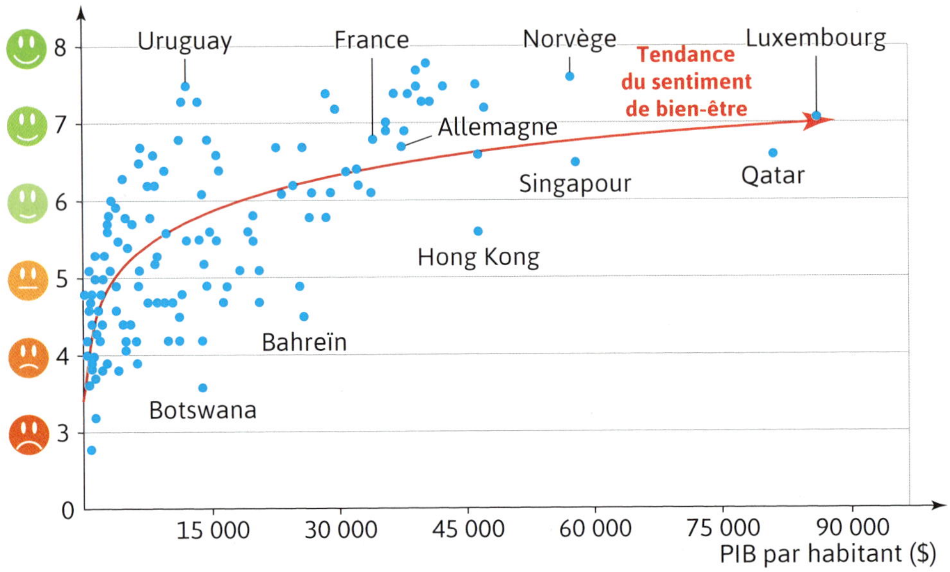

Lecture du graphique : l'axe horizontal classe les pays en fonction de leur PIB par habitant. Plus le point correspondant à un pays est placé vers la droite, plus le PIB par habitant de ce pays est élevé. Les pays sont aussi classés, sur l'axe vertical, en fonction du niveau de bien-être de leurs habitants. Plus le point correspondant à un pays est situé haut dans le graphique et plus les habitants de ce pays bénéficient d'un niveau élevé de bien-être.

© Foucher

1 Identifiez les variables utilisées dans ce graphique.

2 Comparez la situation du Qatar et de la France.

3 Exprimez la contradiction mise en évidence par ce graphique.

DOC 2 Ce que le PIB ne prend pas en compte

Si le produit intérieur brut (PIB) mesure la richesse d'un pays à travers son système productif, cet indicateur est aussi critiqué car il ne prend pas en compte […] la réalité de l'activité économique et […] ses conséquences pour mesurer la santé d'un État.
En effet, le PIB ne considère pas, par exemple, les effets négatifs de l'activité économique sur la pollution de l'environnement. En résumé, il ne prend pas en compte la question du développement durable.
Le PIB n'intègre pas non plus toutes les activités domestiques non prises en compte dans la richesse d'un pays car elles ne sont pas rémunérées, comme […] le fait d'aider un proche dépendant, le bénévolat, les services rendus gratuitement comme le jardinage, le bricolage, etc. Le travail non déclaré, dit « au noir », n'est pas non plus comptabilisé dans le PIB.
Le PIB ne mesure pas non plus le bien-être et le développement humain des habitants, des indicateurs qui ne sont pas forcément en lien avec le niveau de richesse d'un pays, comme le prouve le niveau des inégalités sociales même dans un pays où l'activité économique est forte.

economiquement.fr, 18.12.2021.

4 Mettez en évidence les limites du PIB.

5 Appréciez l'intérêt du PIB comme unique indicateur de la richesse d'un pays.

DOC 3 Les indicateurs complémentaires au PIB

Indice de développement humain (IDH)

Indice statistique, d'une valeur comprise entre 0 et 1, élaboré par le Programme des Nations unies pour le développement (PNUD) et qui se fonde sur trois dimensions :

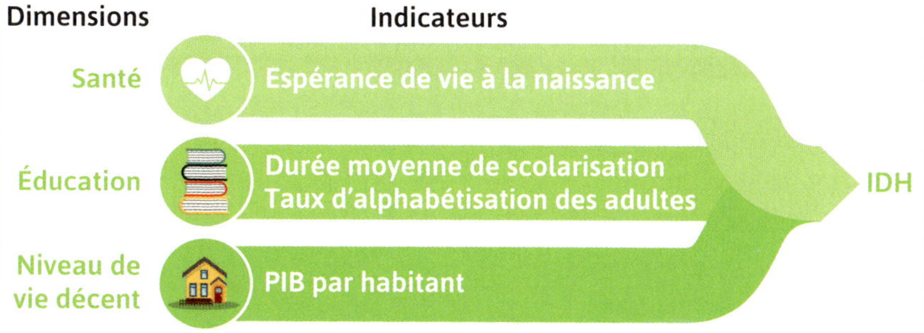

Classement IDH 2021

1. Suisse (0,962)
21. États-Unis (0,921)
28. France (0,903)
42. Qatar (0,855)
79. Chine (0,768)
189. Niger (0,400)

Happy Planet Index (HPI)

Indice statistique, créé par la New Economics Foundation, calculé à partir de quatre indicateurs :

- l'empreinte écologique (quantité de ressources naturelles consommées par le pays) ;
- l'espérance de vie ;
- le degré de bien-être des populations (obtenu par sondage) ;
- l'inégalité des revenus.

La valeur de l'HPI est égale à HPI = (☺ × ♡ × €) / ◐ et varie entre 0 et 100.

Classement HPI 2020

1. Costa Rica (62,1)
31. France (51,8)
94. Chine (41,9)
122. États-Unis (37,4)
152. Qatar (24,3)

© Foucher

6 Identifiez les principaux critères utilisés pour élaborer les indicateurs présentés.

7 Commentez le classement des États-Unis et de la France (respectivement classés 5e et 23e mondial en matière de PIB par habitant) au regard des indicateurs IDH et HPI.

8 Montrez l'intérêt d'indicateurs complémentaires au PIB.

 # vidéo
Beyond GDP : Measuring the Wealth of Nations for Green, Inclusive, and Resilient Growth
3,08 min
foucherconnect.fr/23dteco121

L'essentiel

- Le PIB est un indicateur centré sur la valeur ajoutée qui ne traduit pas le bien-être.
- Le PIB apprécie mal la production de biens non marchands, le développement durable et les inégalités.
- Des indicateurs complémentaires (IDH, HPI) permettent de tenir compte d'autres dimensions de la richesse d'un pays.

À VOUS DE JOUER !

Winland et le Firststan sont deux pays rivaux qui prétendent chacun être le pays le plus riche du monde. Voici leurs statistiques les plus récentes :

	PIB	PIB/habitant	IDH	HPI
Winland	40 000 milliards $	140 000 $	0,680	22,1
Firststan	25 000 milliards $	150 000 $	0,690	24,2

> Identifiez le pays le plus riche.

> Appréciez s'il fait bon vivre dans ces deux pays.

Synthèse

3 minutes pour retenir
foucherconnect.fr/23dteco122

1 La valeur ajoutée

Richesse créée par l'entreprise au cours du processus de production

- Biens et services marchands : Chiffre d'affaires – Coûts intermédiaires
- Services non marchands : Somme des dépenses de production

2 Le PIB

Produit intérieur brut (PIB)

Principal indicateur de richesse d'un pays

- Somme des valeurs ajoutées brutes
- Permet des comparaisons entre pays et dans le temps

3 Les indicateurs complémentaires

Critiques du PIB

Apprécie mal :
- les activités non marchandes ;
- le bien-être de la population ;
- le développement durable.

Indicateurs complémentaires

- Variables multiples (IDH, HPI...)
- Variables non exclusivement monétaires (santé, éducation, inégalités)

Mots-clés

> Indice de développement humain (IDH)
> Produit intérieur brut (PIB)
> Valeur ajoutée (VA)

Voir lexique P. 284

QUIZ
Vocabulaire économique
foucherconnect.fr/23dteco123

Fiche Méthode 15 Lire et comprendre un tableau

Objectif *Comprendre et interpréter les données chiffrées présentées sous forme de tableau, éventuellement en calculant des rapports ou des variations*

Exemple. Le tableau suivant présente le montant du PIB en France, entre 2017 et 2021.

	2017	2018	2019	2020	2021
PIB (en milliards d'euros à prix courants)	3 032,7	3 136,7	3 231,1	2 990,1	3 285,9

Source : Insee, comptes nationaux 2022.

Comment a évolué le PIB de la France entre 2017 et 2021 ?

Étape 1 Préparer l'analyse du tableau

- **Repérer le titre du tableau et délimiter son champ d'analyse (population, période...).**
- **Reconnaître le tableau utilisé : simple ou à double entrée (un ou deux critères d'analyse).**
- **Interpréter les intitulés des lignes (lecture horizontale) et des colonnes (lecture verticale).**
- **Identifier les unités de mesure : valeur, volume, valeur absolue ou relative (%), indice, etc.**
- **Relever la source et la date du tableau.**

Le tableau, publié par l'Insee en 2022, présente l'évolution du PIB de la France entre 2017 et 2021. C'est un tableau à simple entrée : le PIB, en milliards d'euros à prix courants (sans enlever l'effet de l'inflation) figure en ligne, et les différentes années en colonnes.

Piège à éviter

> Pensez à interpréter correctement les unités du tableau : ne pas confondre par exemple les valeurs absolues (euros, quantités...) et les valeurs relatives (%).

Étape 2 Analyser les informations du tableau

- **Relever les informations essentielles (tendance générale, valeurs extrêmes, écarts...).**
- **Comparer les données pour repérer les cas particuliers (données atypiques).**
- **Faire des calculs complémentaires si cela se justifie (regrouper des catégories, mesurer le taux d'évolution, calculer un rapport ou un pourcentage...).**
- **Interpréter avec vos connaissances (identifier des liens entre les variables).**

Tendance générale : le PIB français a augmenté en passant de 3 032,7 milliards d'euros en 2017 à 3 285,9 milliards en 2021. Cas particuliers : le PIB a baissé en 2020 (-241 milliards d'euros). Calculs complémentaires : le PIB a augmenté de 8,35 % entre 2017 et 2021 mais a baissé de 7,5 % entre 2019 et 2020. Interprétation : la baisse en 2020 est liée à la crise sanitaire de la Covid-19.

Étape 3 Rédiger l'analyse du tableau

- **Introduction : présenter l'objet du tableau (voir Étape 1).**
- **Paragraphe 1 : décrire les informations générales fournies par le tableau et les interpréter à l'aide de vos connaissances (liens, causes, conséquences).**
- **Paragraphe 2 : préciser les informations particulières fournies par le tableau et les interpréter à l'aide de vos connaissances.**

Ce tableau, composé de données de l'Insee, présente l'évolution du PIB en France, en milliards d'euros à prix courants, entre 2017 et 2021.

Le PIB a évolué de manière régulière pendant cette période, passant de 3 032,7 à 3 285,9 milliards d'euros, soit une augmentation de 8,35 % sur la période. C'est donc une période de croissance économique.

On remarque cependant une baisse de 241 milliards d'euros en 2020 (-7,5 % par rapport à 2019) qui peut s'expliquer par la crise sanitaire de la Covid-19.

 # méthode+
Interpréter un tableau à double entrée
foucherconnect.fr/23dteco124

Activités

3 minutes pour se tester
foucherconnect.fr/23dteco125

1 APPLIQUER

Doc Le PIB et l'IDH de la France et de l'Espagne entre 2019 et 2021

	PIB (en milliards d'euros)			IDH		
	2019	2020	2021	2019	2020	2021
France	3 231,1	2 990,1	3 285,9	0,905	0,898	0,903
Espagne	1 245,6	1 118,0	1 206,8	0,908	0,899	0,905

© Foucher

Questions

1. Calculez pour chaque pays le taux d'évolution du PIB entre 2019 et 2020 puis entre 2020 et 2021.
2. Calculez pour chaque pays le rapport entre l'IDH de 2021 et celui de 2019.
3. Comparez l'impact de la crise sanitaire de 2020 sur la richesse et le bien-être en France et en Espagne.

Boîte à outils Calcul

Un rapport compare deux valeurs en utilisant la formule :

$$\frac{\text{valeur B}}{\text{valeur A}}$$

Le rapport indique dans quelle proportion la valeur B est plus grande ou plus petite que la valeur A.
Exemple : si le rapport est égal à 2,1 ; la valeur B est 2,1 fois plus grande que la valeur A.

2 ARGUMENTER À L'ORAL

COMPTE RENDU

Une commission citoyenne, formée de vous-même et de deux autres élèves, doit conseiller le gouvernement sur le **choix de trois indicateurs de mesure de la richesse du pays**.
Votre commission devra proposer une combinaison de trois indicateurs en argumentant clairement ses choix.

- Pour mener votre travail, vous pourrez étudier les indicateurs utilisés par le gouvernement français en parcourant la ressource ci-contre.
- Vous préparerez, pour finir, une présentation PowerPoint en quatre ou cinq diapositives qui sera utilisée par la commission pour présenter oralement ses conclusions au gouvernement.
- Vous devrez être convaincant, le gouvernement doit gérer des problèmes nombreux et n'a que 10 minutes à vous accorder !

 # site
Les 10 nouveaux indicateurs de richesse
foucherconnect.fr/23dteco126

Boîte à outils Oral

Lorsque vous faites une présentation à l'oral avec un diaporama :
- n'intégrez pas de phrases dans vos diapositives, privilégiez des listes ou des schémas avec les mots ou les concepts principaux ;
- ne lisez pas le diaporama en tournant le dos à votre auditoire, gardez toujours le contact visuel avec ceux qui vous écoutent ;
- apportez des explications sur les diapositives ; votre discours à l'oral doit compléter les éléments écrits du diaporama.

3 APPROFONDIR

Doc 1 Classement prévisionnel des principaux pays par PIB en dollars

	2022	2027	2032
États-Unis	1	1 ■	2 ▼
Chine	2	2 ■	1 ▲
Japon	3	4 ▼	4 ■
Allemagne	4	5 ▼	5 ■
Royaume-Uni	5	6 ▼	7 ▼
France	6	8 ▼	9 ▼
Inde	7	3 ▲	3 ■
Italie	8	12 ▼	13 ▼
Brésil	9	7 ▲	6 ▲
Canada	10	10 ■	12 ▼

■ Stagnation.
▲ Classement à la hausse par rapport à l'année précédente.
▼ Classement à la baisse par rapport à l'année précédente.
Les évolutions sont calculées en 2027 par rapport à 2022 et en 2032 par rapport à 2027.

Source : iris-france.org

Doc 2 Palmarès 2019 de l'indicateur de développement humain

Rang	Pays	IDH
1	Suisse	0,962
2	Norvège	0,961
3	Islande	0,959
4	Hong Kong	0,952
5	Australie	0,951
6	Danemark	0,948
7	Suède	0,947
8	Irlande	0,945
9	Allemagne	0,942
10	Pays-Bas	0,941
11	Finlande	0,940
12	Singapour	0,939
13	Belgique	0,937
13	Nouvelle-Zélande	0,937
15	Canada	0,936

Source : database PNUD.

Lac de Lucerne, Suisse.

Questions

1. Rappelez ce que mesure le PIB.
2. Identifiez et commentez le second indicateur utilisé ici pour comparer entre eux les pays.
3. Comparez les classements proposés par ces deux indicateurs.
4. Expliquez, dans une note structurée, l'intérêt et les limites du PIB pour réaliser des comparaisons internationales.

Boîte à outils Production écrite

Pour rédiger une note structurée :
- pensez à rédiger une introduction qui définit les mots-clés et rappelle la question posée ;
- ensuite, rédigez un développement en plusieurs parties qui exploite tous les documents ainsi que vos connaissances pour répondre progressivement à la question ;
- enfin, n'oubliez pas une conclusion qui fait la synthèse de votre réponse.

1 Le partage de la valeur ajoutée et ses évolutions

DOC 1 Le partage de la valeur ajoutée

1 Identifiez les personnages représentés sur ce document.
2 Précisez le problème économique que ce document cherche à illustrer.

DOC 2 L'évolution du partage de la valeur ajoutée en France

	1990	2000	2010	2021
Facteur travail	65,7	64,6	64,6	63,9
Facteur capital	30,5	30,9	30,8	31,0
État et collectivités locales	3,7	4,5	4,6	5,1
Total	100,0	100,0	100,0	100,0
Valeur ajoutée brute (Mrd €)	943,9	1 326,3	1 797,8	2 216,8

En % de la valeur ajoutée brute (en raison des arrondis, le total d'une colonne peut être différent de 100).

Source : Insee – comptes nationaux base 2014.

3 Rappelez pourquoi le facteur travail, le facteur capital et l'État bénéficient d'une partie de la valeur ajoutée.
4 Identifiez le principal bénéficiaire de la valeur ajoutée en France en 2021.
5 Commentez l'évolution du partage de la valeur ajoutée entre 1990 et 2021.

DOC 3 Les principales explications de l'évolution du partage de la valeur ajoutée

Favorise la part du facteur capital dans le partage de la valeur ajoutée. ←			→ Favorise la part du facteur travail dans le partage de la valeur ajoutée.
	Gains de productivité		
	du capital	du travail	
	Pouvoir de négociation		
	des actionnaires	des travailleurs	
	Accumulation de capital		
	En hausse (progrès technique)	En baisse (augmentation du coût du capital)	

© Foucher

6 Repérez les facteurs qui influencent le partage de la valeur ajoutée.

7 Expliquez pourquoi les gains de productivité du facteur travail augmentent la part de la valeur ajoutée reçue par ce facteur et diminuent celle reçue par le facteur capital.

8 Précisez le rôle du progrès technique dans la répartition de la valeur ajoutée.

DOC 4 Les enjeux du partage de la valeur ajoutée

La répartition de la valeur ajoutée est un enjeu économique majeur et revêt une dimension politique forte. Elle détermine la répartition des fruits de la production économique entre travail, capital et revenus prélevés par l'État.

La valeur ajoutée se répartit entre revenus du travail (les salaires), revenus du capital et prélèvements de l'État ou, plus simplement, entre les salaires, les bénéfices (mesurés en général par l'excédent brut d'exploitation) et les impôts.

Une augmentation de la part de la valeur ajoutée allant aux salaires vise à favoriser l'accroissement de la demande et ainsi à stimuler l'offre et l'emploi. Si la part allant aux propriétaires du capital (les actionnaires) augmente, elle doit leur permettre de continuer d'apporter des capitaux dans une entreprise jugée rentable et de financer plus facilement les investissements.

© DILA/vie-publique.fr, 05.10.2019.

 # vidéo
Partage de la valeur - 2,41 min
foucherconnect.fr/23dteco128

9 Identifiez les enjeux économiques de la répartition de la valeur ajoutée pour le facteur travail, le facteur capital et l'État.

10 Déduisez-en pourquoi le partage de la valeur ajoutée peut être source de conflits.

L'essentiel

- La valeur ajoutée est partagée entre les agents économiques.
- La part la plus importante de la valeur ajoutée revient au facteur travail.
- La répartition de la valeur ajoutée évolue avec la productivité des facteurs, particulièrement *via* l'impact du progrès technique.
- La répartition de la valeur ajoutée entre chaque catégorie d'agents économiques est conflictuelle.

À VOUS DE JOUER !

Entre 1990 et 2021, la part de la valeur ajoutée distribuée aux salariés en France a baissé, comme dans la plupart des autres pays riches. Par ailleurs, on observe depuis 1990 en France un ralentissement continu des gains de productivité du facteur travail, notamment par rapport à l'Allemagne et aux États-Unis.

> **Identifiez une relation entre ces deux phénomènes.**

> **Montrez quelles autres explications pourraient justifier la baisse de la part de la valeur ajoutée distribuée aux salariés en France.**

2 Les sources des revenus primaires des ménages

DOC 1 La diversité des revenus primaires

Banque Crédit du Sud
Agence de Montpellier centre

Votre relevé de compte n° XXX454654979 - janvier 2024

Dates	Opérations	Montants (€)
02-01	Virement – Salaire du mois de décembre	+ 2 040,00
04-01	Paiement carte – Cinéma UGC	– 36,00
05-01	Chèque – Cabinet du docteur Lagrippe	– 25,00
07-01	Paiement carte – Carburant	– 123,00
10-01	Prélèvement mensuel – Assurance auto	– 89,00
11-01	Intérêts perçus Livret A	+ 139,00
12-01	Paiement carte – Hypermarché	– 267,00
13-01	Paiement carte – Société des autoroutes du Nord	– 44,00
15-01	Paiement Internet – Commande Deliveroo	– 63,00
17-01	Virement – Loyer reçu sur location de votre logement Airbnb	+ 222,00
19-01	Virement – Remboursement crédit immobilier	– 680,00
22-01	Virement – Facture électricité	– 223,00
22-01	Paiement carte – Hypermarché	– 388,00
26-01	Paiement carte – Achat internet	– 267,00
28-01	Retrait espèces	– 80,00
29-01	Virement – Dividendes perçus sur actions L'Oréal	+ 84,50

© Foucher

1 Calculez le montant des revenus de cet agent économique pour le mois de janvier.

2 Montrez que ces revenus ont des origines diverses.

DOC 2 Les revenus primaires des ménages

Revenus du travail

Revenus qui proviennent du **travail** (salaires, traitements, primes, avantages en nature).

Revenus mixtes

Revenus des entrepreneurs individuels (artisans, commerçants, professions libérales).
Ils rémunèrent le **travail de l'entrepreneur** (qui n'est pas salarié) et le **patrimoine dont il est propriétaire** (matériel, locaux) et qui est utilisé par l'entreprise.

Revenus du patrimoine

Revenus issus du **patrimoine** (placements financiers, loyers reçus).

↓

Revenus primaires des ménages

© Foucher

3 Identifiez les trois éléments qui composent les revenus primaires des ménages.

4 Expliquez le terme « mixtes » dans la dénomination « revenus mixtes ».

5 Associez chaque revenu du document 1 à une catégorie de revenus primaires.

DOC 3 L'évolution des revenus primaires des ménages

Composition du revenu primaire des ménages français entre 1950 et 2021

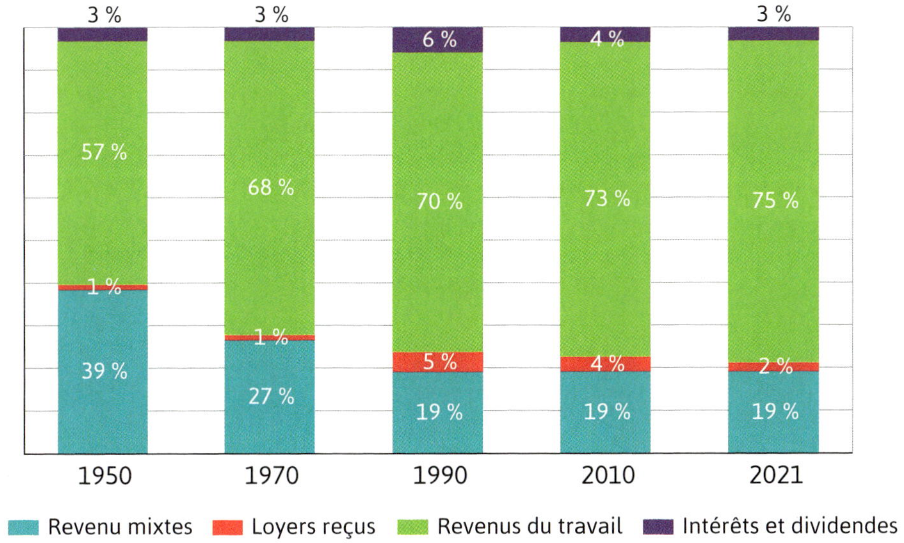

Source : Insee – Compte des ménages S14.

6 Interprétez la valeur « 75 % » figurant dans le graphique pour l'année 2021.

7 Examinez la composition des revenus primaires des ménages en 2021.

8 Commentez l'évolution de la part des différentes sources de revenus primaires entre 1950 et 2021.

DOC 4 Arrondir ses fins de mois avec les plateformes collaboratives

Il est devenu courant d'arrondir ses fins de mois en utilisant son temps libre pour gagner des revenus supplémentaires. Cet argent peut permettre d'augmenter le budget vacances, de faire plaisir à ses proches ou d'épargner pour financer un projet (travaux dans le logement, achat d'un véhicule…). Pour gagner ces revenus supplémentaires, il est possible de rechercher un deuxième emploi. Toutefois, d'autres moyens existent pour les personnes qui souhaitent échapper aux contraintes d'un contrat avec une entreprise.
Parmi les alternatives possibles, le jobbing* et l'économie collaborative sont de plus en plus utilisés. Ces services entre particuliers on vu leur développement s'accélérer avec le numérique et la multiplication des plateformes collaboratives. Celles-ci sont facilement accessibles et offrent aux personnes qui souhaitent utiliser leur temps libre pour s'enrichir des moyens très variés : louer des biens qui ne sont pas utilisés en permanence, revendre des objets inutilisés ou rendre un service en échange d'une rémunération.

* Mise en relation de personnes ayant besoin d'un service avec des personnes qui possèdent les compétences requises ou le temps pour le réaliser.

© Foucher

#site
Le salaire moyen en France en 2023 par secteur
foucherconnect.fr/ 23dteco129

9 Identifiez l'outil qui a favorisé le développement du jobbing et de l'économie collaborative.

10 Indiquez à quelle catégorie de revenus primaires appartiennent les revenus cités dans le document.

11 Donnez trois exemples de plateformes collaboratives qui permettent de gagner des revenus supplémentaires.

L'essentiel

- Les ménages perçoivent des revenus d'origines diverses.
- Les revenus primaires sont composés des revenus du travail, des revenus mixtes et des revenus du patrimoine.
- Les revenus du travail constituent la part la plus importante des revenus primaires.
- Les ménages peuvent compléter leurs revenus avec le jobbing et les plateformes collaboratives.

À VOUS DE JOUER !

Julie est enseignante en mathématiques depuis 13 ans. Elle vit à Grenoble, dans un appartement dont le loyer est de 680 euros par mois. Son salaire mensuel est de 1 965 euros. Elle dispose d'une épargne placée à la banque qui lui rapporte environ 420 euros par an. Elle loue parfois son appartement (2 ou 3 jours par mois) ou du matériel de bricolage, ce qui lui rapporte en moyenne 100 euros par mois. Les dépenses de Julie, principalement en alimentation et en loisirs, sont en moyenne de 950 euros chaque mois.

> **Classez les différentes sources de revenus de Julie dans les catégories qui composent les revenus primaires d'un ménage.**

> **Montrez si les revenus primaires mensuels de Julie suffisent à financer ses dépenses.**

3 Le processus de redistribution

DOC 1 La correction de la répartition des revenus par l'État

1 Identifiez les organismes représentés sur ces photographies.
2 Expliquez le rôle joué par chacun d'eux dans la répartition des revenus.

DOC 2 La formation du revenu disponible

Revenus primaires		Prélèvements obligatoires		Revenus de transfert		
• Revenus du travail • Revenus mixtes • Revenus du patrimoine	−	• Cotisations sociales • Impôts	+	• Allocations familiales • Retraites • Indemnités chômage • Remboursement de soins • Aides sociales	=	**Revenu disponible**

© Foucher

3 Différenciez les revenus primaires, les prélèvements obligatoires et les revenus de transfert.
4 Expliquez pourquoi le passage des revenus primaires au revenu disponible est qualifié de redistribution.
5 Identifiez l'agent économique qui est à l'origine de cette redistribution des revenus.

DOC 3 Le poids des prélèvements obligatoires

Poids des prélèvements obligatoires en % du PIB en France entre 1960 et 2022

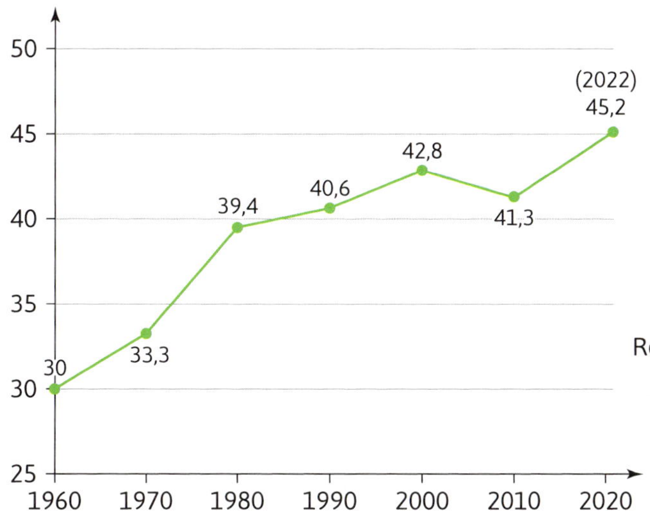

Poids des prélèvements obligatoires en % du PIB en 2021

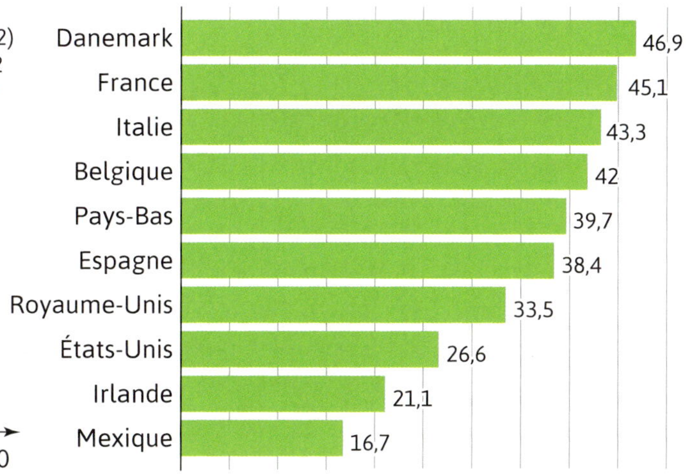

Source : OCDE.org

6 Relevez le poids des prélèvements obligatoires dans le PIB de la France en 2022.

7 Commentez l'évolution du poids des prélèvements obligatoires dans le PIB de la France entre 1960 et 2022.

8 Comparez, pour l'année 2021, le poids des prélèvements obligatoires en France et dans les autres pays cités dans le document.

 # vidéo
Les inégalités de richesse toujours plus importantes - 3,24 min
foucherconnect.fr/23dteco130

DOC 4 L'effet de la redistribution des revenus sur les niveaux de vie

Revenu moyen en euros	10 % les plus modestes	10 % les plus aisés
Avant redistribution	3 520	80 360
Après redistribution	10 820	60 350

En France, revenus annuels moyens en euros par personne.

Source : Insee.

9 Calculez le rapport entre le revenu moyen des 10 % les plus aisés et le revenu des 10 % les plus modestes, avant puis après redistribution.

10 Commentez l'effet de la redistribution des revenus sur les niveaux de vie en France.

L'essentiel

- L'État intervient dans la redistribution des revenus.
- Le revenu primaire augmenté des revenus de transfert et diminué des prélèvements obligatoires est égal au revenu disponible.
- Le taux de prélèvements obligatoires est élevé en France, comparativement aux autres pays.
- La redistribution des revenus en France contribue à réduire les inégalités de revenus.

À VOUS DE JOUER !

Alexandre vit à Niort. Il perçoit chaque mois un salaire de 1 650 euros. Il n'a pas d'épargne ni de placement financier mais loue régulièrement son appartement sur internet, ce qui lui rapporte environ 350 euros chaque mois. Il bénéficie par ailleurs d'allocations et d'aides pour un montant mensuel de 280 euros. Il estime enfin à 110 euros le montant des impôts, cotisations et taxes qu'il paye chaque mois et dépense environ 1 150 euros pour rembourser l'emprunt de son appartement, se nourrir et financer ses loisirs.

> **Calculez le revenu disponible d'Alexandre.**
> **Expliquez si le système redistributif français est favorable à Alexandre ou non.**

Synthèse

3 minutes pour retenir

foucherconnect.fr/23dteco131

1 Le partage de la valeur ajoutée et ses évolutions

Répartition de la valeur ajoutée
- Facteur travail
- Facteur capital
- État

- Influencée par les gains de productivité
- Conflictuelle

2 Les sources des revenus primaires des ménages

Revenus primaires des ménages

Revenus du travail	Revenus mixtes	Revenus du patrimoine
Part importante et en hausse	Part moyenne et en baisse	Part faible et constante

3 Le processus de redistribution

Correction de la répartition des revenus par l'État

Revenus primaires
+ Revenus de transfert (allocations, indemnités de chômage, retraites...)
– Prélèvements obligatoires (impôts, cotisations, taxes)
= Revenu disponible

Réduction des inégalités de revenus

Mots-clés

> Prélèvements obligatoires
> Revenu disponible
> Revenus mixtes
> Revenus primaires

Voir lexique P. 284

QUIZ
Vocabulaire économique
foucherconnect.fr/23dteco132

Fiche Méthode 16 Lire et comprendre un graphique

Objectif *Extraire des informations d'une représentation graphique*

Exemple. Part des prestations sociales dans le revenu disponible des ménages français entre 1949 et 2021.

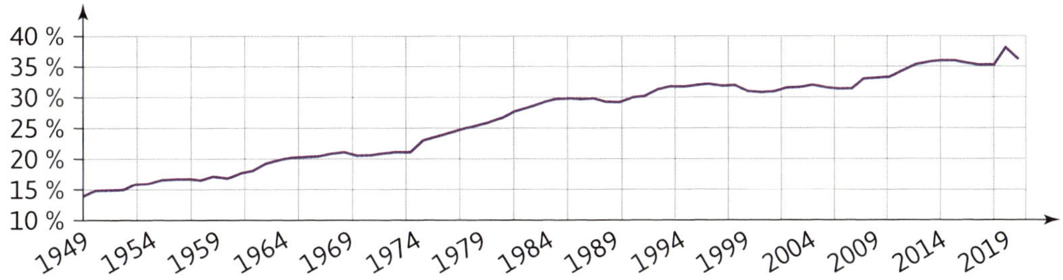

Source : Insee – comptes nationaux 2021.

Étape 1 Préparer l'analyse du graphique

Astuce
> Sur l'axe horizontal, il s'agit souvent du temps.

- **Repérer le titre du graphique, sa source et sa date.**
- **Reconnaître le type de graphique : diagramme de répartition, en bâtons, histogramme.**
- **Interpréter la nature des informations représentées sur les axes en faisant attention à l'unité.**
- **Comprendre le vocabulaire utilisé dans le graphique pour savoir ce qu'il représente.**

Ce graphique est construit à partir de données de l'Insee et datant de 2021. C'est un histogramme qui représente, entre 1949 et 2021 (abscisses), l'évolution de la part, en %, des prestations sociales dans le revenu disponible des ménages français (ordonnées).

Étape 2 Analyser les informations du graphique

- **Dégager les informations principales du graphique (tendance, valeurs extrêmes...).**
- **Détailler l'analyse pour repérer les cas particuliers ou les différentes parties du graphique.**
- **Faire des calculs complémentaires pour affiner l'analyse.**
- **Interpréter à l'aide de vos connaissances.**

Le graphique illustre une croissance de la part des prestations sociales dans le revenu disponible des Français. Celle-ci est régulière, passant de moins de 15 % en 1949 à plus de 35 % en 2021 (la part a plus que doublé). On remarque un ralentissement entre 1994 et 2008 ainsi qu'un pic en 2020 à plus de 37 % (Covid-19).

Étape 3 Analyser les informations du graphique

Conseil
> Utilisez un vocabulaire précis dans l'analyse (« en croissance » plutôt que « ça monte » ; « évolution irrégulière » plutôt que « ça bouge dans tous les sens », etc.).

- **Introduction : présenter l'objet du graphique (voir Étape 1).**
- **Analyse en plusieurs paragraphes : décrire les informations principales et les interpréter à l'aide de vos connaissances (liens, causes, conséquences) puis détailler l'analyse (données atypiques et interprétations).**

Ce graphique (Insee, 2021) est un histogramme présentant l'évolution de la part, en %, des prestations sociales dans le revenu disponible des ménages français entre 1949 et 2021. On remarque tout d'abord que cette part a plus que doublé, passant de moins de 15 % en 1949 à plus de 35 % en 2021. L'évolution a été relativement régulière, mais on remarque un ralentissement sur la période 1994-2008 (période de maîtrise des dépenses publiques en France) puis une reprise à la hausse après la crise financière de 2008, avec un pic lors de la crise sanitaire de 2020 (le gouvernement français a versé plus de prestations sociales pendant cette période).

 # méthode+
Ne pas se faire avoir par les représentations graphiques
foucherconnect.fr/23dteco133

Activités

3 minutes pour se tester
foucherconnect.fr/23dteco134

1 APPLIQUER

Doc La création de valeur ajoutée (en Mds €) par secteur institutionnel en France entre 1980 et 2021

	1980	1990	2000	2010	2021
Sociétés non financières	218,4	531,0	745,9	1 009,1	1 289,8
Sociétés financières	18,1	53,4	66,0	90,3	97,5
Administrations publiques	72,1	162,5	240,4	334,4	405,3
Ménages y compris entrepreneurs individuels	88,9	185,3	254,2	333,8	384,0
Institutions sans but lucratif au service des ménages	5,5	11,5	19,8	30,1	40,2
Ensemble de l'économie	403,0	943,9	1 326,3	1 797,8	2 216,8

Source : Insee – Comptes de la nation base 2014.

Questions

1. Expliquez la valeur 1 289,8 en haut de la colonne pour l'année 2021.
2. Calculez la part des sociétés non financières dans la création de valeur ajoutée en 1980 puis en 2021.
3. Comparez le taux d'évolution, entre 1980 et 2021, de la création de valeur ajoutée pour l'ensemble de l'économie et pour les ménages.
4. Présentez les principales évolutions de la création de valeur ajoutée par secteur institutionnel entre 1980 et 2021.

Boîte à outils Calcul

Un taux d'évolution s'exprime en % et se calcule avec la formule :

$$\frac{\text{(valeur finale – valeur initiale)}}{\text{valeur initiale}} \times 100$$

Une évolution inférieure à 100 % signifie que la valeur a diminué, une évolution de 100 % signifie que la valeur a doublé, une évolution de 200 % signifie que la valeur a triplé, etc.

2 ARGUMENTER À L'ORAL

DÉBAT

> Pour ou contre le revenu universel ?

Vous formerez des groupes de trois élèves en répartissant les rôles de la manière suivante :
– un animateur qui distribuera la parole et relancera le débat quand ce sera nécessaire ;
– un défenseur d'un revenu universel distribué à tous et d'un montant au moins égal au SMIC ;
– un intervenant en faveur d'un revenu universel faible et versé à des bénéficiaires limités.

L'animateur abordera ces thèmes :
– Faut-il verser ce revenu à tout le monde ?
– Quels seraient ses effets sur la société et sur le marché du travail ?

Les intervenants devront écouter et respecter la parole de l'autre, s'appuyer sur la parole de l'autre pour argumenter et défendre leur point de vue, s'exprimer avec précision en utilisant un niveau de langue adapté.

- Vous préparerez vos arguments en utilisant les documents étudiés dans ce chapitre ainsi qu'en visionnant la vidéo ci-contre.
- Il est possible de réaliser des recherches complémentaires.
- Durée : 10 minutes.

Boîte à outils Oral

Pour débattre efficacement, pensez tout d'abord à définir et comprendre les principaux termes de la question posée pour éviter les contresens. Ensuite, préparez une liste d'arguments précis, en les organisant par thèmes et en les associant, quand c'est possible, à des exemples, à des valeurs ou des statistiques fiables.

 # vidéo
Le revenu universel - 3,40 min
foucherconnect.fr/23dteco135

3 APPROFONDIR

Doc 1 La répartition de la valeur ajoutée en France (en %)

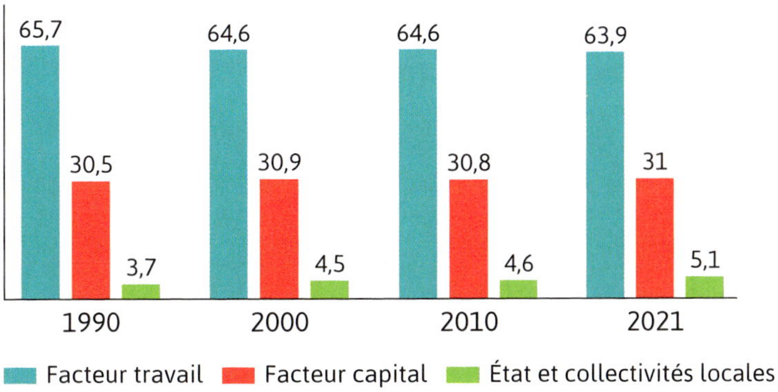

Note : la part du facteur travail comprend la rémunération des salariés et les revenus mixtes.

Source : Insee – Compte de la nation base 2014.

Doc 2 Quel partage entre salaires et profits ?

Le « bon » partage de la valeur ajoutée est de plus en plus difficile à définir, car la frontière entre rémunération du travail et du capital est de plus en plus poreuse. Pour Philippe Askenazy, directeur de recherche au CNRS, cette répartition, différente selon les pays, reflète notamment la variété des structures du marché du travail.

Dès sa création en 1997, le Conseil d'analyse économique a chargé deux des plus prestigieux économistes français de l'époque, Patrick Artus et Daniel Cohen, de rédiger un rapport sur le partage de la valeur ajoutée. Ce partage est un des indicateurs centraux en économie. La richesse produite annuellement dans un pays - la valeur ajoutée - va alimenter la rémunération du travail et celle du capital.

Le partage de la valeur ajoutée rend compte tout à la fois de la technologie de production [...] d'un pays, et des capacités du capital et du travail de capturer des rentes [...]. Il est ainsi une des composantes fondamentales des inégalités. Par ailleurs, une part du capital jugée trop faible - le taux de marge - peut faire craindre un investissement insuffisant.

Le « trop faible » est difficile à apprécier en l'absence [...] d'un critère [...] solide d'un « bon » partage. Il l'est d'autant plus que la frontière entre rémunération du travail et du capital est poreuse : qu'en est-il du revenu mixte des indépendants ? [...]

Des commentateurs du « trop » recourent alors souvent à des comparaisons internationales. Si on regarde les quatre plus grandes économies de chaque côté de l'Atlantique, on observe ainsi depuis le début du siècle une chute de la part du travail, selon la plupart des conventions statistiques actuelles, aux États-Unis et en Allemagne, et une remarquable stabilité en France et au Royaume-Uni. Alors le taux de marge serait-il trop bas en France, trop haut en Allemagne, par exemple ?

lesechos.fr, Philippe Askenasy, 28.10.2019.

Questions

1. Montrez les principaux facteurs expliquant la répartition de la valeur ajoutée entre le facteur travail et le facteur capital.
2. Expliquez ce que traduit un « bon » partage de la valeur ajoutée.
3. Précisez quelle difficulté empêche d'évaluer le niveau de ce « bon » partage entre facteur travail et facteur capital.
4. Présentez, dans une note de synthèse, le partage de la valeur ajoutée en France et son évolution.

Boîte à outils Production écrite

Pour réussir votre note de synthèse :
- **sélectionnez les informations essentielles ;**
- **ordonnez-les dans un plan ;**
- **illustrez vos idées par des exemples ;**
- **présentez votre note de manière claire, en utilisant des titres et en sautant des lignes quand cela est nécessaire.**

Les revenus des ménages en France

À partir de vos connaissances et de la documentation fournie en annexe, répondez aux questions suivantes.

Questions

1. Retrouvez la formule de calcul du revenu disponible brut des ménages français en 2022.
2. Identifiez les différentes sources de revenus des ménages.
3. Comparez la composition du revenu disponible selon le type de ménage.
4. Rédigez une argumentation qui permette de répondre à la question suivante : La redistribution des revenus permet-elle d'améliorer la situation des ménages ?

Annexe 1 Les composantes du revenu disponible brut des ménages français en 2022 (en Mds €)

Revenus primaires	Prélèvements obligatoires	Transferts sociaux	Revenu disponible brut
1 468,7	420,9	563,3	1 611,1

Source : Insee, Compte de revenu des ménages 2022.

Annexe 2 Composition du revenu disponible moyen selon le type de ménage des moins de 65 ans

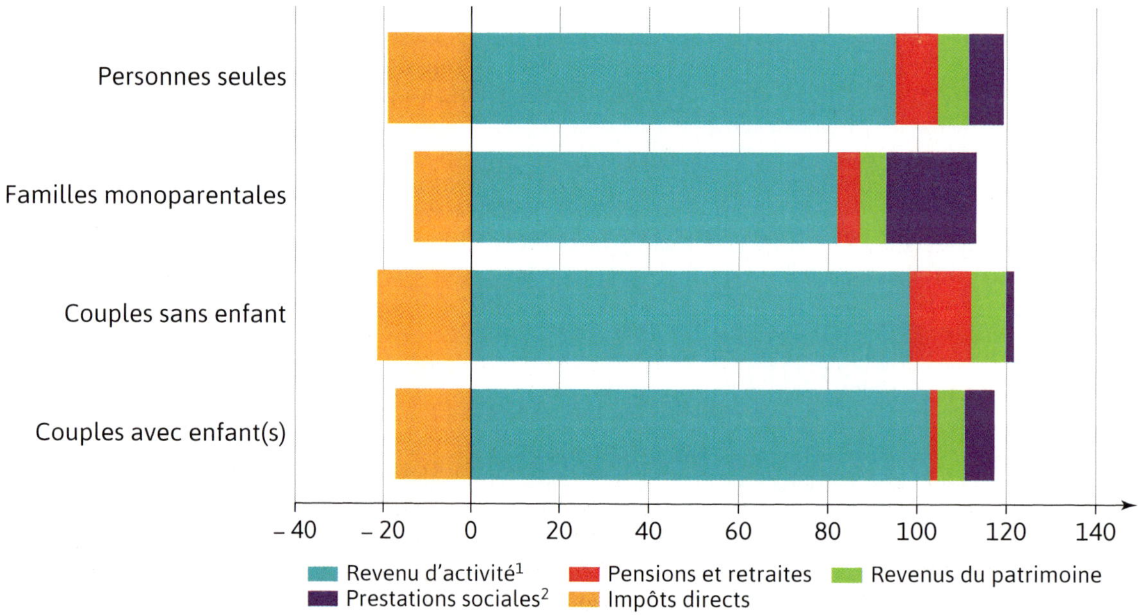

1. Salaires (y compris chômage, CSG et CRDS, hors cotisations sociales) et revenus d'indépendants.

2. Prestations familiales et logement (y compris CRDS), minima sociaux et prime d'activité.

Source : Insee, 2021.

Annexe 3 Taux de pauvreté : quel est l'effet des prestations sociales ?

En 2019, 9,2 millions de personnes vivaient en dessous du seuil de pauvreté (1 102 euros par mois). En l'absence de prestations sociales, la part de la population sous le seuil de pauvreté (14,6 % de la population métropolitaine après redistribution) aurait atteint 22,2 % selon une récente étude [de la Direction de la recherche, des études, de l'évaluation et des statistiques (Drees), publiée en septembre 2022].

[Selon cette étude], 38 % du revenu disponible [des ménages qui vivent en dessous du seuil de pauvreté] est constitué de prestations sociales [...]. En moyenne, le niveau de vie mensuel des membres des ménages pauvres augmente de 335 euros grâce aux minima sociaux et autres prestations sociales [...]. 81 % des minima sociaux et 76 % des allocations logement sont alloués aux 20 % des personnes les plus modestes. Le recul de la pauvreté sous l'effet de la redistribution est particulièrement marqué pour les familles nombreuses, les personnes de moins de 20 ans et les personnes handicapées.

vie-publique.fr, 05.10.2022.

Annexe 4 Les 10 % les plus aisés captent près du quart de l'ensemble des revenus

Si l'on découpe la population en dix tranches égales de 10 %, le dixième le plus riche touche près du quart (23,9 %) de la masse des revenus de l'ensemble des ménages, après impôts et prestations sociales [...]. Dit autrement, cette tranche de la population reçoit près de 2,4 fois plus que ce qu'elle devrait obtenir si la répartition des revenus était équitable (23,9 % divisés par 10 %). Les classes moyennes – dont les revenus sont situés entre les 30 % inférieurs et les 20 % supérieurs –, qui représentent donc la moitié de la population, reçoivent la moitié du revenu global, après impôts. À l'autre extrémité de l'échelle des revenus, les 10 % les plus pauvres perçoivent 3,5 % de l'ensemble des revenus, soit trois fois moins que leur part dans la population. Le « gâteau des revenus » est loin d'être découpé de façon équitable. Sauf pour les trois tranches situées entre les 50 % et les 80 % qui reçoivent en revenus une part proche de leur poids dans la population. Au bout du compte, les 10 % les plus riches reçoivent à eux seuls près de sept fois la masse des revenus perçue par les 10 % les plus pauvres. Le système français de redistribution, fait d'impôts et de prestations sociales, réduit les inégalités mais il est encore bien loin d'égaliser les parts.

inegalites.fr, 25.01.2022.

Annexe 5 Inégalités primaires, redistribution : comment la France se situe-t-elle en Europe ?

Il y a consensus pour dire que la France est, en comparaison européenne, un pays relativement égalitaire. Quelles que soient les sources statistiques et l'indicateur choisis, les inégalités de revenu disponible, c'est-à-dire après prélèvements obligatoires directs et prestations sociales, se révèlent en France relativement moins élevées qu'ailleurs [...].

Ces résultats s'expliquent en premier lieu par de moindres inégalités de revenus d'activité entre personnes en emploi [...]. De plus, la France présente les inégalités de revenus du patrimoine les plus faibles d'Europe. Enfin, si l'on se place au niveau des individus, avant mise en ménage, la France renforce sa position égalitaire, [avec un niveau d'inégalités] inférieur de 6 % à la médiane européenne. [...]

La redistribution réduit [ensuite] les inégalités [...] de 25 % en France, soit près de 10 % de plus qu'en médiane européenne [...]. [Cela] s'explique par des volumes redistribués plus importants dans notre pays, et non par une redistribution plus ciblée [...]. Contrairement à un discours répandu, cette analyse montre donc que l'importance de la redistribution en France ne relève pas d'un système qui viserait à compenser de fortes inégalités primaires (à défaut de pouvoir les traiter à la racine), mais bien d'un choix : celui de réduire plus qu'ailleurs les inégalités. Pour autant, des marges de manœuvre existent pour améliorer l'efficacité de notre système redistributif : un ciblage accru de certains prélèvements et prestations permettrait de réduire les volumes transférés sans accroître les inégalités, ou de les réduire davantage sans accroître les masses transférées.

Julien Rousselon et Mathilde Viennot, « Inégalités primaires, redistribution : comment la France se situe en Europe », Note d'analyse et document de travail, France Stratégie, décembre 2020, stratégie.gouv.fr.

▲ Le 2 novembre 2020, le décret 2020-1331 interdit la vente des produits non essentiels, comme ici au rayon « jouets pour enfants » d'un magasin parisien.

Notions

Déterminants de l'épargne et de la consommation + Propension à consommer + Taux d'épargne + Patrimoine

17 L'arbitrage entre consommation et épargne

Découvrir ensemble

> D'après vous, quel a été l'impact du confinement sur la consommation des ménages français en 2020 ?

> Que peut-on en déduire sur l'épargne des ménages français depuis 2020 ?

VIDÉO

3 minutes pour découvrir autrement

foucherconnect.fr/23dteco136

1 Les déterminants de la consommation et de l'épargne

DOC 1 Évolution de la consommation et de l'épargne en fonction de l'âge

Gabriel, 20 ans, étudiant boursier

1 Repérez les sources de revenu et les dépenses de cet étudiant.
2 Comparez sa capacité à consommer et à épargner en tant qu'étudiant.
3 Expliquez l'évolution de sa consommation et de son épargne depuis son entrée dans la vie active jusqu'à sa période de retraite.

DOC 2 Les déterminants économiques en 2022 et 2023

Taux de chômage en baisse

→ 7,2 % au 4e trimestre 2022

Augmentation générale des prix

→ 6 % sur un an en janvier 2023

Hausse du salaire minimum

→ Augmentation d'environ 24 € nets par mois depuis le 1er janvier 2023

Augmentation du taux d'intérêt du Livret A

→ Taux relevé de 2 % à 3 % depuis le 1er février 2023

© Foucher

4 Appréciez l'impact de l'évolution de chaque déterminant économique sur la consommation ou l'épargne.
5 Concluez sur le lien entre la conjoncture économique d'un pays et l'arbitrage consommation/épargne des ménages.

DOC 3 Les déterminants sociaux et culturels de la consommation

Situation A
Jonathan, jeune cadre, consacre environ 10 % de son budget aux produits alimentaires tandis que Barbara, employée, y consacre 15 %.

Situation B
Dans le sud de la France, Soraya consomme beaucoup d'huile d'olive pour la préparation de ses plats, tandis qu'Elouen qui habite en Bretagne n'utilise que du beurre salé.

Situation C
Baptiste, propriétaire d'une voiture de luxe, l'utilise pour se déplacer quotidiennement, mais aussi pour montrer l'importance de sa richesse et sa position sociale élevée.

Situation D
Killian, en classe de 4e, souhaite s'acheter les mêmes baskets Nike® que son ami Esteban.

6 Identifiez les facteurs qui influencent la consommation ou l'épargne dans chacune de ces situations.

7 Concluez sur le lien entre ces facteurs et la consommation ou l'épargne.

DOC 4 Les motivations d'épargne majeures des Français en 2021

Lecture du graphique : Faire face à d'éventuelles dépenses imprévues est une préoccupation majeure pour 86 % des épargnants français.

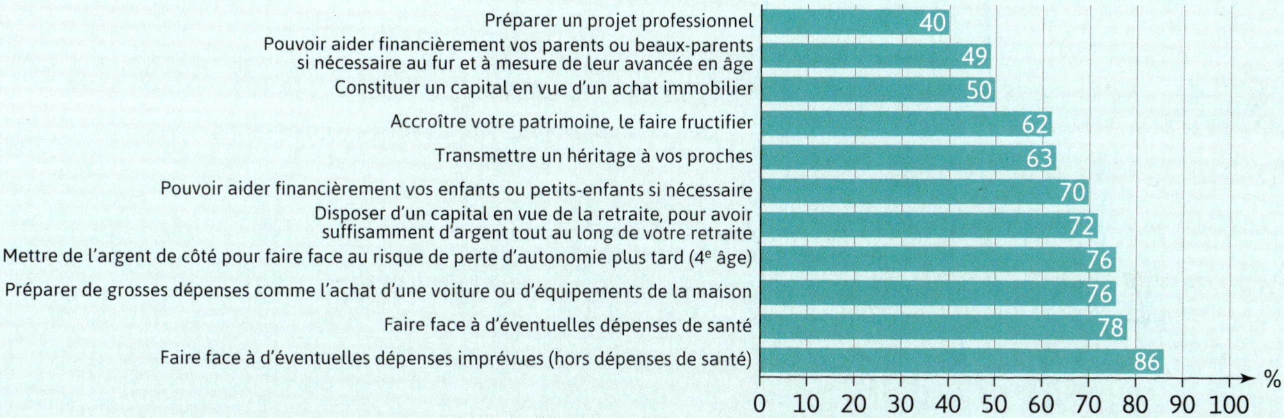

Source : baromètre AMF de l'épargne et de l'investissement 2021.

8 Identifiez les cinq principales motivations des Français qui épargnent.

9 Classez dans un tableau ces motivations en fonction du temps : épargne à court, moyen ou long terme.

10 Déduisez-en les trois principales motivations à épargner.

L'essentiel

- La consommation et l'épargne des ménages sont influencées par l'âge, des déterminants économiques, sociaux et culturels.
- Un ménage décide d'épargner pour trois raisons principales : la précaution, la consommation différée, la constitution d'un patrimoine.

À VOUS DE JOUER !

Amine, un ingénieur de 50 ans, est très organisé et aime anticiper les choses. Il prépare sa retraite depuis déjà quelques années en mettant de l'argent de côté. Il se souvient de ses premières années de travail où il avait du mal à épargner. Il dépensait tout son argent en sorties entre amis et courses alimentaires !

> **Identifiez les déterminants économiques, sociaux et culturels qui ont influencé la consommation et l'épargne d'Amine tout au long de sa vie.**

> **Précisez de quel type d'épargne il s'agit lorsqu'il met de l'argent de côté pour sa retraite.**

2 La mesure de la consommation et de l'épargne

DOC 1 La répartition du revenu disponible de M. et Mme Favre

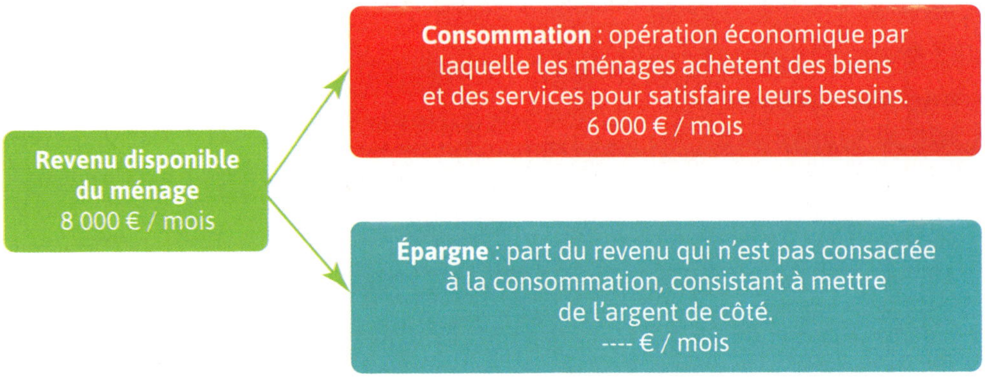

1 Calculez le montant épargné tous les mois par M. et Mme Favre.
2 Montrez en quoi l'épargne est considérée comme un effort par les ménages.
3 Expliquez en quoi l'acquisition de leur résidence principale peut être considérée comme une consommation différée.

DOC 2 La propension moyenne à consommer et à épargner

- **La propension moyenne à consommer** mesure la part du revenu qui est affectée à la consommation : (consommation/revenu) × 100.
- **La propension moyenne à épargner** mesure la part du revenu destinée à l'épargne : (épargne/revenu) × 100.

	Footballeur star de la ligue 1	Médecin en libéral	Ouvrier
Revenu disponible / mois	100 000 €	7 000 €	1 500 €
Montant mensuel dépensé en consommation	30 000 €	3 500 €	1 350 €
Montant mensuel consacré à l'épargne	70 000 €	3 500 €	150 €
Comparaison entre la propension moyenne à consommer et la propension moyenne à épargner	Propension moyenne à épargner > Propension moyenne à consommer	Propension moyenne à épargner = Propension moyenne à consommer	Propension moyenne à consommer > Propension moyenne à épargner

4 Calculez les propensions moyennes à consommer et à épargner des trois profils.
5 Commentez les résultats obtenus.
6 Expliquez en quoi une hausse de la propension moyenne à consommer ne traduit pas forcément une hausse de la consommation.
7 Concluez sur le lien entre le revenu disponible et les propensions moyennes à consommer et à épargner.

DOC 3 Évolution de la propension moyenne à consommer et à épargner en France (en Md€)

	2019	2020	2021
Montant du revenu disponible des ménages	1 479,6	1 494,7	1 554,9
Montant de la consommation des ménages	1 256,7	1 175	1 264,8

Variation absolue entre 2019 et 2020 :	
du revenu disponible des ménages 1 494,7 – 1 479,6 = + 15,1 Md€	de la consommation des ménages 1 175 – 1 256,7 = – 81,7 Md€

Source : Insee, données 2019, 2020 et 2021.

8 Calculez puis commentez la variation absolue du revenu disponible et de la consommation des ménages entre 2020 et 2021.

9 Commentez les résultats obtenus.

DOC 4 Évolution de la propension marginale à consommer et à épargner des ménages français entre 2019 et 2020

Propension marginale à CONSOMMER des ménages

$$\frac{\text{Variation absolue de la consommation}}{\text{Variation du revenu disponible}}$$

→ (– 81,7/15,1) x 100 = – 541 %

Propension marginale à ÉPARGNER des ménages

$$\frac{\text{Variation absolue de l'épargne}}{\text{Variation du revenu disponible}}$$

OU

1 – Propension marginale à consommer

→ (1 – (– 5,4)) x 100 = 640 %

© Foucher

10 Calculez puis commentez la propension marginale à consommer et à épargner entre 2020 et 2021.

11 Appréciez les conséquences d'une hausse du revenu disponible d'un ménage modeste sur la propension marginale à consommer.

12 Concluez en comparant la propension moyenne et la propension marginale pour un ménage.

L'essentiel

- La propension moyenne à consommer ou à épargner permet de calculer le montant du revenu disponible qui est affecté à la consommation ou à l'épargne.
- Lorsque le revenu disponible d'un ménage augmente, la propension moyenne à consommer diminue et la propension moyenne à épargner augmente.
- La propension marginale à consommer/à épargner mesure la part du revenu supplémentaire affectée à la consommation/à l'épargne.

À VOUS DE JOUER !

Steeve, vendeur dans une grande enseigne d'électroménager, a atteint ses objectifs de vente ce mois-ci, en décembre. En plus de son salaire habituel de 2 000 €, il va percevoir une prime d'objectifs de 2 000 € en décembre. Habituellement, avec son salaire sans prime, il dépense tous les mois en moyenne 1 800 € pour ses dépenses courantes. Il réussit à mettre de côté 200 € pour ses projets futurs. Mais en décembre, il compte bien profiter de sa prime d'objectifs pour s'offrir le nouvel iPhone qui vient de sortir au prix de 1 000 € et il épargnera le reste.

> **Calculez les propensions moyennes à consommer et à épargner de Steeve pour les mois de janvier à novembre inclus.**

> **Calculez les propensions marginales à consommer et à épargner de Steeve pour le mois de décembre.**

3 Revenus, épargne et patrimoine

DOC 1 Revenus, épargne et patrimoine

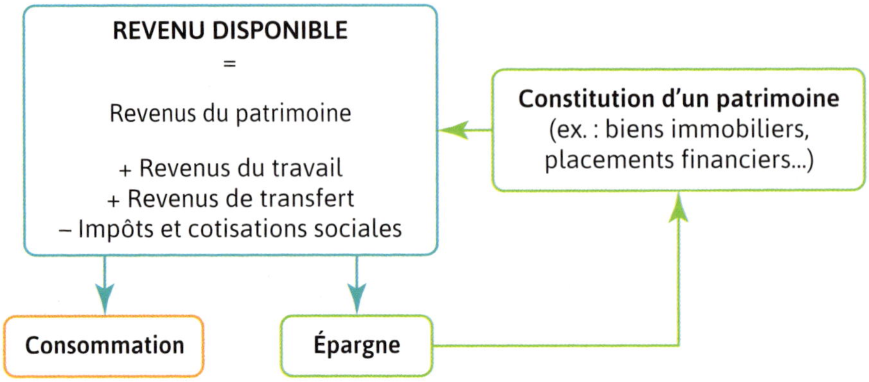

L'épargne se mesure grâce au taux d'épargne qui représente la part du revenu disponible qui n'est pas utilisée par les ménages en dépense de consommation finale. Il est égal au rapport entre l'épargne des ménages et le revenu disponible. L'épargne pourra être utilisée pour la constitution d'un patrimoine.

© Foucher

1 Rappelez l'origine des revenus d'un ménage.
2 Donnez des exemples de produits d'épargne connus en France.
3 Montrez en quoi le patrimoine peut être source de revenus.
4 Concluez sur le lien entre les revenus, l'épargne et le patrimoine.

DOC 2 La composition du patrimoine des ménages français évolue peu à la suite de la crise sanitaire

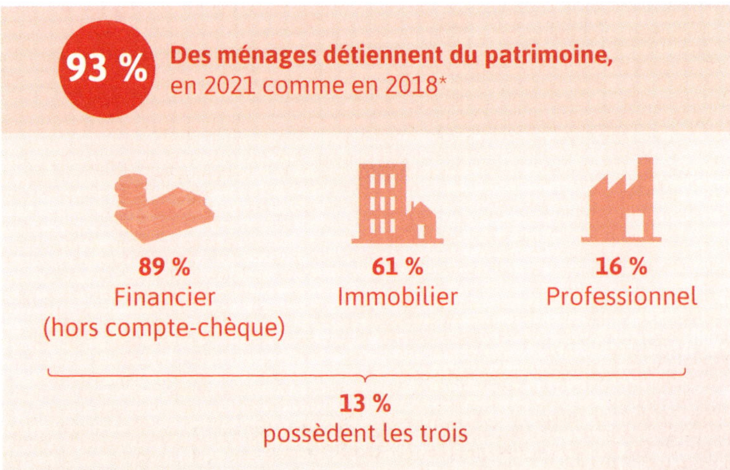

* Taux de détention en 2017-2018 et 2020-2021 des ménages vivant en logement ordinaire en France, hors Mayotte.

Source : *Insee Première*, n° 1899, mai 2022.

5 Repérez les trois éléments qui composent le patrimoine d'un individu.
6 Listez des exemples qui pourraient constituer le patrimoine professionnel, financier et immobilier d'un ménage.

DOC 3 L'épargne financière des ménages français en 2021

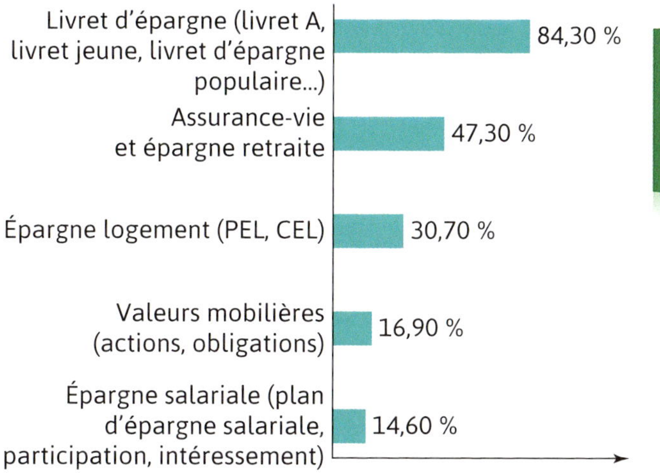

Source : *Insee première*, n° 1899, mai 2022.

 # vidéo
Épargne : à rendement élevé, risque élevé ! - 2,13 min
foucherconnect.fr/23dteco137

7 Relevez dans le graphique les différents produits d'épargne financière.

8 À l'aide de la vidéo, classez ces produits d'épargne financière en fonction de leur risque.

9 Expliquez pourquoi les ménages français privilégient l'assurance-vie et les livrets d'épargne pour leur épargne en 2021.

DOC 4 Les inégalités d'épargne alimentent les inégalités de patrimoine

Pour mettre de l'argent de côté, il faut en gagner suffisamment. L'épargne des Français, l'une des sources du patrimoine aux côtés de l'héritage, est répartie de manière particulièrement inégale. En moyenne, un adulte seul épargne 4 800 euros par an (données Insee 2017), soit 16 % de son revenu. Mais les 20 % les plus riches économisent 16 000 euros par an (presque 30 % de leur revenu). C'est autant que la totalité de ce que gagnent en moyenne les 20 % les plus pauvres en une année. Ces données minimisent beaucoup les inégalités en matière d'épargne car elles divisent la population en seulement cinq tranches, très larges, de revenus. Parmi les 20 % les plus aisés qui épargnent, on trouve des cadres supérieurs, mais aussi de grandes fortunes qui économisent bien plus. À partir d'un très haut niveau de revenu, en effet, il devient difficile de le dépenser entièrement, même en ayant un train de vie très dispendieux. D'autres variables que le niveau de vie jouent dans les inégalités de capacité à épargner. L'épargne augmente avec l'âge. Avant trente ans, on épargne peu, moins d'un dixième de ses ressources. Puis, les revenus s'accroissent au fil de la vie professionnelle et les dépenses diminuent le plus souvent avec l'avancée en âge car les besoins se réduisent : il devient alors plus facile de mettre de l'argent de côté. Le taux d'épargne s'élève ainsi à 18 % à partir de 50 ans et atteint 25 % à partir de 70 ans. [...]

« Les inégalités d'épargne alimentent les inégalités de patrimoine », Observatoire des inégalités, www.inegalites.fr, 02.06.2022.

10 Identifiez les éléments dans le texte pouvant influencer la capacité à épargner.

11 Expliquez en quoi le taux d'épargne dépend en grande partie du revenu disponible.

12 Présentez les conséquences du vieillissement de la population en France sur l'épargne et le patrimoine.

L'essentiel

- Le revenu disponible après consommation permet d'épargner. L'épargne permet de se constituer un patrimoine.
- L'épargne peut être financière ou non financière et se mesure grâce au taux d'épargne.
- Différents produits d'épargne existent en fonction du risque, du rendement et de la liquidité souhaités.

À VOUS DE JOUER !

Inès vient d'hériter de ses parents. Elle a perçu 100 000 €. Elle est déjà propriétaire d'un appartement sur lequel il lui reste 40 000 € à rembourser. Elle n'a aucun placement financier. Elle souhaite qu'une partie de cet argent soit disponible en cas de coup dur et n'aime pas trop prendre de risques en termes financiers.

> **Estimez le montant de son patrimoine.**

> **Calculez le montant qu'il restera à placer si Inès décide de rembourser intégralement son prêt immobilier.**

> **Proposez à Inès différentes solutions de produits d'épargne financière en respectant ses choix.**

Synthèse

3 minutes pour retenir
foucherconnect.fr/23dteco138

1 Les déterminants de la consommation et de l'épargne

Déterminants économiques
- Situation économique du pays
- Revenu disponible
- Motivation à l'épargne

Déterminants non économiques
- Âge
- Catégorie sociale
- Groupe d'appartenance
- Culture

Arbitrage consommation-épargne : un choix pour l'agent économique

2 La mesure de la consommation et de l'épargne

Variation du revenu disponible

↑ ou ↓ Propension moyenne à consommer ou à épargner

Calcul d'une propension moyenne

$$= \frac{\text{montant consommé ou épargné}}{\text{revenu disponible}} \times 100$$

↑ ou ↓ Propension marginale à consommer ou à épargner

Calcul d'une propension marginale

$$= \frac{\text{variation de la consommation ou de l'épargne}}{\text{variation du revenu disponible}} \times 100$$

3 Revenus, épargne et patrimoine

Hausse du revenu disponible des ménages

Hausse de l'épargne

- Épargne de précaution pour se constituer une réserve
- Épargne pour une consommation différée, la réalisation d'un projet
- Épargne pour se constituer un patrimoine ou une rente

Mots-clés

- Consommation
- Épargne
- Patrimoine
- Propension marginale à consommer (ou à épargner)
- Propension moyenne à consommer (ou à épargner)
- Taux d'épargne (ou propension à épargner)

Voir lexique P. 284

QUIZ
Vocabulaire économique
foucherconnect.fr/23dteco139

Fiche Méthode 17 Distinguer les valeurs moyennes et les valeurs marginales

Objectifs *Savoir calculer et interpréter une valeur moyenne et une valeur marginale ; savoir calculer et interpréter la propension moyenne et la propension marginale à consommer ou à épargner.*

Exemple. Revenu, consommation et épargne de Sandrine en année N. Sandrine est une célibataire de 25 ans, intérimaire pour une grande enseigne de distribution

Situation de Sandrine	Janvier	Février	Variation absolue entre janv. et fév.
Revenu disponible	1 000 €	1 200 €	+ 200 €
Consommation	800 €	900 €	+ 100 €
Épargne	200 €	300 €	+ 100 €

Propension marginale à consommer : $\frac{\text{variation absolue de la consommation}}{\text{variation absolue du revenu disponible}} \times 100$	50 %
Propension marginale à épargner : $\frac{\text{variation absolue de l'épargne}}{\text{variation absolue du revenu disponible}} \times 100$	50 %

Étape 1 Calculer une valeur moyenne

Calculer une moyenne consiste à additionner toutes les valeurs d'un ensemble puis à diviser le résultat par le nombre de valeurs additionnées.

Revenu disponible moyen de Sandrine
= (revenu disponible de janvier + revenu disponible de février)/2 mois
= 1 100 = (1 000 + 1 200)/2.

Piège à éviter

> La propension moyenne à consommer ou à épargner n'est pas une moyenne. C'est le résultat d'un calcul de proportion entre un revenu disponible et la part de ce revenu consacrée à la consommation ou à l'épargne sur l'ensemble d'une période donnée.

Étape 2 Calculer une valeur marginale

Calculer une valeur marginale consiste à calculer la variation de valeur résultant d'une part supplémentaire de revenu, production, produit ou service consommé, etc.

Dans le cas de la propension marginale à consommer ou à épargner, il s'agit de mesurer la part du supplément de revenu qui a été utilisée pour la consommation ou l'épargne.

Propension marginale à consommer de Sandrine
= variation absolue de la consommation/variation absolue du revenu disponible
= 100/200 = 0,5.

Astuce

> La notion de valeur marginale est aussi utilisée en économie pour le calcul du coût marginal ou de l'utilité marginale.

Étape 3 Interpréter les résultats

Sur les mois de janvier et février, le revenu disponible moyen de Sandrine est de 1 100 €.

En février, lorsque le revenu de Sandrine augmente de 200 € et que sa consommation augmente de 100 €, la propension marginale à consommer est de 0,5 (ou 50 %). Ainsi, 50 % de son revenu supplémentaire est consacré à la consommation.

Conseil

> En faisant le calcul « 1 – propension marginale à consommer », on obtient la propension marginale à épargner.

 # méthode+
Calculer une moyenne sur un tableur - 0,43 min
foucherconnect.fr/23dteco140

Activités

3 minutes pour **se tester**
foucherconnect.fr/23dteco141

1 APPLIQUER

Doc Revenu, consommation et épargne de la famille Charline

L'an dernier, le revenu disponible de la famille Charline s'est élevé à 4 000 € par mois. Ce revenu leur a permis de payer les différentes charges liées à leur logement (1 200 €), leurs courses alimentaires (800 €) ainsi que leurs dépenses pour leurs activités et loisirs (600 €). Tout le reste est consacré à leur épargne pour des projets futurs (achat d'une maison et d'une nouvelle voiture). Cette année, leur revenu disponible a augmenté de 15 %. Avec ce supplément de revenu, ils envisagent donc d'organiser un beau voyage pour leur 5 ans de mariage et décident de mettre l'argent de côté.

© Foucher

Questions

1. Calculez le revenu disponible de la famille Charline pour cette année.
2. Calculez le montant de leurs dépenses de consommation sur les deux années ainsi que la propension moyenne à consommer.
3. Calculez le montant de leur épargne sur les deux années ainsi que la propension moyenne à épargner.
4. Comparez les résultats obtenus entre les deux années.
5. Calculez la propension marginale à consommer et à épargner.
6. Commentez les résultats obtenus.

Boîte à outils Calcul

Pour faciliter vos réponses pour les questions 2 et 3, vous pouvez créer un tableau qui reprendra les données chiffrées des années N-1 et N. Cela vous évitera des erreurs de calcul.

2 ARGUMENTER À L'ORAL

Doc Un contexte économique difficile pour la consommation et l'épargne des Français en 2022

Crise sanitaire, guerre en Ukraine, dérèglement climatique… autant de facteurs qui malmènent l'économie mondiale en 2022. Les problèmes d'approvisionnement énergétique et alimentaire amplifient aussi l'augmentation générale des prix.

Cela entraîne une baisse de moral chez les Français avec un net recul de la consommation des ménages. Parallèlement, l'effet bas de laine du premier confinement se poursuit. Les Français n'ont jamais autant épargné par peur de l'avenir. Heureusement que les entreprises recrutent et que le taux de chômage reste stable.

Ce contexte difficile impose au gouvernement de prendre des décisions concrètes et rapides : le salaire minimum a augmenté, des chèques énergie sont distribués, un gel des prix de l'énergie est mis en place, etc.

© Foucher

ANIMER UNE CHRONIQUE

> Vous êtes journaliste et vous intervenez sur le journal de 20 h dans la chronique « 3 minutes pour comprendre l'éco ». Vous devez expliquer aux téléspectateurs le lien entre la situation économique d'un pays et l'arbitrage consommation – épargne des ménages.

La classe sera répartie en plusieurs petits groupes. Un élève dans chaque groupe sera chargé de la présentation orale. Pour mener votre travail de groupe, vous pourrez étudier les notions de votre cours, ajouter des données chiffrées issues de vos recherches sur internet et utiliser les éléments fournis dans le document.

Boîte à outils Oral

Vous pourrez vous appuyer sur la réalisation d'une infographie ou d'une carte mentale qui vous servira de support de présentation. Cela vous aidera à étayer vos propos et donnera une ligne conductrice à votre oral. Le site internet Canva, par exemple, propose gratuitement des modèles d'infographie à compléter (www.canva.com/infographie).

3 APPROFONDIR

 # vidéo
Loi Engel - 2,16 min
foucherconnect.fr/23dteco142

Doc 1 Loi d'Engel

« Plus un individu, une famille, un peuple sont pauvres, plus grand est le pourcentage de leurs revenus qu'ils doivent consacrer à leur entretien physique dont la nourriture représente la part la plus importante. »

Ernst Engel, *Die Lebenkosten belgischer Arbeiter-Familien* (traduction : *Les coûts de la vie pour les familles ouvrières belges hier et aujourd'hui*), 1895.

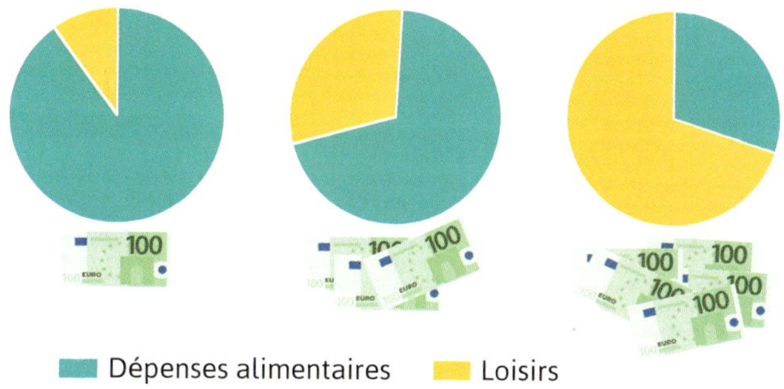

Doc 2 Évolution du revenu disponible, de l'épargne et de la consommation en France entre 2019 et 2021

Taux d'évolution (en %)	2019	2020	2021
Revenu disponible	2,2	– 0,2	1,7
Dépenses de consommation	1,5	– 6,5	6,0
Taux d'épargne	15,1	20,9	18,7
Taux d'épargne financière	4,6	11,6	7,7

Source : Insee, comptes nationaux, base 2014.

Doc 3 La Covid, accélérateur des inégalités de revenus et de patrimoine en France

Selon une étude récente de la Banque mondiale, la période de Covid-19 a été marquée par une aggravation exceptionnelle des inégalités dans le monde. En effet, la pandémie aurait conduit à faire basculer plus de 100 millions de personnes dans la pauvreté en 2020, atténuant ainsi fortement les progrès réalisés au cours des 25 dernières années. […] Mais la pandémie a aussi et surtout renforcé les deux principales sources d'inégalités en France : les revenus et les patrimoines. Ainsi, la perte de revenu disponible brut, à partir du deuxième trimestre 2020, est la plus forte sur un trimestre jamais enregistrée depuis 1949 (– 2,7 % après – 0,8 % au premier trimestre). […] Quant aux inégalités de patrimoine, on sait déjà qu'elles étaient profondes en France avant la pandémie. La richesse se concentre entre les mains d'une petite partie de la population. En France, en 2018, les 10 % les plus fortunés possèdent près de la moitié (46 %) du patrimoine total des ménages. […] Le patrimoine est lié à l'héritage et à l'épargne. Or, les surplus d'épargne accumulés pendant la crise sanitaire, estimés récemment à environ 157 milliards d'euros par la Banque de France, sont tels que le risque est désormais que cette épargne accumulée aggrave encore les inégalités, par le truchement des placements financiers et de l'héritage. […]

The Conversation, David Bourghelle, Fredj Jawadi, et Philippe Rozin, Université de Lille, 01.10.2021.

Questions

1. Utilisez les termes de revenu disponible et de propension à consommer pour expliquer la loi d'Engel.
2. Commentez les taux d'évolution du revenu disponible, de la consommation et de l'épargne entre 2019 et 2021.
3. À l'aide de la loi d'Engel et du document 3, expliquez dans une production écrite les effets de la crise Covid sur les inégalités de patrimoine.

Boîte à outils Production écrite

Pour parvenir à exposer votre pensée par écrit, il faut utiliser des connecteurs logiques entre chaque idée avancée : en effet, ainsi, alors, c'est pourquoi, enfin, etc.

▲ Des personnes défilent lors d'une manifestation à l'appel des unions régionales d'Île-de-France (CGT, CFDT, FO, FSU, Unsa et Solidaires) pour les salaires et le pouvoir d'achat, le 16 avril 2008 à Paris.

Notions

Indice des prix à la consommation + Panier de biens et services + Évolution à long terme du pouvoir d'achat + Composition des dépenses des ménages + Coefficients budgétaires + Prix relatifs comparés des biens et services

18 Pouvoir d'achat et structure de consommation des ménages

Découvrir ensemble

> D'après vous, pourquoi ces manifestants défendent-ils leur pouvoir d'achat ?

> Avec des manifestations organisées régulièrement sur le thème du pouvoir d'achat, que peut-on en déduire sur le ressenti actuel des Français ?

VIDÉO

3 minutes pour découvrir autrement

foucherconnect.fr/23dteco143

1 Le pouvoir d'achat

DOC 1 Le calcul du pouvoir d'achat des ménages

Ce que vous recevez :

– les salaires, revenus des indépendants… ;
– les revenus du patrimoine ;
– les prestations sociales : pensions de retraite, indemnités de chômage, allocations familiales, etc.

Moins

Ce que vous versez :

– les cotisations sociales ;
– les impôts directs : impôt sur le revenu, CSG, CRDS, taxe foncière, etc.

© Foucher

1 Proposez une définition de la notion de pouvoir d'achat.

 # vidéo
Qu'est-ce que le pouvoir d'achat ? - 1,15 min
foucherconnect.fr/23dteco144

DOC 2 L'évolution du pouvoir d'achat

L'évolution du pouvoir d'achat correspond à la différence entre l'évolution du revenu disponible et celle de l'inflation (prix des biens et des services). Elle est calculée par l'institut national de statistiques (Insee) pour l'ensemble des ménages. Cette moyenne ne dit donc rien des situations particulières. Par exemple, une augmentation du prix des carburants peut entraîner une baisse du pouvoir d'achat des automobilistes, mais n'aura pas d'incidence directe sur le reste de la population. Ainsi, l'évolution du pouvoir d'achat de chaque ménage dépend de multiples facteurs tels que ses habitudes de consommation et son niveau de vie, celui-ci pouvant évoluer différemment en fonction de la réévaluation des prestations sociales et des prélèvements obligatoires. […]

brief.eco, 13.07.2022.

Insee
Mesurer pour comprendre

2 Retrouvez dans le document la formule de calcul de l'évolution du pouvoir d'achat.
3 Déduisez-en les deux variables qui influencent le pouvoir d'achat des ménages.
4 Expliquez en quoi une hausse de prix d'une catégorie de produits n'impactera pas l'ensemble des ménages français.

 # vidéo
L'indice des prix à la consommation, c'est quoi ? - 2,10 min
foucherconnect.fr/23dteco145

DOC 3 L'indice des prix à la consommation (IPC)

L'indice des prix à la consommation (IPC) mesure l'évolution du niveau moyen des prix des biens et services consommés par les ménages en France. Il est calculé par l'Insee à partir d'un panier fixe de biens et de services. Cet indicateur permet de mesurer l'inflation*, d'indexer le SMIC sur le niveau d'inflation, de revaloriser les loyers et les pensions alimentaires.

L'Insee utilise aujourd'hui les données de caisse recueillies par la grande distribution lorsque le consommateur passe en caisse. Cette méthode permet de suivre l'évolution des prix d'environ 77 millions de produits alimentaires, d'entretien et d'hygiène vendus en grande surface. Pour le reste de son panier, l'Insee a conservé son ancienne méthode en effectuant des relevés de prix dans plus de 30 000 points de vente dans toutes les régions de France.

* Inflation : augmentation générale et durable des prix.

© Foucher

5 Repérez dans le document des exemples de produits qui sont intégrés au panier de l'Insee.
6 Expliquez en quoi il est important pour le calcul de l'IPC d'intégrer un nombre important de produits ou services.
7 Concluez sur l'utilité de cet indicateur.

DOC 4 L'évolution de l'IPC et de l'inflation en France

- L'**IPC** est l'indice des prix à la consommation.
- L'**ISJ** est l'inflation sous-jacente qui permet de dégager une tendance de fond sur l'évolution des prix à la consommation sans tenir compte des prix soumis à l'intervention de l'État (tabac, gaz, électricité…).

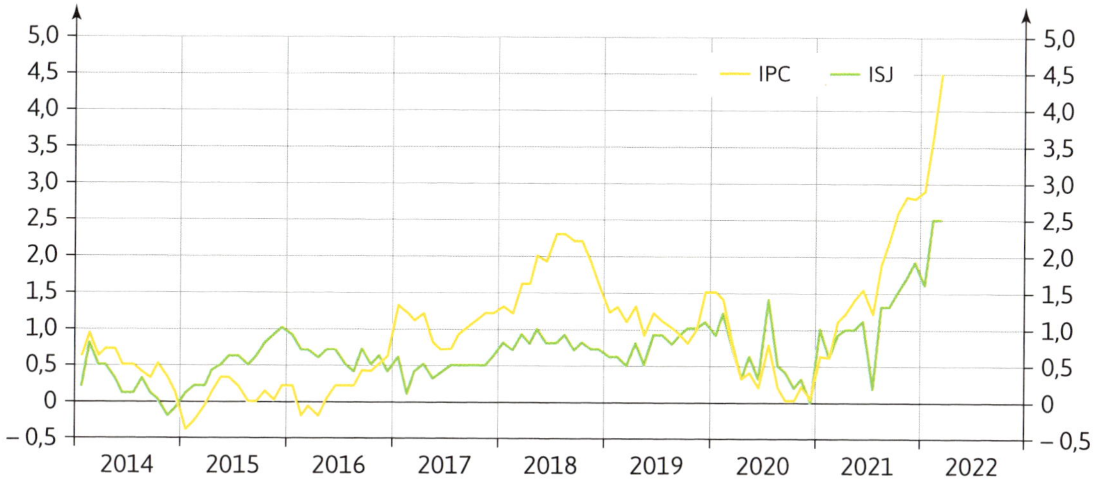

Source : Insee, *informations rapides*, n° 96, 15.04.2022.

8 Commentez l'évolution de l'indice des prix à la consommation (IPC).
9 Comparez cette évolution à celle de l'inflation sous-jacente (ISJ).
10 Expliquez la nette différence qui apparaît en 2022.

 # vidéo
Mesurer l'inflation - 2,18 min
foucherconnect.fr/23dteco146

L'essentiel

- Le pouvoir d'achat correspond à la quantité de biens et de services qu'un ménage peut consommer avec son revenu disponible. Il varie en fonction du revenu et des prix.
- L'indice de prix à la consommation (IPC) mesure l'évolution des prix des biens et des services. Il est mesuré régulièrement par l'Insee grâce à un panier fixe de biens et de services.

À VOUS DE JOUER !

Prix au kilo en euros	2021	2022
Pain	5	6
Lait	1	2
Total du panier*	6	8

* Ici le panier de biens n'est composé que de deux produits : pain et lait ; cela ne représente pas la réalité du panier de l'Insee.

> **Calculez l'évolution du panier entre 2021 et 2022.**

> **Expliquez les conséquences de cette évolution sur le pouvoir d'achat des ménages français.**

2 L'évolution à long terme du pouvoir d'achat

DOC 1 Évolution du revenu disponible brut et du pouvoir d'achat en France entre 1960 et 2021

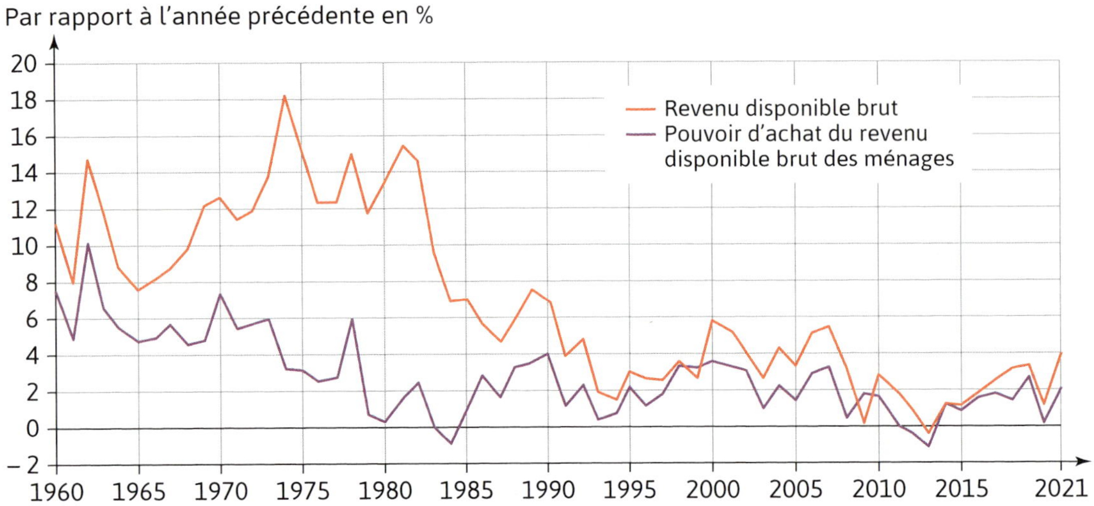

Source : insee.fr, 31.05.2022.

1 Identifiez les grandes tendances mises en évidence dans ce graphique.
2 Appréciez les évolutions des deux indicateurs sur la période.
3 Expliquez le lien entre l'évolution du pouvoir d'achat et celle du revenu disponible.

DOC 2 Le calcul de l'évolution du pouvoir d'achat avec les unités de consommation

Afin de tenir compte de la taille des ménages et des économies possibles lorsque plusieurs personnes vivent sous le même toit, l'Insee utilise la notion d'« unité de consommation ». On peut alors calculer le pouvoir d'achat par unité de consommation. Cette méthode rend mieux compte de l'évolution du pouvoir d'achat des Français, car elle exprime mieux les situations individuelles.

Ainsi, chaque ménage est composé d'un certain nombre d'UC :
- le premier adulte compte pour 1 UC ;
- chaque personne de plus de 14 ans supplémentaire compte pour 0,5 UC ;
- chaque enfant de moins de 14 ans compte pour 0,3 UC.

© Foucher

Évolution du pouvoir d'achat entre 2020 et 2021	2,3 %
Évolution du pouvoir d'achat par unité de consommation entre 2020 et 2021	1,9 %

Source : Insee, 31.05.2022.

4 Calculez le nombre d'unités de consommation pour un ménage constitué d'un couple et d'un adolescent de 16 ans.
5 Expliquez l'écart entre l'évolution du pouvoir d'achat et l'évolution du pouvoir d'achat par unité de consommation entre 2020 et 2021.

DOC 3 Les Français ont-ils gagné ou perdu du pouvoir d'achat ?

Les sondages le disent en tête des préoccupations des Français. Le pouvoir d'achat, c'est tout ce que vous pouvez acheter en fonction des revenus dont vous disposez, en fonction du prix des produits. […] Les Français ont-ils vraiment perdu du pouvoir d'achat ces dernières années, comme ils l'estiment à près de 80 % ? Les Français en ont plutôt gagné, estiment les deux économistes que *Ouest-France* a interrogés… « Si l'on regarde les statistiques publiées par l'Insee ou d'autres instituts, on observe que le revenu disponible des Français a augmenté de 8 % sur le quinquennat d'Emmanuel Macron : c'est dû à la fois à la baisse du chômage et à la hausse des salaires moyens », observe Simon Matet, du pôle Économie du think tank Terra Nova. Pour tous les Français ? « Oui, cette hausse a eu lieu quel que soit le décile* de la population, c'est-à-dire quels que soient vos revenus », assure-t-il. […]

Cette embellie va-t-elle se poursuivre ?
Malheureusement, le vent tourne à nouveau. « Durant la crise du Covid, le pouvoir d'achat s'est maintenu grâce à une augmentation énorme de la dette publique, avec la politique du « quoi qu'il en coûte », explique Eric Chaney. Mais maintenant, nous commençons à en voir les conséquences sur les prix : l'inflation accélère. Beaucoup moins en France qu'ailleurs puisqu'on a bloqué les prix de l'énergie, mais il y aura bien quelqu'un qui les payera, ce sera le contribuable, mais plus tard… ».

* Décile (selon l'Insee) : si on ordonne une distribution de salaires, de revenus, de chiffres d'affaires, etc., les déciles sont les valeurs qui partagent cette distribution en dix parties d'effectifs égaux. Ainsi, pour une distribution de salaires :
– le premier décile (noté généralement D1) est le salaire au-dessous duquel se situent 10 % des salaires ;
– le neuvième décile (noté généralement D9) est le salaire au-dessous duquel se situent 90 % des salaires.

ouest-france.fr, Gaëlle Fleitour, 04.02.2022.

6 Comparez le pouvoir d'achat calculé par l'Insee et le ressenti des Français à ce sujet.
7 Expliquez en quoi le gel des prix de l'énergie permet de maintenir le pouvoir d'achat des Français.

 # vidéo
Un pouvoir d'achat en hausse, malgré le ressenti des Français - 2,23 min
foucherconnect.fr/23dteco147

DOC 4 Les inégalités de pouvoir d'achat

Les 500 personnes les plus riches de France possèdent 650 milliards d'euros, soit 2 fois le budget de l'État, et il y a 8,9 millions de personnes pauvres dans le pays. Cette hausse des inégalités s'accompagne d'une baisse du pouvoir d'achat, parce que les prix augmentent, à commencer par l'essence. La hausse des prix avait commencé avant la guerre en Ukraine, mais elle se poursuit, à cause de la hausse du coût de l'énergie. Et elle se répercute sur ce qu'on appelle les dépenses contraintes* – en gros l'argent qu'on est obligé de dépenser : loyer, remboursement du crédit, factures d'eau, d'électricité, assurance, abonnement de téléphone, internet, transports. Ces dépenses représentent 1 059 euros par mois en moyenne, et elles pèsent 35 à 70 % du budget des ménages… Du coup il ne reste pas grand-chose pour manger, s'habiller, d'autant plus que le prix de la nourriture et celui des vêtements augmentent. Et il reste encore moins pour se faire kiffer, se divertir, se cultiver ou voir autre chose. D'un côté l'argent est montré comme un but à atteindre, dans le rap, la société, la pop culture, de l'autre il y a cette pression permanente du quotidien, avec un écart qui se creuse entre les plus riches et les plus pauvres.

* Une dépense contrainte peut aussi être appelée une dépense pré-engagée.

Radio France/Mouv'/
Tanguy Blum, 16.03.2022.

8 Expliquez ce qu'est une dépense contrainte, appelée aussi dépense pré-engagée.
9 Identifiez l'élément qui pèse sur les dépenses contraintes.
10 Montrez en quoi les dépenses pré-engagées favorisent les inégalités de pouvoir d'achat.

 # vidéo
Pouvoir d'achat et inégalités sociales : se nourrir, un défi pour les étudiants - 3,37 min
foucherconnect.fr/23dteco148

L'essentiel

- Le pouvoir d'achat des Français augmente sur le long terme, mais des inégalités subsistent.
- Lorsque la part des dépenses pré-engagées est élevée, il devient plus difficile pour les ménages modestes de faire face aux autres dépenses de la vie courante. Cela augmente donc les inégalités de pouvoir d'achat entre les ménages modestes et les plus aisés.
- Il existe un décalage entre le pouvoir d'achat ressenti par les Français et le pouvoir d'achat calculé par l'Insee. L'Insee calcule le pouvoir d'achat par unité de consommation pour mieux refléter les situations individuelles.

À VOUS DE JOUER !

M. et Mme Tardier ont deux enfants de 10 et 16 ans. Ils ont constaté une hausse de leur revenu disponible de 2 % par rapport à l'année dernière. Parallèlement, les prix ont augmenté de 1,5 %.

> **Précisez si M. et Mme Tardier verront leur pouvoir d'achat augmenter ou diminuer.**
> **Calculez le nombre d'unités de consommation pour cette famille.**
> **Expliquez en quoi le calcul du pouvoir d'achat par unité de consommation reflètera mieux la situation de la famille Tardier que le calcul classique de l'Insee.**

3 La structure de la consommation des ménages

DOC 1 Dépenses des ménages français par poste budgétaire

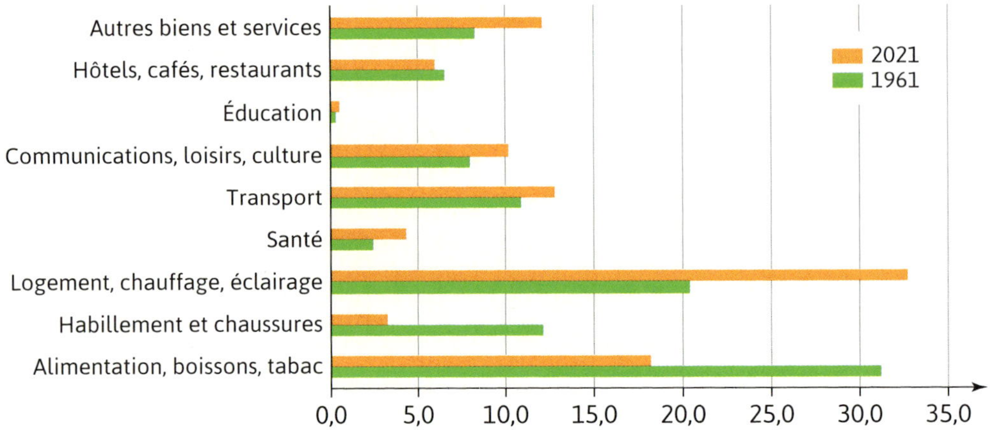

Source : Insee, 31.05.2020.

1 Classez les dépenses des ménages français par ordre croissant en 1961 et en 2021.
2 Commentez les principales tendances observées dans le temps.
3 Concluez sur la structure de consommation actuelle des ménages français.

DOC 2 Calcul des coefficients budgétaires

$$\text{Coefficient du poste budgétaire} = \frac{\text{montant du poste budgétaire}}{\text{total des dépenses de consommation}} \times 100$$

Les différents postes budgétaires*	Profil 1 : ménage modeste	Profil 2 : ménage aisé
	Montant des postes budgétaires dépensés par mois en euros	
Habillement et chaussures	144	1 000
Communication, loisirs, culture	120	2 000
Hôtels, cafés, restaurants	96	1 700
Logement, chauffage, éclairage	840	2 000
Alimentation, boissons, tabac	480	500
Transport	360	600
Santé	72	400
Éducation	48	1 000
Autres biens et services	240	800
Total	2 400	10 000

* Ensemble de dépenses appartenant à une même famille de biens ou de services.

© Foucher

4 Calculez les coefficients budgétaires pour ces deux profils de ménages.
5 Classez les différents postes budgétaires par ordre décroissant pour chaque profil.
6 Comparez et commentez les résultats obtenus.
7 Concluez sur la part de l'alimentation lorsque les revenus augmentent à l'aide de la loi d'Engel (voir chapitre 17).

DOC 3 Évolution de la consommation effective des ménages français en volume et en valeur

- La **consommation effective en valeur** est le montant des dépenses de consommation exprimé en prix courants.
- La **consommation effective en volume** correspond à la quantité de biens et de services consommés.

L'augmentation d'une grandeur économique, comme la consommation effective des ménages, peut donc être due soit à l'augmentation du volume (donc de la quantité consommée), soit à l'augmentation du prix (liée à l'inflation).

Évolution en volume (en %)	
Moyenne annuelle 2015 à 2019	1,4
2020	– 6,5
2021	6
Évolution en valeur (en %)	
Moyenne annuelle 2015 à 2019	0,7
2020	2,9
2021	0,9

Source : *Insee première*, n° 1908, 29.06.2022.

8 Commentez l'évolution de la consommation des ménages en volume et en valeur.

9 Expliquez l'écart entre l'évolution de la consommation effective des ménages en volume et en valeur en 2020.

DOC 4 Prix relatifs comparés des biens et des services

Un prix relatif désigne le prix d'un bien par rapport au prix d'un autre. Exemple : si une télévision coûte 1 000 € et un téléphone portable 500 €, le prix relatif de la télévision par rapport au téléphone portable est de deux.

1 télévision 1 000 € = 2 téléphones portables 2 x 500 €

Prix relatif de la télévision par rapport au téléphone portable = 2 (1 télévision coûte 2 téléphones)

Depuis 50 ans, le prix des biens industriels augmente nettement moins rapidement que celui des services. Cela s'explique par les gains de productivité qui sont plus importants lors de la fabrication de produits industriels grâce au progrès technique. À l'inverse, il est plus difficile d'obtenir des gains de productivité dans les services puisque le facteur travail, principal facteur de production dans les services, subit les hausses salariales (salaires et charges). Ainsi, l'augmentation relative du prix des services par rapport à celui des produits industriels impacte la structure de la consommation. La part des services dans la structure de consommation augmente notamment parce que son prix relatif par rapport aux produits industriels augmente fortement.

© Foucher

10 Expliquez l'évolution des prix relatifs des produits industriels et des services.

11 Concluez sur l'évolution de la structure de consommation.

L'essentiel

- La consommation des ménages se compose de différents postes budgétaires (logement, alimentation...).
- Plus le revenu disponible est important, plus la part de l'alimentation diminue et celle des loisirs augmente.
- La consommation effective en valeur est le montant des dépenses de consommation exprimé en prix courants. La consommation effective en volume correspond à la quantité de biens et de services consommés.
- La structure de consommation des ménages s'analyse sur le long terme grâce aux coefficients budgétaires et aux prix relatifs comparés des biens et des services.

À VOUS DE JOUER !

Mariama aime la mode et dépense 50 euros pour s'habiller et se chausser tous les mois. Elle trouve que cette dépense est importante par rapport à l'ensemble de sa consommation. Elle dépense au total 2 400 euros sur l'ensemble de ses postes budgétaires.

> **Calculez le coefficient budgétaire de Mariama pour ses dépenses en habillement et chaussures.**

> **Démontrez-lui que son poste budgétaire « habillement et chaussures » semble raisonnable par rapport à sa structure de consommation.**

Synthèse

3 minutes pour retenir
foucherconnect.fr/23dteco149

1 Le pouvoir d'achat

Évolution des prix mesurée grâce à l'indice des prix à la consommation (IPC) — IMPACTE → **Pouvoir d'achat = Quantité de biens et de services qu'un ménage peut acquérir avec son revenu disponible** ← IMPACTE — Évolution du revenu des ménages

2 L'évolution à long terme du pouvoir d'achat

Évolution du pouvoir d'achat = Évolution du revenu des ménages – Évolution des prix

- Augmentation du pouvoir d'achat sur le long terme en France
- Décalage entre l'évolution du pouvoir d'achat ressenti par les Français et celui mesuré par l'Insee
- Calcul de l'évolution du pouvoir d'achat par unité de consommation pour mieux refléter les situations individuelles

3 La structure de la consommation des ménages

Structure de la consommation des ménages = Répartition des dépenses des ménages par poste budgétaire

- Se mesure avec les coefficients budgétaires
- S'analyse avec les prix relatifs comparés des biens et des services
- S'exprime avec des données en volume ou en valeur

Mots-clés

- Coefficient budgétaire
- Dépenses pré-engagées (ou dépenses contraintes)
- Indice des prix à la consommation (IPC)
- Pouvoir d'achat
- Prix relatif
- Prix relatifs comparés

Voir lexique P. 284

QUIZ
Vocabulaire économique
foucherconnect.fr/23dteco150

Fiche Méthode 18 Comprendre et calculer un taux d'évolution

Objectifs *Distinguer les notions d'évolution et de taux d'évolution ; savoir calculer et interpréter un taux d'évolution*

→ **Exemple.** Évolution des dépenses alimentaires des ménages français entre 2020 et 2021.

Poste budgétaire : dépenses alimentaires (en M€)	2020	2021
	212 231 (valeur de départ)	206 702 (valeur d'arrivée)

Source : Insee, 25.02.2022.

Étape 1 Comprendre la notion d'évolution

Une évolution est la variation d'une grandeur entre deux périodes (mois, années, dizaine d'années, siècle, etc).

Cette évolution peut se mesurer en valeur relative grâce à un taux d'évolution que l'on peut également appeler taux de variation. Ce taux peut être négatif si la variation est à la baisse ou positif si la variation est à la hausse. Quand la variable n'évolue pas, le taux de variation vaut 0 %.

Piège à éviter

> Plusieurs taux d'évolution ne peuvent pas s'additionner ou se soustraire entre eux, car ce sont des pourcentages. On calcule la différence entre deux taux d'évolution en nombre de points.

Étape 2 Calculer un taux d'évolution

Calculer une évolution (ou variation) consiste à comparer des valeurs absolues entre deux périodes :

Évolution (ou variation) = valeur d'arrivée – valeur de départ

Calculer un taux d'évolution (ou taux de variation) consiste à calculer le poids de cette variation par rapport à la valeur de départ, en le multipliant par cent pour obtenir un pourcentage :

$$\text{Taux d'évolution (ou taux de variation)} = \frac{(\text{valeur d'arrivée} - \text{valeur de départ})}{\text{valeur de départ}} \times 100$$

Astuce

> Lors du calcul, il ne faut pas oublier les parenthèses pour respecter l'ordre de priorité des opérations. Dans le cas contraire, sans parenthèses, le calcul sera eronné car la division sera prioritaire.

→ Pour mesurer l'évolution des dépenses alimentaires des ménages français entre 2020 et 2021 :
– la valeur de départ correspond aux données de 2020 (période la plus lointaine) ;
– la valeur d'arrivée correspond aux données de 2021 (période la plus proche).
Évolution = 206 702 – 212 231 = – 5 529 millions d'euros.
Taux d'évolution = (206 702 – 212 231) / 212 231 × 100 = – 2,6 %.

Étape 3 Interpréter les résultats

Lors de l'interprétation du calcul, il faut d'abord mettre en avant les périodes étudiées (valeurs de départ et d'arrivée). La suite de l'interprétation portera sur l'analyse du chiffre obtenu : s'il est positif, une augmentation est constatée, s'il est négatif, une diminution est constatée.

→ Entre 2020 et 2021, les dépenses alimentaires des ménages français ont diminué de – 2,6 %.

Astuce

> Un taux de variation supérieur à 100 % signifie que la variable a plus que doublé entre les deux périodes étudiées.

 # méthode+
Calculer un taux d'évolution sur un tableur - 4,21 min
foucherconnect.fr/23dteco151

Activités

3 minutes pour se tester
foucherconnect.fr/23dteco152

1 APPLIQUER

Doc Pouvoir d'achat : le site franceinfo.fr propose un simulateur pour calculer l'impact de l'inflation

Rendez-vous sur le simulateur du site franceinfo.fr pour calculer l'impact de l'inflation sur le pouvoir d'achat des ménages français. Le simulateur est accessible en tapant les mots clefs « simulateur pouvoir d'achat franceinfo » dans la barre de votre moteur de recherche.

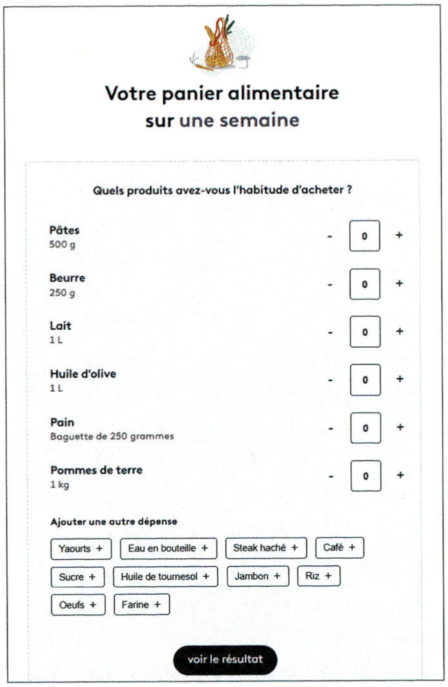

francetvinfo.fr, 20.09.2022.

Questions

1. Complétez la liste de courses de votre famille pour une semaine et cliquez sur « voir le résultat ».
2. Commentez le résultat obtenu.
3. Concluez sur les conséquences de l'évolution des prix sur le pouvoir d'achat des ménages français.

Boîte à outils Calcul

Le simulateur ne fonctionne pas et vous devez effectuer des multiplications sans calculatrice. Utilisez la technique de multiplication japonaise.

 # vidéo Comment multiplier sans connaître ses tables - 3,16 min
foucherconnect.fr/23dteco153

 # vidéo Les produits les plus impactés par l'inflation - 2,41 min
foucherconnect.fr/23dteco154

2 ARGUMENTER À L'ORAL

DÉBAT

Vous argumenterez pour ou contre la question suivante :
> La mesure de l'évolution des prix par l'Insee est-elle fiable ?
La classe sera répartie en deux groupes :
– l'un défendra à l'oral une réponse positive ;
– tandis que l'autre moitié devra exprimer des arguments contre.
• Des recherches documentaires devront être effectuées avant le débat afin d'étayer les propos de chaque partie.

Boîte à outils Oral

Pour bien gérer un débat, il faut connaître ses arguments, mais aussi connaître ceux de l'autre partie. Ainsi, lors de votre préparation, réfléchissez également aux idées que pourrait avancer l'autre partie de la classe. Ainsi, vous pourrez préparer des contre-arguments efficaces et rendre le débat plus intéressant.

3 APPROFONDIR

Doc 1 Glissement annuel des salaires et des prix à la consommation (par trimestre) entre 2016 et 2022

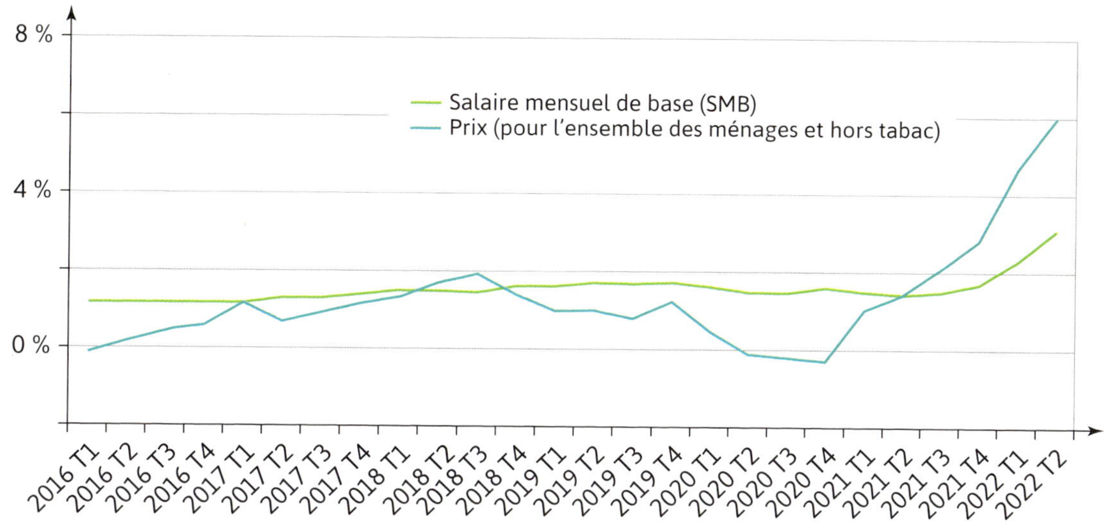

Source : Dares.

Doc 2 Les salaires augmentent mais ne rattraperont pas l'inflation

Selon l'Insee et la Dares, si les négociations salariales dans le privé ont abouti à des hausses de salaires, les augmentations restent en-deçà de la hausse des prix. Les Français perdent mécaniquement du pouvoir d'achat depuis quelques mois. On s'en doutait mais les chiffres viennent le confirmer.

Selon la Dares, l'indice du salaire mensuel de base (SMB) de l'ensemble des salariés a progressé de 1,1 % au cours du premier trimestre 2022. Sur un an, ce salaire de base a donc augmenté de 2,3 % après 1,7 % le trimestre précédent.

Concernant les bas salaires, la hausse a été un peu plus importante que pour l'ensemble de la population. L'indice du salaire horaire de base des ouvriers et des employés (SHBOE) a progressé de 1,2 % au cours du premier trimestre et de 2,5 % sur un an.

Des hausses non négligeables sur un an, mais qui restent toutefois inférieures à la hausse des prix.

« Ces évolutions doivent être mises en regard de l'inflation : les prix à la consommation (pour l'ensemble des ménages et hors tabac) augmentent de 4,6 % entre fin mars 2021 et fin mars 2022, rappelle la Dares. Sur un an et en euros constants, le SHBOE diminue donc de 2,1 % et le SMB de 2,3 %. ».

Pour rappel, les données ici concernent le salaire de base, pas celui qui est réellement perçu. Le salarié peut en effet connaître une évolution différente de sa rémunération si son activité a augmenté (heures supplémentaires) ou diminué sur la période. [...]

bfmtv.com, Frédéric Bianchi, 24.06.2022.

Questions

1. Rappelez la méthode de l'Insee pour calculer l'évolution des prix.
2. Commentez l'évolution des salaires depuis 2016.
3. Repérez les périodes de gain et de perte de pouvoir d'achat.
4. Concluez dans une argumentation écrite sur le lien entre le salaire mensuel, l'indice des prix à la consommation et le pouvoir d'achat des ménages.

Boîte à outils — Production écrite

Pour construire une argumentation écrite, il faut utiliser pour chaque argument ou idée avancés la méthode E, I, R :
- Énoncer un fait ou une situation ;
- Illustrer par des chiffres ou des propos issus d'un document ;
- Relier au sujet en utilisant des connecteurs logiques comme « ainsi », « c'est pourquoi », « alors », etc.

Consommation, épargne et pouvoir d'achat en France

À partir de vos connaissances et de la documentation fournie en annexe, répondez aux questions suivantes.

Questions

1. Appréciez l'évolution du taux d'épargne et du taux d'épargne financière en France depuis 1990.
2. Identifiez et explicitez les causes des fortes variations de l'épargne des Français rencontrées depuis 2020.
3. Appréciez l'impact du déblocage de l'épargne salariale sur le pouvoir d'achat des ménages.
4. Rédigez une argumentation qui permette de répondre à la question suivante :
Quels sont les déterminants du pouvoir d'achat et les conséquences d'une baisse du pouvoir d'achat sur l'arbitrage consommation-épargne ?

Annexe 1 Taux d'épargne en France entre 1990 et 2021 (en % du revenu disponible brut)

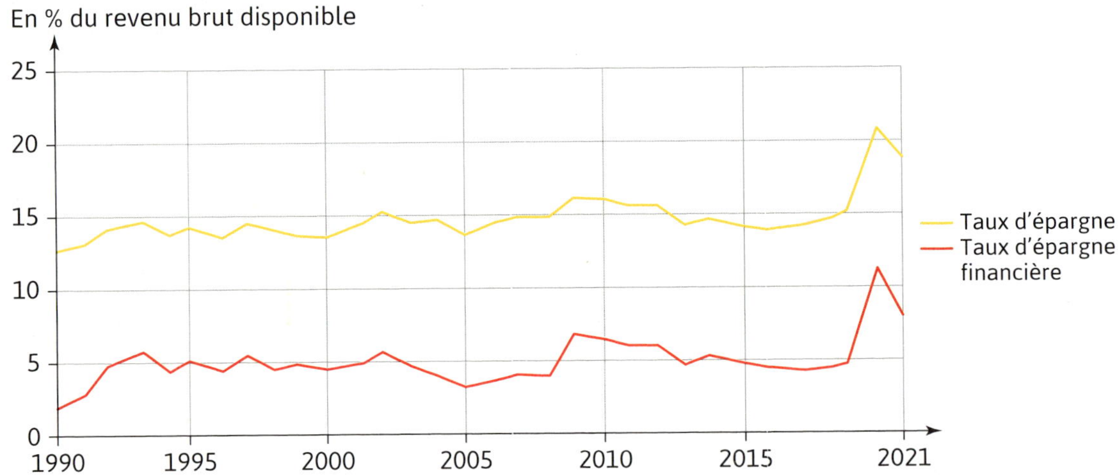

Source : Insee, comptes nationaux, base 2014.

Annexe 2 Covid-19 : hausse marquée de l'épargne, quelle analyse de la Banque de France ?

L'épargne des ménages est en forte hausse depuis la crise sanitaire du Covid-19. Une analyse de la Banque de France distingue les effets mécaniques liés aux restrictions pendant le confinement et les causes plus psychologiques liées à un réflexe de prudence des ménages.

27 %, c'est le taux d'épargne des ménages enregistré au deuxième trimestre 2020 selon les statistiques communiquées [et] publiées le 3 mars 2021. Cela représente près de trois fois le montant épargné en 2019 (33 milliards d'euros au second semestre 2019 contre 110 milliards d'euros épargnés au premier semestre 2020) selon la note de conjoncture de l'Institut national de la statistique et des études économiques (Insee) du 6 octobre 2020.

Une grande partie de la hausse de l'épargne s'explique par une épargne forcée du fait des restrictions administratives dans certains secteurs économiques (restauration, activités de

loisir, tourisme) pendant la première période de confinement. Néanmoins, elle est due aussi à une réaction de prudence des ménages face aux incertitudes économiques et financières.
La Banque de France analyse plus en profondeur ces motifs de précaution qui pourraient freiner une dynamique de reprise économique. Les analystes se basent sur un modèle de projection économique qui inclut différents indicateurs (variation du taux de chômage, niveau d'indice de tension financière, intentions d'achat des ménages) afin d'étudier l'impact de la conjoncture sur le niveau d'épargne et le niveau de la consommation des ménages.
Il ressort que l'incertitude économique et financière a pesé pour un quart dans la baisse de la croissance de la consommation durant la période de confinement. Les variations du taux de chômage ont influé négativement sur la consommation des ménages (-1,3 point) mais ils ont été transitoires, selon la Banque de France, puisque les intentions d'achat des ménages ont retrouvé en juin leur niveau d'avant la crise.

© LA DILA/vie-publique.fr, 11.03.2021.

Annexe 3 Comment fonctionne l'épargne salariale ?

L'épargne salariale est un système d'épargne collectif, constitué de plusieurs dispositifs qui permettent d'associer les salariés à la réussite de l'entreprise et qui prennent la forme de sommes versées aux salariés. [...]
Depuis la promulgation de la loi n° 2022-1158 du 16 août 2022 portant mesures d'urgence pour la protection du pouvoir d'achat, les salariés sont désormais en mesure de débloquer les sommes acquises au titre de la participation et de l'intéressement, placées sur un plan d'épargne entreprise (PEE) avant le 1er janvier 2022. Le retrait ne doit pas dépasser la somme de 10 000 € et doit être effectué au plus tard le 31 décembre 2022. La somme retirée doit servir à financer l'achat d'un ou de plusieurs biens ou la fourniture d'une ou de plusieurs prestations de services. [Le déblocage est possible 1 seule fois.]

economie.gouv.fr, 21.08.2022

Chiffres : Près de 11 millions de salariés disposent d'un dispositif d'épargne constituée dans l'entreprise en France, pour un montant épargné moyen de plus de 13 000 € par bénéficiaire.

lafinancepourtous.com, 14.09.2022.

Annexe 4 Le pouvoir d'achat des Français pourrait connaître deux années consécutives de baisse

En dépit des mesures d'urgence déployées par l'exécutif et des revalorisations successives du SMIC, le pouvoir d'achat pourrait reculer en 2022 et en 2023, selon l'Observatoire français des conjonctures économiques (OFCE).
En deux ans, le pouvoir d'achat mesuré par unité de consommation (UC) baisserait de 1,4 %, effaçant l'essentiel des gains (1,9 %) enregistrés en 2021. Il reviendrait ainsi à un niveau proche de celui de 2019, après une année 2020 quasi blanche.

Plus pessimiste que Bercy

Dans le détail, l'OFCE estime que le pouvoir d'achat des ménages diminuerait de 0,1 % cette année. Mesuré par unité de consommation (UC), il reculerait de 0,6 %. L'augmentation des revenus au second semestre suite aux revalorisations engagées depuis l'été (prestations sociales, point d'indice des fonctionnaires, SMIC...) ne compenserait que partiellement les pertes enregistrées sur les six premiers mois de 2022. « La baisse la plus forte depuis quarante ans », souligne l'institut de conjoncture. [...]

Ralentissement de la consommation

En parallèle, l'inflation devrait continuer d'amputer le budget des Français. En retenant l'hypothèse d'un baril de Brent[1] à 100 dollars et d'une hausse de 15 % des tarifs réglementés du gaz et de l'électricité, l'institut de conjoncture estime qu'elle pourrait atteindre 4,2 % en moyenne l'an prochain. Pour l'OFCE, il faut donc s'attendre à ce que les Français dépensent moins. Selon ses projections, la consommation, qui pèse pour plus de la moitié du PIB français, augmenterait, en volume, trois fois moins vite qu'en 2022 (+ 0,9 %). Les ménages se remettraient toutefois à puiser dans leur épargne, après avoir de nouveau rempli leur bas de laine cet automne. Fin 2023, le taux d'épargne convergerait ainsi vers son niveau d'avant la crise sanitaire à 15,6 % du revenu brut. [...] La prévision de l'observatoire n'intègre pas les effets possibles d'une interruption des livraisons de gaz russe. Parmi les autres aléas recensés par l'institut figure le risque de crise immobilière ou le rebond épidémique. En revanche, « une plus grande utilisation de l'épargne pourrait modifier à la hausse notre scénario de croissance », reconnaît Mathieu Plane.

1. Baril de Brent : Le Brent, dit « brut de mer du Nord », est le baril de référence en Europe.

lesechos.fr, Nathalie Silbert, 12.10.2022.

▲ Siège social de la Banque Postale, groupe La Poste. Hall d'entrée.

Notions

Agents à besoins de financement et agents à capacités de financement
+ Autofinancement + Emprunt + Financement direct et marché financier
+ Financement indirect et banques

19 Les choix de financement des agents économiques

Découvrir ensemble

> Pour quelles raisons emprunteriez-vous de l'argent auprès d'une banque ?

> D'après vous, d'où provient l'argent qui est prêté par une banque ?

VIDÉO

3 minutes pour découvrir autrement

foucherconnect.fr/23dteco155

1 Les agents économiques à besoin et à capacité de financement

DOC 1 La capacité ou le besoin de financement

© Foucher

1 Montrez comment on peut apprécier la situation financière d'un agent.

2 Donnez une définition d'un agent économique à capacité de financement.

3 Mettez en évidence le lien entre les agents à capacité de financement et ceux à besoin de financement.

DOC 2 La situation financière des secteurs institutionnels

Capacité (+) et besoin (–) de financement des secteurs institutionnels (en milliards d'euros)

	2000	2010	2021
Ménages	40,1	83,4	119,1
Sociétés non financières	– 7,3	8,0	40,2
Sociétés financières	8,5	29,5	– 8,4
Administrations publiques	– 19,5	– 137,4	– 163,3
Institutions sans but lucratif au service des ménages	– 0,1	0,3	1,7
Reste du monde	– 21,7	16,2	10,7

© Foucher

4 Interprétez dans le tableau la valeur 119,1 dans la colonne de l'année 2021.

5 Classez les secteurs institutionnels en fonction de leur situation financière en 2021.

6 Commentez l'évolution de la situation financière des ménages et des administrations publiques entre 2000 et 2021.

DOC 3 La consommation et l'épargne des ménages français

 # vidéo
Les ménages modestes ne parviennent plus à surépargner
2,19 min
foucherconnect.fr/23dteco156

En 2020, […] la dépense de consommation finale des ménages baisse dans un contexte de fort ralentissement de l'activité, mais dans lequel le pouvoir d'achat des ménages continue d'augmenter (+ 0,4 % après + 2,6 % en 2019). En 2020, le revenu disponible brut des ménages progresse de 1,0 % (après + 3,4 % en 2019), tandis que le prix de la dépense de consommation finale croît à un rythme modéré (+ 0,6 % après + 0,8 % en 2019). Ainsi, le taux d'épargne des ménages gagne 6,3 points pour s'établir à 21,4 % du revenu disponible brut en 2020.

Insee, *France, Portrait social 2021*, p. 198.

7 Montrez comment les ménages français utilisent leurs revenus.

8 Citez les principaux facteurs qui influencent la capacité de financement des ménages.

DOC 4 Le déficit public* des États de l'Union européenne en 2022

Déficit public de 0 à 3 %
Déficit public supérieur à 3 %
Excédent public

La différence entre les recettes des administrations publiques d'un pays et l'ensemble de ses dépenses permet de connaître son excédent public (solde positif) ou son déficit public (solde négatif).

 # site
Toute l'europe.eu
foucherconnect.fr/23dteco157

*Déficit public en pourcentage du PIB.

Source : D'après données Eurostat, déficit public des États membres en pourcentage du PIB, au 3e trimestre 2022.

9 Identifiez la situation de la France en 2022 en matière de déficit public.

10 Relevez les pays dont la situation financière est en équilibre ou en excédent en 2022.

11 Expliquez pourquoi certains pays sont en situation d'excédent public et d'autres en situation de déficit public.

L'essentiel

- Les secteurs institutionnels sont en besoin ou en capacité de financement.
- La situation financière d'un secteur dépend des montants de ses ressources et de ses dépenses.
- Les ménages ont une capacité de financement, les sociétés et l'administration publique un besoin de financement.
- La capacité de financement des ménages provient de leur arbitrage entre consommation et épargne.

À VOUS DE JOUER !

Le président du Gloubistan est inquiet, ses experts économiques viennent de lui apprendre que la dette de son pays a fortement augmenté cette année. Heureusement, les ménages et les sociétés non financières du Gloubistan ont dégagé dans le même temps une épargne très importante.

> **Identifiez, au Gloubistan, les agents à besoin et les agents à capacité de financement.**

> **Montrez si la situation des administrations publiques, des ménages et des sociétés non financières sont les mêmes en France et au Gloubistan.**

2 Le choix entre financement interne et financement externe

DOC 1 Les principales sources de financement d'une start-up au cours de son développement

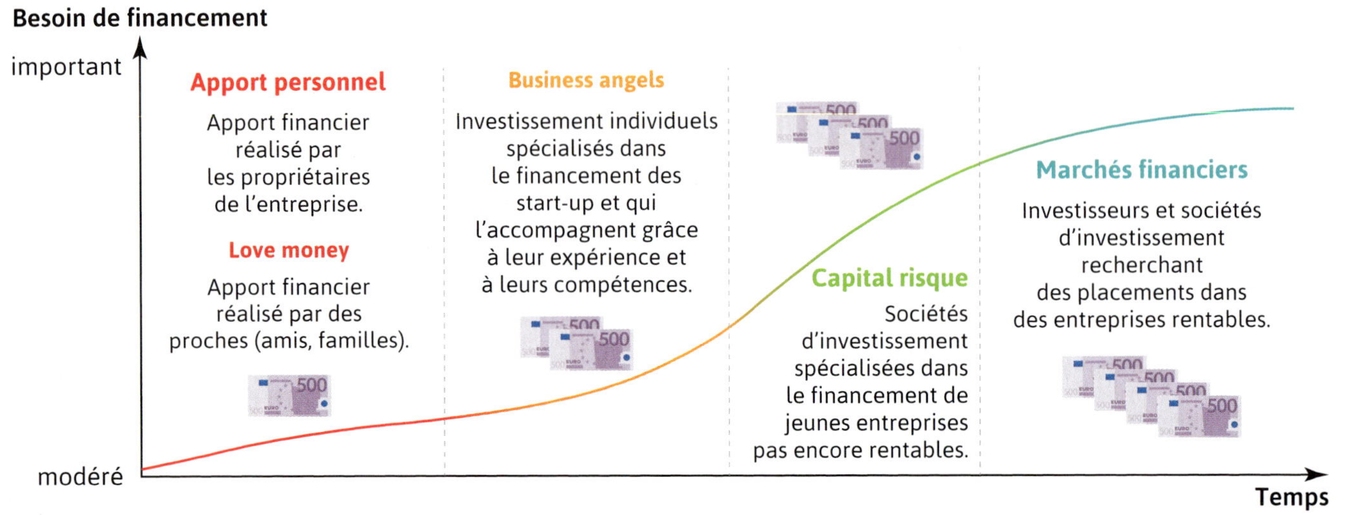

© Foucher

1 Identifiez les sources de financement d'une start-up à sa création.
2 Montrez comment une start-up complète son financement lorsque son activité croît.
3 Justifiez le recours à ces financements complémentaires.

DOC 2 Financement interne et financement externe

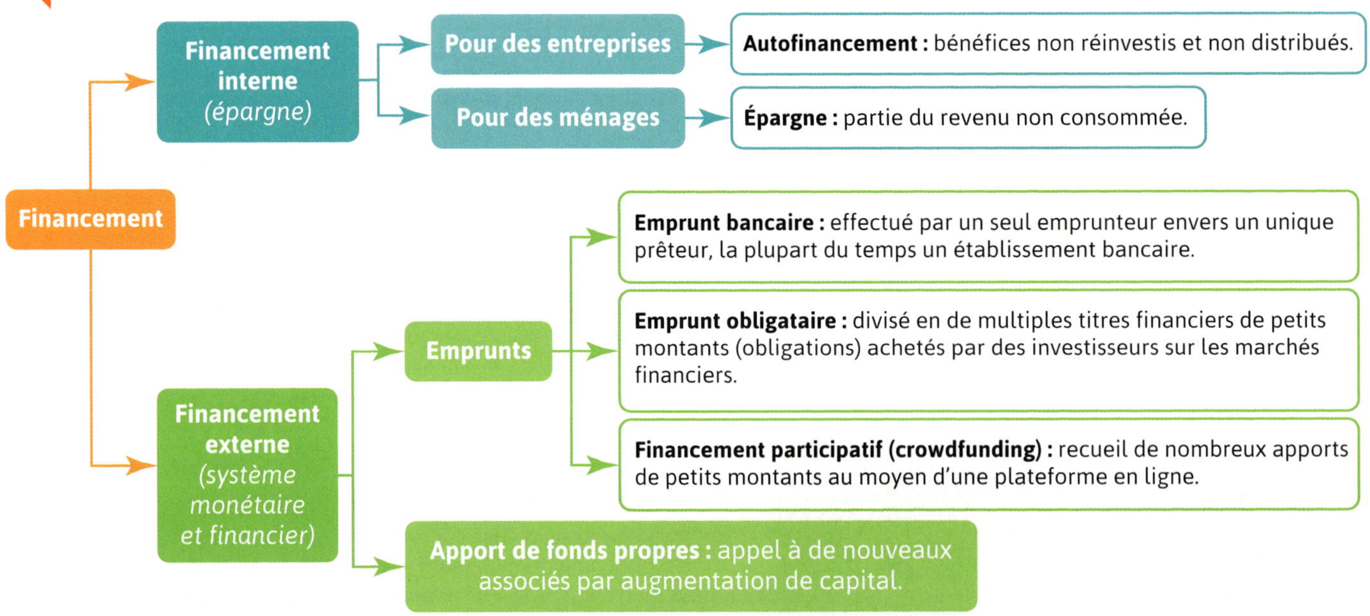

© Foucher

4 Identifiez les sources du financement dans le cas du financement interne puis dans le cas du financement externe.
5 Comparez les différentes formes de financement externe.
6 Classez les sources de financement d'une start-up dans ces différentes catégories.

DOC 3 Les avantages et les inconvénients des principaux modes de financement des entreprises

Financement	Avantages	Inconvénients
Autofinancement	Gratuit, pas de dépendance financière.	Limité par le montant des profits passés.
Augmentation de capital	Pas d'endettement ni de remboursement ; quasi gratuit (versement de dividendes à prévoir pour les propriétaires des nouvelles actions).	Réservé aux grandes entreprises. Risque de perte de contrôle (dilue le capital si nouveaux associés) ou oblige les propriétaires à augmenter leurs apports.
Emprunt bancaire	Accessible à toutes les entreprises. Permet d'obtenir des fonds sans que les propriétaires diluent le capital ou augmentent leurs apports.	Doit être remboursé et des intérêts sont dus. La capacité d'endettement est limitée, au-delà les banques ne prêtent plus.
Emprunt obligataire	Permet d'emprunter des sommes importantes sans risque de perte de contrôle (pas de nouvelles actions).	Accessible seulement aux grandes entreprises. Complexe et coûteux à mettre en place.
Financement participatif	Simple et rapide. Libère de la dépendance aux banques et du risque de dilution du capital.	Peut s'avérer coûteux en énergie (campagne de communication) et sur le plan financier (intérêts, commissions de la plateforme).

© Foucher

7 Mettez en évidence les principaux avantages et inconvénients des formes de financement interne.

8 Appréciez le recours au financement externe dans le cas d'une petite entreprise ayant des besoins de financement importants.

9 Identifiez les modes de financement externe correspondant le mieux aux petites entreprises.

 # vidéo
Les sources de financement des entreprises - 3,21 min
foucherconnect.fr/23dteco158

DOC 4 Le prêt garanti par l'État pendant la crise sanitaire puis la guerre en Ukraine

Le prêt garanti par l'État (PGE) est un prêt qu'octroie à une entreprise ou un professionnel sa banque habituelle, en dépit de la forte incertitude économique actuelle, grâce à la garantie[1] qu'apporte l'État sur une partie très significative du prêt.
Le PGE est un prêt d'une banque à une entreprise : ce n'est pas un prêt de l'État.
Ce recours total aux réseaux bancaires pour l'octroi des PGE a été voulu pour que le dispositif puisse rapidement et très largement apporter la trésorerie nécessaire aux entreprises et aux professionnels, quels que soient leur taille, leur activité et leur statut juridique […] partout sur le territoire, pour les aider à surmonter le stress économique majeur que nous connaissons et les accompagner dans la phase de reprise […].
La garantie de l'État couvre 90 % du PGE pour tous les professionnels et pour toutes les entreprises.

economie.gouv.fr, 27.09.2022.

1. Une garantie de prêt est un mécanisme permettant au prêteur d'obtenir un remboursement du montant prêté auprès d'un tiers en cas de défaut de paiement de l'emprunteur.

10 Expliquez en quoi consiste le prêt garanti par l'État.

11 Identifiez le mode de financement auquel on peut rattacher ce PGE.

12 Montrez comment ce dispositif permet de dépasser un inconvénient majeur de ce mode de financement.

L'essentiel

- Les sources de financement sont multiples.
- On distingue le financement interne (autofinancement, épargne) du financement externe (emprunts, apports de fonds propres).
- Chaque type de financement a des avantages et des inconvénients.
- L'emprunt bancaire est le financement externe le plus accessible pour les petites entreprises.

À VOUS DE JOUER !

L'entreprise Lex, une PME qui fabrique des confitures, souhaite investir dans une nouvelle ligne de production automatisée d'une valeur de 3 millions d'euros. Elle a réalisé les années précédentes des bénéfices pour un montant global de 1,2 million d'euros qui restent disponibles en trésorerie. Son taux d'endettement est par ailleurs actuellement assez faible.

> **Montrez dans quelle mesure l'entreprise Lex pourrait financer cet investissement par le biais de l'autofinancement.**

> **Suggérez à l'entreprise Lex des moyens pour compléter le financement de cet investissement.**

3 Le choix entre financement externe direct et financement externe indirect

DOC 1 Quelques entrées en bourse très attendues en 2022 et 2023

Discord : Discord, né en 2015, est un logiciel gratuit de messagerie instantanée utilisé par plus de 250 millions de personnes dans le monde, principalement des amateurs de jeux vidéo. Pas encore rentable, Discord a envisagé un rapprochement avec Microsoft pour financer son développement, mais semble désormais privilégier une introduction en bourse pour lever les fonds dont il a besoin.

TikTok : TikTok est une application mobile de partage de vidéo lancée en septembre 2016 appartenant à l'entreprise chinoise ByteDance. Elle compte près d'un milliard d'utilisateurs et c'est l'application la plus téléchargée au monde. TikTok, déjà rentable, souhaite renforcer son développement international et envisage de le financer en réalisant une entrée en bourse.

reddit : Reddit est un site web américain de discussion fonctionnant sur des communautés d'intérêt. Fondé en 2005, c'est l'un des sites web les plus populaires du monde avec 50 millions d'utilisateurs quotidien. Pour continuer son développement et acquérir d'autres sociétés du web, Reddit a annoncé début 2022 une future introduction en bourse.

deezer : Deezer est une plateforme française de distribution numérique de musique en ligne. Lancé en août 2007, ce service regroupe plus de 90 millions de titres. En 2022, Deezer annonce une introduction en bourse afin de poursuivre son développement et lutter contre la concurrence, notamment celle de Spotify.

1 Repérez le mode de financement choisi par les entreprises présentées dans le document.
2 Expliquez les motivations de ce choix de financement.
3 Rappelez quels autres moyens elles auraient pu utiliser pour se financer.

DOC 2 Financement externe indirect et financement externe direct

Financement externe INDIRECT
Il recourt à des intermédiaires (en général des banques) pour mettre en relation les agents à besoin de financement et les agents à capacité de financement.

Avantages	Inconvénients
• Accessible à tous les agents à besoin de financement • Financement souple qui s'ajuste aux besoins	• Coût • Dépendance vis-à-vis de la banque • Signal négatif en cas de niveau d'endettement excessif

Financement externe DIRECT
Il met directement en relation les agents à besoin de financement et les agents à capacité de financement sur les marchés financiers.

Avantages	Inconvénients
• N'augmente pas le niveau d'endettement • Réduit la dépendance vis-à-vis des banques	• Réservé aux grandes entreprises • Dispersion du capital et risque de perte de contrôle pour les entreprises

4 Distinguez le financement externe indirect et le financement externe direct.
5 Comparez les avantages et les inconvénients de ces deux modes de financement.
6 Conseillez un mode de financement externe pour une entreprise qui souhaite rester indépendante.

DOC 3 Le financement des sociétés non financières en France

	Montant des encours (en milliards d'euros)	
	Août 2020	Août 2022
Besoin de financement	1 885	2 003
Dont crédits bancaires	*1 187*	*1 295*
Dont financement de marché	*698*	*707*

Le coût des financements de marché continue à augmenter (3,68 % en août 2022 contre 3,6 % en juin 2022) et reste supérieur au coût moyen des financements des sociétés non financières (crédits bancaires et financement de marché) qui s'établit à 2,52 % en août 2022.

www.banque-france.fr (données 2020 et 2022).

7 Repérez le moyen de financement privilégié par les sociétés non financières françaises.

8 Calculez la part du financement par crédits bancaires en août 2020 et en août 2022.

9 Expliquez l'évolution des modes de financement des sociétés non financières françaises entre août 2020 et août 2022.

DOC 4 Le crowdfunding

 # vidéo
Le financement participatif : comment ça marche ? - 2,03 min
foucherconnect.fr/23dteco159

Le crowdfunding, ou « financement participatif » est né au début des années 2000 avec l'essor d'internet. Il s'agit d'un outil de financement alternatif qui ne passe pas par les circuits et outils traditionnels, notamment bancaires, mais fait appel à des ressources financières auprès des internautes afin de financer un projet, qui peut être de natures très diverses (culturel, artistique, entrepreneurial, etc.). Cette méthode permet de récolter des fonds auprès d'un large public *via* des plateformes de financement participatif. Il peut prendre la forme de dons, de prêts rémunérés ou de participations dans l'entreprise. En France, le financement participatif est en développement constant depuis plusieurs années, passant de 167 millions d'euros collectés en 2015 à plus d'un milliard d'euros en 2020. Il s'adresse à tous : entreprises, particuliers, associations, collectivités, etc. Mais il est particulièrement adapté pour les entreprises, notamment pour les créateurs et repreneurs d'entreprises, les PME et jeunes entreprises innovantes qui peuvent rencontrer des difficultés à mobiliser les fonds nécessaires à la mise en œuvre de leur projet via les modes de financements traditionnels.

economie.gouv.fr, par Bercy Infos, 13.09.2021 - Aides publiques et financements.

10 Expliquez en quoi consiste le crowdfunding.

11 Présentez les avantages du crowdfunding pour les entreprises.

12 Précisez le rôle d'internet dans le développement du crowdfunding.

L'essentiel

- Le financement externe direct permet de se financer sans passer par un intermédiaire.
- Le financement externe indirect nécessite de passer par un intermédiaire financier pour collecter des fonds.
- L'introduction en bourse répond à des besoins de financement importants.
- Le crowdfunding est un mode de financement externe direct, alternatif et participatif.

À VOUS DE JOUER !

L'entreprise Spectral, une PME qui fabrique des parapluies haut de gamme, envisage de développer son activité vers les pays d'Asie, ce qui nécessite l'obtention de financements importants. Les propriétaires de l'entreprise n'envisagent pas de financer eux-mêmes ce développement et souhaitent qu'il ne nuise pas au contrôle de l'entreprise.

> **Précisez quel(s) type(s) de financement pourrai(en)t nuire au contrôle exercé par les propriétaires de l'entreprise.**

> **Préconisez des financements correspondant aux attentes des propriétaires pour financer ce développement.**

Synthèse

3 minutes pour retenir
foucherconnect.fr/23dteco160

1 Les agents économiques à besoin et à capacité de financement

Agents économiques

- **Ressources > Dépenses**
  - **Agents à capacité de financement**
    - Ménages
    - Sociétés financières
- **Ressources < Dépenses**
  - **Agents à besoin de financement**
    - Sociétés non financières
    - Administrations publiques

2 Le choix entre financement interne et financement externe

Financement

- **Interne**
  - **Principal mode de financement**
    - Autofinancement pour les entreprises (bénéfices non réinvestis ou non distribués)
    - Épargne pour les ménages
- **Externe**
  - **Financement complémentaire**
    - Emprunts bancaires
    - Emprunts obligataires
    - Financement participatif
    - Apport de fonds propres

3 Le choix entre financement externe direct et financement externe indirect

Financement externe

- **Indirect**
  - Agents indirectement mis en relation *via* un intermédiaire financier (banque)
- **Direct**
  - Agents directement mis en relation sur les marchés financiers

Mots-clés

> Agent à besoin de financement
> Agent à capacité de financement
> Financement externe direct
> Financement externe indirect
> Financement interne (ou autofinancement)

Voir lexique P. 284

QUIZ
Vocabulaire économique
foucherconnect.fr/23dteco161

Fiche Méthode 19 Comprendre et utiliser les valeurs absolues et les valeurs relatives

Objectif *Distinguer les valeurs absolues et les valeurs relatives afin d'exploiter ces informations pour comprendre et analyser une situation économique, par exemple en calculant des variations*

Exemple. La dette publique de la France est passée de 2 813 milliards d'euros en 2021 à 2 900 milliards d'euros en 2022. Le PIB de la France était de 2 352 milliards d'euros en 2022. Quelle part du PIB représente la dette en 2022 ? Quelle est l'évolution de la dette publique entre 2021 et 2022 en euros ? Comment cette dette publique a-t-elle évolué par rapport au niveau de 2021 ?

Étape 1 Distinguer les valeurs absolues et les valeurs relatives

Une valeur absolue mesure une quantité en unité monétaire (€) ou physique (kg, mètre...).

Le montant de la dette ou celui du PIB, qui s'expriment en euros, sont des valeurs absolues.

Astuce

> Si le numérateur dans le calcul est plus grand (plus petit) que le dénominateur, on trouvera forcément une valeur relative supérieure (inférieure) à 100 %.

Une valeur relative compare une valeur absolue par rapport à une autre valeur absolue. C'est donc une proportion qui peut s'exprimer en pourcentage (en la multipliant par 100).

La dette publique de la France était 1,23 fois plus élevée que le PIB en 2022. Elle représentait donc 123 % du PIB. En effet :

2 900 / 2 352 = 1,23

et

1,23 × 100 = 123 %

Étape 2 Calculer et interpréter des variations absolues

Une variation absolue correspond à la différence entre deux valeurs absolues à deux périodes du temps. La plus ancienne est appelée valeur de départ, la plus récente est appelée valeur finale.

Valeur finale – Valeur de départ = Variation absolue

Cette variation peut être positive (augmentation) ou négative (diminution).

Dans le cas de la dette publique de la France, son évolution est une augmentation de 87 milliards d'euros. En effet :

2 900 – 2 813 = 87

Étape 3 Calculer et interpréter des variations relatives

Une variation relative permet de faire des comparaisons. En particulier, elle autorise la comparaison de l'évolution d'une valeur à sa grandeur de départ.

(Valeur finale – Valeur de départ) / Valeur de départ = Variation relative

Cette variation peut être positive (augmentation) ou négative (diminution). Elle s'exprime en général en pourcentage en multipliant par 100 le résultat obtenu.

Variation relative × 100 = Pourcentage de variation (en %)

Piège à éviter

> Une variation relative de 100 % indique que la valeur a été multipliée par 2. Une variation relative de 200 % indique que la valeur a été multipliée par 3, etc.

Dans le cas de la dette publique de la France, qui passe de 2 813 milliards d'euros en 2021 à 2 900 milliards d'euros en 2022 :

(2 900-2 813) – 2 813 = 0,03 et 0,03 × 100 = 3 %

Donc la dette publique de la France a augmenté de 3 % entre 2021 et 2022.

 # méthode+
Calculer une variation dans Excel - 0,54 min
foucherconnect.fr/23dteco162

Activités

3 minutes pour se tester
foucherconnect.fr/23dteco163

1 APPLIQUER

Doc Épargne des ménages français

Après avoir visionné la vidéo « L'épargne des ménages », répondez aux questions ci-après.

vidéo
L'épargne des ménages - 3,19 min
foucherconnect.fr/23dteco164

Questions

1. Expliquez d'où provient l'épargne des ménages.
2. Montrez à quelles fins l'épargne des ménages peut être utilisée et quelles sont ses principales formes.
3. Distinguez les facteurs explicatifs du niveau de l'épargne des ménages.
4. Mettez en évidence les spécificités de la France en matière d'épargne des ménages.
5. Calculez le montant de l'épargne financière des Français en 2021 à partir des données suivantes :
   – le montant global de l'épargne des Français était de 290,8 milliards d'euros en 2021 ;
   – le taux d'épargne était de 18,7 % du revenu ;
   – le taux d'épargne financière était de 11,6 % du revenu.

Boîte à outils Calcul

Pour réaliser un produit en croix :
- construire un tableau de proportionnalité de la forme a/b = c/d ;
- puis déduire la valeur recherchée en utilisant la formule c = a × d/b.

2 ARGUMENTER À L'ORAL

RÉUNION EN ENTREPRISE

> Une réunion doit être organisée entre le dirigeant d'une entreprise et son directeur administratif et financier (DAF).
Vous formerez des groupes de deux élèves afin de préparer cette réunion qui permettra d'échanger sur chaque mode de financement possible pour accompagner le développement de l'entreprise et d'identifier leurs avantages et leurs inconvénients. À l'issue de la réunion, les modes de financement les plus adaptés auront été identifiés.

Par binôme :
- un élève joue le rôle du dirigeant de cette entreprise industrielle de taille moyenne (une centaine de salariés). Son capital est réparti entre quelques membres de la famille du dirigeant. Cette entreprise est en croissance et cherche à financer des investissements. Son niveau d'endettement et ses réserves sont faibles, les propriétaires désirent limiter la dilution du capital, ils ne connaissent pas l'existence du financement participatif ;
- l'autre élève joue le rôle du directeur administratif et financier qui propose au dirigeant différents modes de financement.

Boîte à outils Oral

Pour bien mener votre réunion :
- trouvez des arguments pour convaincre : connaître le sujet, tenir compte du contexte de l'entreprise et de la demande du dirigeant, accompagner chaque argument d'un exemple précis et en rapport avec l'entreprise ;
- exprimez-vous de manière convaincante : utilisez un vocabulaire précis et technique, un niveau de langage soutenu, des figures de style (répétition, métaphore, apostrophe…).

3 APPROFONDIR

Doc 1 Évolution de la dette des administrations publiques françaises en points de PIB entre 2000 et 2022

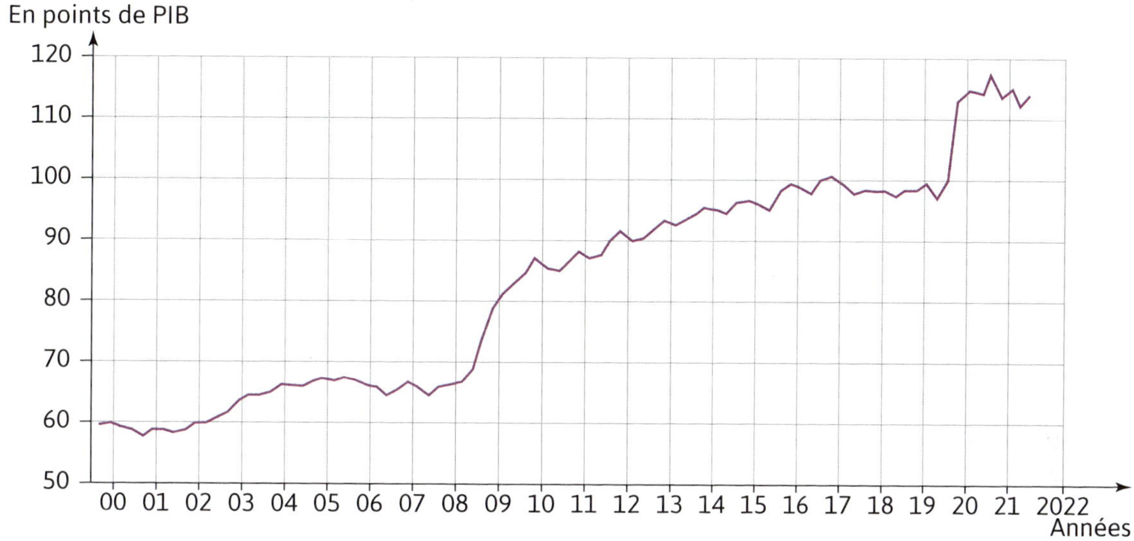

D'après Comptes nationaux base 2014 - Insee, DGFIP, Banque de France.

Doc 2 Le financement de la dette française

La dette publique de la France correspond à l'ensemble d'emprunts réalisés par l'État, les collectivités publiques et les organismes qui en dépendent directement. Cette dette publique évolue en permanence au rythme des remboursements effectués et des nouveaux emprunts contractés pour financer les déficits. En 2022, cette dette atteint un niveau de 2 900 milliards d'euros. Pour financer celle-ci, l'État français a dû emprunter plus de 310 milliards d'euros pendant l'année 2022.

Ce besoin de financement s'explique par deux raisons. Pour commencer, la France emprunte de l'argent pour financer son déficit budgétaire, d'un montant de 154 milliards d'euros en 2022. Ensuite, la France doit emprunter pour renouveler ses emprunts qui arrivent à échéance, et qu'elle se trouve dans l'impossibilité de rembourser, n'ayant pas les ressources nécessaires pour le faire.

Mais 310 milliards d'euros, c'est une somme conséquente. Où la France réussit-elle à trouver de telles sommes ? Principalement sur les marchés financiers mondiaux, auprès de grands investisseurs français ou étrangers. La motivation de ces investisseurs étant de placer leurs fonds en sécurité, ils sont rassurés en prêtant leur argent à l'État français. La preuve : ils exigent en contrepartie un taux d'intérêt très faible. Mais cela signifie donc qu'une partie de la dette de la France est possédée par des investisseurs étrangers. Actuellement, environ la moitié de la dette est en effet détenue par des investisseurs étrangers. Pour le reste, la dette française est principalement détenue par de grandes compagnies d'assurance françaises ou européennes qui placent ainsi l'argent de leurs épargnants. Quand un ménage achète une assurance-vie « fonds en euros », il est donc très probable que son argent soit finalement prêté à l'État français.

© Foucher

Questions

1. Rédigez une note structurée sur la situation financière de l'État français et son évolution.
2. Indiquez pourquoi l'État français a besoin d'argent.
3. Catégorisez le mode de financement utilisé par l'État français pour financer son déficit.
4. Présentez les agents économiques détenant la dette de l'État français.

Boîte à outils Production écrite

Pour rédiger une note structurée :
- **reformuler en introduction le sujet sur lequel doit porter la note ;**
- **puis rédiger un développement en plusieurs parties qui exploite les données chiffrées des documents ;**
- **et enfin, conclure.**

▲ Salon Actionaria, Paris, 2019.

Notions

Autofinancement + Emprunt + Financement direct et marché financier + Titres financiers + Financement indirect et banques + Actifs financiers

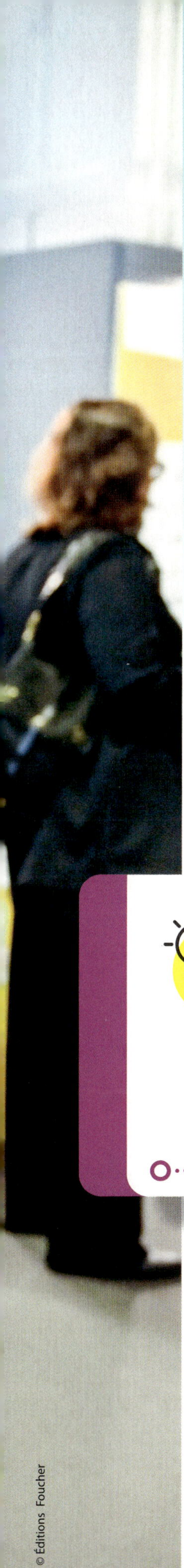

20 Les différentes modalités de financement

Découvrir ensemble

> À quels modes de financement pourriez-vous avoir recours si vous envisagez de créer votre entreprise ?

> Quels sont selon vous les avantages du financement participatif ?

VIDÉO

3 minutes pour découvrir **autrement**

foucherconnect.fr/23dteco165

1 Financement direct et marché financier

DOC 1 Le financement par le marché financier

La première fonction des marchés financiers est de permettre la rencontre directe des agents à besoins de financement (ABF) et ceux ayant des capacités de financement (ACF).
Le développement de ce mode de financement s'explique par les avantages que les agents y trouvent : taux d'intérêt attractifs, quantités empruntées plus importantes, échéances mieux adaptées à leurs besoins, et, surtout, possibilité de revente des titres financiers, essentiellement des actions.
En définitive, le marché financier permet aux ABF d'échanger des titres financiers avec des ACF afin de percevoir en retour des ressources financières.

© Foucher

1 Expliquez la fonction des marchés financiers.
2 Justifiez le fait qu'il s'agit d'un financement direct.
3 Repérez et présentez les avantages de ce mode de financement.

 # vidéo
Quelle est la différence entre une action et une obligation ? - 1,34 min
foucherconnect.fr/23dteco166

DOC 2 Les titres financiers : actions et obligations

Actions boursières et obligations constituent les deux principales catégories de titres financiers qui sont échangés sur les marchés boursiers. […] **Une action** est un titre de propriété qui vous permet de détenir une part du capital d'une entreprise. Vous restez actionnaire jusqu'à la revente de vos titres. En devenant actionnaire, vous pouvez recevoir chaque année un dividende, prélevé sur les profits de l'entreprise, si celle-ci en a réalisé et qu'elle décide d'en verser. Vous disposez également d'un droit de regard sur la vie de l'entreprise […]. Le cours des actions peut subir de fortes variations, qui peuvent provoquer la perte partielle ou totale de votre capital. […] **Une obligation** est un titre de créance, dont le fonctionnement est relativement similaire à celui d'un prêt bancaire. Par l'achat du titre, vous prêtez de l'argent à une entreprise (ou à un État) pour une durée définie et percevez en contrepartie des intérêts périodiques appelés « coupons ». Une fois l'obligation arrivée à échéance, le capital initialement prêté est entièrement remboursé. Une obligation assure un revenu fixe, à échéances fixes, sur une période donnée, ce qui en fait un placement fiable et moins risqué pour un horizon d'investissement court ou moyen terme. […]

© Crédit Agricole SA, août 2021.

4 Comparez dans un tableau les deux principales catégories de titres échangés sur le marché financier.

DOC 3 Les échanges d'actifs financiers sur les marchés financiers

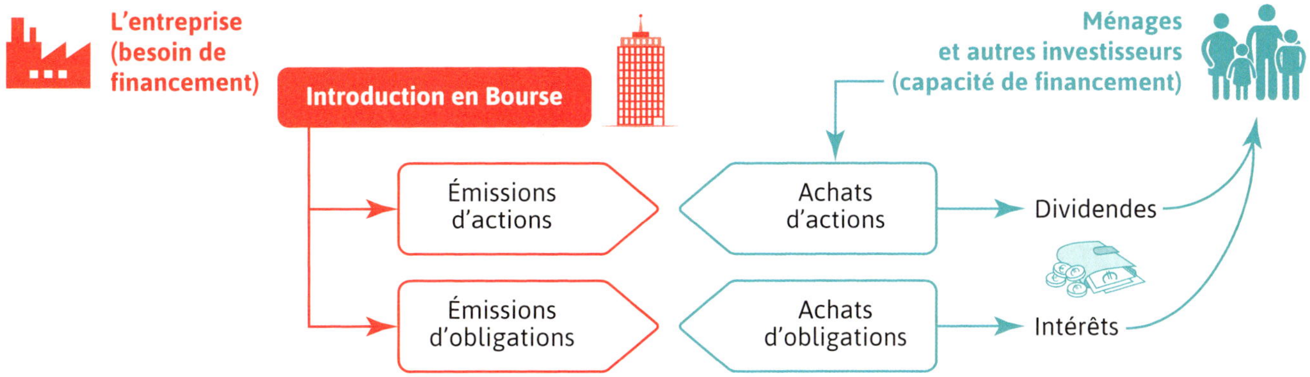

© Foucher

5 Présentez le mécanisme de financement de l'entreprise illustré dans le document.

6 Identifiez l'intérêt de se financer sur les marchés financiers pour les entreprises et les ménages.

DOC 4 Le marché financier : un marché primaire et un marché secondaire

Sur le marché financier, on distingue le marché primaire et le marché secondaire :

- Le **marché primaire** assure le financement de l'économie. Il est le marché où les agents à besoin de financement se procurent des capitaux issus des agents à capacité de financement. Sur ce marché est proposée pour la première fois une valeur mobilière (action ou obligation) à un prix d'émission qui est validé par le marché.
- Le **marché secondaire** (aussi appelé « la Bourse ») peut être défini comme le marché sur lequel s'échangent des valeurs mobilières antérieurement émises sur le marché primaire. Il assure la liquidité des titres déjà émis sur le marché primaire, c'est-à-dire qu'il permet aux ABF et ACF de procéder à des échanges.

© Foucher

7 Relevez les deux composantes du marché financier.

8 Repérez les fonctions spécifiques des marchés primaire et secondaire.

9 Élaborez un schéma expliquant les différentes étapes de la vie d'un titre financier à l'aide des termes suivants :

échanges de titres financiers / marché primaire / agent à capacité de financement / agent à besoin de financement / ressources financières / émission de titres financiers / marché secondaire

10 Explicitez le fait que les deux marchés sont complémentaires.

 # vidéo
Les marchés financiers : de quoi parle-t-on ? - 1,34 min
foucherconnect.fr/23dteco167

L'essentiel

- Les agents à besoin de financement peuvent avoir recours à un financement externe direct grâce aux marchés financiers.
- Sur ces marchés s'échangent des actifs financiers, principalement des actions (titres de propriété) et des obligations (titres de créance).
- Les marchés financiers se décomposent en marché primaire (émission des titres) et marché secondaire (liquidité des titres).
- L'entreprise en besoin de financement peut ainsi effectuer une introduction en bourse pour lever les fonds nécessaires.

À VOUS DE JOUER !

a. Visant une valorisation de 10 milliards d'euros, le groupe Renault prévoit une introduction en bourse en 2023 de sa nouvelle filiale électrique Ampère. Ampère ambitionne plus de 30 % de croissance annuelle dans les huit prochaines années, et 10 % de marge en 2030, contre 4,7 % pour le groupe Renault au premier semestre 2022.
b. Ubisoft lance une émission obligataire de 450 millions d'euros, pour financer ses besoins généraux et refinancer sa dette.

> **Identifiez les opérations de financement dans les cas proposés.**
> **Expliquez les avantages attendus de ces opérations.**
> **Précisez sur quelles composantes du marché financier ces opérations ont eu ou auront lieu.**

2 Financement indirect et rôle des banques

DOC 1 Les banques financent l'activité économique

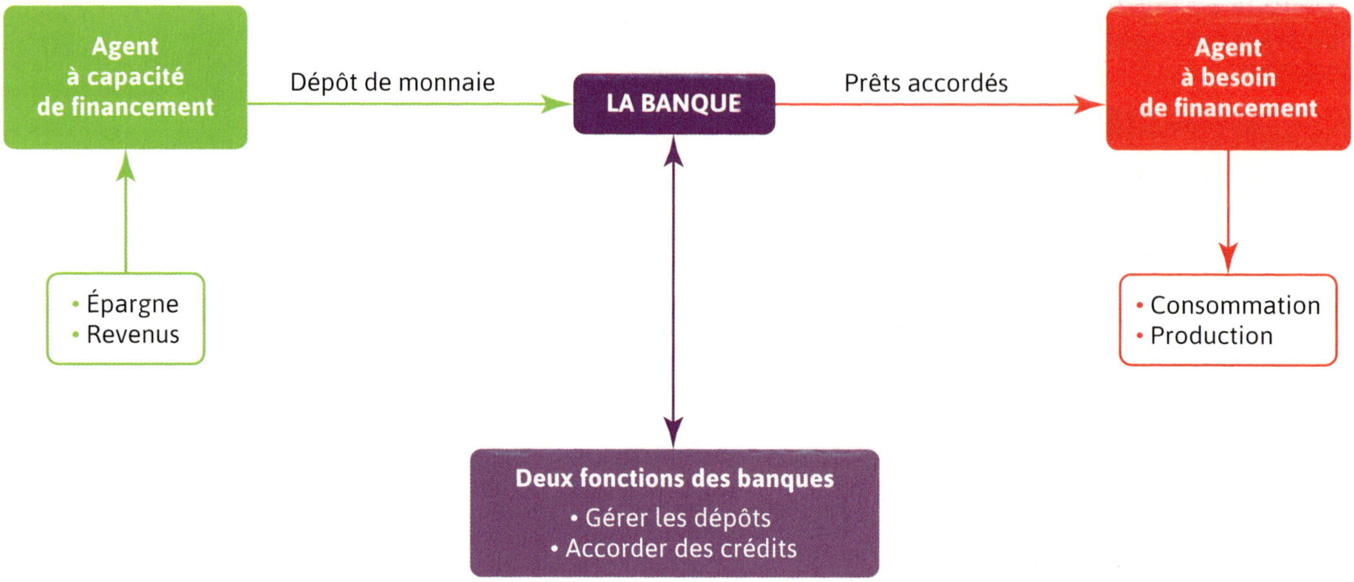

© Foucher

1 Expliquez comment les banques participent au financement de l'économie.
2 Précisez pourquoi on parle de « financement indirect ».

vidéo
La création monétaire - 4,54 min
foucherconnect.fr/23dteco168

DOC 2 Le financement du crédit aux agents économiques par les banques

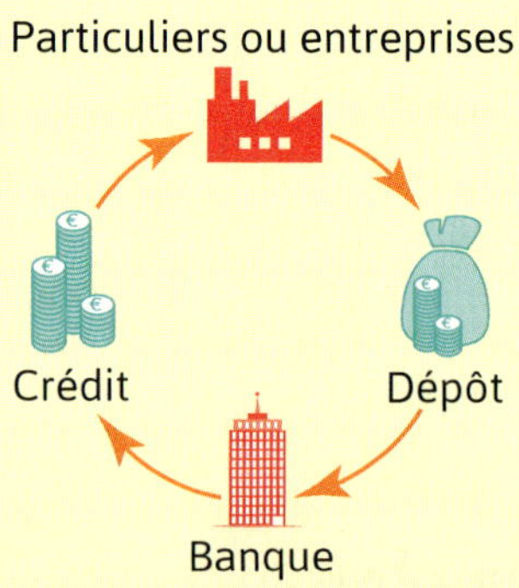

Une banque peut créer de la monnaie. Elle accorde un crédit et crédite du même montant le compte de l'emprunteur. Celui-ci pourra l'utiliser pour acheter un bien ou payer ses fournisseurs, par exemple. On dit alors que « les crédits font les dépôts ».
Systématiquement, la monnaie créée sera détruite lors du remboursement du crédit.
Tous les crédits ne donnent pas lieu à de la création monétaire. Lorsque des établissements financiers spécialisés (par exemple dans le crédit à la consommation), qui ne sont pas habilités à recevoir des dépôts, accordent un crédit, ils ne peuvent le faire que parce qu'ils sont préalablement financés et non pas en créant de la monnaie. Seules les banques qui gèrent les dépôts ont le pouvoir de création monétaire. Mais tous les crédits attribués ne donnent pas lieu à une création monétaire. En effet, les banques peuvent utiliser leurs fonds propres (revenus et épargne de leurs clients) pour accorder des crédits, cela s'appelle le financement non monétaire, on dit alors que « les dépôts font les crédits ».

© Foucher

3 Expliquez le principe de la création monétaire.
4 Distinguez le financement monétaire et le financement non monétaire.

DOC 3 Les différentes institutions de financement

Le financement des activités économiques relève de plusieurs structures appelées « institutions de financement ». [...] Ce sont des entreprises dont l'activité principale est la centralisation des ressources disponibles pour le financement de l'économie. [...] Il s'agit des institutions financières, bancaires et non bancaires. Les institutions financières bancaires sont des organismes dont le rôle principal consiste à recevoir les dépôts du public et à octroyer des crédits. (...) On a les banques de dépôts, les banques commerciales, les banques d'affaires, les banques de développement, les banques d'investissement... [...]. Dans le lot des institutions financières bancaires figure aussi <u>la banque centrale : c'est la banque mère. Elle veille au bon fonctionnement de tout le système bancaire.</u> [...]

Camille A. Segnigbindé, lanouvelletribune.info, 08.06.2013.

5 Relevez et expliquez l'activité principale des institutions financières.

6 Repérez les différentes « institutions de financement ».

7 Commentez les éléments soulignés.

 # vidéo
Une banque ça sert à quoi ? - 2,50 min
foucherconnect.fr/23dteco169

DOC 4 Le rôle particulier des banques centrales

La banque centrale est la...

banque d'émission	banque de l'État	banque des banques	banque de la politique monétaire
Elle fabrique la monnaie (billets de banque et pièces).	Elle assure la trésorerie de l'État, lui accorde des crédits pour conduire le budget national.	Elle organise les règlements entre banques (compensation).	Elle favorise plus ou moins la création monétaire. En effet, elle fixe le prix de l'argent qu'elle prête aux banques commerciales (taux d'intérêt directeur) : un taux d'intérêt faible favorise les crédits, qui sont alors moins chers pour les emprunteurs.

↓

Elle veille au bon fonctionnement du système bancaire constitué par l'ensemble des banques.

© Foucher

8 Relevez le rôle principal de la banque centrale par rapport au système bancaire.

9 Associez les exemples proposés à une fonction de la banque centrale :
elle influence la création de monnaie par les banques / elle crée la monnaie fiduciaire / elle contribue au financement de l'État

L'essentiel

- Le financement indirect s'effectue grâce aux banques qui font partie des institutions de financement.
- Les banques financent ainsi les acteurs économiques grâce aux crédits accordés et contribuent à cette occasion à la création monétaire.
- La banque centrale veille au bon fonctionnement du système bancaire constitué par l'ensemble des banques.

À VOUS DE JOUER !

Jérôme, dermatologue réputé, a besoin de refaire à neuf son cabinet. Il ne dispose pas d'épargne et souhaite donc trouver un moyen de financement adapté à sa situation. La Banque solidaire des Flandres lui propose un prêt de 200 000 euros, qu'il accepte. Pour faire face à cette opération économique, la Banque solidaire des Flandres devra emprunter 100 000 euros à la banque centrale. <u>Et les taux directeurs sont loin d'être bas</u> !

> **Caractérisez le mode de financement choisi par Jérôme.**
> **Précisez s'il y a ou non création monétaire.**
> **Montrez l'impact de la phrase soulignée sur la Banque solidaire des Flandres.**

3 Évolution des modes de financement

DOC 1 Crédits accordés aux entreprises

Encours de crédits aux entreprises résidentes*

	Nombre d'entreprises	Encours (Mds €)	Crédits mobilisés Taux de croissance annuel (en %)
	Sept. 2022	Sept. 2022	Sept. 2022/Sept. 2021
PME	1 290 278	563,6	5,7
ETI	7 331	347,7	5,6
GE	296	192,9	15,2
Total	1 297 905	1 104,2	7,2

* y compris entrepreneurs individuels.

1 Repérez le montant total des crédits accordés aux entreprises en 2022.
2 Identifiez le type d'entreprise qui représente la part la plus importante des crédits.
3 Commentez l'évolution des crédits accordés.

DOC 2 Le financement des entreprises

Financement des sociétés non financières (septembre 2022)

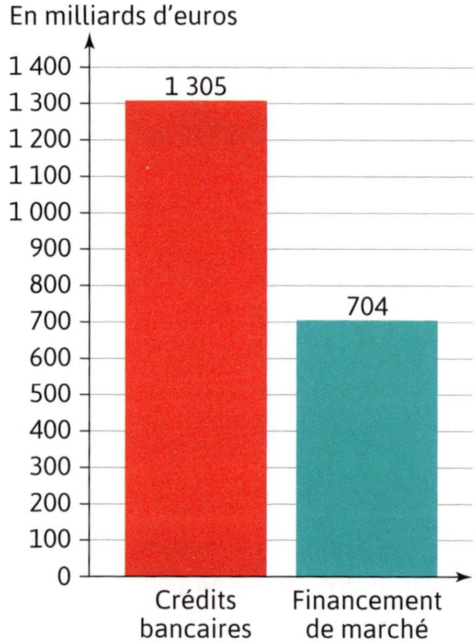

Taux de croissance annuel, par mode de financement (en %)

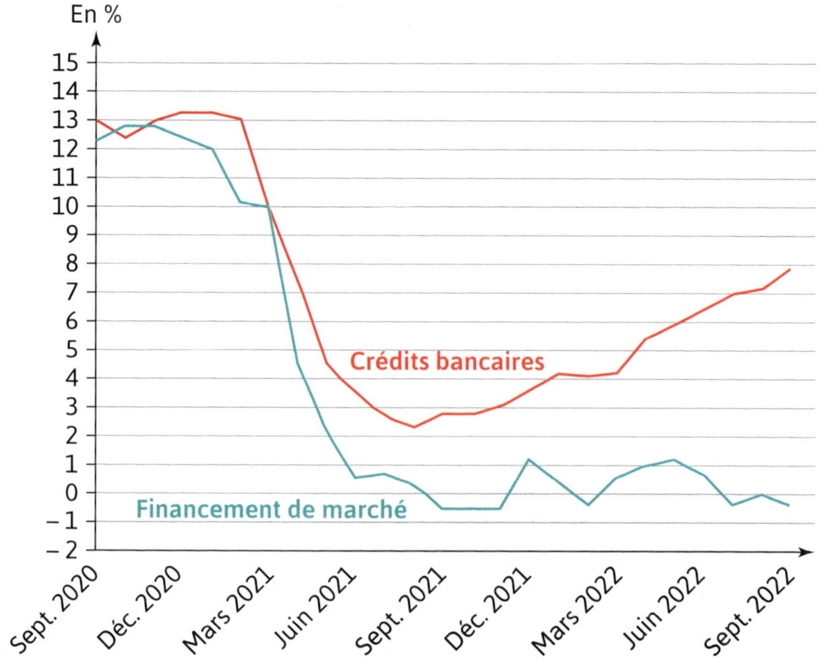

4 Qualifiez les modes de financement des entreprises présentés sur le document.
5 Calculez la part de chaque type de financement en 2022.
6 Appréciez l'évolution des modes de financement des entreprises entre 2020 et 2022.

DOC 3 La désintermédiation bancaire

En Europe, les banques sont les principales sources de financement des entreprises non financières. En zone euro, près de 80 % des financements des entreprises prennent la forme de prêts bancaires, les 20 % restants provenant des marchés financiers *via* l'émission d'obligations. Cette répartition 80/20 est inversée aux États-Unis où les marchés procurent l'essentiel du financement des entreprises. Cependant, après la crise des subprimes et compte tenu de l'évolution récente de la réglementation, le système bancaire européen se retrouve au cœur d'une mutation structurelle aux dépens de l'activité de financement par les banques. Ce phénomène a été baptisé « désintermédiation ». Il peut prendre différentes formes, des émissions obligataires traditionnelles aux prêts directs par des investisseurs non bancaires comme les compagnies d'assurance et les fonds de pension. […] Les banques conservent néanmoins un rôle essentiel dans le nouveau système : dans la plupart des cas, elles conserveront dans leur bilan une partie des financements, garantissant ainsi un alignement de leurs intérêts sur ceux des investisseurs et empêchant que ne réapparaissent les excès du système de désintermédiation totale à l'origine de la crise des subprimes. Les établissements bancaires continueront aussi à assurer des fonctions de structuration et de service, activités qui nécessitent une expertise bancaire traditionnelle et dont les barrières à l'entrée sont élevées.

zebank.fr

7 Qualifiez les modes de financement des entreprises non financières en Europe et aux États-Unis.

8 Expliquez le phénomène de « désintermédiation ».

9 Appréciez le rôle des banques suite à ce phénomène.

DOC 4 Les nouveaux modes de financement des entreprises

Le love money ou les 3 C : copains, cousins, « cinglés »
C'est « l'argent de l'amour », c'est-à-dire celui des personnes proches qui soutiennent et croient au projet : famille, amis, réseau professionnel.

Le business angel
Personne physique (cadre d'entreprise en activité ou ancien entrepreneur) qui décide d'investir une partie de son patrimoine financier dans des entreprises innovantes et à fort potentiel.

Le crowdfunding
Il permet aux petites entreprises de lever des fonds grâce à des plateformes de financement participatif sans passer par le circuit bancaire traditionnel.

Le capital-risque et les fonds d'investissement
Prise de participation par un ou des investisseurs, généralement minoritaires, au capital de sociétés non cotées, innovantes et à fort potentiel de croissance.

Les plateformes de prêt entre particuliers[1]
C'est une activité financière qui consiste en des prêts d'argent entre particuliers, sous la forme de remise de fonds avec engagement de remboursement.

Le crowdlending (des particuliers aux entreprises)
Il permet d'emprunter sans l'aide des banques. Dans ce modèle, les contributeurs prêtent de l'argent à des entreprises et reçoivent des intérêts en retour.

1. En anglais *peer-to-peer lending, P2P lending* ou parfois aussi *social lending.*

© Foucher

10 Précisez si les nouveaux modes de financement des entreprises relèvent du financement direct ou indirect.

11 Montrez en quoi ces nouveaux modes de financement remettent en cause le rôle des acteurs traditionnels du financement.

L'essentiel

- Le financement des entreprises est essentiellement constitué par les crédits bancaires qui restent dominants, particulièrement pour les PME.
- Cependant, le financement direct de marché se développe.
- On note une désintermédiation bancaire au profit de nouveaux modes de financement : love money, business angel, crowdequity, etc.

À VOUS DE JOUER !

Pascal vient de créer sa start-up VIVA. Elle offre aux clients une application mobile qui permet de scanner et d'évaluer la qualité des produits consommés avant l'achat. Les banques ont refusé de financer ce projet qui paraissait trop risqué. Ainsi, Pascal a sollicité ses proches pour obtenir les premiers financements. Ensuite, une plateforme de financement participatif lui a permis de se développer. Désormais, l'entreprise est en forte croissance et attire de nouveaux investisseurs.

> **Identifiez les modes de financement qui concernent le projet de Pascal.**

> **Proposez d'autres modes de financement pour favoriser le développement de la start-up.**

Synthèse

3 minutes pour retenir

foucherconnect.fr/23dteco170

1 Financement direct et marché financier

Agents à besoin de financement → Demandeurs de capitaux → **Marché financier**

Agents à capacité de financement → Offreurs de capitaux → **Marché financier**

Marché financier
Assure l'échange de titres financiers (actions et obligations)

- **Marché primaire** : Émission de titres
- **Marché secondaire** : Liquidité des titres

2 Financement indirect et rôle des banques

Agent à capacité de financement → Dépôt de monnaie → **LA BANQUE** → Prêts accordés → **Agent à besoin de financement**

Agent à capacité de financement :
- Épargne
- Revenus

Agent à besoin de financement :
- Consommation
- Production

Deux fonctions des banques
- Gérer les dépôts
- Accorder des crédits

→ Création monétaire ← Contrôle de la banque centrale

3 Évolution des modes de financement

Domination du financement bancaire

Développement du financement de marché
Désintermédiation bancaire

→ **Vers de nouveaux modes de financement**
(love money, business angel, crowdfunding, capital-risque, crowdlending...)

Mots-clés

- Financement externe direct
- Financement externe indirect
- Marché financier
- Titres financiers

Voir lexique P. 284

QUIZ
Vocabulaire économique
foucherconnect.fr/23dteco171

Fiche Méthode 20 Construire une carte mentale

Objectif *Établir visuellement des liens entre les idées pour comprendre, mémoriser et restituer l'information*

—• **Exemple.** La carte mentale est une sorte de schéma avec en son centre un sujet central duquel partent des branches qui correspondent aux idées qui y sont liées.

Cette représentation permet d'organiser les idées, de découvrir des liens entre elles et ainsi de les mémoriser plus facilement.

Elle peut être construite pour synthétiser des documents ou pour mener une réflexion.

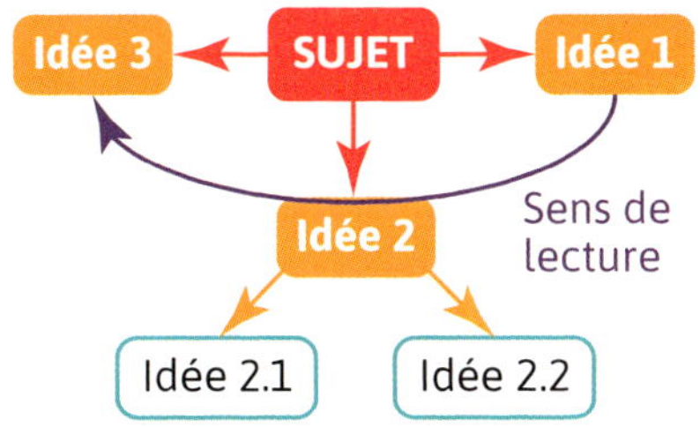

Étape 1 Préparer la carte mentale

Faire une lecture rapide des documents fournis (si c'est le cas) ou mener une réflexion pour déterminer le cœur de la carte, le thème principal que l'on placera au centre.
Prendre une page blanche dans le sens paysage plutôt que portrait.

Étape 2 Analyser les éléments constitutifs de la carte mentale

Faire une lecture approfondie des documents et surligner les éléments à retenir. Dans le cas d'une construction sans documents, réfléchir pour faire jaillir les idées autour du thème proposé.

Synthétiser et hiérarchiser les informations identifiées : cette opération permettra de mettre en évidence des sous-thèmes (premier nœud) qui regrouperont chacun plusieurs éléments (deuxième nœud et suivants).

Déterminer la structure, l'organisation des branches et un code couleur : par exemple le rouge pour les éléments négatifs (ou les causes), le vert pour les éléments positifs (ou les conséquences).

Étape 3 Construire la carte mentale

Positionner le cœur du sujet au centre. On peut le noter dans une forme ovale, un nuage, une bulle… et l'illustrer par une image.
—• Ici, l'idée centrale (le sujet) en rouge.

Dessiner des ramifications ou branches qui partent de ce centre pour tous les sous-thèmes liés. Une branche = une idée. On utilise des mots-clés pour chacun des concepts évoqués.

Penser à hiérarchiser les idées, à partir de ce qui est le plus important vers les points de détail. Penser à répartir les branches tout autour du sujet principal.

Rassembler les idées et sous-idées sous la même couleur (une couleur par branche).

—• À partir de l'idée centrale, le premier nœud « enfant » apparaît en haut à droite (idée 1). Les autres nœuds, de même niveau, suivent dans le sens des aiguilles d'une montre (idées 2 et 3). Il en va de même pour les nœuds de deuxième (idées 2.1 et 2.2) ou de troisième niveau, etc.
Les couleurs utilisées ici permettent d'améliorer la lisibilité et la compréhension de la carte.

Conseils

> Écrivez lisiblement et illustrez visuellement les éléments (pictogramme, dessin, image…).
> Pour renforcer la hiérarchisation des idées : faites varier la taille des caractères, l'épaisseur des traits, numérotez les nœuds, utilisez des icônes, etc.
> Utilisez des logiciels pour réaliser votre carte : Freemind, Xmind, Freeplane, etc.

 # méthode+
Réaliser une carte mentale - 3,02 min
foucherconnect.fr/23dteco172

Activités

3 minutes pour se tester
foucherconnect.fr/23dteco173

1 APPLIQUER

Doc Les sources de financement des entreprises

 # vidéo
Comprendre le financement des entreprises. Où trouver l'argent ? - 3,20 min
foucherconnect.fr/23dteco174

Questions

1. Visionnez la vidéo « Comprendre le financement des entreprises. Où trouver l'argent ? ».
2. Construisez une carte mentale traitant du thème : le financement des entreprises.

Boîte à outils Carte mentale

- Identifiez les éléments à intégrer et hiérarchisez-les en identifiant préalablement les idées principales.
- Construisez les ramifications en classant les éléments en thèmes, sous-thèmes, etc.

2 ARGUMENTER À L'ORAL

JEU DE RÔLE

Vous travaillez dans une PME dont l'activité est florissante. Il apparaît nécessaire de trouver des moyens de financement pour assurer son développement. Votre manager vous demande d'apprécier les avantages et inconvénients des différents moyens de financement possibles pour votre entreprise. Très mobilisé par les enjeux sociétaux, il est sensible aux nouveaux modes de financement de l'activité et aux finalités de ces nouveaux modes de financement.
Pour mener votre travail, vous décidez de recevoir 3 personnes qui devront représenter un mode de financement et en défendre les avantages :
– un participant représente la banque ;
– un participant représente le financement de marché ;
– un participant représente les financements alternatifs.

- Chacun doit synthétiser les éléments mis en évidence dans le cours, chercher d'autres arguments sur internet pour défendre le mode de financement qu'il représente. Votre rôle consiste à leur poser des questions et à leur opposer des arguments.
- Vous devrez finalement vous prononcer en argumentant clairement votre choix. Vous préparerez, pour cela, une présentation PowerPoint en 4 ou 5 diapositives qui sera utilisée pour présenter oralement vos conclusions au manager.
- Vous devrez être convaincant en moins de 5 minutes !

Boîte à outils Oral

- Structurez la présentation pour appuyer l'argumentation. Chaque participant doit défendre les avantages du mode de financement qu'il présente, en construisant un exposé organisé, méthodique et logique.
- Veillez à étayer les propos à l'aide du support visuel. Attention ! Une présentation PowerPoint ne doit pas consister en un ensemble de phrases. Il s'agit d'articuler des mots-clés qui apparaissent successivement pour renforcer le propos.

3 APPROFONDIR

Doc 1 Le financement par la blockchain

Le marché de la cryptomonnaie a actuellement le vent en poupe et apporte une alternative aux transactions financières traditionnelles. Il s'appuie sur la blockchain, qui est une technologie permettant le stockage et la transmission d'informations. Elle est sécurisée et transparente, sans organe central de contrôle. Elle offre également la possibilité de constituer une base de données infalsifiable, contenant l'historique des transactions partagées entre tous les utilisateurs. Résultat : de plus en plus d'entreprises s'intéressent à cette technologie pour leurs opérations de financement. « Auparavant, la blockchain était plutôt réservée aux entreprises innovantes. Mais nous observons actuellement une standardisation de cette technologie, qui s'est généralisée et simplifiée », constate Florent Jacques, cofondateur de Finkey, une entreprise qui conseille et guide les actionnaires et dirigeants lors de la prise de décisions stratégiques. [...] Pour financer les entreprises, la blockchain peut être utilisée *via* deux outils : les initial coin offering (ICO) et les security token offering (STO). « Le financement sous forme d'ICO est plutôt réservé aux entreprises du Web3. Les entreprises traditionnelles s'orienteront davantage sur la STO », précise Florent Jacques. Ce dispositif offre la possibilité de financer une entreprise en échange de jetons valables sur le marché de la crypto-monnaie. Les entreprises qui procèdent à une STO distribuent des titres qui ont le statut de valeur mobilière, comme des titres financiers, permettant aux investisseurs de détenir une partie du capital de l'entreprise. « La STO peut financer, par exemple, une opération immobilière ou des actifs de type stock », illustre Florent Jacques. [...] « Une STO présente de l'intérêt aussi bien pour les PME et les ETI que les grands groupes. Cela permet d'avoir un accès direct aux investisseurs, sans intermédiaire financier, ainsi qu'à des liquidités plus importantes », souligne le cofondateur de Finkey. Ce dispositif facilite également les levées de fonds à l'international. « Ce type d'investissement reste aujourd'hui compliqué. La STO permet de casser les barrières », précise Florent Jacques. L'utilisation de la blockchain offre, en outre, une plus grande transparence des opérations et des acteurs, ce qui sécurise davantage les transactions. [...] Selon l'expert, cet outil devrait largement gagner en popularité d'ici les prochaines années et pourrait être compatible avec d'autres modes de financement.

daf-mag.fr, Audrey Fréel, 01.06.2022.

Doc 2 Perspectives d'évolution du marché des STO

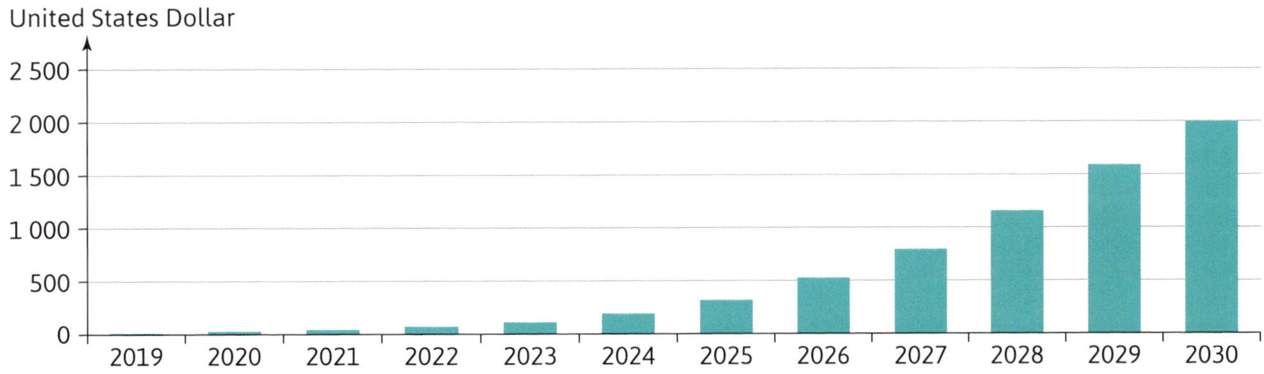

Source : Chain Partners.

Questions

1. Identifiez le nouveau mode de financement proposé aux entreprises.
2. Qualifiez ce mode de financement et précisez-en les outils principaux.
3. Relevez ses avantages.
4. Appréciez, dans un paragraphe argumenté, la complémentarité de ce nouveau mode de financement avec les autres modalités de financement.

Boîte à outils — Production écrite

Argumentez votre paragraphe en fractionnant votre réflexion :
- identifiez et appréciez les différents modes de financement présentés dans les documents, particulièrement le nouveau mode de financement proposé ;
- comparez ces modes de financement pour faire apparaître dans quelle mesure ils se complètent (vous pouvez construire un tableau comparatif pour vous aider à synthétiser vos idées !) ;
- répondez à la question en structurant votre réponse.

Vers le BAC

Les modes de financement de l'activité économique

À partir de vos connaissances et de la documentation fournie en annexe, répondez aux questions suivantes.

Questions

1. Identifiez les secteurs institutionnels les plus en capacité ou en besoin de financement en 2021.
2. Commentez les évolutions de la situation de financement des SNF (sociétés non financières) sur la période.
3. Explicitez les causes des difficultés financières des petites entreprises.
4. Rédigez une argumentation qui permette de répondre à la question suivante : Quels modes de financement privilégier pour les PME ?

Annexe 1 Les secteurs institutionnels en capacité ou en besoin de financement (Mds €)

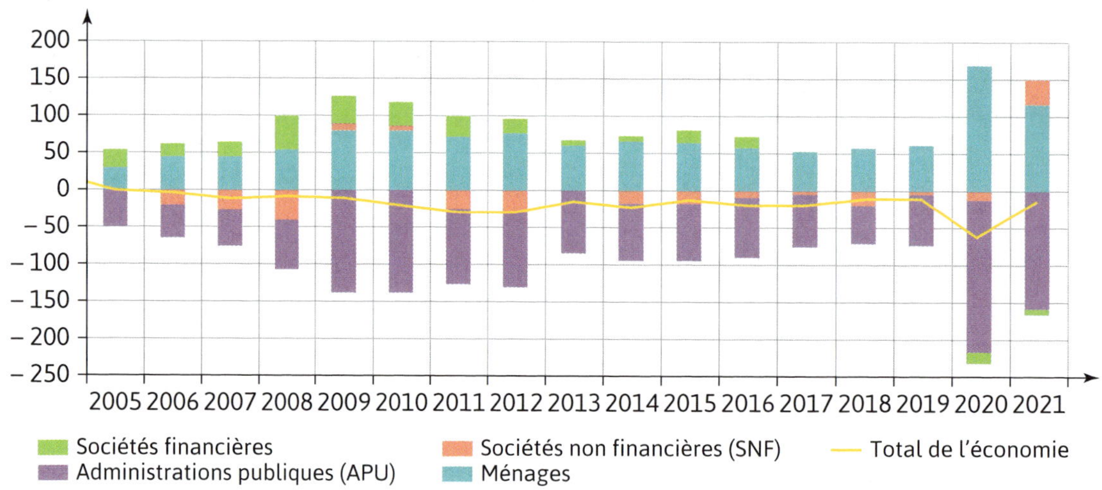

banque-france.fr, 17.11.2022.

Annexe 2 Difficultés financières pour les petites structures

Les petites entreprises rencontrent des difficultés financières. De nombreux arrêts de production sont prévus en 2023 pour faire face à la flambée des coûts de l'énergie, au remboursement du Prêt garantie par l'État (PGE), aux pressions sur les salaires et aux difficultés de recruter.

En effet, les coûts de production explosent pour les petites structures. En dépit du bouclier tarifaire sur le gaz et l'électricité pour les TPE de moins de 10 salariés, de l'« amortisseur électricité » pour les PME de moins de 250 salariés et 50 millions d'euros de chiffre d'affaires et du guichet des aides, ces entreprises vont vers un « mur énergétique ». Avec des factures d'électricité multipliées par trois, la compétitivité des petites structures est ainsi fortement réduite. De plus, la flambée des matières premières et les revendications de hausses de salaires dans un contexte d'inflation forte s'ajoutent à ces difficultés. Il paraît difficile de répercuter la totalité

de la hausse des coûts sur les clients qui sont eux-mêmes fortement impactés par la réduction de leur pouvoir d'achat.
Par ailleurs, le poids du PGE, octroyé face au choc de la Covid, inquiète les PME, car les délais de remboursement, sur quatre ans, sont très courts pour des entités déjà fragilisées. La majorité des échéances a démarré au printemps 2022 et 40 milliards ont été remboursés sur les 143 milliards d'euros contractés. Certaines entreprises pourraient faire défaut quant à ces remboursements.
Selon le baromètre Bpifrance publié mi-novembre, 9 % d'entre elles redoutent de ne pas être en mesure de rembourser leur PGE, un chiffre en hausse de 2 points par rapport à la précédente enquête trimestrielle. De plus, celles qui le peuvent le font souvent au détriment d'investissements qu'elles reportent. Autre inquiétude : les Urssaf ont repris leurs relances pour le paiement des dettes sociales.
Face aux besoins croissants de financement des petites entreprises, on suppose paradoxalement des difficultés croissantes pour trouver des fonds. Pour l'heure, l'augmentation des taux d'intérêt ne semble pas impacter l'accès au crédit. Selon la Banque de France, les encours de crédits aux entreprises ont augmenté de 8,6 % en octobre sur un an, permettant aux petites structures de maintenir leurs projets d'investissement. Mais si l'accès au crédit bancaire se durcit encore, les entreprises commenceront à se désendetter et ralentiront leurs investissements.

© Foucher

Annexe 3 Les prêts participatifs et obligations relance ont d'ores et déjà financé près de 3 milliards d'euros de projets de PME et d'ETI françaises

Le déploiement du dispositif Prêts participatifs relance (PPR) et Obligations relance (OR) dans le cadre du plan France Relance s'est accéléré au deuxième semestre 2022. À fin janvier 2023, 1,74 milliard d'euros de Prêts participatifs relance et 1,21 milliard d'euros d'Obligations relance ont déjà été consentis, auxquels devraient s'ajouter sous peu 618 millions d'euros pour les PPR et 465 millions d'euros pour les OR. Ce sont donc 4 milliards d'euros au total qui auront été distribués d'ici la fin du premier trimestre 2023. Ces chiffres démontrent une réelle montée en puissance de ces instruments, au service du développement des entreprises françaises.
Au total, ces dispositifs ont permis de soutenir 800 entreprises – 573 PME et 227 ETI, majoritairement dans les secteurs de l'industrie manufacturière (22 %), du commerce (18 %) et des activités scientifiques et techniques (16 %), dans tous les territoires. […]
Les OR et les PPR s'adressent à toute PME et ETI française qui souhaite se développer et investir sans pour autant ouvrir son capital à des actionnaires extérieurs. […] Ils facilitent l'obtention de financements complémentaires et accroissent la capacité de rebond des entreprises.

presse.economie.gouv.fr, 09.02.2023.

Annexe 4 Le crowdfunding

Vous êtes créateur ou repreneur d'entreprise, ou bien entrepreneur souhaitant développer votre activité, mais vous ne voulez pas ou ne pouvez pas faire appel à un prêt bancaire classique ? Connaissez-vous le crowdfunding ou financement participatif ? Cette solution de financement en plein essor est peut-être faite pour vous ! […]

economie.gouv.fr, 23.01.2023.

▲ Rayon « produits laitiers frais, yaourts » d'un hypermarché Carrefour.

Notions

Offre et demande + Prix d'équilibre + Élasticité prix-demande + Élasticité croisée + Produits substituables, produits complémentaires + Coût marginal + Concurrence + Concurrence imparfaite + Indice de concentration sur un marché + Oligopole, monopole, cartel + Barrières à l'entrée + Innovation + Différenciation des produits

21 La concurrence sur les marchés des biens et services

Découvrir ensemble

> Quel est l'intérêt principal pour un consommateur de faire ses courses en grande surface ?

> Quels sont les autres avantages pour le consommateur qu'un marché soit investi par plusieurs offreurs ?

VIDÉO

3 minutes pour découvrir autrement

foucherconnect.fr/23dteco175

1 L'équilibre sur un marché concurrentiel

DOC 1 La rencontre entre l'offre et la demande

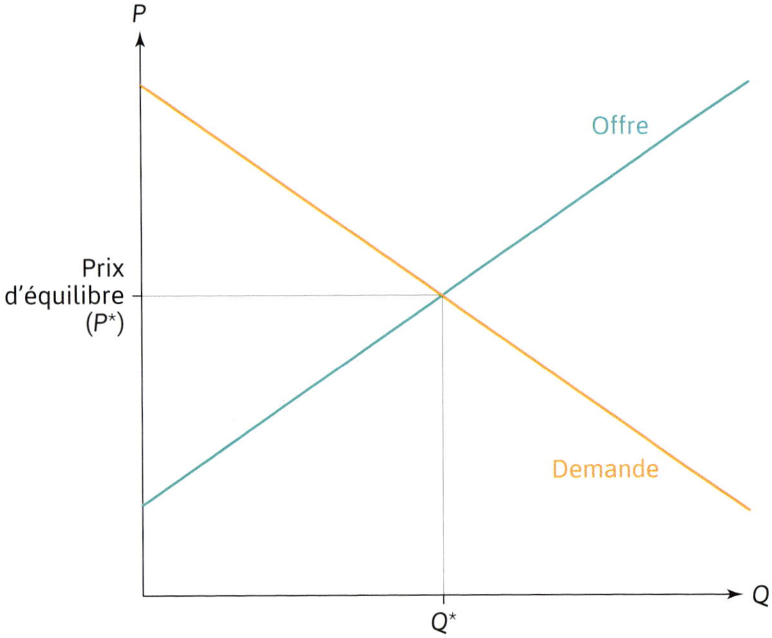

Les échanges de produits entre entreprises et ménages s'effectuent sur des marchés où se confrontent leur offre et leur demande.
Sur un marché concurrentiel qui compte de nombreux acheteurs (demande) et vendeurs (offre) d'un même produit, les prix s'ajustent afin de rendre compatibles les décisions d'offre et de demande des agents économiques.
Le prix d'équilibre désigne le prix auquel toutes les quantités offertes d'un produit sont vendues, et toutes les quantités demandées de ce produit sont achetées.

© Foucher

1 Appréciez l'évolution de l'offre et de la demande en fonction du prix.
2 Expliquez les trajectoires de ces courbes.
3 Expliquez ce que représentent P^* et Q^*.

DOC 2 L'impact des coûts de production sur l'équilibre de marché

L'offre des producteurs correspond à ce que les entreprises sont disposées à produire et à vendre. L'entreprise choisit la quantité optimale à produire en se basant sur le **prix de vente**, le **coût moyen de production** et le **coût marginal**.

Le **prix de vente** est le prix auquel se vend l'offre des producteurs à la demande des clients. Sur un marché concurrentiel, le prix s'impose au producteur. Son choix portera uniquement sur les quantités à produire.	Le **coût moyen** (CM) est le coût de chaque unité produite. $CM = \frac{\text{Coût total de la production}}{\text{Quantité produite}}$	Le **coût marginal** (Cm) est le coût supplémentaire d'une unité produite. Cm = (Coût total de la quantité produite + 1 unité) – Coût total de la quantité produite

L'offre est généralement une fonction croissante du prix, ce qui implique qu'elle augmente lorsque le prix augmente et elle diminue lorsque le prix diminue. Mais cela n'est vrai que si les coûts de production n'augmentent pas plus vite que le prix de vente.

- Si coût marginal < au prix de vente → l'offreur peut augmenter sa production car il augmentera son profit.
- Si coût marginal > au prix de vente → l'offreur doit baisser sa production ou augmenter ses prix de vente car la situation est non rentable.
- Si coût marginal = au prix de vente → situation où l'offreur commence à réaliser un profit unitaire.

© Foucher

4 Identifiez la variable sur laquelle les offreurs peuvent intervenir sur un marché concurrentiel.
5 Déterminez jusqu'à quel moment un offreur a intérêt à produire.
6 Expliquez quel est l'impact d'une hausse des coûts de production sur l'équilibre de marché en vous appuyant sur l'extrait souligné dans le document.

DOC 3 La détermination des quantités à produire

Le prix de vente de 100 chemises en coton bio aux revendeurs spécialisés est de 3 000 € en année N. L'entreprise Cotavia a produit 50 séries de 100 chemises pour un coût total de 140 000 € cette année-là. En ce début d'année N+1, les prix du marché sont désormais de 3 100 € pour 100 chemises.

Motivée par cette augmentation des prix du marché, Cotavia a prévu d'acquérir une machine supplémentaire pour produire davantage de chemises. La prochaine série de 100 chemises coûtera 3 200 € à produire.

© Foucher

7 Calculez le coût moyen supporté par Cotavia pour produire une série de 100 chemises en année N.

8 Identifiez le coût marginal des 100 prochaines chemises qui seront produites par Cotavia et comparez-le au coût moyen en année N.

9 Calculez le résultat par série de 100 chemises (perte ou bénéfice) de Cotavia en année N puis le résultat pour les 100 prochaines chemises.

10 Déterminez, en vous appuyant sur vos résultats, si Cotavia a intérêt ou non à augmenter son volume d'offre.

DOC 4 L'impact des préférences de la demande sur l'équilibre de marché

11 Déterminez les facteurs influençant la demande de véhicules.

12 Expliquez comment ces facteurs peuvent peser sur l'équilibre de marché.

L'essentiel

- L'offre est une fonction croissante du prix. La demande est une fonction décroissante du prix.
- Pour le niveau de prix d'équilibre, la quantité demandée est égale à la quantité offerte.
- Le calcul du coût marginal est utile aux producteurs pour ajuster leur niveau de production.
- Les préférences de la demande pèsent sur l'équilibre de marché.

À VOUS DE JOUER !

Un fabricant de peluches pour enfant a produit 40 000 peluches en une année. Les peluches sont vendues au prix de 4 € unitaire en moyenne sur le marché. Le coût de production était de 20 200 € pour les 10 000 premières peluches, 40 200 € pour 20 000 peluches, 60 000 € pour 30 000 peluches et 79 700 € les 40 000 peluches.

> **Calculez le coût marginal de la 2e, de la 3e et de la 4e série de 10 000 peluches.**

> **Déterminez s'il est opportun pour le fabricant d'augmenter son volume de production.**

2 La mesure de la sensibilité de la demande

DOC 1 L'effet du prix sur la demande

Les ventes de T-shirts pour le mois de mars N + 1 ont chuté à 2 730 T-shirts contre 3 900 T-shirts en mars N.

1 Appréciez l'effet de l'augmentation du prix des T-shirts sur la demande.
2 Expliquez l'intérêt de mesurer la réaction de la demande à un changement de prix.

DOC 2 L'élasticité-prix de la demande

L'élasticité-prix de la demande permet de mesurer la réaction de la demande (des ventes) face à une variation (augmentation ou diminution) d'un prix.

$$\text{Élasticité-prix de la demande} = \frac{\text{Taux variation demande}}{\text{Taux variation prix}} = \frac{\dfrac{(\text{Demande d'arrivée} - \text{Demande de départ})}{\text{Demande de départ}}}{\dfrac{(\text{Prix d'arrivée} - \text{Prix de départ})}{\text{Prix de départ}}}$$

Il est ensuite nécessaire d'interpréter le résultat :

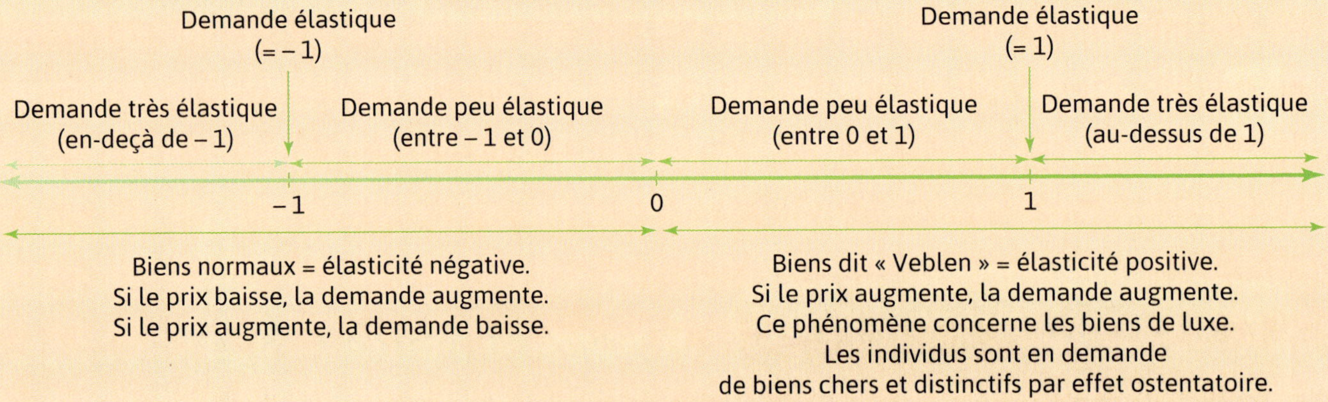

© Foucher

3 Identifiez la fonction de l'élasticité-prix de la demande.
4 Calculez l'élasticité-prix de la demande pour les ventes de T-shirts en coton bio de l'entreprise Cotavia (document 1).
5 Interprétez le résultat de l'élasticité-prix de la demande calculé à la question 4.

 # vidéo
Introduction à l'élasticité des prix - 3,07 min
foucherconnect.fr/23dteco176

DOC 3 Les produits substituables et les produits complémentaires

 # vidéo
Les biens substituables et les biens complémentaires - 2,20 min
foucherconnect.fr/23dteco177

Produits substituables

Dans une économie limitée à deux produits, ceux-ci sont nécessairement substituables : si la consommation de X baisse, celle de Y augmente. Les produits substituables existent également sur des marchés concurrentiels. Ils sont interchangeables, car ils ont des caractéristiques similaires et répondent à un même besoin. Aussi, si le prix de X baisse, la consommation de Y baisse et réciproquement.

Ex. 1 : les trajets entre Paris et Brest en moins de 4 h peuvent s'effectuer en train et en avion.
Ex. 2 : si le prix du thé baisse, la consommation d'infusions baisse.

Produits complémentaires

Certains produits doivent être consommés ensemble pour couvrir un besoin. Si X et Y sont dans ce cas, ils sont dits complémentaires : la consommation de X entraîne celle de Y et réciproquement. Un produit complémentaire est donc un produit dont la consommation est liée à la consommation d'un autre produit. Aussi, si le prix de X baisse, la consommation de Y augmente et réciproquement.

Ex. 1 : la demande pour les imprimantes génère celle des cartouches d'encre.
Ex. 2 : si le prix des consoles baisse, la consommation de jeux vidéo augmente.

Comment peut-on déterminer si deux produits sont substituables ou complémentaires ?

→ Les produits peuvent-ils satisfaire le même besoin ?
→ Sont-ils regroupés dans la même catégorie de produits ?

Les produits sont substituables.

→ L'utilisation d'un produit dépend-il de l'utilisation d'un autre produit ?
→ Si le prix d'un produit baisse, seriez-vous plus susceptible d'acheter l'autre ?

Les produits sont complémentaires.

© Foucher

6 Comparez les caractéristiques des biens substituables ou complémentaires.

7 Classez les couples de produits en produits substituables ou en produits complémentaires : voiture thermique et carburant / voiture thermique et voiture électrique / sucre et miel / dentifrice et brosse à dents

8 Distinguez la réaction de la demande d'un produit Y à la hausse du prix d'un produit X si les biens sont substituables ou complémentaires.

DOC 4 L'élasticité-prix croisée

L'élasticité croisée est une mesure de la sensibilité de la demande d'un produit à la variation du prix d'un autre produit.

$$\text{Élasticité croisée} = \frac{\text{Variation en \% de la quantité demandée du produit X}}{\text{Variation en \% du prix du produit Y}}$$

Interprétation du résultat :

- **Résultat = 0** → Produits indépendants*
- **Résultat < 0** → Produits complémentaires
- **Résultat > 0** → Produits substituables

* Baisse de prix d'un produit sans effet sur la consommation d'un autre produit.

© Foucher

9 Calculez puis interprétez l'élasticité croisée pour la situation suivante : sur une période donnée, le prix des carburants a augmenté de 40 % et le nombre de véhicules thermiques vendus a chuté de 15 %.

L'essentiel

- L'élasticité-prix mesure la variation de la demande face à la variation d'un prix.
- L'élasticité-prix croisée mesure la réaction de la demande d'un produit face à la variation du prix d'un autre produit. Elle permet de déterminer si les produits sont complémentaires ou substituables.

À VOUS DE JOUER !

Un centre de jeux baisse le prix d'une partie de bowling de 10 à 7 € en début de mois. Le nombre de parties jouées au billard baisse alors de 800 à 700 en un mois.

> **Calculez l'élasticité-prix croisée des parties de billard par rapport au prix du bowling.**

> **Interprétez votre résultat.**

3 L'intensité de la concurrence sur un marché

DOC 1 Les structures de marché

La structure d'un marché dépend principalement du nombre d'entreprises qu'il compte.

Nombre d'entreprises	Une seule	Un petit nombre	Un grand nombre
	Monopole	**Oligopole**	**Concurrence**
Différenciation des produits	Aucune	Partielle	Forte
Contrôle sur les prix	Total	Partiel	Faible
Exemples	La Poste jusqu'en 2011	Opérateurs téléphoniques	Coiffeurs

© Foucher

1 Relevez les trois principales structures de marché.

2 Expliquez pourquoi les entreprises ont intérêt à différencier leurs produits de ceux de leurs concurrents en situation de concurrence.

3 Expliquez pourquoi le contrôle sur les prix est total en situation de monopole et faible en situation de concurrence.

4 Déterminez l'impact de la fixation du prix dans un contexte concurrentiel sur les consommateurs.

 # vidéo
C'est quoi la concurrence pure et parfaite ? - 2,22 min
foucherconnect.fr/23dteco178

DOC 2 La concurrence pure et parfaite

On parle de concurrence pure et parfaite si le marché réunit les cinq conditions suivantes :

Pure

- **Atomicité** Très grand nombre d'offreurs et de demandeurs.
- **Transparence** Une parfaite connaissance de toutes les informations par les offreurs et les demandeurs empêche que certains profitent d'une information pour manipuler le marché.
- **Homogénéité** Les produits offerts sont identiques ou homogènes.

Parfaite

- **Libre entrée sur le marché** De nouveaux offreurs peuvent pénétrer le marché sans restriction ni délai pour concurrencer les acteurs déjà présents.
- **Libre circulation des facteurs de production** Les travailleurs et les machines peuvent circuler librement à la recherche de la meilleure opportunité de rémunération.

© Foucher

5 Identifiez les cinq conditions de la concurrence pure et parfaite.

6 Déterminez si cette situation existe en réalité et caractérisez la nature de la concurrence sur la plupart des marchés.

DOC 3 La notion de marché pertinent

Le **marché pertinent** est le marché dans lequel un produit est en étroite compétition avec d'autres produits que le demandeur juge substituables ou très proches de l'être.
Exemple : le marché pertinent de Porsche n'est pas celui de toutes les automobiles.
C'est le segment des automobiles sportives à plus de 80 000 euros.

La notion de marché pertinent est utilisée en **droit de la concurrence** pour déterminer le degré de concurrence qui y règne et pour estimer si un opérateur occupe une position dominante.

L'autorité de la concurrence est une autorité administrative indépendante française chargée notamment de lutter contre les opérations de concentrations, c'est-à-dire de veiller à ce que la concurrence d'un marché ne soit pas trop réduite par l'absorption d'un concurrent par une entreprise.

© Foucher

7 Définissez le marché pertinent des restaurants McDonald's.

8 Expliquez en quoi la notion de marché pertinent est particulièrement intéressante en matière de droit de la concurrence.

DOC 4 La concentration sur un marché

Définition	Un marché est concentré lorsqu'un nombre limité d'entreprises possède de grandes parts de marché sur leur marché pertinent.
Calcul	L'indice Herfindahl-Hirschmann (IHH) est utilisé par la Commission européenne pour mesurer la concentration d'un marché. Il suffit d'additionner les carrés des parts de marché de toutes les entreprises du marché pertinent. Ex. : pour un marché qui compte 5 entreprises qui détiennent chacune 20 % des parts de marché, l'IHH est égal à : 400 + 400 + 400 + 400 + 400 = 2 000.
Interprétation	Plus l'IHH est élevé, plus le marché est concentré : – IHH < 1 000 → faible concentration du marché ; – 1 000 < IHH < 1 800 → concentration du marché moyenne ; – IHH > 1 900 → forte concentration du marché.
Conséquences	L'Autorité de la concurrence peut refuser les projets de fusion-acquisition d'entreprises si le marché s'en retrouve trop concentré.
Exemple de marché concentré	En 2021, trois lessiviers se sont partagé 82,5 % du marché : Procter & Gamble (33 %), Henkel (28,3 %) et Unilever (21,1 %).

© Foucher

 # vidéo
Stanislas Martin : le contrôle des concentrations - 3 min
foucherconnect.fr/23dteco179

9 Identifiez les conditions requises pour qu'un marché soit jugé concentré.

10 Calculez l'IHH sur le marché de la lessive et commentez votre résultat.

11 Déterminez les conséquences d'un marché concentré pour les consommateurs.

L'essentiel

- **Les principales structures de marché sont le monopole, l'oligopole et la concurrence.**
- **La concurrence est pure et parfaite si le marché réunit cinq conditions : atomicité, transparence, homogénéité, libre entrée sur le marché, libre circulation des facteurs de production.**
- **Le marché pertinent est le marché où les produits sont en étroite compétition.**
- **L'IHH mesure la concentration sur un marché. Cet indicateur est surveillé par l'Autorité de la concurrence.**

À VOUS DE JOUER !

Le marché des opérateurs de réseau mobile regroupe 4 principaux acteurs : Orange (35 %), SFR (24 %), Bouygues (15 %) et Free (15 %). Les opérateurs de réseau mobile virtuel représentent 11 % du marché.

> **Déterminez la structure de marché sur le marché des opérateurs de réseau mobile.**

> **Calculez l'IHH sur ce marché et commentez votre résultat.**

4 Les moyens pour dépasser l'intensité concurrentielle

DOC 1 Les barrières à l'entrée

#site
Under Armour
foucherconnect.fr/23dteco180

Les barrières à l'entrée désignent les obstacles que doit surmonter une entreprise pour se lancer sur un nouveau marché. Cette situation assure un pouvoir de marché aux entreprises déjà présentes qui évoluent sur un marché imparfait.

Barrières économiques	Barrières technologiques	Barrières légales	Barrières liées au capital humain
Certains marchés nécessitent de très lourds investissements, ce qui décourage les potentiels nouveaux entrants.	Certains marchés nécessitent l'acquisition d'une technologie essentielle et d'autres nécessitent une innovation continue.	Certains marchés sont restreints par des lois mises en place par l'État.	La capital humain et les compétences sont rares sur certains marchés et sont concentrés dans une poignée d'entreprises.

Exemple : atteindre la taille et la part de marché de Nike® prend des décennies. Les barrières à l'entrée sur le marché des vêtements de sport sont très élevées. Se lancer dans une telle activité nécessite de mobiliser d'importants leviers financiers. Il faut, en effet, acquérir un parc machines de bonne facture et embaucher un certain nombre de salariés pour fabriquer des vêtements sportifs de bonne qualité à un prix abordable.

Pour pénétrer un tel marché, les entreprises doivent viser une niche de marché en proposant un produit particulier dans un sport particulier (par exemple le golf ou le tennis). Under Armour®, entreprise américaine, a su tirer son épingle du jeu en commercialisant des vêtements d'une meilleure qualité que ses concurrents dans le football américain. Depuis, la marque s'est diversifiée dans d'autres sports et concurrence les grands acteurs du marché.

© Foucher

1 Caractérisez les barrières à l'entrée sur le marché des vêtements de sport.
2 Expliquez en quoi les barrières à l'entrée sont des obstacles à la concurrence.
3 Montrez comment Under Armour® a réussi à surmonter ces obstacles.

#vidéo
Concurrence : trois géants du sandwich industriel condamnés pour entente sur les prix - 1,14 min
foucherconnect.fr/23dteco181

DOC 2 Les ententes et cartels sur un marché

On l'appelle le scandale du cartel des sandwichs. Trois fabricants, qui sont les principaux fournisseurs de la grande distribution, se sont entendus sur les prix. Chacun envoyait par mail ses tarifs à ses concurrents pour se mettre d'accord.
C'est un scandale dans le secteur de la grande distribution. Trois fabricants célèbres étaient visiblement de mèche et s'entendaient sur les prix de leurs produits, met en avant France 2, jeudi 25 mars. La manigance a duré six ans, de 2010 à 2016. Très concrètement, les intéressés, condamnés pour entente sur leurs prix, se mettaient d'accord entre eux avant de répondre aux appels d'offres pour la production de sandwichs.

Une atteinte aux clients

Résultat : plus aucune concurrence n'était observée sur ce marché. « Si vous n'avez plus de concurrence, les prix vont être plus élevés, c'est-à-dire que la grande distribution a acheté ces sandwichs plus cher qu'elle n'aurait dû le faire. Vous avez une atteinte sur le prix auprès des distributeurs, mais à la fin des fins, auprès des consommateurs », explique Emmanuel Combe, le vice-président de l'Autorité de la concurrence. Les clients, de leur côté, estiment aussi être les vrais perdants. « C'est la mafia des sandwichs », lance ainsi un homme âgé.

J. Duponchel, N. Coadou, M. Birden, M. Hauville, C. Pary, J-C. Lambard - France 2 France Télévisions, 25.03.2021.

4 Expliquez la pratique reprochée aux fabricants de sandwichs.
5 Appréciez l'effet de cette pratique sur l'intensité concurrentielle au sein du marché.
6 Expliquez pourquoi cette pratique n'est pas légale.

DOC 3 L'innovation de l'entreprise

diPulse, entreprise suédoise, a remporté un prix dédié aux meilleures innovations pour son vêtement Smartskin. L'entreprise décrit son vêtement intelligent comme « simple d'utilisation, léger, portable partout et lavable » et assure qu'il est un atout pour la performance du sportif lors de ses entraînements.

7 Identifiez la clé du succès de l'entreprise diPulse sur son marché.

8 Montrez que l'innovation permet à une entreprise de se distinguer de ses concurrents.

DOC 4 La stratégie de différenciation

Pas de communication à outrance, peu de boutiques et ventes en volumes limitées. Hermès est devenu l'un des leaders mondiaux du luxe en cultivant la discrétion.
Certains articles sont difficiles à obtenir, ce qui entretient la rareté. Les produits de la marque sont vendus à un prix élevé car ils jouissent d'une forte valeur perçue et se démarquent des produits concurrents. Cela permet à Hermès de réaliser des marges confortables.
Un esprit artisanal poussé à son paroxysme, des produits fabriqués à la main d'une qualité exceptionnelle et des boutiques épurées font d'Hermès un pilier majeur sur le marché du luxe.

© Foucher

9 Identifiez les éléments permettant à Hermès de se différencier des acteurs traditionnels de la mode.

10 Relevez les avantages d'une telle stratégie.

L'essentiel

- Certains offreurs s'entendent sur les prix pour réduire l'intensité concurrentielle. Cette pratique est illicite puisqu'elle fausse le jeu de la concurrence.
- Les barrières à l'entrée d'un marché empêchent de nouveaux acteurs d'investir le marché.
- L'innovation et la différenciation distinguent un acteur de ses concurrents.

À VOUS DE JOUER !

11 compagnies aériennes ont été condamnées en 2017 pour s'être entendues pour fixer des prix artificiellement élevés sur le fret (transport de marchandises par avion). Air France a écopé de l'amende la plus lourde : 182 millions d'euros.

> **Déterminez la raison de la condamnation de 11 compagnies aériennes en 2017.**

> **Montrez en quoi cette pratique est néfaste aux clients.**

Synthèse

3 minutes pour retenir
foucherconnect.fr/23dteco182

1 L'équilibre sur un marché concurrentiel

- L'offre est une fonction croissante du prix
- La demande est une fonction décroissante du prix

→ **Prix d'équilibre : quantité offerte = quantité demandée** ←

- L'entreprise produit tant que le coût marginal est inférieur au prix d'équilibre
- Les préférences des demandeurs influencent le prix d'équilibre

2 La mesure de la sensibilité de la demande

L'élasticité-prix
Mesure la variation de la demande face à la variation d'un prix

L'élasticité-prix croisée
Mesure la variation de la demande d'un produit face à la variation du prix d'un autre produit

- = 0 → Produits indépendants
- < 0 → Produits complémentaires
- > 0 → Produits substituables

3 L'intensité de la concurrence sur un marché

Structures de marché
Monopole
Oligopole
Concurrence

→ Mesure de la concentration du marché par l'IHH

→ Concurrence imparfaite si la concurrence n'est pas pure et parfaite

4 Les moyens pour dépasser l'intensité concurrentielle

Moyens externes
- Ententes et cartels (sanctionnable)
- Barrières à l'entrée

Moyens internes
- Innovation
- Différenciation

Mots-clés

- Barrières à l'entrée
- Cartel
- Concurrence imparfaite
- Concurrence pure et parfaite
- Différenciation des produits
- Élasticité-prix croisée
- Élasticité-prix demande
- Innovation
- Prix d'équilibre

Voir lexique P. 284

QUIZ
Vocabulaire économique
foucherconnect.fr/23dteco183

Fiche Méthode 21 Rédiger un plan et une argumentation

Objectif *Répondre à une question d'argumentation de manière claire et structurée*

→ **Exemple.** Pourquoi la concentration des marchés est-elle surveillée ?

Étape 1 Lire et analyser le sujet

Définir le ou les termes clés du sujet (mots ou groupes de mots issus du vocabulaire économique).

→ Concentration des marchés : regroupement d'entreprises sur un marché entraînant une modification de sa structure (un nombre plus limité de concurrents sur le marché).

Cerner les attentes du sujet (on me demande de...).

→ Pourquoi (on me demande d'exposer les raisons) la concentration des marchés (pour lesquelles le regroupement d'entreprises sur un marché) est-elle surveillée ? (est surveillée par l'Autorité de la concurrence).

Étape 2 Regrouper les idées

Noter toutes vos idées au brouillon.

→ Les entreprises se regroupent pour s'imposer sur un marché, pour être plus libres dans la fixation du prix et gagner des marges importantes, pour constituer une barrière à l'entrée économique forte sur ledit marché, pour atteindre une taille critique et réaliser des économies d'échelle. L'Autorité de la concurrence souhaite préserver la concurrence sur les marchés car elle bénéficie aux consommateurs et à l'économie de manière générale (les entreprises se concurrencent sur les prix et sur l'innovation, la concentration peut aboutir à l'atteinte d'une position dominante et à une dépendance des fournisseurs). L'Autorité mesure la concentration des marchés grâce à l'IHH, etc.

Classer vos idées de manière à ce que vos titres répondent clairement et directement à la question.

→ Introduction : raisons pour lesquelles les entreprises se regroupent et comment ces manœuvres sont surveillées.

1. La concentration des marchés est nuisible pour l'économie (→ comment la concentration nuit à l'économie avec mise en avant des idées de position dominante et de dépendance économique).
2. Ces nuisances ont des conséquences pour les consommateurs (→ comment la concentration nuit aux consommateurs en termes de fixation des prix et d'innovation).

Conclusion : résumé des principales idées pour répondre à la question et rédaction d'une phrase permettant d'ouvrir le sujet ou de le prolonger (phrase d'ouverture).

Étape 3 Rédiger la réponse

Conseils

> Structurez votre écrit : une unité d'argumentation = un paragraphe. Puis sautez une ligne.

> Faites des phrases courtes et simples (sujet, verbe, complément).

Respecter l'unité d'argumentation = une idée est toujours suivie d'une explication puis d'un exemple tiré des annexes, du cours, de l'actualité ou de votre culture personnelle (idée + explication + exemple).

→ Argument 1 : Sur un marché concentré, une entreprise peut se retrouver en situation de position dominante et nuire à ses concurrents (**idée**). En effet, les entreprises pesant lourd sur leur marché peuvent le déséquilibrer en proposant des prix abusivement bas afin d'évincer leurs concurrents (**explication**). C'est le cas d'Orange, condamné à 350 milliards d'euros d'amende en 2015 pour avoir pratiqué des prix très bas à ses clients « entreprises » (**exemple**).

Activités

3 minutes pour se tester
foucherconnect.fr/23dteco184

1 APPLIQUER

Doc Les Français s'adaptent à l'inflation

L'inflation de retour, les achats s'écroulent de près de 7 % en grandes surfaces [...].
Ce sont les rayons droguerie, parfumerie et hygiène, dits DPH, qui subissent le plus fort contrecoup et en particulier le rayon hygiène qui a vu ses volumes s'effondrer de 19 % en avril. Avec des reculs jamais constatés en grande distribution : -40,2 % pour les soins du visage, -28,7 % pour les gels douche, -25,7 % pour les couches-culottes, -23,9 % pour le shampooing et -11,6 % pour les brosses à dents ! Avec une hausse moyenne des prix de 4,4 %, les produits d'hygiène ne sont pourtant pas ceux qui ont le plus augmenté sur la période. L'épicerie (+ 5 %), le frais (+ 4,5 %) et les surgelés (+ 6,3 %) ont davantage été touchés par les hausses de prix sans subir une telle déconsommation.

bfmtv.com, Frédéric Bianchi, 19.05.2022.

Questions

1. Commentez la réaction de la demande face à l'augmentation du niveau général des prix.
2. Calculez l'élasticité-prix de la demande de la catégorie « hygiène ».
3. Interprétez votre résultat.

Boîte à outils Calcul

- Arrondissez le résultat de votre élasticité-prix à deux chiffres après la virgule.
- Si le 3e chiffre après la virgule est 5, 6, 7, 8 ou 9, arrondissez au-dessus.

2 ARGUMENTER À L'ORAL

Doc Dépasser l'intensité concurrentielle par l'innovation

Tom, passionné de sport, souhaite créer son entreprise. Il souhaite développer une offre novatrice autour du textile pour la pratique sportive et espère croître rapidement sur son marché.

Il invite votre classe à participer à un brainstorming ayant pour objectif de trouver une idée à développer dans le cadre de son projet.

EXPOSÉ

Vous présenterez, en groupe, **un projet fictif d'innovation que vous souhaiteriez introduire sur un marché**.
> Phase préparatoire en équipe
1. Décrivez votre idée novatrice. Cette idée peut reposer sur la forme d'innovation de votre choix : nouveau produit, nouveau procédé de fabrication, etc.
2. Présentez les bénéfices de cette offre pour le consommateur.
3. Expliquez comment l'innovation permettra de réduire la pression concurrentielle.

Boîte à outils Oral

- Ne vous contentez pas de lire vos notes ou de les réciter si vous les avez apprises par cœur.
- Prenez le temps d'expliquer chaque point de votre exposé.

3 APPROFONDIR

 # vidéo
Fusion TF1-M6 : le président de l'Autorité de la concurrence réagit à l'abandon du projet - 2,25 min
foucherconnect.fr/23dteco185

Doc Pourquoi TF1 renonce au rachat de M6

Le mariage entre TF1 et M6 est finalement annulé avant même d'avoir été consommé. La Une a annoncé, vendredi 16 septembre, renoncer à racheter son principal concurrent. Un abandon expliqué par l'opposition de l'Autorité de la concurrence, pour qui le rachat « aurait pu engendrer des risques concurrentiels majeurs ».

L'anti-trust était opposé à la naissance d'un mastodonte qui détiendrait un quasi-monopole sur la publicité télévisée, avec 75 % du marché, ce qui est inacceptable pour n'importe quel gendarme de la concurrence. « La puissance de marché des groupes TF1 et M6 réunis fait naître un fort risque de hausse des prix des espaces de publicité vendus par les deux groupes au détriment des annonceurs et des consommateurs », a expliqué le président de l'Autorité de la concurrence, Benoît Cœuré. Son prédécesseur Isabelle de Silva avait pareillement prévenu : « ce projet en tant que tel me semble très difficile à envisager, car avec 70 % de part de marché dans le domaine de la publicité audiovisuelle, cette opération, par principe, paraît impossible. »

Dans un communiqué commun, TF1, M6 et leurs propriétaires « déplorent que l'Autorité de la concurrence n'ait pas pris en compte l'ampleur et la vitesse des mutations du secteur de l'audiovisuel français. Elles restent convaincues que la fusion des groupes TF1 et M6 aurait été une réponse appropriée aux défis découlant de la concurrence accélérée avec les plateformes internationales ».

Les deux fiancés avaient en effet expliqué être des nains par rapport aux géants du streaming américains comme Netflix ou Disney+, qui veulent désormais engranger aussi des recettes publicitaires. Mais cet argument n'a pas convaincu l'anti-trust. Pour lui, « le développement des services de vidéo à la demande par abonnement ne permet pas, à un horizon prévisible, de remettre en cause la puissance du média télévision, dans la mesure où ces services ont vocation à rester des modèles payants, contrairement aux chaînes éditées par TF1 et M6, et que ces services reposent avant tout sur une promesse de consommation individualisée, qui n'est pas propice à une diffusion d'annonces publicitaires de manière simultanée auprès de l'ensemble des utilisateurs ». […]

capital.fr, Jamal Henni, 16.09.2022. © Prisma Media

Questions

1. Identifiez la stratégie de TF1 et M6 pour concurrencer les géants du streaming.
2. Repérez la structure de marché qui en résulterait si cette stratégie était menée à terme.
3. Rédigez une note à l'attention de TF1 et M6 pour leur expliquer la décision de l'Autorité de la concurrence.

Autorité de la concurrence

Boîte à outils — Production écrite

Structurez votre note de manière claire en distinguant différents paragraphes :

- une introduction pour poser le contexte : le projet de TF1 et M6 ;
- un titre suivi d'au moins deux paragraphes : un pour expliquer les conséquences d'un tel projet sur le marché des espaces publicitaires TV, et un autre pour expliquer les répercussions de ces conséquences sur le consommateur ;
- une conclusion résumant la décision de l'Autorité de la concurrence.

Vers le BAC

La concurrence sur le marché de l'automobile

À partir de vos connaissances et de la documentation fournie en annexe, répondez aux questions suivantes.

Questions

1. Identifiez l'évolution des ventes mondiales de véhicules sur la période 2015-2040.
2. Expliquez et illustrez l'impact de la variation du prix des carburants sur la demande de véhicules électriques.
3. Présentez les autres facteurs qui peuvent conditionner la compétitivité sur ce marché.
4. Rédigez une argumentation qui permette de répondre à la question suivante : Quels sont les enjeux économiques de l'innovation des entreprises ?

Annexe 1 Part de marché des ventes mondiales de véhicules (en %)

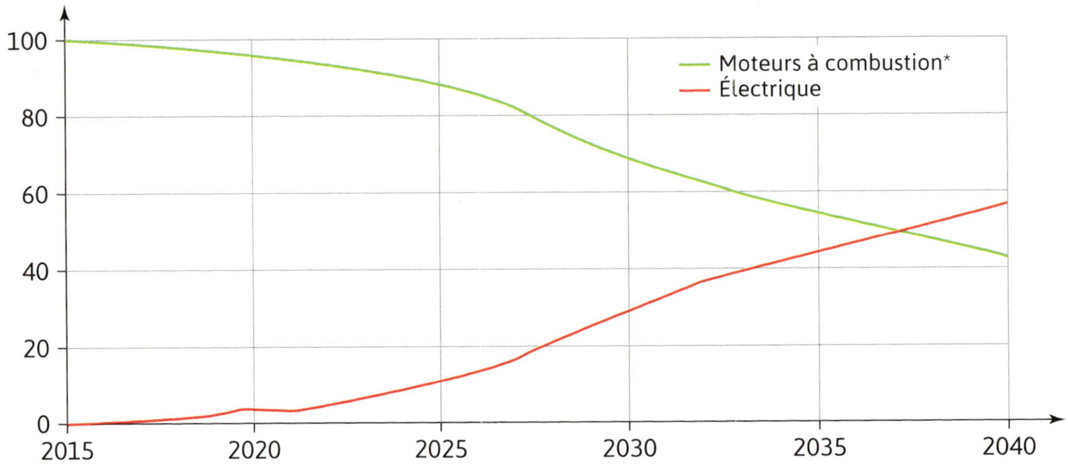

*Essence, diesel, biocarburants, gaz naturel.

Source : BloombergNEF.

Annexe 2 Les ventes de véhicules électriques ont augmenté à cause de la hausse des prix des carburants

Parmi les nombreuses répercussions de la guerre en Ukraine, il y a la hausse conséquente du prix des carburants. Partout dans le monde, les chiffres continuent de grimper à la pompe, atteignant des records que l'on n'avait pas vus depuis des années. Si la majorité subit la dureté de la situation, certains en profitent. On pense bien évidemment aux voitures électriques, bien contentes de ne pas devoir aller dans une station essence pour refaire le plein.
De quoi donner des idées à certains. Lorsque l'on compare le volume des ventes de voitures électriques en février par rapport à la même époque l'année dernière, le constat est sans appel. En 2022, les consommateurs ont acheté 79 % de plus de voitures électriques qu'en 2021. En Europe, on compte ainsi 160 000 nouvelles immatriculations en seulement un mois, soit une hausse de 38 % […]. Difficile donc de ne pas faire le lien avec l'inflation en cours. En effet, le marché global de l'automobile a quant à lui chuté de 7 % sur la même période. […]

phonandroid.com, Simon Aunai, 30.03.2022.

Annexe 3 Les véhicules électriques bientôt moins chers que les véhicules thermiques

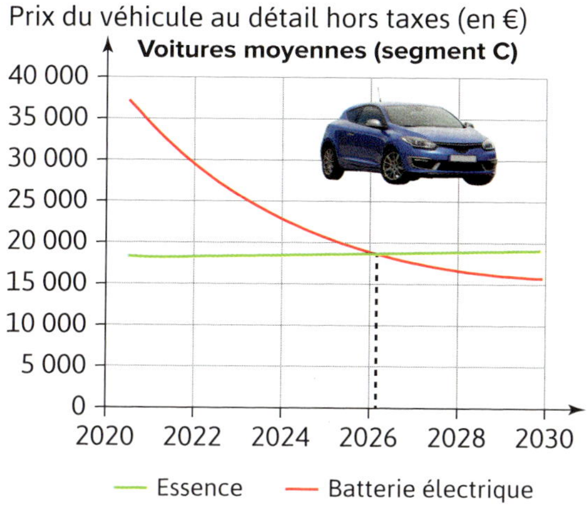

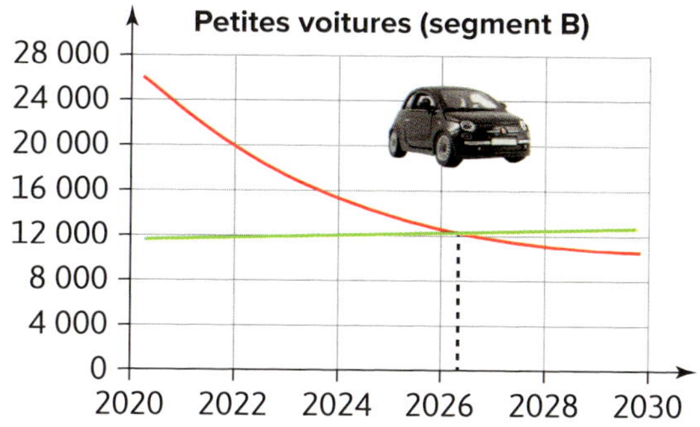

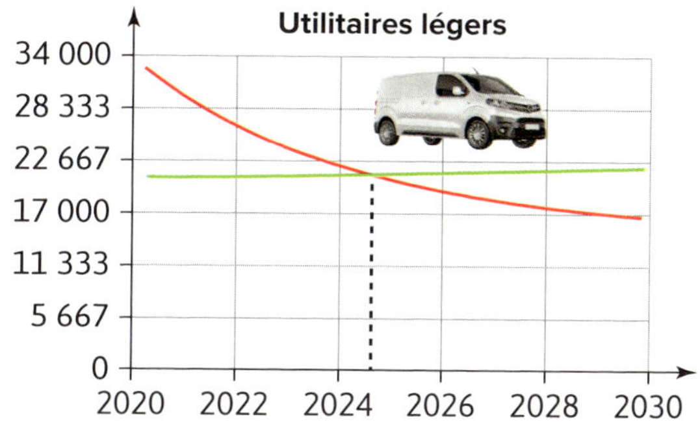

Source : BloombergNEF (2021), *Hitting the EV Inflection Point.*

Annexe 4 Automobile : les constructeurs misent sur l'innovation

Xavier Chardon, le CEO de Volkswagen Group France, et Nikolai Ardey, le directeur exécutif de Volkswagen Group Innovation, ont accepté de s'entretenir avec Presse-citron […]

Presse-citron : Oliver Blume, chez Porsche, ne capitalise pas seulement sur le 100 % électrique. La marque débourse des dizaines de millions de dollars dans un carburant synthétique. Cela concernera-t-il aussi Volkswagen ?

Xavier Chardon : Aujourd'hui, c'est Porsche qui est parti en avance de phase sur le carburant synthétique. On est sur des coûts qui rendent encore le développement rédhibitoire. […]

En tout cas, trouver des énergies alternatives est indispensable. Sur certains marchés, comme au Brésil, on a déjà des moteurs qui fonctionnent avec un carburant développé à base de canne à sucre. […]

Presse-citron : Vous avez l'ambition de faire de Volkswagen le leader mondial de la mobilité pilotée par logiciel d'ici 2030. Qu'est-ce que cela change avec Volkswagen en tant que constructeur automobile ?

Nikolai Ardey : C'est un gros changement. De mon point de vue, il s'agit de la plus forte et de la plus rapide transformation que nous avons rencontrée jusqu'à présent. Construire un robot sur roues, qui intégrera l'internet des objets, connecter ce dernier à l'écosystème digital de nos clients de la plus simple des manières… cela implique une approche totalement différente. […]

Presse-citron : Qu'est-ce qu'il reste à développer sur la voiture autonome ? Est-ce que les infrastructures sont plus en retard que la technologie elle-même ?

Nikolai Ardey : Nous avons la technologie en termes de capteurs et tout ce qui permet à la voiture de se situer dans l'espace et percevoir les choses. […] Il faut garder en tête que la voiture 100 % autonome ne sera ni plus ni moins que de l'intelligence artificielle de bout en bout.

Pour qu'une voiture soit au point, il faut l'éduquer. Et ainsi étiqueter des milliers et des centaines de milliers d'images. Ensuite, l'algorithme pourra reconnaître par lui-même toutes les situations possibles sur les routes. Cette intelligence artificielle n'est pas encore au point aujourd'hui, mais cela fait partie de nos recherches. D'ailleurs, dès l'année prochaine, grâce à Mobileye, vous devriez pouvoir voir le premier robotaxi en circulation en Europe. […]

presse-citron.net, Hadrien Augusto, 07.10.2022.

Lexique juridique

A

Abus de droit : est le fait, pour une personne, de commettre une faute dans le but de nuire.

Acte juridique : événement volontaire qui produit des conséquences juridiques recherchées par les parties.

Actif : ensemble des biens et des créances de la personne.

Action en contrefaçon : action dont dispose le titulaire d'un droit de propriété intellectuelle contre celui qui porte atteinte à son monopole d'exploitation.

Assignation : document transmis par voie d'un commissaire de justice, informant le défendeur du procès engagé contre lui.

Auxiliaire des parties : personne intervenant en amont et au cours du procès pour assister ou représenter les parties dans certains actes juridiques (exemples : avocat, notaire, traducteur officiel).

Auxiliaire du juge : personne participant, par l'exercice de sa profession, au fonctionnement quotidien du service public de la justice (exemples : expert, greffier, officier de police judiciaire).

B

Biens corporels : biens matériels.

Biens immeubles : biens qui ne peuvent être déplacés.

Biens incorporels : biens immatériels.

Biens meubles : biens qui peuvent être déplacés.

C

Capacité d'exercice : pouvoir exercer soi-même un droit.

Capacité de jouissance : être titulaire d'un droit.

Contrôle de constitutionnalité : vérification du respect de la Constitution par les règles de droit.

D

Dénomination sociale : nom choisi par une personne morale pour identifier son entité.

Dissolution : événement mettant fin à la personnalité juridique de la personne morale.

Domicile : lieu de l'installation principale et durable de la personne physique.

Droit : ensemble des règles qui organisent la vie en société.

Droit communautaire : ensemble des règles de droit issues des institutions de l'Union européenne.

Droit extrapatrimonial : droit attaché à la personne sans valeur marchande ; il n'entre pas dans le patrimoine de la personne, car il n'est pas possible de l'évaluer en argent.

Droit imprescriptible : il ne se perd pas par le non-usage.

Droit inaliénable : il ne peut être vendu ou donné.

Droit insaisissable : il ne peut être saisi par un huissier.

Droit patrimonial : il forme le patrimoine d'une personne et possède une valeur marchande. Il est cessible, transmissible et saisissable.

F

Fait juridique : événement volontaire ou involontaire susceptible de produire des effets de droit.

H

Hiérarchie des normes : classement ordonné de l'ensemble des règles d'un État de droit. Elle en garantit la cohérence. Elle est fondée sur le principe qu'une règle doit respecter celle du niveau supérieur et doit la mettre en œuvre.

I

Infraction : comportement interdit et réprimé par la loi, passible de sanctions pénales.

Institutions publiques : organisations composant l'État (gouvernement, Assemblée nationale…). Leur objectif est de participer à l'organisation de la société ou de l'État.

Instruction : phase du procès pénal menée par le juge d'instruction, dans le but de rechercher la vérité.

J

Juges non professionnels : à côté des magistrats professionnels, le système judiciaire intègre les juges non professionnels tels que les assesseurs, les délégués du procureur de la République ou les conseillers prud'homaux.

L

Litige : conflit sur l'exercice d'un droit.

M

Magistrat du parquet : c'est un magistrat ayant pour mission de veiller à l'application de la loi et de conduire l'action pénale au nom des intérêts de la société. Le procureur de la République et le substitut du procureur de la République sont des magistrats du parquet.

Magistrat du siège : il est chargé de dire le droit en rendant des décisions de justice. Il est assis lorsqu'il rend une décision de justice.

Morale : perception du bien et du mal.

Moyen de droit : argument juridique sur lequel les parties vont s'appuyer pour obtenir ce qu'elles demandent.

O

Ordre administratif : composé de juridictions administratives.

Ordre judiciaire : composé de juridictions civiles et pénales.

Ordre public : règles qui touchent à l'organisation de la nation.

P

Passif : ensemble des dettes de la personne.

Personnes juridiques : acteurs de la vie juridique, titulaires de droits et d'obligations.

Possesseur : est le détenteur d'une chose et se comporte comme s'il en était le propriétaire.

Présomption : supposition fondée seulement sur des apparences, des indices non prouvés.

Prétentions : demandes des parties (ce qu'elles souhaitent obtenir).

Principe de neutralité du juge : il assure que les citoyens soient jugés par un tribunal indépendant et impartial.

Propriétaire : est celui qui dispose du droit de propriétaire, il peut disposer de la chose comme il le veut.

Q

Qualification juridique : traduction des faits ou des parties en termes juridiques.

S

Séparation des pouvoirs : principe selon lequel nos institutions ont séparé les pouvoirs judiciaire, exécutif et législatif.

Lexique économique

A

Agent à besoin de financement : agent économique dont les ressources sont inférieures à ses dépenses.

Agent à capacité de financement : agent économique dont les ressources sont supérieures à ses dépenses.

Agent économique : acteur de la vie économique capable de prendre des décisions économiques de manière indépendante.

B

Barrières à l'entrée : obstacles à l'entrée d'un nouvel acteur sur le marché.

Biens et services : produits tangibles (biens) ou intangibles (services) mis à disposition des clients (production marchande) ou des usagers (production non marchande).

C

Cartel : entente entre quelques entreprises concurrentes pour fausser le jeu de la concurrence.

Choix économique : décision d'un agent économique compte tenu de ses besoins et des contraintes auxquelles il est confronté.

Circuit économique : représentation imagée de l'activité économique qui permet de décrire, au moyen des flux, les relations entre les différents agents économiques.

Coefficient budgétaire : rapport entre la dépense consacrée à un bien ou un service particulier et la dépense totale effectuée par le(s) ménage(s).

Combinaison productive : proportion variable de facteurs de production utilisés pour produire un bien ou un service.

Concurrence imparfaite : situation de concurrence qui ne réunit pas les conditions de la concurrence pure et parfaite.

Concurrence pure et parfaite : la concurrence est pure et parfaite si le marché réunit cinq conditions : atomicité, transparence, homogénéité, libre entrée sur le marché, libre circulation des facteurs de production.

Consommation : part du revenu disponible des ménages affectée à l'acquisition d'un bien ou d'un service en vue de combler un besoin.

Contrainte économique : tout ce qui vient limiter les choix économiques d'un agent (revenu, temps, espace, information).

Coût d'opportunité : il mesure ce à quoi renonce un agent économique en faisant un choix plutôt qu'un autre.

Coût marginal : coût supplémentaire pour produire une unité de plus du produit considéré.

D

Dépenses pré-engagées (ou dépenses contraintes) : consommation des ménages représentant une dépense fixée par avance et peu ou pas modifiable pendant un certain délai.

Différenciation des produits : attribuer certaines caractéristiques aux produits de manière à se démarquer des concurrents.

E

Échanges économiques : flux qui circulent entre deux acteurs économiques à l'occasion d'une opération économique.

Élasticité-prix croisée : impact de la variation du prix d'un produit sur la demande d'un autre produit afin de déterminer si les produits sont indépendants, complémentaires ou substituables.

Élasticité-prix demande : impact de la variation du prix d'un produit sur sa demande.

Épargne : part du revenu disponible que les ménages conservent pour une utilisation à venir prévue (achat à terme), potentielle (précaution) ou indéterminée (constitution d'un patrimoine).

F

Facteurs de production : ressources mises en œuvre dans la production de biens et de services.

Financement externe direct : financement faisant appel à des fonds extérieurs sans passer par un intermédiaire (introduction en bourse, par exemple).

Financement externe indirect : mode de financement qui nécessite de passer par un intermédiaire financier pour obtenir des fonds (emprunt bancaire, par exemple).

Financement interne (ou autofinancement) : capacité de l'entreprise à se financer par ses propres moyens (bénéfices non distribués, par exemple).

Flux monétaire : flux qui fait référence aux paiements pour les services (salaires, par exemple) ou aux paiements de consommation.

Flux réel : flux qui fait référence au flux de biens ou de services réels.

G

Gains de productivité : augmentation de la productivité durant une période fixée.

I

Indice de développement humain (IDH) : indicateur de mesure du développement humain d'un pays qui se fonde sur trois dimensions : éducation, santé et niveau de vie.

Indice des prix à la consommation (IPC) : instrument de mesure de l'inflation. Il permet d'estimer, entre deux périodes données, la variation moyenne des prix des produits consommés par les ménages.

Individu rationnel : individu dont l'objectif est de maximiser ses intérêts, compte tenu de ses contraintes.

Innovation : introduction d'un nouveau produit sur le marché ou utilisation d'une nouvelle méthode de production ou d'organisation.

M

Marché financier : marché sur lequel se rencontrent les demandes et les offres de capitaux à long terme, où se négocient des titres financiers.

Monnaie fiduciaire : monnaie comprenant les pièces modernes et les billets de banque.

Monnaie scripturale : elle constitue actuellement la forme la plus répandue de la monnaie. Contrairement aux pièces et aux billets, elle n'a pas de forme physique, mais est inscrite sur les comptes des établissements bancaires.

P

Patrimoine : ensemble des éléments, de nature financière ou non, que possède un ménage. La somme de ces biens possédés constitue le patrimoine brut qui devient net une fois les dettes de ce ménage retirées.

Pouvoir d'achat : capacité d'un ménage à acquérir des biens et services en fonction de son niveau de revenu et du niveau des prix.

Prélèvements obligatoires : ensemble des impôts, taxes et cotisations sociales prélevés par les administrations pour financer le budget de l'État, des collectivités et les prestations sociales.

Prix d'équilibre : niveau de prix pour lequel la quantité demandée est égale à la quantité offerte.

Prix relatif : valeur d'un bien exprimée par rapport au prix d'un autre bien.

Prix relatifs comparés : valeur d'un bien exprimée, non pas en unité monétaire, mais en équivalence par rapport à d'autres biens.

Production marchande : production par des entreprises de biens et de services destinée à être vendue sur un marché et dont le prix couvre au moins les coûts de production.

Production non marchande : production de services gratuits ou quasi gratuits (échangés contre une contribution inférieure à 50 % de leur coût de production) fournis par les administrations publiques ou les Institutions sans but lucratif au service des ménages (ISBLSM).

Productivité : rapport entre une production et les ressources mises en œuvre pour l'obtenir.

Produit intérieur brut (PIB) : indicateur de mesure de l'activité économique des agents à l'intérieur d'un pays. Il se mesure par la somme de la valeur ajoutée de leurs productions.

Progrès technique : ensemble des améliorations des connaissances scientifiques et de l'organisation de la production qui permet de perfectionner les méthodes de production et d'accroître la productivité.

Propension marginale à consommer (ou à épargner) : mesure la part du revenu supplémentaire affectée à la consommation/à l'épargne.

Propension moyenne à consommer (ou à épargner) : mesure la part du revenu qui est affectée à la consommation (consommation / revenu disponible) x 100 ou qui est affectée à l'épargne (épargne / revenu disponible) x 100).

R

Revenu disponible : revenu dont disposent les ménages pour consommer et épargner. Il est égal aux revenus primaires augmentés des transferts sociaux et diminués des prélèvements obligatoires.

Revenus mixtes : revenus des entrepreneurs individuels (artisans, commerçants, professions libérales). Ils rémunèrent leur travail ainsi que l'utilisation d'une partie de leur patrimoine à des fins professionnelles.

Revenus primaires : revenus que les ménages tirent de leur participation à une production.

S

Spécialisation : processus par lequel les individus ou les pays développent une activité pour laquelle ils disposent d'une compétence ou d'un avantage particulier.

T

Taux d'épargne (ou propension à épargner) : représente la part du revenu disponible qui n'est pas utilisée par les ménages en dépense de consommation finale. Il est égal au rapport entre l'épargne des ménages et le revenu disponible.

Titres financiers : actifs financiers qui peuvent prendre la forme d'une action (titre de propriété) ou d'une obligation (titre de créance).

U

Utilité individuelle : satisfaction retirée par un individu de la consommation d'un bien ou d'un service.

Utilité marginale : variation de la satisfaction liée à la consommation d'une unité supplémentaire d'un bien ou d'un service.

V

Valeur ajoutée (VA) : richesse créée par l'entreprise lors de son processus de production. Elle se calcule par la différence entre le chiffre d'affaires et le coût des consommations intermédiaires.

Crédits photographiques :

Droit

p. 10-11 : kornienko alexandr / Alamy / Photo12
p. 13 : © Restos du Cœur
p. 14 : Sarawut – stock.adobe.com
p. 15 : NicoElNino / iStockphoto
p. 20 : Albachiaraa – stock.adobe.com
p. 22-23 : Gauthier Bedrignans / Hans Lucas / AFP
p. 28 : Angelov - stock.adobe.com
p. 32 : Fizkes - stock.adobe.com
p. 33 : Vasyl - stock.adobe.com
p. 34-35 : Xavier Popy / REA
p. 37 : Pictarena - stock.adobe.com
p. 41 : Keryann - stock.adobe.com
p. 47 : Xavier.D - stock.adobe.com (haut) ; choucashoot - stock.adobe.com (milieu) ; morane - stock.adobe.com (bas)
p. 48-49 : Dima Berlin / iStockphoto
p. 50 : yellow_man - stock.adobe.com
p. 54 : Who is Danny - stock.adobe.com
p. 55 : ARMMY PICCA - stock.adobe.com (haut) ; JPC-PROD - stock.adobe.com (milieu)
p. 59 : Nomad_Soul - stock.adobe.com
p. 60-61 : Ignatiev / iStockphoto
p. 62 : Pixel-Shot - stock.adobe.com
p. 64 : Racle Fotodesign - stock.adobe.com (gauche) ; kieferpix - stock.adobe.com (droite)
p. 70 : stock.adobe.com
p. 71 : Lev dolgachov - stock.adobe.com
p. 72-73 : Bernard Le Bars / Signatures
p. 77 : Trueffelpix - stock.adobe.com
p. 82 : Bernard Le Bars / Signatures
p. 84 : jittawit.21 - stock.adobe.com
p. 85 : © Cnil
p. 86-87 : Monkey Business - stock.adobe.com
p. 90 : isavira - stock.adobe.com
p. 96 : kinwun - stock.adobe.com
p. 97 : regis - stock.adobe.com
p. 98-99 : Robert Kneschke - stock.adobe.com
p. 104 : W PRODUCTION - stock.adobe.com
p. 108 : mariesacha - stock.adobe.com
p. 111 : Bro Vector - stock.adobe.com
p. 112-113 : Alessandro Biascioli / Alamy / Photo12
p. 116 : Ricardo Niels Mayer - stock.adobe.com
p. 117 : ASISCO - stock.adobe.com
p. 123 : Julien Eichinger - stock.adobe.com
p. 124-125 : Panther Media GmbH / Alamy / Photo12
p. 126 : .shock - stock.adobe.com (gauche) ; js-photo - stock.adobe.com (milieu) ; amnaj - stock.adobe.com (droite)
p. 127 : Victor zastol'skiy - stock.adobe.com
p. 130 : Onidji - stock.adobe.com
p. 134 : bepsphoto - stock.adobe.com
p. 135 : catalyseur7 - stock.adobe.com
p. 137 : Feodora - stock.adobe.com

Économie

p. 138-139 : AdrianHancu / iStockphoto
p. 143 : © Henitex
p. 144 : Galyna Andrushko - stock.adobe.com (haut) ; Sophie Stephane Mouchmouche / Hans Lucas / AFP (bas)
p. 145 : Alexey Slyusarenko - stock.adobe.com
p. 149 : wifesun - stock.adobe.com
p. 150-151 : Thomas Louapre / Divergence
p. 153 : julianpictures - stock.adobe.com (gauche) ; Idanupong - stock.adobe.com (droite)
p. 154 : Alice Nerr - stock.adobe.com (gauche) ; Piman Khrutmuang - stock.adobe.com (droite)
p. 156 : Sergey Ryzhov - stock.adobe.com
p. 160 : Monkey Business - stock.adobe.com (haut) ; izzuan - stock.adobe.com (bas)
p. 161 : rh2010 - stock.adobe.com
p. 162-163 : Tout Paris Bernardaud ©Lily Rose
p. 165 : JAMES - stock.adobe.com (gauche) ; Lena Wurm - stock.adobe.com (droite)
p. 168 : © Deligne / Iconovox (haut) ; thomaslerchphoto - stock.adobe.com (bas gauche) ; cherryandbees - stock.adobe.com (bas milieu) ; Brian Jackson - stock.adobe.com (bas droite)
p. 172 : rh2010 - stock.adobe.com
p. 174 : Christian - stock.adobe.com
p. 175 : kittyfly - stock.adobe.com (haut) ; RHJ - stock.adobe.com (bas)
p. 176-177 : E+ / Getty Images / iStockphoto
p. 178 : WavebreakmediaMicro - stock.adobe.com (haut gauche) ; elxeneize - stock.adobe.com (haut milieu) ; thiago - stock.adobe.com (haut droite)
p. 179 : Mike Mareen - stock.adobe.com
p. 180 : Joshhh - stock.adobe.com (haut gauche) ; © Paul Christian Gordon / Zuma / Rea (haut droite) ; Kzenon - stock.adobe.com (milieu) ; Med Photo Studio - stock.adobe.com (bas gauche) ; SGr - stock.adobe.com (bas droite)
p. 181 : altitudevisual - stock.adobe.com
p. 182 : Kzenon - stock.adobe.com (haut gauche) ; Seventyfour - stock.adobe.com (haut milieu) ; track5 - stock.adobe.com (haut droite) ; videodoctor - stock.adobe.com (bas)
p. 183 : Alwie99d - stock.adobe.com
p. 186 : 4Max - stock.adobe.com
p. 187 : SKW - stock.adobe.com
p. 188-189 : Ng Han Boon / Getty Images
p. 191 : Maksym Povozniuk - stock.adobe.com (gauche) ; Syda Productions - stock.adobe.com (droite)
p. 192 : ginkaewicons - stock.adobe.com
p. 199 : mezzotint_fotolia - stock.adobe.com
p. 200-201 : Maeva Destombes / Hans Lucas / AFP
p. 206 : Jean Claude Moschetti / Rea (gauche) ; Nicolas Guyonnet / Hans Lucas / AFP (droite)
p. 214-215 : Amaury Cornu / Hans Lucas / AFP
p. 216 : ALF photo - stock.adobe.com (haut gauche) ; M. studio - stock.adobe.com (haut droite) ; ALF photo - stock.adobe.com (bas gauche) ; kotoyamagami - stock.adobe.com (bas droite)
p. 218 : tiero - stock.adobe.com (gauche) ; Fiedels - stock.adobe.com (milieu) ; kursi_design - stock.adobe.com (droite)
p. 221 : kotoyamagami - stock.adobe.com
p. 225 : insta_photos - stock.adobe.com
p. 226-227 : Patrick Kovarik / AFP
p. 229 : mary416 - stock.adobe.com (gauche) ; yellow_man - stock.adobe.com (droite)
p. 240-241 : Denis / REA
p. 242 : Wasan - stock.adobe.com
p. 247 : monropic - stock.adobe.com
p. 252-253 : Jean Claude Moschetti / REA
p. 254 : Thomas Pajot - stock.adobe.com
p. 262 : JeromeCronenberger - stock.adobe.com
p. 265 : Mimi Potter - stock.adobe.com
p. 266-267 : Richard Damoret / REA
p. 275 : P. Forget / Sagaphoto
p. 278 : JackF - stock.adobe.com
p. 279 : Sushiman - stock.adobe.com

Mise en page : STDI
Illustrateurs : Nicolas Grégoire / Manuel Fontegne
Infographiste : Robin Laperche
Iconographe : Sophie Suberbère
Relectrice : Marianne Stjepanovic

SB-ASL / EG-JV

Achevé d'imprimer par Grafica Veneta à Trebaseleghe - Italie
Dépôt légal : 16895-8/01 - Avril 2023